Ortrud Wörner-Heil

Adelige Frauen als Pionierinnen der Berufsbildung

Die ländliche Hauswirtschaft und der Reifensteiner Verband

Ortrud Wörner-Heil

ADELIGE FRAUEN
ALS PIONIERINNEN
DER BERUFSBILDUNG

Die ländliche Hauswirtschaft und der Reifensteiner Verband

kassel
university

press

Dank gebührt dem *Reifensteiner Verband e. V. –*
Verein ehemaliger Reifensteiner für die großzügige
Unterstützung bei der Drucklegung des Buches.

Abbildung Umschlag:
Maiden in der Wirtschaftlichen Frauenschule Obernkirchen, 1910.
In der Mitte die spätere Schulvorsteherin Margarethe von Spies.

Zitat Umschlag:
Elizabeth Mary Annette Gräfin von Arnim,
Elizabeth and her German Garden, Erstveröffentlichung London 1898.

Bibliografische Information der Deutschen Nationalbibliothek
Die Deutsche Nationalbibliothek verzeichnet diese
Publikation in der Deutschen Nationalbibliografie;
detaillierte bibliografische Daten sind im Internet über
http://dnb.d-nb.de abrufbar

ISBN print: 978-3-89958-904-7
ISBN online: 978-3-89958-905-4
URN: http://nbn-resolving.de/urn:nbn:de:0002-9055

© 2010, kassel university press GmbH, Kassel
www.upress.uni-kassel.de

Satz und Gestaltung: Jörg Batschi Grafikdesign, Kassel

Druck: VDS 🐏 VERLAGSDRUCKEREI SCHMIDT, 91413 Neustadt an der Aisch

Printed in Germany

Vorwort

„Adel im Untergang": dazu gehörte für Ludwig Renn (Arnold Vieth von Golßenau), den Autor dieses Romans, auch die prekäre Situation junger adeliger Frauen, die im Kaiserreich – gefangen in den Normen ihres Standes – keinen Beruf ergreifen konnten, obwohl die ökonomische Lage vieler Adelsfamilien dies nahe legte. Vielmehr war ihre Jugendzeit mit der Vorbereitung auf eine standesgemäße Ehe ausgerichtet; gelang dies nicht, so blieb nur das Leben als Stiftsdame oder als arme Verwandte. Dieses Schicksal vor Augen und das Ungenügen an einem angesichts der Herausforderungen der sich entwickelnden Industriegesellschaft als unnütz empfundenen Leben unternahmen es die preußische Offizierstochter Ida von Kortzfleisch und einige Standesgenossinnen in Preußen wie in anderen deutschen Regionen – gemeinsam mit gleich gesinnten nicht-adeligen Frauen –, sich ein außerhäusliches Berufsfeld zu erschließen, das ihnen zugleich ökonomische Selbständigkeit wie neue Formen einer an adeligen Werten orientierten Lebensgestaltung ermöglichte.

Als geeignetes Handlungsfeld bot sich ihnen die qualifizierte Ausbildung junger Frauen für die ländliche Hauswirtschaft an, ein Bereich, dessen wirtschaftliche Relevanz weder von den Nationalökonomen noch von den auf die Städte orientierten Vertreterinnen der Frauenbewegung gesehen wurde. Während es für die Ausbildung in „Ackerbau und Viehzucht" höhere, mittlere und niedere Landwirtschaftliche Lehranstalten gab, fehlten sie für solche Bereiche, die traditionell zu den Aufgaben der ländlichen Hausfrau zählten: Garten- und Obstbau, Milchveredelung, Tierhaltung, insbesondere Kleintierhaltung. Dieser Ausbildungsbereich erscheint heute, wo die Erforder-

nisse von Gewerbe, Industrie und Dienstleistungsbetrieben do-
minieren, marginal. Eine solche Wahrnehmung verkennt jedoch
die wirtschaftlichen Verhältnisse im Kaiserreich. Noch um 1900
lebten und wirtschafteten mehr als die Hälfte der deutschen Bevölkerung in Gemeinden mit weniger als 2000 Einwohnern; der
ländliche Raum bot eine Vielzahl von Möglichkeiten für quali-
fiziertes Wirtschaften, das sich auf die steigende Nachfrage der
Städte richtete, weniger auf den eigenen Bedarf.

Hier setzten die „Wirtschaftlichen Frauenschulen auf dem
Lande" an, die von Ida von Kortzfleisch initiiert wurden und
sich später zum Reifensteiner Verband zusammenschlossen, um
junge Frauen für die Übernahme eines Haushaltes, die Wirtschaftsführung mittlerer und größerer Betriebe oder für eine
anschließende Lehrtätigkeit zu qualifizieren. Dazu gehörte
breites Fachwissen, die Fähigkeit, Arbeitsprozesse zu rationali-
sieren, technische Hilfsmittel, etwa moderne Arbeitsmaschinen,
einzusetzen und sich für die effektive Vermarktung zusammen
zu schließen, etwa in Landwirtschaftlichen Hausfrauenvereinen.
Mit diesen Zielen betraten die privaten landwirtschaftlichen
Schulen Neuland und haben mit ihren Erfolgen die Entwicklung dieses Bildungsbereichs entscheidend geprägt.

In einer ersten Studie hat Ortrud Wörner-Heil die Geschichte des Reifensteiner Verbandes von den Anfängen 1896 bis
zu ihrer Schließung 1990 erforscht. Damit ist der Beitrag dieser Schulen zum beruflichen Bildungswesen für Frauen erstmals
erkennbar geworden, zugleich wurden die Gründerinnen und
Lehrerinnen als Teil der Frauenbewegung im Kaiserreich und
in der Weimarer Republik gewürdigt. Im vorliegenden Band
gelingt Ortrud Wörner-Heil die Verankerung der dargestellten
Berufsbildungsbewegung in den gesellschaftlichen Umbrüchen

des ausgehenden 19. und des 20. Jahrhunderts, indem sie die Rolle adeliger Frauen in der Gründungs- wie der Expansionsphase analysiert. Für sie war es ein entscheidender Schritt in die „Moderne", in der Standesvorurteile und Dünkel für die Berufswahl nicht mehr maßgebend waren; er bewirkte eine Annäherung, wenn nicht gar eine gewisse gesellschaftliche Integration adeliger Frauen in die moderne Berufswelt. Als ausschlaggebend für den Erfolg erwies es sich, an traditionelle adelige Werte wie Wohltätigkeit und Fürsorge anzuknüpfen, aber zugleich die schulische Arbeit – analog zum Dienst des adeligen Offiziers – in den Dienst der Nation zu stellen. Auf diese Weise gelang die Transferierung älterer ständisch exklusiver Werte in neue standesübergreifende Tätigkeitsbereiche, die zugleich mit der Weiterführung der adeligen Führungsrolle in der ländlichen Gesellschaft verbunden waren. Für die Darstellung dieser komplexen Transformationsprozesse hat Ortrud Wörner-Heil eine überzeugende Form gefunden: Auf ein fundiertes Einleitungskapitel folgen fünf Persönlichkeits- und Lebensprofile von Adeligen der ersten drei Reifensteiner Generationen, in denen nicht allein sehr unterschiedliche Persönlichkeiten konturiert werden, sondern insbesondere die sich verändernden politischen und gesellschaftlichen Anforderungen an die Schulen des Reifensteiner Verbandes hervortreten.

In der Verbindung von Schulgeschichte und Personengeschichte ist der Band als wichtiger Beitrag zur Gesellschaftsgeschichte des 20. Jahrhunderts zu lesen.

Heide Wunder

Einleitung

Dieses Buch handelt von der Geschichte einer Aufbruchsbewegung adeliger Frauen. Ihre Ziele waren, mehr ökonomische, intellektuelle und moralische Selbstständigkeit und Selbstvergewisserung für jede Einzelne um ihrer selbst willen zu erreichen. Dies sollte mit der Förderung weiblicher Bildung und der Ermöglichung einer beruflichen Ausbildung als Grundlage für eine Erwerbsarbeit bewirkt werden. Ihr Motiv war der Wunsch nach der Teilhabe an der nationalen Gesellschaft. Um ihre Ziele für sich und andere zu erreichen, gründeten sie einen Verein – Verein zur Errichtung wirtschaftlicher Frauenschulen auf dem Lande –, aus dem der Reifensteiner Verband erwachsen sollte.[1]

Die Vereinsgründung im Jahr 1896 markierte die Geburtsstunde einer Berufsbildungseinrichtung für Frauen im ländlich-hauswirtschaftlichen Bereich: Es entstanden die „Wirtschaftlichen Frauenschulen auf dem Lande", die später bäuerliche Frauenschulen genannt wurden und im Jahr 1936 durch Ministerialerlass in „Landfrauenschulen" umbenannt werden mussten.

---

1 Ab 1913 wurde der Gründungsverein umbenannt in „Reifensteiner Verein für wirtschaftliche Frauenschulen auf dem Lande", der ab 1918 den Namen „Reifensteiner Verband für wirtschaftliche Frauenschulen auf dem Lande" erhielt. Nach Schließung der letzten Schulen 1990 konstituierte sich der Verein als „Reifensteiner Verband e. V. – Verein für ehemalige Reifensteiner". Der Einfachheit halber soll immer vom „Reifensteiner Verband" die Rede sein.

Die erste dieser Schulen konnte im Jahr 1897 realisiert werden. Die Initiative für diese Schulen ging nicht nur von einer einzelnen Adeligen, Ida von Kortzfleisch (1850 – 1915), aus, sondern deren Entwicklung wurde auch von weiteren adeligen Frauen nachhaltig unterstützt. Und nicht nur dies: Zahlreiche ihrer vorerst ausschließlich aus höheren Schichten stammenden Schülerinnen waren ebenso wie viele ihrer Lehrerinnen und Direktorinnen adeliger Herkunft. Adelige Frauen förderten das Projekt als Protektorinnen, stellten sich als Mentorinnen zur Verfügung und unterstützten den sich als Träger mehrerer Schulen ausdehnenden Verein. Dies alles dokumentierte in einem Unternehmen zur land- und hauswirtschaftlichen Berufsausbildung, das sich als nationales Frauenwerk präsentierte, den angemeldeten und durchgesetzten Führungsanspruch adeliger Frauen. Diese, auf Frauen aus dem Adel enorme Anziehungskraft ausübenden Wirtschaftlichen Frauenschulen, beanspruchten, für einen Frauenberuf im Dienste der Nation zu qualifizieren und Vorbilder und Führungspersönlichkeiten für die nationale Gesellschaft zu prägen. Es entstand ein nationales Erziehungsprojekt, das auch vom Kaiserhaus nachdrücklich propagiert und unterstützt wurde. Die Initiatorin Ida von Kortzfleisch identifizierte sich mit dem nationalen Staatswesen und hielt es nicht nur für sinnvoll, sondern vielmehr für notwendig, dass alle Frauen dem Lebensraum Nation einen positiven Sinn abgewinnen sollten.

Dieser Befund überrascht in dreierlei Hinsicht. Erstens verweist der Einsatz Ida von Kortzfleischs darauf, dass die bisher häufig – auch noch in jüngerer Zeit – in der Literatur angenommene „strukturelle Gleichförmigkeit von Kindheit, Jugend und Erziehung adeliger Frauen im späten neunzehnten Jahrhundert"² so einheitlich nicht zutrifft. Die Befürworter einer Gleichförmigkeit argumentieren, dass diese auf einem der Konvention verhafteten, tief verwurzelten Frauenbild basiere, das für die adelige Frau ausschließlich eine Tätigkeit als Gutsherrin, als Hofdame und als Gastgeberin des Hauses vorgesehen habe. Die Erziehung und Ausbildung der Mädchen sei darauf bezogen und „um die Bereiche Familie, häusliche Wirtschaft und repräsentatives Auftreten"³ zentriert gewesen. Bis auf einzelne Ausnahmen hätten adelige Töchter im 19. Jahrhundert und im Kaiserreich im Wesentlichen die herkömmlichen Möglichkeiten weiblich-adeliger Lebensformen widerspruchslos akzeptiert, vor allem habe „eine Berufswahl überhaupt noch nicht zur Debatte gestanden"⁴. Im Hinblick auf die schmale Quellenbasis kann daher das Fazit nur lauten: „[...] von Ausbrüchen adeliger Frau-

---

2   Eckart Conze, Von deutschem Adel. Die Grafen von Bernstorff im 20. Jahrhundert, Stuttgart, München 2000, S. 296.

3   Ebd. Auch: Monika Wienfort, Artikel „Adelige Frauen", in: Eckart Conze (Hg.), Kleines Lexikon des Adels. Titel, Throne, Traditionen, München 2005, S. 91–95, insb. S. 92.

4   Monika Wienfort, Der Adel in der Moderne, Göttingen 2006, S. 127, 129f, 132. Im Artikel „Adelige Frauen" (in: Conze, Kleines Lexikon) bezieht Wienfort diese Feststellung auf die „gesamte erste Hälfte des 20. Jh." (S. 93). Otto Graf zu Stolberg-Wernigerode hebt neben der religiösen und behüteten Erziehung der Mädchen als Hauptbetätigungsfeld noch den sozialen und kirchlichen Bereich hervor, in dem für unverheiratete Frauen eine „einigermaßen befriedigende Lebensaufgabe" entstehen konnte: ders., Die unentschiedene Generation. Deutschlands konservative Führungsschichten am Vorabend des Ersten Weltkriegs, München, Wien 1968, S. 180–187, hier S. 180. Heinz Reif betont in Hinblick auf die Auflösung traditioneller Heiratskreise die erheblichen Anpassungsleistungen adeliger Frauen an die veränderten Verhältnisse im 19. Jahrhundert: Heinz Reif, „Erhaltung adeligen Stamms und Namens" – Adelsfamilien und Statussicherung im Münsterland 1770–1914, in: Neithard Bulst (Hg.), Familien zwischen Tradition und Moderne, Göttingen 1981, S. 275–321.Vgl. zu adelig-bürgerlichen Verbindungen durch Heirat in Bayern Nikolaus von Preradovich, Die Führungsschichten in Österreich und Preußen (1804–1918). Mit Ausblick bis zum Jahre 1945, Wiesbaden 1955.

en aus dem vorgegebenen Leben [ist] nur wenig bekannt."[5] Erst
für die Zeit nach dem Ersten Weltkrieg wird eine allmähliche
Veränderung weiblich-adeliger Lebensgestaltung vermutet. Erst
dann habe sich mit zunehmender Berufstätigkeit und Beteiligung am öffentlichen Leben die Alternative Heirat oder soziale
Randexistenz als ausschließliche Möglichkeit graduell verscho-
ben.[6] An den Wünschen und Äußerungen der jungen Ida von
Kortzfleisch lassen sich jedoch bereits in der zweiten Hälfte des
19. Jahrhunderts Anzeichen erkennen, dass adelige Frauen nicht
nur ehrenamtliche, meist karitative Tätigkeiten ausübten, sondern auch ihrer Unzufriedenheit Ausdruck verliehen, nach neu-
en Perspektiven suchten und den Wunsch äußerten, eine berufliche Ausbildung erhalten zu können.[7] Mit ihrem Anspruch auf
eine institutionell abgesicherte berufliche Bildung verbanden
sie das Ziel, auf der Basis von Erwerbsarbeit eine unabhängige
wirtschaftliche Existenz begründen zu können. Das Angebot
einer beruflichen Qualifikation in den Wirtschaftlichen Frau-

---

5   Iris Freifrau von Hoyningen-Huene, Adel in der Weimarer Republik. Die rechtlich-
soziale Situation des reichsdeutschen Adels 1918–1933, Limburg 1992, S. 116.
6   Ebd.
7   Tagebücher und Lebenserinnerungen adeliger Mädchen und Frauen aus der Mitte
des 19. Jahrhunderts enthalten Hinweise auf die Unzufriedenheit mit dem weiblichen
Los. So etwa: Sally von Kügelgen, Stilles Tagebuch eines baltischen Fräuleins 1855–1856,
Berlin 1936, S. 36: „Und was bleibt überhaupt einem Weibe, das ihr Schicksal nicht selbst
schaffen kann? Öde und dürr ist jede Zukunft, die der Frau und die der alten Jungfer." Aus dem 18. Jahrhundert sind zahlreiche Briefe und Publikationen überliefert, in
denen sich Frauen über die Situation und den meist ungenügenden Bildungsstand des
weiblichen Geschlechtes äußern. Die Schriftstellerin Sophie la Roche plädierte in ihrer
1783/84 erschienenen Zeitschrift „Pomona für Teutschlands Töchter" für eine Bildung
der Mädchen. Vgl. Andrea van Dülmen, Frauenleben im 18. Jahrhundert, München 1992,
S. 116, 138f. Auch: Ulrike Weckel, Zwischen Häuslichkeit und Öffentlichkeit. Die ersten
deutschen Frauenzeitschriften im späten 18. Jahrhundert und ihr Publikum, Tübingen
1998, S. 75ff.

enschulen des Reifensteiner Verbandes stand einerseits dem in großen Teilen des Adels kaum in Frage stehenden tradierten Frauenbild entgegen, andererseits widersprach die Gründung des Reifensteiner Verbandes und sein Engagement im Schulbereich dem gängigen Bild, die Lebenswege und Lebensformen adeliger Frauen seien auch Anfang des 20. Jahrhunderts noch den Traditionen unverändert verhaftet geblieben. Dieser Befund korrigiert die bislang dominierende Vorstellung, erst die soziale Not der Jahre nach dem Ersten Weltkrieg und der Wegfall traditioneller Versorgungsmöglichkeiten hätten auch die adeligen Frauen mit der Notwendigkeit konfrontiert, nach Erwerbsarbeit und außerhäuslicher beruflicher Entfaltung zu suchen.

Zugleich verweist das Engagement adeliger Frauen im Reifensteiner Schulprojekt darauf, dass der Kampf um bessere Ausbildungsbedingungen und berufliche Perspektiven von Frauen keineswegs ein rein bürgerliches Vorhaben war, wie es gemeinhin angenommen wird. Damit wäre auch zu korrigieren, dass seit Mitte des 19. Jahrhunderts – laut Kanon – alle Bildungsreformerinnen Bürgerliche waren. Auch die Sichtweise, die adeligen Frauen seien in Bezug auf Bildung und Beruf den bürgerlichen Fraueninitiativen seit der Mitte der 1890er Jahre um ein halbes Jahrhundert hinterher geeilt, trifft nicht zu. Adelige Frauen haben früher die Kooperation mit der bürgerlichen Frauenbewegung aufgenommen, als bislang wahrgenommen wurde, was auf die Berührungspunkte hinweist, die sie mit der Frauenbewegung besaßen. Adelige Frauen zeigten sich nicht nur offen gegenüber Forderungen nach dem Recht der Frauen auf Bildung und Erwerb, sondern entwickelten sich zu Gestalterinnen und Trägerinnen für ein neues berufsqualifizierendes Schulmodell, für das sie auch im Adel warben. Eine solche Unternehmung weist auf die Fähigkeit von Teilen des Adels hin, neuartige Wertvorstellungen in das eigene Wertesystem zu integrieren. Adelsforschungen zur Frühen Neuzeit und zum 18. Jahrhundert konnten ebenfalls schon zeigen, dass sich der Adel auf diese Weise flexibel an veränderte Verhältnisse anpassen konnte.[8] In einigen jüngst vorgelegten Studien wurde darüber hinausgehend herausgestellt, dass Bewegungen wie die Aufklärung, Kunstrichtungen wie das Biedermeier oder auch Lesekreise, die als bürgerliche Errungenschaften gelten, vielmehr Anregungen, Vorbilder und Lebensformen aus Adelskreisen übernahmen.[9]

---

8 Vgl. Margit Ksoll-Marcon, Erziehung und Heirat – zwei Faktoren zum Erhalt der adeligen Reputation, in: Walter Demel, Ferdinand Kramer, Adel und Adelskultur in Bayern, München 2008, S. 233–249. Margit Ksoll-Marcons Resümee lautet: „Abschließend wird man festhalten können, dass es dem bayerischen Adel gelungen ist, dem verstärkten Anpassungsdruck – sei es in Bezug auf den Bildungsstand der Bürgerlichen, sei es in Bezug auf die höfische Kultur – gerecht zu werden und sich als politisch-soziale Führungsschicht weiterhin zu behaupten. Hohe finanzielle Belastungen wurden für die Ausbildung der Söhne in Kauf genommen, um dieses Ziel zu erreichen." (S. 249). Zu Erziehung und Bildung des Adels: Ivo Cerman, Lubos Velek (Hg.), Adelige Ausbildung. Die Herausforderung der Aufklärung und die Folgen, München 2006; Werner Paravicini, Jörg Wettlaufer (Hg.), Erziehung und Bildung bei Hofe, Stuttgart 2002. Zur Kritik der Auffassung, der Adel sei wenig an Bildung interessiert: Gabriele Greindl, Politik und Gelehrsamkeit des bayerischen Adels zwischen Spätmittelalter und Früher Neuzeit, in: Walter Demel, Ferdinand Kramer, Adel und Adelskultur in Bayern, München 2008, S. 311–345. Claudia Kollbach, Aufwachsen bei Hof. Aufklärung und fürstliche Erziehung in Hessen und Baden, Frankfurt, New York 2009, S. 17, Fußnote 9.
9 Kollbach, Aufwachsen, S. 15–20. Hans Ottomeyer, Paul Asenbaum, Biedermeier. Die Erfindung der Einfachheit, Ostfildern 2006. Greindl, Politik und Gelehrsamkeit, S. 343f. Vor diesem Hintergrund fordert Gabriele Greindl eine Neubewertung: „Insofern stehen wir heute vor der Aufgabe, nicht nur die Arbeit der Landstände als Ganzes neu zu bewerten, sondern auch die politische und soziale Kompetenz des bayerischen Adels. Zudem ist seit langem die Vorstellung des belesenen, gebildeten, sich um seine Hintersassen kümmernden Adeligen hinter dem Bild des adeligen Jägers mit Jagdhund verschwunden. Dieses Bild, das sich im Laufe des 19. und frühen 20. Jahrhunderts so häufig findet, hat sich in das Gedächtnis der Zeitgenossen und Nachfahren eingeprägt und frühere Perioden des adeligen Lebens vergessen lassen." (S. 345).

Zweitens fällt auf, dass Ida von Kortzfleisch ihre Wirtschaftlichen Frauenschulen nicht ausschließlich für die Töchter des Adels gedacht hatte. In sämtlichen ihrer programmatischen Schriften sollte nie die Gruppe des Adels als gesonderte gesellschaftliche Formation benannt werden. Sie wendete sich weder dem Adel noch dem Bürgertum alleine zu. Ihre Adressaten waren die Mitglieder der „höheren und Mittelstände"[10], waren „unsere[n] Kreise[n] der oberen Zehntausend"[11], die „gebildete[n] Kreise der oberen Stände"[12], waren die „Töchter der oberen Stände"[13] und „guter Familien"[14], waren die „höhere[n] Töchter"[15] und die „gebildete[n] Mädchen"[16]. Ida von Kortzfleisch zählte die gebildeten, höheren Stände zu den führenden Gesellschaftsschichten. Daher konnte die von ihr geplante Einrichtung keine rein adelige Institution sein. Vielmehr ging es ihr um die Bildung einer aristokratischen Gruppe – im Sinne einer Führung der Gesellschaft durch die Besten: einer gebildeten Elite, die gleichermaßen dem Adel und dem gehobenen Bürgertum offen stand. Dabei galt es, auch Berührungsängste und Abgrenzungsmechanismen gegenüber den unteren Schichten im Interesse eines nationalen Konsenses zu überwinden. Im Sinne der Lösung eines Teils der Frauenfrage wurde für die Frauen der unteren Schichten

---

10 Ida von Kortzfleisch, erschienen unter dem Pseudonym I. Pillau, Die allgemeine Dienstpflicht in der wirthschaftlichen Frauen-Hochschule, in: Tägliche Rundschau 73, 30. März 1894, S. 289.

11 von Kortzfleisch, Dienstpflicht, in: Tägliche Rundschau 78, 5. April 1894, S. 310.

12 Ebd., S. 311.

13 Ebd.

14 Flugblatt „Unsere Ziele", Verein zur Errichtung wirtschaftlicher Frauenschulen auf dem Lande, November 1896, Niedersächsisches Landesarchiv – Staatsarchiv Bückeburg (StABü), D 21, Nr. 1056.

15 von Kortzfleisch, Dienstpflicht, in: Tägliche Rundschau 74, 31. März 1894, S. 294.

16 von Kortzfleisch, Dienstpflicht, in: Tägliche Rundschau 79, 6. April 1894, S. 314.

*Stiftungsfest der Wirtschaftlichen Frauenschule Kronprinzessin-Cecilien-Schule Metgethen
in Ostpreußen im Jahr 1912. Die zeitgenössische Bildlegende hielt fest:
„Das Kuratorium von links nach rechts: Frau v. Hanefeldt, Frau Gräfin zu Dohna-Waldburg,
Exzellenz von Windheim, als Gast Ida von Kortzfleisch, Freiin von Gayl, Direktorin,
Frau Weller, Metgethen, Frau Jakoby-Posarten, Frau Gräfin v. Bülow-Grünberg,
Frau Burchardt-Anstinehlen, Frau Saint Paul-Jaecknitz.
Die Herren: Landrat v. Batocki-Bledau, Geheimrat Wollenberg, Bankier Albert Schlimm."*

die Forderung nach Arbeitsentlastung aufgestellt: „Für die Frau
des vierten Standes – Arbeitsentlastung und Zurückgewinnung
für Haus und Familie. Für die Frau der sozial höheren Stände
– Arbeitsvermehrung, erweiterte und vertiefte Fachausbildung,
Gelegenheit zu deren Verwertung."[17] Ihre Initiative sprach die
„auf christlich-nationalem Boden stehende Frauenwelt" an, ihr
sollte „Raumerweiterung und Neuentfaltung", „Vertiefung und
Bereicherung des Interessenkreises"[18] geboten werden. Den seri-

---

17   von Kortzfleisch, Ida, Das Entstehen des Vereins für wirtschaftliche Frauenschulen
auf dem Lande III., in: Reifensteiner Maidenzeitung 2/1905, S. 3–6, hier S. 6.
18   Flugblatt „Unsere Ziele", Verein zur Errichtung wirtschaftlicher Frauenschulen auf
dem Lande, November 1896, StABü, D 21, Nr. 1056.

ösen Ausbildungsanspruch gegenüber einem sozial-ständischen Versorgungsgedanken stärkte auch die zur Mitarbeit gewonnene, in der Frauenbildung tätige Schulpolitikerin Auguste Förster (1848–1926) in einem Brief an Ida von Kortzfleisch: „Noch auf eins möchte ich Sie aufmerksam machen. Sie denken auch schon selbst daran, wie Ihr inhaltsreicher Brief verrät. Nur den Gedanken nicht aufkommen lassen, als sollte u. könnte die W. Sch. [Wirtschaftliche Frauenschule, O. W.-H.] eine Versorgung für arme ungebildete adelige Töchter werden.“[19]

Drittens erstaunt das Ziel einer Teilhabe an der nationalen Gemeinschaft und die Bereitschaft, sich in deren Dienst zu stellen. In der bisherigen Forschung ist die Entstehung von Nationalbewusstsein und nationaler Identität als ein Prozess betrachtet worden, der ausschließlich Männer betraf und dementsprechend auch nur von diesen getragen wurde. Das Projekt Nation schien insbesondere eine Angelegenheit bürgerlicher Männer zu sein. Erst neuere Studien[20] zeigen, dass Frauen keineswegs aus dem Bauwerk Nation ausgeschlossen waren, sich durchaus auf Nation und Vaterland bezogen, sich aber in unterschiedlichen Handlungsräumen bewegten und spezifische nationale Identitäten ausbildeten. Adelige Frauen wurden in diesen Arbeiten wohl als Beteiligte und etwa im Vaterländischen Frauenverein auch als einflussreiche Mittlerinnen zwischen Krone, Regierung und bürgerlich dominierten Ortsvereinen wahrgenommen, jedoch als Gruppe nicht näher beachtet. Weder wurde

---

19 Brief Auguste Försters an Ida von Kortzfleisch v. 19. 5. 1899, StABü, D 21, Nr. 404.
20 Ute Planert (Hg.), Nation, Politik und Geschlecht. Frauenbewegungen und Nationalismus in der Moderne, Frankfurt, New York 2000; Andrea Süchting-Hänger, „Das Gewissen der Nation“. Nationales Engagement und politisches Handeln konservativer Frauenorganisationen 1900 bis 1937, Düsseldorf 2002; Raffael Scheck, Mothers of the Nation. Right-Wing Women in Weimar Germany, Oxford 2004.

nach ihrem Gestaltungswillen, noch nach ihren Spielräumen und Strategien gefragt.

Die Bedeutung des Reifensteiner Verbandes, der von 1897 bis 1990 zahlreiche Schulen zur Ausbildung von Frauen führte, konnte von einer größeren Öffentlichkeit erst erkannt werden, als sein Vorstand unter dem Vorsitz von Renate Hilger im Jahr 1993 Unterlagen und Dokumente der Schulen, der Verbandsleitung und von Ehemaligen an das Niedersächsische Landesarchiv – Staatsarchiv Bückeburg als Depositum eines Schularchivs des Reifensteiner Verbandes übergab.[21] Dieses Depositum wurde mit Hilfe von finanzieller Unterstützung des Verbandes im Jahr 1996 verzeichnet und damit einer wissenschaftlichen und privaten Nutzung zugänglich gemacht.

Im Jahr 1997 konnte die Autorin anlässlich des 100-jährigen Bestehens die Geschichte des Reifensteiner Verbandes und seiner Wirtschaftlichen Frauenschulen auf dem Lande in einer Publikation vorstellen.[22] Berücksichtigt wurden dabei auch die Schulen anderer Schulträger, die sich an dem pädagogischen Konzept der Wirtschaftlichen Frauenschulen orientierten, für das deren Gründerin Ida von Kortzfleisch die Grundlagen gelegt hatte. Bis 1945 schlossen sich Schulträger von etwa vierzig Einrichtungen, Schulen und Lehrbetriebe, dem Reifensteiner Verband korporativ an, der somit nicht nur als Träger von fünfzehn eigenen Schulen, sondern für fünf Jahrzehnte auch als Schulverbund wirkte.[23] 35 dieser Schulen und Lehrwirtschaften

---

21   Depositum Nr. 47 Reifensteiner Verband, heute verzeichnet unter: StABü, Bestand D 21.

22   Ortrud Wörner-Heil, Frauenschulen auf dem Lande. Reifensteiner Verband (1897–1997), Kassel 1997.

23   Wörner-Heil, Frauenschulen, S. 18 ff. Nach dem Erscheinen der Jubiläumsschrift konnten noch weitere Schulen festgestellt werden, die die Konzeption der Reifensteiner

im Gesamt-Schulverbund, dies entspricht etwa siebzig Prozent, wurden im Kaiserreich gegründet. Von seinen fünfzehn eigenen Schulen gründete der Reifensteiner Verband elf vor und vier nach 1918. Ende der 1920er Jahre war die Gründungsphase von ländlich-hauswirtschaftlichen Ausbildungsstätten im Wesentlichen abgeschlossen. Die einzelnen Einrichtungen bestanden unterschiedlich lange. Die Hälfte der verbandseigenen Schulen

---

Schulen übernommen hatten, aber nicht dem Verband angeschlossen waren: Eine besondere Einrichtung war die Wirtschaftliche Frauenschule in Wolfratshausen im Isartal südlich von München (1926–1938). Sie war von der Ortsgruppe München des Jüdischen Frauenbundes eingerichtet worden. Vorbild für diese jüdische Mädchenschule waren die Frauenschulen des Reifensteiner Verbandes. Die erste Schulleiterin der Frauenschule Wolfratshausen war Hannah Bodenheimer (1898–1992), die in der Wirtschaftlichen Frauenschule Mallinckrodthof auf Haus Borchen in Nordborchen, Kreis Paderborn, im Jahr 1916–1917 und nochmals ein Jahr Anfang der 1920er Jahre ausgebildet worden war: „Sie hegte den Traum, ‚für jüdische Mädchen eine Schule mit Seminar aufzubauen, wie sie bereits die beiden christlichen Konfessionen im ‚Reifensteiner Verband' hatten.'" Hannah Bodenheimer, Rede anlässlich des Treffens der ehemaligen Schülerinnen aus Wolfratshausen im Spätsommer des Jahres 1988, Bodenheimer Archiv, Central Zionist Archives Jerusalem A15/1425, zit. n. Dagmar Bäuml-Stosiek, Hannah Bodenheimer und die ersten Schuljahre in Wolfratshausen, in: Kirsten Jörgensen, Sybille Krafft, „Wir lebten in einer Oase des Friedens …". Die Geschichte einer jüdischen Mädchenschule 1926–1938, Hamburg, München 2007, S. 58–69, hier S. 61; Dagmar Bäuml-Stosiek, „Wir lebten in einer Oase des Friedens …". Didaktisches Begleitmaterial zur Ausstellung über die jüdische Mädchenschule in Wolfratshausen (1926–1938), o. O. 2007. Weitere Schulen: Landwirtschaftliche Haushaltungsschule (1892), dann Wirtschaftliche Frauenschule (1919) und später Landfrauenschule Liebfrauenschule der Schwestern Unserer Lieben Frau zu Geldern, preußischer Regierungsbezirk Düsseldorf; Wirtschaftliche Frauenschule des Maria-Marthastiftes des evangelischen St. Johannisvereins in Lindau/Bodensee, mit dem der Schule angeschlossenen Lehrgut Priel; Landwirtschaftliche Kreishaushaltungsschule Triesdorf (1913), ab 1937 Landfrauenschule Triesdorf in Bayern; Landfrauenschule Helmstedt, deren Gründung nicht bekannt ist, geschlossen wurde sie 1962; Ländliche Frauenschule Petersschule in Neuendorf bei Lyck, preußischer Regierungsbezirk Allenstein/Ostpreußen. Gegründet wurde diese Schule 1925, Träger war der Kreis Lyck. Die Schulleiterin bis 1945 war Minnie von Blottnitz, die ihre Ausbildung in den Reifensteiner Frauenschulen Metgethen und Obernkirchen absolviert hatte.

musste entweder aus politischen Umständen oder wegen der Folgen des Ersten und dann des Zweiten Weltkrieges aufgegeben werden. Die Kolonialfrauenschule wurde zu Beginn des Ersten Weltkrieges geschlossen. Nach 1918 konnten die Schulen in den Provinzen Posen und Westpreußen nicht weiter bestehen, nach dem Zweiten Weltkrieg traf dies die Schulen in Ostpreußen und Schlesien. Zwei weitere Schulen in Thüringen mussten an den Staat abgetreten werden, da die sowjetische Militäradministration zum einen keine Privatschulen erlaubte und zum anderen Schulen, die nur Frauen offen standen, ablehnte. Nach 1945 konnten nur fünf verbandseigene Schulen wiedereröffnet werden, drei davon mussten zwischen 1960 und 1970 aus wirtschaftlichen Gründen geschlossen werden. Im Jahr 1990 wurden die beiden letzten Schulen, die Landfrauenschule Wittgenstein im Sauerland und die Landfrauenschule Wöltingerode bei Goslar, geschlossen. An die 90.000 Schülerinnen wurden in den Wirtschaftlichen Frauenschulen im Laufe der hundert Jahre ihres Bestehens ausgebildet, 40.000 davon besuchten die fünfzehn Schulen des Verbandes.

Fast alle (13) der dem Verband gehörenden Schulen befanden sich bis 1945 in verschiedenen preußischen Provinzen. Nach Kriegsende verteilten sich die Übriggebliebenen auf Thüringen (2), Niedersachsen (3), Hessen (1) und Nordrhein-Westfalen (1). Die Gründung vieler Schulen der anderen Schulträger, die in weiteren (nichtpreußischen) Bundesstaaten des Deutschen Reiches lagen[24], wurde in den Anfangsjahren von der Gründerin des Verbandes, Ida von Kortzfleisch, intensiv beratend begleitet. Dies zeigt an, dass die Schulen von ihr als ein nationales Pro-

---

24   In Bayern, Thüringen, Mecklenburg, Württemberg und Sachsen.

jekt entworfen und auch realisiert wurden. Der nationale Bezug wurde nicht nur für das Selbstverständnis leitend, es wurde auch ein nationaler Raum entworfen. Es ist bezeichnend, dass sie sich den Beginn der Realisierung ihres Schulprojektes in Gestalt von zwei „Muster-Anstalten" vorgestellt hatte, von denen „die eine im Nordosten, die andre im Südwesten des Reiches gelegen" sein sollte.[25] Auf Vorschlag der Gründerin nannte der Reifensteiner Verband seine Schülerinnen „Maiden", was sich an das englische Wort „maid – Mädchen, unverheiratete Frau" anlehnt.[26]

Mit den Wirtschaftlichen Frauenschulen auf dem Lande entstand ein neuer Schultyp für Frauen. Sie stellten eine Berufsbildungseinrichtung dar, die die praktische Ausbildung in schuleigenen Betrieben gewährleisten wollte. Zugleich verfolgten die Schulen ein weitgestecktes Bildungsziel, das von den Hoffnungen der Gründerin Ida von Kortzfleisch gekennzeichnet war: „Wenn unsere Frauenschulen sich allmählich zu solchen Organisationen auswachsen, aus denen Frauen hervorgehen, nicht allein praktischer, mit erhöhtem Wissen, sondern vollkommener als Mensch, – dann haben wir nicht vergebens gearbeitet, sondern haben durch Frauenarbeit neue Segensquellen für unser Vaterland erschlossen."[27] Im Zentrum dieses Bildungszieles stehen Charakterbildung und Persönlichkeitserziehung, bewirkt durch Lebens-, Arbeits- und Lerngemeinschaft. Dies bedurfte als Voraussetzung der Verständigung über ethische Prinzipien. „Mut – Ausdauer – Idealismus – Demut", Ida von Kortzfleischs

---

25 von Kortzfleisch, Dienstpflicht, in: Tägliche Rundschau 78, 5. April 1894, S. 315.

26 Vgl. Wörner-Heil, Frauenschulen, S. 9, Fußnote 1. Als Heranwachsende erhielt Ida von Kortzfleisch Englischunterricht. In ihrem Poesiealbum finden sich zahlreiche Einträge in englischer Sprache, die belegen, dass sie englische Literatur las und schätzte.

27 Ida von Kortzfleisch, Leitsätze, in: Anna von Heydekampf (Hg.), Ida von Kortzfleisch, ihr Leben und ihr Werk, Gotha 1927, S. 52f, hier S. 53.

Auslegung der Buchstaben des Wortes Maid, gab sie als Leitschnur für die Maiden aus. Sie hatte damit nicht nur für das
Leben der Schülerinnengemeinschaft, sondern auch für die
Bildungsziele der Schulen einen grundlegenden Tugendkanon
formuliert, der bis zur Schließung der letzten Schulen im Jahre
1990 Orientierungsrahmen blieb.

1897, drei Jahre nach dem ersten Artikel Ida von Kortzfleischs,
in dem sie zur Lösung der Frauenfrage eine neue Ausbildungsstätte vorgeschlagen hatte, konnte die erste Wirtschaftliche Frauenschule, die sich als eine „Schule für ländliche Hauswirtschaft
– landwirtschaftliche Frauenschule auf dem Lande" vorstellte,
auf dem Gut der Freifrau Dorette von Schenck zu Schweinsberg
(1842–1902) in Nieder-Ofleiden östlich von Marburg an der
Lahn eingerichtet werden. Sie war die erste Institution, die sich
dem Bildungsrückstand von Frauen auf dem Land zuwandte
und die unzureichende Ausbildung für weibliche Tätigkeiten im
ländlichen Bereich thematisierte. Im Zentrum stand die grundlegende Absicht, eine „Verbesserung und Vertiefung der weiblichen Ausbildung auf wirtschaftlichem Gebiet"[28] zu erreichen.
In den Mittelpunkt des Schulangebotes wurde die Qualifizierung für die ländliche Hauswirtschaft gestellt. In Erweiterung
einer privaten Nutzung der wirtschaftlichen Kenntnisse wurde
beabsichtigt, „brachliegende weibliche Kräfte in nutzbringende
Arbeit einzuführen [...], damit ihre erworbenen Kenntnisse und
Fertigkeiten in einem praktischen Berufe Verwertung finden
können, sei es in Haus- und Landwirtschaft, sei es in der Volks-
wohlfahrtspflege".[29] Diese Absichtserklärung für eine berufliche

---

28   Anhaltische Landeszeitung, 24.11.1896.
29   Frauen – Daheim, Januar 1897, zit. n. Familienbuch Schenck zu Schweinsberg, im
Privatbesitz der Familie.

Qualifizierung begründete die Option, eine die Existenz sichernde Berufstätigkeit übernehmen zu können. Mädchen und junge Frauen sollten mit dem Fachwissen für einen modernen ländlichen Haushalt ausgestattet werden, sei es, dass sie diesen als Hausfrau führten, sei es, dass sie in einem größeren landwirtschaftlichen Betrieb hauswirtschaftliche Abteilungen als Angestellte zu verantworten hatten.

Die anfangs formulierten Vereinsziele sprachen eine „auf christlichem Grunde stehende, gebildete deutsche Frauenwelt"[30] an, der man praktische Arbeitsgebiete erschließen wollte. Diese Entwicklung bedeutete, dass von der ursprünglichen Idee Ida von Kortzfleischs Abstand genommen worden war, mit einer Frauen-Hochschule die Etablierung einer weiblichen Dienstpflicht zu verbinden: „Und nun frischauf! ‚und laßt uns unverzüglich baun, am nationalen Werk, ihr Fraun!'"[31] Aus ihrer visionär geplanten Wirtschaftlichen Frauen-Hochschule wurde eine Wirtschaftliche Frauenschule, die sowohl für Tätigkeiten in der Haus- und Landwirtschaft als auch in der „Volks-Wohlfahrtspflege", der sozialen Arbeit, ausbilden sollte. Das pädagogische Konzept der Schulen war so beschaffen, dass eine Vielzahl unterschiedlichster Ehrenämter sowie berufliche Stellen in der Land- und Hauswirtschaft übernommen werden konnten. Es sollte zur Hausbeamtin (später: Haushaltspflegerin), zur ländlichen Haus- und Hofverwalterin oder zur Gutssekretärin ausgebildet werden. Eingeschlossen in die beruflichen Optionen war die Leitung von Institutionen wie Kurkliniken, Pflegeheimen, Stiften, Pensiona-

---

30 Erster Jahresbericht über die Wirtschaftliche Frauenschule zu Nieder-Ofleiden vom April 1897 bis März 1898, Hannover 1898, StABü, D 21, Nr. 992.
31 Ida von Kortzfleisch (I. Pillau), Der freiwillige Dienst in der Wirtschaftlichen Frauen-Hochschule, Hannover 1895, S. 6.

ten oder Großküchen. Zugleich war angestrebt, mit der Ausbildung Qualifikationen zu vermitteln, die Frauen ermöglichen sollten, als Unternehmerinnen zu wirken. Gedacht war etwa an die Übernahme oder auch die Gründung von Betrieben, die sich dem Anbau von Gemüse und Obst, der Geflügelzucht, der Bienenzucht und der Herstellung von Milchprodukten widmeten. Den Frauenschulen sollten teilweise ländliche Hausfrauenschulen, Haushaltungsschulen, in frühen Jahren auch Landpflegestationen angeschlossen werden. Letztere waren Einrichtungen der ländlichen Wohlfahrtspflege, die Beratung und meist Betreuung für Kinder und Jugendliche anboten. In den Wirtschaftsbetrieben der einzelnen Schulen, die zu Versorgungs- wie zu Lehrzwecken eingerichtet waren, konnten weibliche Lehrlinge für Land- und Hauswirtschaft und Gartenbau ausgebildet werden. Als ein wesentliches Charakteristikum der Reifensteiner Frauenschulen kristallisierte sich heraus, dass ihnen bis 1935 fast ausschließlich die Lehrerinnenbildung für das gesamte ländlich-hauswirtschaftliche Bildungswesen oblag, das in den zwanziger Jahren den staatlichen Aufbau von Mädchenberufsschulen auf dem Land einschloss. Ein großer Teil der Absolventinnen wurde in den eigenen sowie den korporativ angeschlossenen Schulen als Lehrkräfte und Leiterinnen eingesetzt.

Dieser Entwicklung war eine Klärungs- und Vorbereitungsphase von zwei Jahren vorausgegangen, in denen Ida von Kortzfleisch mit Vorträgen und gestützt auf Verwandte und Bekannte für ihre Pläne warb, Interessentinnen, Mäzeninnen und Mitarbeiterinnen zu gewinnen suchte. Bei der Konkretisierung des Schulaufbaus und der Ausarbeitung der Unterrichtspläne arbeitete sie insbesondere eng mit den bekannten Pädagoginnen, Frauen- und Sozialpolitikerinnen Elisabeth Gnauck-Kühne

(1850–1917) und Auguste Förster zusammen. Vorbild für die erste Schule sollten die von Auguste Förster in Kassel geleiteten Lehranstalten des Casseler Frauenbildungsvereins werden. Ida von Kortzfleischs Plan einer weiblichen Dienstpflicht floss als Idee jedoch in die Bildungskonzeption ein, die als Eingangsstufe ein grundlegendes erstes Jahr vorsah, das Frauen unabhängig von ihrem Lebensentwurf und ihrem Personenstand angeboten wurde. Darauf sollte eine fachliche Ausbildung aufbauen, die nach dem Abschluss Berufswege eröffnete. Bei allen Veränderungen der Bildungskonzeption in den folgenden Jahrzehnten, die Differenzierungen in verschiedene Berufsausbildungen einschloss, blieb die Grundstruktur erhalten. Das Ansinnen der Gründerin, die Förderung und Ausbildung der Frauen zu einer „allgemeinen Erwerbsfähigkeit und allgemeinen Leistungstüchtigkeit"[32] mit einer Dienstpflicht in ein Verhältnis zur nationalen Gesellschaft zu setzen, blieb erhalten in der Bereitschaft der späteren Wirtschaftlichen Frauenschulen, Frauen für eine national-pädagogische Tätigkeit zu rüsten.

Die Sichtung des Materials im Staatsarchiv Bückeburg forderte schnell dazu heraus, die Bedeutung dieser Schulen für die Frauenbildung und die Schulentwicklung in den letzten Jahren des 19. und für das ganze 20. Jahrhundert zu erkennen. Als besondere Herausforderung stellte sich dabei die Aufgabe, die Rolle adeliger Frauen, die sich mit ihrer Initiative für die Gründung Wirtschaftlicher Frauenschulen in einen Diskurs mit der bürgerlichen Frauenbewegung begeben hatten, zu bewerten. 1913 trat der Verband in den Bund Deutscher Frauenvereine ein. Zahlreiche adelige Frauen gestalteten als Unterstützerinnen,

---

32 von Kortzfleisch, Der freiwillige Dienst, S. 8.

Lehrerinnen und Schulleiterinnen die Gründung, Leitung und Fortentwicklung der Wirtschaftlichen Frauenschulen. Für alle im Besitz des Reifensteiner Verbandes befindlichen Schulen lassen sich Schülerinnen adeliger Herkunft nachweisen, was auf die Attraktivität der Schulen für den Adel aufmerksam macht.

Die Autorin konnte in den Jahren 1999 bis 2001 in einem von der Deutschen Forschungsgemeinschaft geförderten Projekt die Bildung und Erziehung adeliger Frauen und Männer in den Mittelpunkt einer komparativen Studie unter dem Titel „Erziehung des Adels zur Nation. Wirtschaftliche Frauenschulen und Kriegsschulen in Preußen von 1890 bis 1933" stellen. Dieses Forschungsvorhaben wurde an der Universität Kassel durchgeführt und von den Professoren Dr. Heide Wunder und Dr. Jens Flemming betreut.[33]

Die vorliegende Arbeit beschäftigt sich mit dem Milieu, in dem das Movens für eine Ausbildungsreform für Frauen erwuchs. Es wird der Frage nachgegangen, was Frauen aus dem Adel bewog, gemeinsam mit Frauen bürgerlicher Herkunft eine Institution zu schaffen, die sich einerseits sowohl der moralischen Erziehung adeliger und bürgerlicher Mädchen und junger Frauen widmen als ihnen auch Sachwissen vermitteln, andererseits für diese eine berufliche Qualifizierung bereitstellen sollte. Angesichts der erfolgreichen Geschichte des Reifensteiner Verbandes und seiner Schulen, die sich anfangs an die „Töchter der oberen Stände"[34] richteten und dementsprechend adelige und bürgerliche Schülerinnen ausbildeten, verdichtete sich als Leitfrage, ob,

---

33   Ortrud Wörner-Heil, Erziehung des Adels zur Nation. Wirtschaftliche Frauenschulen und Kriegsschulen in Preußen von 1890 bis 1933, Bericht an die Deutsche Forschungsgemeinschaft, 24. Juli 2001.
34   von Kortzfleisch, Dienstpflicht, in: Tägliche Rundschau 78, 5. April 1894, S. 311.

und wenn ja, in welcher Weise, die Schulkonzeption und die pädagogischen Vorstellungen und Ziele beeinflusst oder sogar geprägt wurden von pädagogischen Prinzipien und Erfahrungen, die einer Adelskultur entstammten und die den Frauen für die zukünftige pädagogische Praxis als bewahrenswert und hilfreich erschienen.

Die wenigen Adelsstudien, die seit 1945 für das 19. und 20. Jahrhundert vorliegen, argumentierten mit polarisierenden Erklärungsmodellen, etwa Machtverlust versus Selbstbehauptung, Verbürgerlichung des Adels versus Feudalisierung des Bürgertums, Untergang der Adelswelt versus Stabilisierung und Neufundierung von gesellschaftlichem Einfluss. Seltener wurde nach der Transformierung adelsspezifischen Verhaltens und nach neuen Sozial- und Aktionsformen gefragt. Einerseits wurden die Anpassungsleistungen einzelner Adeliger und Adelsgruppen in einer von beschleunigtem Wandel geprägten Welt, aber auch deren Fähigkeit hervorgehoben, Einfluss auf die Staatsmacht zu nehmen. Andererseits wurde in Studien über den Prozess der modernen Elitenbildung konstatiert, eine adelig-bürgerliche Elitenformation sei wegen tief greifender ökonomischer, sozialer und kultureller Fraktionierungen nicht zustande gekommen.[35] In jüngerer Zeit arbeiteten Eckart Conze und Monika Wienfort[36] die interne Vielfalt innerhalb des Adels für das 20. Jahrhundert bei gleichzeitiger Bewahrung des Konzeptes „Adeligkeit"[37] heraus.

---

35 Heinz Reif, Adel im 19. und 20. Jahrhundert, München 1999, S. 34–38.

36 Eckart Conze, Monika Wienfort (Hg.), Adel und Moderne. Deutschland im europäischen Vergleich im 19. und 20. Jahrhundert, Köln, Weimar, Wien 2004.

37 Heinz Reif und Michael G. Müller entwickelten den Begriff „Adeligkeit". Mit seiner Hilfe sollten Mentalitätskerne festgestellt werden, die auch den Adelshabitus im 19./20. Jahrhundert prägten. Reif, Adel im 19. und 20. Jahrhundert, S. 119; Conze, Von deutschem Adel, S. 402; ders., Deutscher Adel im 20. Jahrhundert. Forschungsperspekti-

Inzwischen stehen im Zuge der Aufwertung kulturge-
schichtlicher Methoden häufig die mentalen Einstellungen des
Adels im Mittelpunkt des Forschungsinteresses. Sie gelten als
kulturelles Kapital[38] für die Wahrung seines Einflusses. Eine ältere Argumentation aufgreifend[39], ist – zugespitzt – von kultureller Hegemonie[40] die Rede. Dieser Perspektivenwechsel, der
den Adel als Forschungsgegenstand aufwertete, basiert überdies

ven eines zeithistorischen Feldes, in: Günther Schulz, Markus A. Denzel (Hg.), Deutscher
Adel im 19. und 20. Jahrhundert. Büdinger Forschungen zur Sozialgeschichte 2002 und
2003, St. Katharinen 2004, S. 17–35; Marcus Funck, Stephan Malinowski, Geschichte
von oben. Adels-Autobiographien als Quelle einer Sozial- und Kulturgeschichte des
deutschen Adels in Kaiserreich und Weimarer Republik, in: Historische Anthropologie
7/1999, S. 236–270; dies., „Charakter ist alles!" Erziehungsideale und Erziehungspraktiken in deutschen Adelsfamilien des 19. und 20. Jahrhunderts, in: Jahrbuch für Historische Bildungsforschung, Bd. 6, Bad Heilbrunn 2000, S. 71–93; René Schiller, Vom
Rittergut zum Grossgrundbesitz. Ökonomische und soziale Transformationsprozesse der
ländlichen Eliten in Brandenburg im 19. Jahrhundert, Berlin 2003, S. 24f; Eckart Conze,
Totgesagte leben länger. Adel in Deutschland im 19. und 20. Jahrhundert, in: Adel im
Wandel. Oberschwaben von der Frühen Neuzeit bis zur Gegenwart, hg. im Auftrag der
Gesellschaft Oberschwaben für Geschichte und Kultur e. V. von Mark Hengerer, Elmar
L. Kuhn, in Verbindung mit Peter Blickle, Bd. 1, Ostfildern 2006, S. 107–123. Einen
regionalgeschichtlichen Ansatz wählte eine zweiteilige Tagung, die 2008 im Hessischen
Staatsarchiv Marburg und im Stift Kaufungen mit dem Thema „Adel in Hessen vom
15. bis zum 20. Jahrhundert" stattfand. Im Mittelpunkt der Beiträge standen verschiedene
Adelsformationen aus dem Raum des heutigen Hessen. Analysiert wurde, wie diese sich
mit den politischen, sozialen, ökonomischen und kulturellen Wechsellagen in Vormo-
derne und Moderne auseinander gesetzt und wie sich dabei ihre Handlungsfelder und
Handlungsoptionen in Politik, Wirtschaft und Kultur verändert haben: Eckart Conze,
Alexander Jendorff und Heide Wunder (Hg.), Adel in Hessen. Herrschaft, Selbstverständnis und Lebensführung vom 15. bis ins 20. Jahrhundert. Veröffentlichungen der
Historischen Kommission für Hessen 70, Marburg 2010.
38   Pierre Bourdieu, Ökonomisches Kapital, kulturelles Kapital, soziales Kapital, in:
Reinhard Kreckel (Hg.), Soziale Ungleichheiten, Göttingen 1983, S. 183–198.
39   Arno J. Mayer, Adelsmacht und Bürgertum. Die Krise der europäischen Gesellschaft 1848–1914, München 1984.
40   Werner Rösener, Einführung in die Agrargeschichte, Darmstadt 1997; Conze, Von
deutschem Adel, S. 18.

Schlachter Eduard Laue – links neben dem geschlachteten Schwein – kommt zum Einschlachten in die Wirtschaftliche Frauenschule Obernkirchen im Jahr 1909. Neben Schlachter Eduard Laue steht die Lehrerin Thekla Heusinger von Waldegg, rechts neben dem Schwein der Stiftshofmeister Bornemann.

doch stets als defensiv, reaktiv, als „Verbürgerlichung" gedeutet. Dies lässt aber gerade offensive, auf aktive Beeinflussung des gesellschaftlichen Wandels gerichtete Wert- und Verhaltensänderungen im Adel unberücksichtigt. Vollends wird die Frage ausgespart, ob für spezifische Bereiche in der modernen Gesellschaft adelige Wertmaßstäbe und Erfahrungen konstitutiv wurden.

Mit der Öffnung der historischen Adelsforschung für neue Themengebiete und Zugänge, seien sie sozialgeschichtlich oder kulturwissenschaftlich orientiert, wurde es möglich, eine sich in Beziehung zum Erziehungs- und Ausbildungswesen

setzende und sich als gesellschaftliche Führungsschicht definie-
rende Adelsgruppe angesichts des Wandels des späten 19. und
des frühen 20. Jahrhunderts zu erforschen. Das Thema einer
sich pädagogisch und erzieherisch engagierenden Gruppe des
weiblichen Adels ist dabei wie kaum ein anderes geeignet, die sozialen und kulturellen Anforderungen und Entwicklungen des
Modernisierungsprozesses sichtbar werden zu lassen. Dabei ist
festzuhalten, dass die Geschichte des weiblichen Adels im ausgehenden Kaiserreich und der Weimarer Republik bislang noch
kaum berücksichtigt worden ist, vielmehr sind die vorhandenen
Vorstellungen von Stereotypen beherrscht. Nur in vereinzelten
thematisch übergreifenden Monographien wird knapp auf die
besondere Stellung, Mentalität, Erziehung, Ausbildung oder
auch berufliche Erfahrung adeliger Frauen eingegangen.[44] Im
Sinne von Heinz Reif ist einerseits zu fragen, worin die Stärken
oder auch das besondere Wissen der adeligen Frauen im Reifensteiner Umkreis bestanden, die sie in die Schulpraxis einbrachten und die ihrer Herkunft geschuldet waren. Andererseits wird
in der vorliegenden Publikation davon ausgegangen, dass sich
eine kulturelle Interaktion zwischen den Frauen des Adels und
des Bürgertums vollzog.

Adelige Frauen, an vorderster Stelle die Gründerin Ida von
Kortzfleisch, waren sich einig, dass adeliges Sein nichts Sta-
tisches, sondern ein in immer neuen Anstrengungen zu gestal-

---

44 Zum weiblichen Rollenbild vgl. Uta Koch, Das Selbstverständnis des deutschen
Adels in der Weimarer Republik, Alt-Wittenbek 1986, S. 73–76. (Wissenschaftliche
Hausarbeit zur 1. Staatsprüfung f. d. Lehramt an Gymnasien, unveröffentlicht); von Hoyningen-Huene, Adel, S. 80–83, 113–117. Vgl. auch Sylvia Paletschek, die einen ersten
Vergleich von adligem und bürgerlichem Frauenleben für das 19. Jahrhundert anstellt:
dies., Adelige und bürgerliche Frauen (1770–1870), in: Elisabeth Fehrenbach (Hg.), Adel
und Bürgertum in Deutschland 1770–1848, München 1994, S. 159–187.

tender Prozess war: „Was wir ererbt von unsern Vätern haben, Nicht adlig Gut, doch adlig Thun und Sein, Das sei erworben immerdar von Neu'm."[45] Der Stand musste sich unter veränderten Bedingungen immer neu erfinden, sah sich vor die immer wieder kehrende Aufgabe gestellt, ökonomisches und soziales Kapital in kulturelles umzuwandeln. Adelige Frauen, die sich der Reifensteiner Schulinitiative zuwandten, stemmten sich dagegen, in einer veränderten Welt zu scheitern. Dies war die Basis dafür, neue Lebensformen zu suchen. Sie übernahmen leitende und unterstützende Verbandsfunktionen, ließen sich fachwissenschaftlich ausbilden, ein großer Teil entschied sich für eine Berufstätigkeit. Es zeigte sich, dass sich die Palette der Handlungsmöglichkeiten für Frauen des Adels erweiterte und vervielfältigte. Wie an den Porträts einzelner Frauen im vorliegenden Buch nachgewiesen werden kann, führte ihre moderne Selbstständigkeit nicht zur Ablösung von ihren Familien. Ihre vorhandenen adeligen Netzwerke bestanden nicht nur weiter, sondern wurden für die Sicherung der Schulen genutzt und weiterhin gepflegt. Darüber hinaus wurde eine intensive Zusammenarbeit mit Frauen bürgerlicher Herkunft, die avancierte Positionen in allen Fragen der Frauenrechte vertraten, aufgenommen. Dies galt insbesondere für die Beratung und Förderung durch Elisabeth Gnauck-Kühne, deren Schriften Ida von Kortzfleisch sehr schätzte: „Ich liebte ihre Schriften über die Frauenbewegung.[46] Volles Erkennen für deren Berechtigung und Notwen-

---

45 Ida von Kortzfleisch, Zu Gustavs Geburtstag 1892, Handschrift, Archiv Dr. Albrecht von Kortzfleisch, Goslar.
46 Elisabeth Gnauck-Kühne, Das Universitätsstudium der Frauen. Ein Beitrag zur Frauenfrage, Oldenburg, Leipzig 1891; dies., Ursachen und Ziele der Frauenbewegung, Berlin 1893.

digkeit, maßvoller Ton, geistreiche Behandlung, feine Berücksichtigung des historisch Gewordenen, auch der religiösen und
kirchlichen Fragen, die ich in anderen Schriften über das Thema
vermißte, logische Beweisführung über die Ursachen der verschobenen sozialen Verhältnisse auf Grund der Statistik."[47] Sie
hielt Elisabeth Gnauck-Kühne für eine „verständliche Dolmet-
scherin für unsere konservativen Schichten." Elisabeth Gnauck-
Kühne kritisierte die Broschüre Ida von Kortzfleischs, befürwortete sehr deren Hauptidee – das weibliche Dienstjahr –, nannte
dieses das „Ei des Kolumbus" zur Lösung der Frauenfrage und
ermunterte sie, diesen Gedanken energisch in der Öffentlichkeit
zu verbreiten. Sie verschaffte Ida von Kortzfleisch zwei Möglichkeiten für einen öffentlichen Auftritt: der erste fand statt auf
dem Evangelisch-Sozialen Kongress in Erfurt im Juni 1895, der
zweite dann im Jahr 1896 im Viktorialyzeum in Berlin.

Bedeutsam wurde auch die enge Kooperation zwischen
Ida von Kortzfleisch mit der Frauenrechtlerin und Pädagogin
Auguste Förster. Erst diese Zusammenarbeit stellte sicher, dass
die Idee für die Wirtschaftlichen Frauenschulen in ein prak-
tikables Schulkonzept umgesetzt werden konnte, in das beide
Frauen ihre besonderen pädagogischen Vorstellungen einbrachten. Zudem sollte sich erweisen, dass Frauen adeliger Herkunft
sich in vielen der Wirtschaftlichen Frauenschulen Leitungstätig-
keiten und Verantwortung für den Schulbetrieb mit Frauen aus
dem Bürgertum teilten.

Die Anziehungskraft des Reifensteiner Modells basierte
zum einen auf der Entwicklung wissenschaftlich begründeter
Lehrpläne, funktionstüchtiger Unterrichtsräume und einer an-

---

47   Ida von Kortzfleisch zit. n. von Heydekampf, Ida von Kortzfleisch, S. 17.

gemessenen Anlage und Ausstattung der Praxisfelder wie der Küche, der Gärtnerei, der Wäscherei, der Imkerei und der Molkerei. Auch war sichergestellt, dass der Schulbetrieb und die Lehrinhalte zunehmend das Wohlwollen und die Anerkennung der staatlichen Aufsichtsbehörden erlangten. Dies alleine reichte aber längst nicht für eine Schulkultur, die für die Schülerinnen und vor allem auch für die „besorgte[n] Eltern der höheren und Mittelstände"[48] ausreichend Vertrauen erweckend war. Es ist deshalb danach zu fragen, in welcher spezifischen Schulkultur fachliche Inhalte vermittelt wurden. Von allein auf die Vermittlung von Fachwissen orientierten Schulen unterschieden sich die Reifensteiner Ausbildungsstätten durch die Voranstellung des Tugendkanons: Mut, Ausdauer, Idealismus, Demut, an den die Maiden täglich erinnert werden sollten. Darüber hinaus lässt sich zeigen, dass einige konstituierende Elemente der Kultur der Reifensteiner Schulen mit Merkmalen dessen, was „Adeligkeit" genannt wird, Übereinstimmung aufwiesen und den Schulen ihr markantes Profil gaben.

Die kleine Zahl der ersten Aktivistinnen, die sich um Ida von Kortzfleisch in der Klärungs- und Gründungsphase (1894–1901) zusammengeschlossen hatte, war vorwiegend adeliger Herkunft. Die Präsenz von adeligen Frauen in allen Organen des Verbandes und der Schulen war nicht nur in dieser Zeit auffällig hoch, sondern dies galt bis in die 1930er Jahre.[49] Da sich die Frauenschulen nicht als Schulen explizit für adlige Töchter konstituierten, wird von Interesse sein, ob sich adelige Frauen als Gruppe gesondert formierten, um etwa spezifische Standes-

---

48   von Kortzfleisch, Dienstpflicht, in: Tägliche Rundschau 73, 30. März 1894, S. 289.
49   Vgl. das Kapitel „Adelige Frauen in den Organen des Reifensteiner Verbandes und seinen Schulen".

interessen in der Verbandsleitung, in der Konzeption der Wirtschaftlichen Frauenschulen und im Schulalltag zu realisieren.

Die folgenden Kapitel folgen dem Anspruch, den Auftritt der adeligen Frauen in den Reifensteiner Schulen in ihr gesellschaftliches Umfeld und zugleich in ihre Herkunftsgruppe einzubetten. Das erste Kapitel behandelt das Schicksal der höheren Tochter, insbesondere wenn sie aus den vorgegebenen Strukturen auszubrechen wünschte oder angesichts einer nicht mehr in Aussicht stehenden Verheiratung eine selbst bestimmte Lebensgestaltung anstrebte. Der Diskurs im Adel selbst über ein anstehendes sich wandelndes Selbstverständnis eines Teils der adeligen Frauen, wofür die bürgerliche Frauenbewegung neue Horizonte geschaffen hatte, wird dargestellt. Vor allem in der Entstehungsgeschichte des Reifensteiner Verbandes lässt sich eine wechselseitige Befruchtung bürgerlicher und adeliger Lebensentwürfe auf der Basis souveräner Entscheidungen nachweisen.

Für einige der adeligen Frauen, die aus verschiedenen Gruppen des Adels stammen – dem Militäradel, dem landbesitzenden Adel oder dem Beamtenadel – erlauben es die zur Verfügung stehenden Quellen, deren Lebens- und Berufswege in Lebensbildern zu schildern. Sie gehörten zu verschiedenen Generationen und verfolgten ihr Engagement im Reifensteiner Verband mit unterschiedlichen persönlichen Zielen und beruflichen Erwartungen, die auch von ihrer familiären Situation – wohlhabend, verarmt, knappe Ressourcen der verwitweten Mutter, zahlreiche Geschwister, – abhängig sein konnten. Das Interesse der Einzelnen konnte unterschiedlichen Prioritäten folgen, seien es religiöse, nationale, sozialreformerische Beweggründe oder auch solche, die einem Bildungsinteresse mit frauenrechtlichen Zielen folgten.[50] Es wird dabei differenziert die familiäre Situation der Herkunftsfamilie analysiert. Als wesentliche Dimension der Sozialisation der adeligen Frauen wird das Selbstverständnis ihrer Familien, die beruflichen Erfahrungen von Familienmitgliedern und die vielfältigen verwandtschaftlichen und freundschaftlichen Beziehungsgeflechte, wie sie dem Adel eigen sind, dargestellt. Die weit reichenden Verbindungen, Kontakte und Beziehungen wurden oftmals zum Nutzen der Reifensteiner Schulen eingesetzt.

---

50   Zum Verhältnis von Adeligkeit und „multiplen Identitäten": Conze, Totgesagte, S. 117–119.

Adelige Frauen, Berufsbildung und Frauenbewegung

Das Werk der Frauen im Dienste der Nation

In einer Zeitung, die sich selbst als „Unterhaltungs-Blatt für die Gebildeten aller Stände" und als „Unparteiische Zeitung für nationale Politik" charakterisierte, wagte sich eine Adelige mit ihrer Meinung zur Frauenfrage in die nationale Öffentlichkeit. Im März und April 1894 erschien in der „Täglichen Rundschau" ein emphatischer Essay mit dem Titel „Die allgemeine Dienstpflicht in der wirthschaftlichen Frauen-Hochschule", der in mehreren Ausgaben der Zeitung in Fortsetzung veröffentlicht wurde.[1] Er stammte von Ida von Kortzfleisch, die ihn aus Rücksicht auf ihren Vater, ein königlich preußischer Oberst a.D., unter dem bürgerlichen Pseudonym I. Pillau veröffentlichte. Der Artikel stieß sofort wegen seiner Ideen und Lösungsvor-

---

[1] von Kortzfleisch, Dienstpflicht, in: Tägliche Rundschau 72, 29. März 1894, S. 285f; 73, 30. März 1894, S. 289f; 74, 31. März 1894, S. 293–295; 78, 5. April 1894, S. 309–311; 79, 6. April 1894, S. 313–315.
Die Tägliche Rundschau war 1881 von dem Verlagsbuchhändler Bernhard Brigl gegründet worden. Entsprechend seiner Devise: Politik verdirbt den Charakter, bezeichnete er seine Zeitung als parteiloses Blatt und hatte ihr den Untertitel „Zeitung für Nichtpolitiker" gegeben. Später nannte sie sich „Unabhängige Zeitung" und verfolgte eine nationale Politik.

schläge auf große Resonanz. Trotz der offiziellen Kaschierung des Namens sprach sich sehr schnell herum, wer den Artikel geschrieben hatte, und so war dies für die Kreise, aus denen Ida von Kortzfleisch kam, eine völlig überraschende Äußerung, die Zustimmung, mehr noch aber „ein[en] Sturm von Spott und Widerspruch"[2] hervorrief. Auch in ihrer Verwandtschaft war sie „mit ihren hochgemuten, aber uns doch absonderlich dünkenden Plänen mitunter Gegenstand verwandtschaftlichen Belächelns", überlieferte ihre Nachfolgerin im Amt der Verbandesvorsitzenden, Anna von Heydekampf (1875–1958).[3] In ihrem engeren Freundeskreis kannte man schon länger ihre Vorschläge, wie das Problem der Frauenfrage gelöst werden könne, denn Ida von Kortzfleisch hatte ihre Aufzeichnungen zu diesem Thema, die in den vorhergehenden Jahren dazu entstanden waren, immer wieder vorgetragen. Nach der Veröffentlichung ihrer Schulidee entspann sich ein Streit über die Möglichkeit oder Unmöglichkeit einer Realisierung.

Ihren in der Täglichen Rundschau erschienenen Artikel veröffentlichte Ida von Kortzfleisch ein Jahr später als Broschüre unter ihrem eigenen Namen und versah ihn mit einem Aufruf zur Schaffung eines nationalen Frauenwerkes. Diesen Aufruf richtete sie nicht an die Frauen ihres adeligen Standes, sondern an die deutsche Frauenwelt:

Schuf er's nicht auch, ihr Fraun, für euch,
Das mächt'ge, ein'ge deutsche Reich,
Dess' Segnung wir begehren? […]

---

2   Ida von Kortzfleisch, Das Maidenbuch, o. O., o. J [1910], S. 9.

3   Anna von Heydekampf, Persönliche Erinnerungen an Ida von Kortzfleisch. Zu ihrem 75. Geburtstag und 10jährigen Todestag, in: Das Maidenblatt 19/1925, S. 290–292, hier 290.

Wohlauf ihr Mädchen und ihr Fraun,
Der Weckruf töne durch die Gaun,
Daß man ein Denkmal schaffe! […]
Daß sich zum Dienst am Wirthschaftsbau
Des Vaterlandes, auch die Frau
Fortan zusammenraffe. […] So laßt uns unverzüglich baun
am nationalen Werk, ihr Fraun! [4]

Dieser enthusiastische Appell an die Frauen zielte darauf, dass diese sich mit ihrer Arbeit auf weiblichen Tätigkeitsfeldern in Beziehung zur Nation setzen sollten. Auch die Frauenwelt, so argumentierte sie, möge die Schaffung des deutschen Reiches als Segen für sich erkennen und sich zum Dienst am Vaterland bereit finden. Arbeit sollte nicht nur wesentlich für das weibliche Individuum werden, sondern zugleich das kollektive Selbstverständnis der Gruppe der Frauen bestimmen und deren Bindung an den Nationalstaat sicherstellen. Diese nationale Zielsetzung setzte Ida von Kortzfleisch in Beziehung zu einem ebenfalls angestrebten zentralen Vorsatz: der „allgemeinen Erwerbsfähigkeit und allgemeinen Leistungstüchtigkeit"[5] der Frauen. Dies setzte ihrer Ansicht nach eine grundlegende Erziehung und Ausbildung aller Frauen voraus, die es diesen ermöglichen sollte, freie Persönlichkeiten zu werden und selbständige Charaktere zu entwickeln und sich zugleich zu einem gemeinsamen Verband zu verknüpfen. Erst dies würde die Frauen befähigen zum „Dienst an der Gesammtheit, der Gemeinde, dem Staat"[6].

---

4   von Kortzfleisch, Der freiwillige Dienst, S. 2.
5   von Kortzfleisch, Dienstpflicht, in: Tägliche Rundschau 72, 29. März 1894, S. 286.
6   Hier bezieht sie sich auf Forderungen und kritische Einlassungen des Schriftstellers Otto von Leixner, zit. n. ebd., S. 286, 289.

Bereits einige Jahre vor Ida von Kortzfleischs Artikel hatte man sich an höchster Stelle über die nationale Erziehung deutscher Männer geäußert. Kaiser Wilhelm II. hatte an vorderster Stelle dem Militär diese nationale Aufgabe zugesprochen und sie den Offizieren anvertraut: „Worin ist nun die bevorzugte Stellung des Offiziersstandes von Beruf begründet? Meinem Erachten nach darin, daß dem Offiziersstande vor allen anderen Ständen die gewaltige Aufgabe zufällt, als Bildner und Erzieher des Heeres, – welches ja heutigen Tages die Gesammtheit der Nation darstellt, – in demselben jenen Sinn des Pflichtgefühles und selbstloser Aufopferungsfähigkeit für das Ganze zu wecken, zu nähren und zu pflegen, ohne welchen jede Nation […] unfehlbar zu Grunde gehen muß. Gerade in der Jetztzeit […] ist es die erhabene Aufgabe des Offiziers von Beruf, den im Laufe der Jahre seiner Obhut anvertrauten Untergebenen obbenannte Tugenden, als die idealen Güter der Nation, für die Dauer einzuimpfen."[7] Die Aufgabe, das Volk zur Nation zu erziehen, fiel einem Offizierkorps zu, das sich nach dem Willen des obersten Kriegsherrn allerdings nicht mehr ausschließlich aus dem Adels-, dem Offiziers- und dem Beamtenstand rekrutieren, sondern im Sinne eines „Adels der Gesinnung" auch Söhnen aus „ehrenwerten bürgerlichen Häusern" offen stehen sollte.[8]

---

7   Kaiser Wilhelm II., Meinem Neffen gelegentlich seines Eintrittes in das Heer, in: Militär-Wochenblatt 37/1890, Sp. 1179 – 1185, hier Sp. 1179f.

8   „Der gesteigerte Bildungsgrad unsers Volkes bietet die Möglichkeit, *die Kreise zu erweitern,* welche für die Ergänzung des Offizierkorps in Betracht kommen. Nicht der Adel der Geburt allein kann heutzutage wie vordem das Vorrecht für sich in Anspruch nehmen, der Armee ihre Offiziere zu stellen. Aber der *Adel der Gesinnung,* der das Offizierkorps zu allen Zeiten beseelt hat, soll und muß demselben unverändert erhalten bleiben. Und das ist nur möglich, wenn die Offiziersaspiranten aus solchen Kreisen genommen werden, in denen dieser Adel der Gesinnung vorhanden ist. Neben den Sprossen der adeligen Geschlechter des Landes, neben den Söhnen meiner braven Offiziere und

Trotz der Umorientierung auf den „Adel der Gesinnung", waren weiterhin Frauen und Männer adeliger Herkunft aufgefordert, entscheidend an der gestellten Aufgabe mitzuwirken: Frauen im ländlich-hauswirtschaftlichen und Männer im militärischen Bereich. Während das Heer schon als Inbegriff der Nation gesehen wird, zielt der Artikel Ida von Kortzfleischs darauf, dass sich die Frauen mit ihrer Arbeit erstmals in Beziehung zur Nation setzen sollten. Während die Aufforderung an die Offiziere, die Erziehung der deutschen Männer zu Pflichtgefühl und selbstloser Aufopferung im Interesse der Nation sicherzustellen, traditionellen Erziehungs- und Bildungsmaximen folgt, signalisiert der Aufruf Ida von Kortzfleischs den Beginn einer nationalen Bewegung unter adeligen Frauen.

Insgesamt war das nationale Echo auf ihre Veröffentlichung äußerst rege, kamen doch an die Zeitungsredaktion „von ernsthaften und sachverständigen Leuten"[9] zahlreiche interessierte und meist zustimmende Leserbriefe, die an die Autorin weitergeleitet wurden. Einige Leser erkundigten sich sogar, wo denn die in dem Artikel vorgestellte Frauenbildungsstätte läge und wann sie ihre Töchter dort anmelden könnten. Besonders begeistert zeigten sich die nationalorientierten Kreise. Der Herausgeber der Täglichen Rundschau, Dr. Friedrich

---

Beamten, die nach alter Tradition die Grundpfeiler des Offizierkorps bilden, erblicke ich die Träger der Zukunft meiner Armee auch in den Söhnen solcher ehrenwerten bürgerlichen Häuser, in denen die *Liebe zu König und Vaterland,* ein warmes Herz für den Soldatenstand und *christliche Gesittung* gepflegt und anerzogen werden." Erlaß Wilhelms II. über die Ergänzung des Offizierkorps anlässlich der Vergrößerung der Armee, 29. März 1890, zit. n. Hans Meier-Welcker (Hg.), Offiziere im Bild von Dokumenten aus drei Jahrhunderten (Einführung: Manfred Messerschmidt; Dokumente: Manfred Messerschmidt, Ursula von Gersdorff), Stuttgart 1964, S. 197.
9   von Kortzfleisch, Maidenbuch, S. 9.

Lange[10], der gleichzeitig Vorsitzender des Deutschbundes war, fragte bei Ida von Kortzfleisch an, ob er im kommenden Jahr ihre vorgelegten Frauen-Hochschulpläne mit Unterstützung des Deutschbundes verwirklichen dürfe. Und tatsächlich sollte es eine Veranstaltung des Deutschbundes in Hannover am Bismarcktag, am 1. April 1895, sein, auf der die Grundlage für die Realisierung ihres zunächst rein theoretisch gemeinten Schulmodells gelegt wurde. Ida von Kortzfleisch war zu dieser „Deutschbundfeier" anlässlich der Feiern zum 80. Geburtstag des Fürsten Bismarck eingeladen worden, um ihre Vorstellungen vorzutragen. Sie schrieb es später der allgemeinen patriotischen Feststimmung zu, dass sie den Mut fand, im Rahmen ihrer kurzen Ansprache zu einer Spendensammlung für die von ihr vorgestellte Frau-en-Hochschule aufzufordern. Sie nahm einen Teller, legte einen „Segenstaler" hinein und bat, „der Deutschbund möge zu Ehren des Bismarcktages den Ruf durch's Deutsche Reich tragen: ,Eine

---

10   In die Chefredaktion war der deutsch-nationale Publizist Dr. Friedrich Lange 1882 eingetreten. Später wurde er auch Herausgeber des Blattes. Sein Bestreben war, die Zeitung in eine unabhängige Zeitung für nationale Politik umzuwandeln. Innerhalb der Gesellschaft für Kolonisation betrieb er mit Carl Peters Propaganda für die koloniale Tat und förderte die Erwerbung von Deutsch-Ostafrika. 1887 trat er für eine Reform des höheren Schulwesens ein und schuf zwei Jahre danach den Verein für Schulreformen. Die Grundzüge seiner nationalen Weltanschauung legte er in dem Werke „Reines Deutschtum", Berlin 1893, nieder. 1894 schloss Lange eine Anzahl von Lesern der Täglichen Rundschau und andere Anhänger zu einem „Deutschbund" zusammen. Der Deutschbund war eine der ersten Organisationen der völkischen Bewegung im Kaiserreich. In einigen Städten und Regionen bildeten sich so genannte Deutschbund-Gemeinden. Die Mitglieder dieser Gemeinden, die sich „Brüder" nannten, entstammten vielfach protestantisch-konservativen Honoratiorenkreisen. Der Deutschbund strebte die Vertiefung des „Deutschtums" an. Er hielt ein Mitteilungsblatt, die „Deutschbund-Blätter", und war Herausgeber einiger völkischer Werke. Hierzu: Dieter Fricke, Der Deutschbund, in: Uwe Puschner (Hg.) u. a., Handbuch der völkischen Bewegung 1871–1918, München 1999.

Mark von jeder Frau und errichtet ist der Bau!"[11] Tatsächlich kam der Teller mit Geldstücken gefüllt zurück – es war der Beginn einer groß angelegten Spendensammlung, denn Ida von Kortzfleisch fand sich durch die Geldsammlung, die sie angeregt und die ihr damit anvertraut worden war, auf „Ehre und Gewissen" gebunden. Im Sinne ihrer weit ausgreifenden Pläne formulierte sie nun für sich selbst die Devise: „Der kleine Schneeball musste rollen und eine Lawine werden!" Ida von Kortzfleisch stellte sich an die Spitze einer bildungsreformerischen Initiative und machte den ersten Schritt von der Idee zur Realisierung. Sie hatte das Geschick und die gesellschaftlichen Kenntnisse und Kontakte, um dem Start eine mobilisierende Plattform zu schaffen.

Ganz im Sinne ihres programmatischen Zieles, die Frauenwelt in ihrer Gesamtheit zur Partizipation an der nationalen Gesellschaft zu führen, kleidete sie die Spendensammlung in das Gewand einer Huldigung des Reichsgründers und rief sie als „Frauen-Bismarckspende" ins Leben. Aus Anlass seines 80. Geburtstages erreichte der Kult um den Reichsgründer und ersten Reichskanzler des Deutschen Reiches Fürst Otto von Bismarck, dessen Verehrung als lebendes Denkmal nach der offiziellen Aussöhnung mit Kaiser Wilhelm II. noch zugenommen hatte, einen vorläufigen Höhepunkt. Über 450 Städte verliehen ihm die Ehrenbürgerschaft, 9.875 Telegramme und 450.000 Briefe wurden vom Postamt Friedrichsruh ausgeliefert. Einer dieser Briefe kam aus Hannover: Ida von Kortzfleisch bewog eine Reihe von Damen, eine Glückwunschadresse an den Fürsten Bismarck zu unterschreiben, in der dieser gebeten wurde zu erlauben, dass

---

11   von Kortzfleisch, Maidenbuch, S. 10.

man die Spendensammlung für ein neuartiges Fraueninstitut mit seinem Namen verbände. Geschickt war auch der weibliche Aspekt berücksichtigt, sollte doch die Sammlung dem Andenken der kürzlich gestorbenen Fürstin Bismarck gewidmet sein. Der Fürst gab mit einer eigenhändig unterschriebenen Antwort seine Einwilligung, und nun konnten die Damen daran gehen, die Sammlung national aufzubauen.

Neue Berufe für die höhere Tochter

Erschien Ida von Kortzfleischs Artikel in der Täglichen Rundschau zunächst wie eine literarische Fingerübung, die eine visionäre Schulsiedlung entwarf, so wurde aus ihm bald der Start für eine unkonventionelle und außergewöhnliche Aktion. Aus ihrer Absicht, für Frauen Brücken zwischen Tradition und Moderne zu bauen, entstand ein originales Konzept für eine Frauenschule mit ländlich-hauswirtschaftlichem Ausbildungsschwerpunkt, das sowohl ihre eigenen Herkunftskreise wie auch die organisierte Frauenbewegung herausforderte und die Impulse und schon vorhandenen praktischen Reformen der letzteren um eine neuartige Variante ergänzte. Der Frauenbewegung erschloss Ida von Kortzfleisch neue Zielgruppen. Indem sie nicht nur eine Lösung für unverheiratete Frauen suchte, geriet die Gruppe der verheirateten Frauen nachdrücklicher als bisher in das Blickfeld. Einerseits klagte sie den Wert und die Würde der unverheirateten Frauen ein, andererseits konfrontierte sie mit dem Blick auf die gesamte Frauenwelt verheiratete Frauen mit den Aktivitäten der organisierten Frauenbewegung. Außerdem sprach der hauswirtschaftliche Schwerpunkt auch jene an, denen die

Hauswirtschaft nicht nur als das genuin weibliche Tätigkeitsfeld erschien, sondern die zur Erfüllung der weiblichen Bestimmung die Rolle einer Hausfrau gerne einzunehmen gedachten. Dagegen hegten zahlreiche Frauenrechtlerinnen den Hausfrauen gegenüber Skepsis, ja gaben diesen die Schuld für den Rückstand in Sachen Emanzipation in Deutschland: „Die wirtschaftliche Einsichtslosigkeit der vielgerühmten deutschen Hausfrau, deren Intelligenz durch die Mauern ihrer Küche und Speisenkammer begrenzt wird, deren politische Gleichgültigkeit und Verständnislosigkeit ihr als Tugend angerechnet wird, hat wesentlich zum jetzigen Notstand beigetragen."[12]

Der spezifisch ländliche Aspekt der Hauswirtschaft in der Vision Ida von Kortzfleischs sorgte dafür, dass erstmals die Lebensweise und die Bedürfnisse der auf dem Land lebenden und arbeitenden Frauen in den Mittelpunkt gerückt wurden. Vornehmlich wurde von Ida von Kortzfleisch die mittlere bis gehobene Schicht angesprochen, denen sie eine adäquate Institution zur Ausbildung und ein Wirkungsfeld anbot. Sie warb gleichzeitig um deren gesellschaftliches Engagement, in dem sie an ihr soziales Verantwortungsgefühl appellierte. Bisher blieben großen Teilen dieser Gruppe entweder die Angebote der Frauenbewegung fremd oder die als radikal empfundenen Gleichberechtigungsforderungen, insbesondere im politischen Bereich, wurden abgelehnt.

Eine zentrale Komponente des Frauenschulkonzeptes bestand darin, dass es besonders als ein Angebot für Frauen aus christlich orientierten Kreisen gedacht war. In diesen gab es mit Berufung auf Briefe des Paulus im Neuen Testament viel Wider-

---

12 Anita Augspurg, in: Beilage „Parlamentarische Angelegenheiten und Gesetzgebung" in der Zeitschrift Die Frauenbewegung 18/1905, S. 35.

stand gegen die Forderung nach besserer und wissenschaftlicherer Bildung für Frauen. Eine der einschlägigen Stellen lautete: „Ich gestatte dem Weibe nicht, daß es lehre."[13] Einen weiteren oft angeführten Satz legten christlich-konservative Kreise zum einen gegen eine öffentliche Meinungsäußerung von Frauen in religiösen und kirchlichen Dingen aus, zum anderen noch weitergehender in dem Sinne, dass sie sich generell aus der profanen Öffentlichkeit heraus halten sollten. Im ersten Brief des Paulus an die Korinther heißt es: „Eure Weiber lasset schweigen in der Gemeinde".[14] Gegen diese Auffassung machte sich zunehmend unter gläubigen und kirchlich gebundenen Frauen, auch unter einer Reihe von Kirchenmännern, Unmut breit und es formierte sich Widerstand. Ida von Kortzfleisch gehörte zu einem Kreis protestantischer Frauen, die Anfang der 1890er Jahre begannen, ein Netzwerk von Frauen aufzubauen, die als Christinnen beteiligt sein wollten an der Lösung der Frauenfrage und ihre Stimme für Frauenrechte und Frauenpflichten in Kirche und Gesellschaft erhoben. Dieses Netzwerk sollte sich institutionelle Strukturen schaffen, etwa die Frauengruppe des Evangelisch-sozialen Kongresses[15], die Frauengruppe der kirchlich-sozialen

---

13 1. Tim. 2, 11.

14 1. Korinther 14, 34: taceat mulier in ecclesia.

15 Als sozialpolitisches Forum 1890 gegründet, sein Selbstverständnis war, „Sprechsaal der Erörterung und Klärung sozialer Fragen zu sein". Zit. n. Manfred Schick, Kulturprotestantismus und soziale Frage. Versuche zur Begründung der Sozialethik vornehmlich in der Zeit von der Gründung des Evangelisch-sozialen Kongresses bis zum Ausbruch des 1. Weltkriegs (1890–1914), Tübingen 1970, S. 78. Paul Göhre, Die evangelisch-soziale Bewegung. Ihre Geschichte und ihre Ziele, Leipzig 1896; Moritz August Nobbe, Der evangelisch-soziale Kongreß und seine Gegner, Göttingen 1897. Auf Drängen einiger Frauen gestattete der Kongress seinen sich ihm zugehörig fühlenden Frauen eine Selbstorganisation und schließlich auch ein Rederecht auf seinen Versammlungen. Er stellte sich unter diesem Einfluss die Aufgabe, „die Frauenfrage auf dem Hintergrunde der modernen

Konferenz[16] und den Deutsch-Evangelischen Frauenverband[17]. Ida von Kortzfleisch wusste, dass in ihren Kreisen ihre Ideen, die auf die Verbesserung der Arbeitsfähigkeit der Frauen zielten, ihnen eine Berufsausbildung ermöglichen und eine Beteiligung

sozialen Gestaltungen von einem echt evangelischen Gesichtspunkt aus" zu behandeln: Mitteilungen des Evangelisch-sozialen Kongresses 7/1893, S. 4. Auch: Ursula Baumann, Protestantismus und Frauenemanzipation in Deutschland 1850 bis 1920, Frankfurt a. M., New York 1992, S. 79–98.

16 Gegründet 1899 auf Betreiben Adolf Stoeckers, der die Freie kirchlich-soziale Konferenz 1897 nach Spaltung des Evangelisch-sozialen Kongresses gegründet hatte. Die Vorsitzende der Berliner kirchlich-sozialen Frauengruppe war Freifrau Clothilde von Dobeneck, geb. von Griesheim (gestorben 1914). Dazu gehörte auch Elisabeth von Knebel-Doeberitz (1857–1916), die seit 1885 mit ihrer Cousine Margarethe von Bila in Berlin lebte und in der Stadtmission von Adolf Stoecker tätig war. Im Vorstand der Berliner kirchlich-sozialen Frauengruppe waren hauptsächlich adelige Frauen vertreten. Von den 16 Beisitzerinnen waren 5 adeliger Herkunft: Baumann, Protestantismus, S. 120–126, 305: Fußnoten 34 u. 36. Freifrau Clothilde von Dobeneck war eine frühe Förderin der Schulideen Ida von Kortzfleischs und warb dafür in den christlich-sozialen Frauenkreisen: von Heydekampf, Ida von Kortzfleisch, S. 16. Clothilde von Dobeneck wurde schon 1896 Mitglied im erweiterten Ausschuss des Reifensteiner Verbandes, außerdem Vorsitzende seines Berliner Zweigvereins, ab 1899 Mitglied im Vorstand des Verbandes. 1913 gehörte sie zum erweiterten Vorstand. Ida von Kortzfleisch hielt im November 1899 im Anschluss an die Sitzung der Frauengruppe der kirchlich-sozialen Konferenz einen Vortrag über die Wirtschaftlichen Frauenschulen: „Im Rückblick auf die Vergangenheit schilderte sie ihre Beobachtungen über die Halbheit der Ausbildung der Töchter gebildeter Familien; Mangel an systematischer Arbeit; Dillettantismus auf allen Gebieten. Sie hob hervor, daß für das oft ungeklärte Fortbildungsbedürfnis erwachsener Mädchen höherer Stände allgemeine praktische Übungsschulen fehlen, welche außerdem zur Klärung für eine etwaige Berufswahl beitragen können. [...] Vierzehn der in Nieder-Ofleiden Ausgebildeten traten nach Ablegung der Prüfung in Berufsstellungen ein: Gartenbaulehrerin, Diakonissin, als Lehrerin an einer Dienstbotenschule, als Leiterin einer Haushaltungsschule für Fabrikmädchen – je eine; zwei als Lehrerinnen an ländlichen Haushaltungsschulen, drei als Führerinnen [von Arbeitsgruppen, O. W.-H.] an der Frauenschule selbst, u. s. w." In: Wege und Ziele. Monatsschrift für die christliche Frauenwelt zur Unterhaltung und zur Belehrung über ihre verschiedenen Arbeitsgebiete, hg. v. Agnes Willms-Wildermuth, III. Jg., Heft 10, Januar 1900.

17 Gegründet 1899; Baumann, Protestantismus, S. 116–149.

*Ida von Kortzfleisch, Gründerin der Wirtschaftlichen Frauenschulen, mit den
Mitarbeiterinnen Franziska von Knobelsdorff-Brenckenhoff (links),
Anna Stieler von Heydekampf (2. von links) sowie Anna Bertuch (rechts),
der Schulleiterin der Wirtschaftlichen Frauenschule Reifenstein von 1906 bis 1933.*

am öffentlichen nationalen Geschehen bewerkstelligen sollten,
für Furore sorgen würden, bedeuteten sie doch für die „bisherigen Ansichten und Gepflogenheiten" eine „durchgreifende
und weitgehende Umgestaltung"[18]. Sogar ihre Freunde mutete
die Tätigkeit, die die Schülerin erwartete, als „fremdartig" an.[19]
Sie hatte die Initiative ergriffen, die althergebrachten Gewohn-

18   von Kortzfleisch, Der freiwillige Dienst, S. 9.
19   von Heydekampf, Persönliche Erinnerungen, S. 290.

heiten und bisherigen Vorstellungen und Normen, was Weiblichkeit sei, was die weibliche Bestimmung sei, zu verändern. Sie wollte nichts weniger, als mit der konventionellen Mädchenerziehung zu brechen. Ida von Kortzfleisch wusste, dass sie ihren Kreisen einen Vorschlag unterbreitete, der „eine durchgreifende und weitgehende Umgestaltung der bisherigen Ansichten und Gewohnheiten"[20] bedeutete. Bei allem Wohlwollen gegenüber ihren Plänen problematisierte sogar eine ihrer ersten Mitarbeiterinnen beim Aufbau der Schulen sowohl das Verlassen des Hauses als auch das Ergreifen eines Berufes. Diese Mitarbeiterin, wahrscheinlich Marie von Thadden, die aus pommerschem Gutsbesitzeradel stammte, schreibt – bezeichnend für diesen Kreis – in einem Brief an Ida von Kortzfleisch: „Ueber das Haus hinauszugehen, dazu berechtigt ideell genommen vielleicht ja selbst der Hunger nicht, wohl aber selbst in den altmodischsten Augen der Liebe zu den schlechter gestellten Schwestern … je stärker die Zusammenhänge zwischen Armenpflege und Ihren Bestrebungen hervorgehoben werden können, je mehr Glück werden Sie … in den Kreisen finden, die Ihnen jetzt oft am meisten entgegen sind, weil sie Emanzipation fürchten." Und: „Schließlich ist doch ein Beruf als solcher noch kein Segen, sondern, dass man im Beruf andern dienen glauben darf."[21]

Vor allem in Bezug auf die höhere Tochter forderte Ida von Kortzfleisch nachdrücklich: „Keine Berufung auf das Herkommen; kein moralischer Zwang von Pietät und Rücksicht; kein materieller Druck darf von gewissenhaften oder allzu zärtlichen Eltern ausgeübt werden, um ihrer Tochter eine zeitweilige Tren-

---

20   von Kortzfleisch, Dienstpflicht, in: Tägliche Rundschau 72, 29. März 1894, S. 286.
21   Zit. n. Elisabeth Heimpel-Michel, Ida von Kortzfleisch. Frauenbewegung und Frauendienstpflicht, Gotha o. J. [um 1934], S. 29.

nung von der Heimath zum Besten ihrer Weiterentwicklung, zur Prüfung ihrer Körper- und Geisteskräfte zu erschweren. Im Gegentheil! Es muß ihr die Nothwendigkeit einer solchen als Pflicht eingeprägt und in jeder Art erleichtert werden, gerade so wie es mit dem Berufantritt des Sohnes geschieht."[22]

Mit der von ihr geforderten Teilnahme der Frauen an der Nation überschritt sie die herkömmliche Grenze und Beschränkung auf Häuslichkeit und Mutterschaft, die die traditionelle Geschlechterrolle den Frauen auferlegt hatte, die von vielen gutgeheißen und auch gelebt wurde. Ida von Kortzfleisch kritisierte mit ihren Vorstellungen die Norm der Trennung zwischen privat und öffentlich. Für sie gab der von ihr ins Feld geführte Dienst der Frauen an der nationalen Gesellschaft der Nation eine weibliche Note und auf der anderen Seite dem Weiblichkeitsbild eine nationale Dimension. Die im Adel verfolgte strikte Trennung zwischen dem sozialen und politischen, das zugleich eine strikte Trennung in weibliche und männliche Wirkungsfelder war, wurde von ihr mit der Forderung nach dem öffentlichen nationalen Engagement von Frauen in Frage gestellt. In dem sie ihre Forderungen nach Berücksichtigung der wirtschaftlichen und seelischen Bedrängnis vieler Geschlechtsgenossinnen und der sinnvollen Erweiterung des weiblichen Wirkungskreises in Verbindung mit dem Dienst der Frauen an der Nation setzte, verknüpfte Ida von Kortzfleisch auf neue Weise das Frauenwohl mit dem Gemeinwohl.

Noch eine weitere Dimension entsprach in ihrem Modell nicht strengen adeligen Standesvorstellungen. Es lag ihr fern, eine Einrichtung ausschließlich für den Adel zu entwickeln,

---

22   von Kortzfleisch, Dienstpflicht, in: Tägliche Rundschau 73, 30. März 1894, S. 290.

vielmehr richtete sie sich an die höheren gebildeten Schichten und öffnete so den sozialen Horizont zur Kooperation mit Bürgerlichen. Damit überschritt sie die eng gesteckten Standesgrenzen, gab die im Adel tief verankerte Tendenz zur Distinktion auf und entwickelte für Frauen eine ständeübergreifende Erziehung und Fachausbildung. Dies geschah in einer Zeit, in der sich die Deutsche Adelsgenossenschaft (DAG)[23], die größte, konservativ ausgerichtete Vereinigung Adeliger im Deutschen Reich, um neue Gründungen von Damenheimen und Pensionaten für den eigenen Stand bemühte, um der „gerade unter den weiblichen Mitgliedern des Adels vielfach herrschenden Noth"[24] abzuhelfen. Schon in den 1880er Jahren finden sich im „Adelsblatt" hin und wieder Beiträge, die auf diese „Noth" aufmerksam machten.[25]

Im letzten Jahrzehnt vor der Jahrhundertwende verknüpften einzelne Autoren dieses Thema sogar mit dem Hinweis auf die

---

23 Die DAG wurde 1874 von 30 Grund besitzenden Adeligen aus den preußischen Provinzen Brandenburg, Pommern, (Ost-)Preußen, Sachsen und Schlesien in Berlin gegründet. Sie setzte sich zum Ziel, dem als verderblich angesehenen Liberalismus ein konservatives Gegengewicht entgegenzusetzen. Im Jahr 1921 wurden erstmals auch Frauen als Mitglieder zugelassen.

24 Jahrbuch der Adelsgenossenschaft 1896, S. 248. Auch: v. Brandenstein, Vorschlag zur Begründung eines adeligen Fräulein-Stiftes für die Mitglieder der DAG (mit den vollständigen Statuten des adeligen Fräuleinstiftes in der preußischen Oberlausitz von 1861/1866), in: Deutsches Adelsblatt 1893, S. 563–568; Adelige Pensionate. Ein Bedürfnis für Standesinteressen, in: Deutsches Adelsblatt 1904, S. 573; Die Einweihung des neuen adeligen Damenheims in Berlin-Wilmersdorf, in: Adels- und Salonblatt 1907, S. 259; Eduard Prinz zu Salm-Horstmar, Unterstützungsfonds für hilfsbedürftige und erwerbsunfähige adelige Damen, in: Deutsches Adelsblatt 1911, S. 509, 676–677 sowie in: Deutsches Adelsblatt 1912, S. 202; Graf v. Haslingen, Unterstützungsfonds für hilfsbedürftige und erwerbsunfähige Damen, in: Deutsches Adelsblatt 1912, S. 617–618.

25 Von Brandenstein, Eingesandt, in: Deutsches Adelsblatt 1887, S. 364f; Oldwig von Uechtritz, Unsere Frauen in der Standes-Reform-Bewegung, in: Deutsches Adelsblatt 1887, S. 381f, hier S. 382.

Notwendigkeit einer beruflichen Ausbildung, forderten Ausbil-
dungsstipendien für Töchter mittelloser Standesgenossen und
Vermittlung von Stellen. Dabei wurde betont, wie wichtig es sei,
„den jungen Mädchen der höheren Stände praktische Kenntnisse
und Arbeitslust als bestes Kapital für ihr Leben mitzugeben, und
dass in dem Mangel einer derartigen auf das Praktische gerichteten Erziehung sehr häufig die Quelle für späteres Unglück aller
Art zu suchen sei."[26] Ganz offensichtlich neu war, dass es einigen
nun „erstrebenswerther" erschien, nicht allein auf karitativem
Wege die eventuelle Not des Alters zu lindern, sondern schon
der weiblichen Jugend einzuschärfen sei, dass sie sich durch
Ausbildung die Möglichkeit schaffen sollte, „sich allein durch's
Leben zu helfen".[27] Das, was im „Adelsblatt" als Appell erschien,
war in Teilen des Adels schon gelebte Realität. Eine Kontroverse
über die Präsenz des Adels im preußischen Staatsdienst, die in
unterschiedlichen Zeitungen 1899 ausgetragen wurde, machte
darauf aufmerksam, dass zunehmend Frauen aus adeligen Familien den Lehrerinnenberuf ergriffen, also auch im Vormarsch
auf staatliche Stellen seien.[28] Im „Adelsblatt" und eigenständigen Schriften war allerdings die Frage, was „eine standesgemäße
Berufswahl der Edelfrau" sein könne, bis weit in die erste Hälfte des 20. Jahrhunderts immer wieder Gegenstand der Erörterung.[29] An zahlreichen Artikeln zwischen 1890 und 1920 lassen

---

26   Freiherr von Maltzahn, in: Deutsches Adelsblatt 11/1899, S. 176. Zuvor erschien:
Ein Institut zur Ausbildung von Töchtern der höheren Stände für das practische Leben
desselben, in: Deutsches Adelsblatt 1896, S. 934.

27   von Maltzahn, in: Adelsblatt 1899, S. 176.

28   Deutsches Adelsblatt 1899, S. 39–41.

29   Frl. G. M. v. B., Luzern, Briefkasten, in: Deutsches. Adelsblatt 1891, S. 726; Das
Clementinenhaus zu Hannover [darin Hinweise auf eine standesgemäße Berufsausübung
von Damen des Adels], in: Deutsches Adelsblatt 1893, S. 446–447; Graf v. Haslingen,

sich die Bemühungen der DAG um die Gründung von Heimen für adelige Damen erkennen.[30] Eine Verbindung von Pensionat und Lehranstalt gelang ihr im Jahre 1899 mit der Gründung des Anna-Eleonoren-Heims in Schloss Werdorf bei Wetzlar, ein „Pensionat zur Ausbildung von Töchtern des deutschen Adels für das praktische Leben".[31]

Zentral-Hilfsverein der DAG, in: Deutsches Adelsblatt 1914, S. 326–328; v. K., Empfehlenswerte Ausbildung für Töchter des deutschen Adels, in: Deutsches Adelsblatt 1922, S. 270; A. Baronin v. Maltzahn, Frfr. v. Meeheimb-Rostock, Das Haustochterjahr. Ein Beitrag zur Erziehungs- und Berufsfrage des gebildeten jungen Mädchens, in: Deutschesblatt 1922, S. 329–330, 371; „Philologus", Ein neuer Beruf für den Adel [betr. Empfehlung für den Besuch von Lehrerinnenseminaren für Edelfrauen], in: Deutsches Adelsblatt 1899, S. 905–907; Dietrich v. Oertzen, Erziehung und Beruf der Töchter des Adels, in: Vorträge, gehalten auf dem XXX. ordentl. Adelstag zu Berlin am 18.2.1911, Berlin 1911.

30   Verein für Errichtung von Damenheimen, in: Deutsches Adelsblatt 1893, S. 442–443; Frhr. v. Rheinbaben, Verein zur Förderung von Damenheimen. Referat auf dem XIV. ordentlichen Adelstag der DAG 1895, in: Deutsches Adelsblatt 1895, S. 159; Verein für Errichtung von adeligen Damenheimen. Jahresbericht für 1894, in: Deutsches Adelsblatt 1895, S. 369–370; Vortrag des Oberst-Lieutnants z. D. v. Brandenstein, gehalten am 1. März 1896 in der Bezirks-Abtheilung für die Rheinlande über die Damenheimfrage, in: Deutsches Adelsblatt 1896, S. 353f, 374f; Staatsrat v. Wittken, Das (adelige) Damenstift in Gotha, in: Deutsches Adelsblatt 1896, S. 826–827; Das neue Stiftshaus des Vereins zur Errichtung von adeligen Damenheimen ist vor einigen Wochen fertiggestellt, in: Deutsches Adelsblatt 1907, S. 535, 558f; Der Verein zur Errichtung von adeligen Damenheimen, in: Adels- und Salonblatt 1910, S. 300 und 1911, S. 273, 276f und 1912, S. 253f; Festspiel zum Besten der adeligen Damenheime, in: Deutsches Adelsblatt 1902, S. 125f; v. C., Mehr adelige Damenheime!, in: Deutsches Adelsblatt 1902, S. 830f; Der Jahresbericht des Vereins zur Errichtung von adeligen Damenheimen, in: Deutsches Adelsblatt 1903, S. 228; Verein zur Errichtung von adeligen Damenheimen, in: Deutsches Adelsblatt 1899, S. 351f; Kurzer Bericht für 1918 des Vereins zur Errichtung von adeligen Damenheimen in Berlin-Wilmersdorf, in: Deutsches Adelsblatt 1919, S. 1f; Verein zur Errichtung von adeligen Damenheimen, in: Deutsches Adelsblatt 1919, S. 418–421; v. Oertzen, Verein zur Errichtung von adeligen Damenheimen, in: Deutsches Adelsblatt 1920, S. 264f, 328; v. Schickfus, Adelige Damenheime [Statistik der vor dem Ersten Weltkrieg aufgenommenen Damen und Anzahl der Heime], in: Deutsches Adelsblatt 1922, S. 70.

31   Deutsches Adelsblatt 1899, S. 394; Die DAG hat in Schloß Werdorf bei Wetzlar ein Pensionat zur Ausbildung von Töchtern des deutschen Adels für das praktische Leben

Im Verlauf dieser Debatte wurden auch vereinzelte Stellungnahmen abgegeben, die das gemeinsame Vorgehen von adeligen und bürgerlichen Kreisen als notwendig erachteten. Für den Beruf der Diakonissin wünschte sich eine anonym bleibende Autorin Veränderungen des Diakonissenwesens, eine Neuformulierung der Regeln der Schwesterngemeinschaft und ein neu zu gründendes Mutterhaus, das kein rein adeliges sein sollte, denn dies entspräche nicht der Jetztzeit, „wo Adel und Bürgerthum keine getrennten Klassen mehr bilden in der Arbeit des Herrn, die uns vor sein Angesicht führt und doch alle daher gleich stellen muß […]."[32] Als Vorbild wurde der Johanniterorden angeführt, der gebildete Mädchen aller Klassen zur Hilfstätigkeit in einem sonst rein adeligen Ordensbund zusammenrufe.

Ida von Kortzfleisch war davon überzeugt, dass die grundlegende Neuausrichtung der Mädchenerziehung durch die Wirtschaftliche Frauen-Hochschule nur dann gelingen könne, wenn diese Einrichtung fest im Volk verankert wäre, zum „Eigentum des deutschen Volkes"[33] würde. Sie war sich klar darüber, dass dieses Institut zunächst anfangs viele befremden würde. Das hielt sie nicht davon ab, davon zu träumen, dass die Frauen-Hochschule zumindest nach einer Generation ihre „schattigen Zweige über Stadt und Land" ausbreiten würde. Die vielen zustimmenden Reaktionen bestärkten sie in dieser Hinsicht. Sie entschloss sich daher, ihren Artikel nach dem Verlauf eines Jah-

errichtet, in: Deutsches Adelsblatt 1900, S. 741f; Deutsches Adelsblatt 1901, S. 21f; v. W., Pensionat zur Ausbildung von Töchtern des deutschen Adels für das praktische Leben, in: Deutsches Adelsblatt 1903, S. 177f.

32   Frl. v. x., in: Deutsches Adelsblatt 1899, S. 777.
33   von Kortzfleisch, Der freiwillige Dienst, S. 9.

res als Broschüre unter ihrem eigenen Namen zu veröffentlichen
– ihr Vater war im Juni 1894 gestorben und ihre Mutter begleitete ihre Initiative mit Verständnis. Während der Text unverändert
abgedruckt wurde, änderte Ida von Kortzfleisch den Titel, was
zugleich eine weitgehende inhaltliche Korrektur bedeutete. Hatte sie in der Täglichen Rundschau noch ein Konzept für eine allgemeine Dienstpflicht der Frauen vorgestellt, so wandelte sie die
Pflicht nun in einen freiwilligen Dienst um, denn sie war „von
der Ueberzeugung durchdrungen, daß das Gute, ja Notwendige,
sich selber Bahn brechen wird."[34] Sie schloss sich in dieser Hinsicht dem Münchner Arzt und Hygieniker Dr. Hans Schmidkunz
an, der für Frauen ebenfalls ein weibliches Dienstjahr gefordert
hatte. Er stellte sich vor, dass diese während ihres Dienstjahres
in „hygienischen Kasernen" untergebracht sein sollten, wo ihnen hauptsächlich die Gesundheitslehre näher gebracht werden
sollte. Und er war der Meinung, dass dieses Dienstjahr auf frei-
williger Basis abgeleistet werden sollte: „Einmal werden diese
Gesundheitsstätten da sein. Es bedarf dazu nicht einmal einer
allgemeinen Wehrpflicht, sondern nur einer Möglichkeit und
fertigen Gelegenheit dazu. So kommen wir damit zurecht, auch
ohne uns mit Politik und Verfassung herumzuschlagen."[35] Ida
von Kortzfleisch befürwortete noch immer ein Dienstjahr, das
ihrer Überzeugung nach sowohl im Interesse der Frauen, wie
auch der Nation sinnvoll wäre.

34   Ebd., S. 6.
35   Ebd.

Die „unversorgten Mädchen und Wittwen"[36]

Der spätere große Erfolg der Frauenschulen speiste sich auch aus der Emphase, mit der Ida von Kortzfleisch ausgehend von ihrer eigenen Betroffenheit ihre Ideen von Anfang an verfolgte. So warnte sie in ihrem 1894 veröffentlichten Artikel in eindringlichen Worten die Eltern in Deutschland angesichts des Zeitenwandels und redete ihnen ins Gewissen: „Kein Mädchen, das Ihr lesen lehrtet, wird sich – wie vor dreißig Jahren noch – mit Paul und Virginie in ihrem Stüblein vergraben können, bis zu dem Augenblick, da man ‚den ersten Brautkuß von ihren Lippen pflückt'." Die dreiundvierzigjährige Autorin, die bis dahin ledig geblieben war, wusste, wovon sie sprach, hatte doch der Roman „Paul und Virginie" in ihrer Jungmädchengeneration zum Lektürekanon gehört. Das feudalismuskritische und trotz Abkehr vom amtskirchlichen Christentum tief religiös gestimmte Buch des französischen Schriftstellers und Anhängers Rousseaus Jacques Henri Bernardin de Saint-Pierre (1737–1814)[37] hatte

---

36   A. Kühne, Giebt es ein Mittel, die Lage der unversorgten Mädchen und Wittwen in den Mittelständen zu verbessern? Eine sozialpädagogische Frage, Berlin 1859.

37   Jacques Henri Bernardin de Saint-Pierre, Paul und Virginie, überarbeitet und mit Anmerkungen, Zeittafel und Nachwort herausgegeben von Arno Kappel, München 1987. Saint-Pierre (1737–1814), Ingenieur, unternahm ausgedehnte Reisen durch Mittel- und Osteuropa und nach Übersee, mit längerem Aufenthalt auf der Ile de France (Mauritius). Sein Reisebericht „Voyage a l'ille de France" (1773) beeinflusste die Debatte über schwarze Sklaven in sozialreformerischer Richtung. Im Geist Jean Jaques Rousseaus, mit dem er in Verbindung stand, idealisierte er die Natur im Sinne einer auf den Menschen hin gerichteten Ordnung. Er verband damit zivilisations- und kulturkritische Überzeugungen. Anschaulich und intensiv sind seine Schilderungen der exotischen Natur. Die außerordentliche Nachwirkung von Paul und Virginie gilt insbesondere auch für die Literatur der französischen Romantik. Bis heute erschien der Roman in über 280 französischsprachigen, in rund 260 fremdsprachigen und in mehr als 40 deutschen Ausgaben. Die erste deutsche Übersetzung stammt von 1791.

einen großen Leserkreis erreicht. Seit seiner Erstveröffentlichung 1788 hatte es eine Auflage nach der anderen erlebt. In meist gekürzten und bearbeiteten Ausgaben hatte es sich allerdings in der ersten Hälfte des 19. Jahrhunderts rasch als klassisches Kinderbuch etabliert und wurde für zahlreiche Kinder- und vor allem Mädchengenerationen so unverzichtbar wie moralisch prägend. Sein Erfolg hing sicherlich auch damit zusammen, dass es sich bei Paul und Virginie um eine Liebesgeschichte handelt, die tragisch endet. Der Roman erzählt die Geschichte zweier Kinder, die in dem Naturparadies der Insel Mauritius unbeschwert von Klassengegensätzen miteinander aufwachsen und sich lieben lernen, bis eine adelige alte Tante Virginies, reich und unmenschlich zugleich, in die natürlich gewachsene Liebesidylle einbricht, in dem sie Virginie nach Frankreich holt, damit so die Idylle zerstört. Die in der westlichen Zivilisation unglückliche Virginie, die literarische Verkörperung des Ideals der sensibilité, der Empfindsamkeit, ertrinkt kurz vor ihrer Rückkunft zur Insel, da ihr Schiff in einem Orkan kentert. Ende des 19. Jahrhunderts war sich Ida von Kortzfleisch sicher, dass sich kein Mädchen mehr in ihrer Sehnsucht nach einer vollkommenen Liebe, wie im Roman, defensiv in den unabsehbaren Wartestand begeben dürfte.

Hörte sich Ida von Kortzfleischs Mahnruf an die Eltern zunächst noch verhältnismäßig nüchtern an, so fiel ihre Prophezeiung für diejenigen Mädchen, die die Zeichen der Zeit nicht erkannt hätten und letztlich erfolglos auf einen Bräutigam warteten, sehr sarkastisch aus und legte die emotionalen Bedrängnisse in einer solchen Sackgasse des Lebens offen: „Die Anderen alle, mit denselben pochenden, liebeknospenden Herzen, sie mögen ruhig weiterträumen und weitertändeln, sich immerfort in der einsamen Stille und rührenden Bescheidenheit auf ihren Lebenszweck besin-

nen, sich grenzenlos vorbereiten auf die große Aufgabe ihres Da-
seins, die ganze Gluth ihrer Seele sparen und verbergen unter der
unscheinbaren Asche eines alltäglichen und wohldisziplinierten
Benehmens – und dann endlich mit der ganzen elektrischen Span-
nung ihrer ‚ichsuchtlosen Mütterlichkeit‘ in ein Nichts hineinfah-
ren, eine Leere, einen Abgrund, aus dem nur Gottes allbarmherzige
Gnadenhand in langsamen Zügen retten kann."[38] Ein Schicksal,
das ihrer Meinung nach unweigerlich drohte, wenn die heiß ersehnte Ehe nun doch nicht zustande kam.

Ida von Kortzfleisch erhob ihre Stimme für die unverheirateten Frauen. Indem sie die Not der ehelos bleibenden Frauen
thematisierte, machte ihre Schilderung mit drastischen Worten
auf einen gesellschaftlichen Wandel aufmerksam. Sie sorgte sich
um jene Tausende „[…] die in echter Weiblichkeit ungefragt
und unbegehrt in den vielen stillen kleinen Wohnungen der
großen lauten Städte wohnen, jene vielen Töchter ‚zurückgezo-
gener Väter und Wittwen‘, die es Alle gelernt haben, Wäsche zu
stopfen und Kinderlieder zu singen, den Theetisch schön zu decken und allerliebste Sprüche zu malen […] sie sind ja zu nichts
Anderem erzogen! Und so bleiben jene Schätze – ungehoben;
jene innigen, sinnigen, gesunden, anspruchslosen, vortrefflichen
und leider! – trotz mangelnden Vermögens – nur zu Gattin und
Mutter erzogenen Mädchen, sie bleiben – ungeheirathet."[39] Ob-

---

38   von Kortzfleisch, Dienstpflicht, in: Tägliche Rundschau 78, 5. April 1894, S. 309–311,
hier S. 310.

39   Ebd. Dass sie nicht alle Positionen der organisierten Frauenbewegung unterstützte,
wird in dieser Schrift auch deutlich. Sie distanzierte sich von den laut auftretenden Frau-
en, die „nach politischen Rechten und Männerämtern trachten, […] die sich ihrer Mut-
terpflichten zu entledigen trachten". Sie glaubte, dass diese Position nur von vereinzelt
auftretenden Frauen geäußert würde, während die Masse der unterstützungswürdigen
Frauen anderer Meinung sei.

wohl die Originalität Ida von Kortzfleischs darin bestand, dass sie in ihrem Artikel grundsätzlich die gesamte Frauenwelt in Deutschland vor Augen hatte und für diese auch eine Lösung anzugeben trachtete, verweist ihre Formulierung von der ausschließlichen Erziehung zur Gattin und Mutter darauf, dass sie im Kern insbesondere über die Veränderungen für die mittleren und oberen Schichten sprach, denn nur deren Töchter wurden strikt nach diesem Weiblichkeitsideal erzogen.

Mit der Frauenfrage als soziale Frage, die auch von anderen Zeitgenossen hauptsächlich als Not der unverheirateten Frauen diskutiert wurde, griff Ida von Kortzfleisch kein neues Thema auf. Schon ab den 1850er Jahren hatte sich die Erörterung des keineswegs auf das 19. Jahrhundert beschränkten Phänomens der Ehelosigkeit in Romanen und Autobiographien verstärkt.[40] Neu war jedoch Mitte des Jahrhunderts die Wahrnehmung des Problems in den mittleren Schichten. Im Jahr 1859 erschien eine siebenundzwanzig Seiten umfassende Abhandlung, die den Titel trug: „Giebt es ein Mittel, die Lage der unversorgten Mädchen und Wittwen in den Mittelständen zu verbessern?" Der Autor A. Kühne leitete seine „sozialpädagogische" Studie mit den Worten ein: „Das Uebel ist da, wer will das in Abrede stellen? Es ist groß und allgemein und scheint von Jahr zu Jahr zu wachsen. In gewissen Schichten der Gesellschaft giebt es kaum Eine Familie, die davon nicht betroffen wäre. Ich kenne Niemand, der nicht in seiner nächsten Verwandtschaft eine gealterte Tante, Cousine oder Schwägerin hätte, die, unversorgt, den Ihrigen mehr eine Bürde, als eine Hülfe ist. Hier leben erwachsene Töchter,

---

40   Zum Thema der ledigen und verwitweten Frauen in der Frühen Neuzeit: Heide Wunder, „Er ist die Sonn', sie ist der Mond". Frauen in der Frühen Neuzeit, München 1992, S. 173–191.

dilettantisch beschäftigt mit Büchern und Noten, eine nie ruhende Sorge bejahrter Eltern; dort finden wir eine Schwester als
Wirthin des Bruders, der sich um ihretwillen die Erfüllung des
heißesten Triebes seines Herzens versagt; an einem anderen Orte
ist die Schwester der Frau im Hause des Schwagers eingenistet,
als meisternde Muhme den Kindern ein Dorn im Fleische. Wie
viele sind es, die von den Almosen der Gemeinden, ja von den
Unterstützungen des Staates ihre Existenz fristen!" Und wie Ida
von Kortzfleisch, verweist der Autor auf die Not der Betroffenen:
„Auf welch ein Heer hülfloser Mädchen blickt die liebe Sonne
hernieder; und wenn sie in diese Herzen dringen könnte, welche
Abgründe von Jammer würde sie beleuchten! Wissen sich doch
alle nutzlos und überflüssig, und – welcher Mensch mag das
ertragen!"[41]

Und tatsächlich legten Bevölkerungsstatistiken der zweiten
Hälfte des 19. Jahrhunderts nicht nur unzweifelhaft dar, dass
rund ein Drittel sowohl der männlichen wie der weiblichen Bevölkerung im heiratsfähigen Alter nicht in einer Ehe lebten, also
ledig, geschieden oder verwitwet waren, sondern dass der durch-
schnittliche Anteil der Frauen, die lebenslang unverheiratet blieben, mit 11,3 Prozent etwa drei Punkte über dem männlichen
Anteil lag. Dabei ist noch zu beachten, dass diese Zahlen sehr
stark regionalen Schwankungen unterlagen, von 5,6 Prozent in
Zwickau bis rund 20 Prozent in Niederbayern.[42] Jedoch scheinen die oft vorgetragenen Behauptungen für ein bedenkliches

---

41   Kühne, Mittel, S. 3f. Seiner Broschüre gab der Autor als Leitmotiv ein Wort aus
Johann Wolfgang von Goethes Iphigenie bei: „Der Frauen Zustand ist beklagenswerth."
42   John E. Knodel, Mary Jo Maynes, Urban and Rural Marriage Patterns in Imperial
Germany, in: Journal of Family History 1/1976, Nr. 2, S. 129–161, hier S. 135. Vor allem
auch: Elisabeth Gnauck-Kühne, Die deutsche Frau um die Jahrhundertwende. Statistische Studie zur Frauenfrage, Berlin 1904.

Anwachsen der Gruppe der ledigen Frauen – Frauenüberschuss und sinkende Heiratsbereitschaft der Männer – de facto nicht nachweisbar, was schon die Zeitgenossen konstatierten.[43] Dennoch kann man davon ausgehen, dass die zu diesem Thema sehr lebhaft und öffentlich geführte Diskussion, begleitet von starken subjektiven, dramatisierenden Einlassungen, tatsächlich die Betroffenheit einer partiellen Gruppe als Ausgangspunkt hatte: die der unverheirateten Frauen des gebildeten Mittelstandes.[44] Denn es ließ sich statistisch belegen, dass das Heiratsalter der jungen Frauen in der Gruppe des Beamten- und Offizierstandes, des Kaufmannstandes, der freien Berufe im Laufe des 19. Jahrhunderts um mehrere Jahre auf Mitte bis Ende 20 stieg, das hieß, dass diese fast zehn Jahre länger in ihren Familien blieben, was deren Budget belasten musste. Das Problem wurde durch stagnierende Beamtengehälter und steigende Lebenshaltungskosten noch verstärkt.[45] Es war diese Schicht, deren Familien eine gehobene soziale Stellung einnahmen, jedoch nicht über das Fundament eines gesicherten Vermögens verfügten.[46] Auch der schon zitierte Zeitgenosse A. Kühne stellte als Problem die von der

---

43   Vgl. hierzu Bärbel Kuhn, Familienstand ledig. Ehelose Frauen und Männer im Bürgertum (1850–1914), Köln, Weimar, Wien 2000, S. 39–46.

44   Da die umfangreichen zeitgenössisch erstellten Statistiken nicht nach Schichten differenzierten, lässt sich auch hierzu keine abgesicherte empirische Aussage treffen.

45   Heidi Rosenbaum, Formen der Familie. Untersuchungen zum Zusammenhang von Familienverhältnissen, Sozialstruktur und sozialem Wandel in der deutschen Gesellschaft des 19. Jahrhunderts, Frankfurt a. M. 1982, S. 332; Gertrud Hermes, Ein Preußischer Beamtenhaushalt 1859–1890, in: Zeitschrift für die gesamte Staatswissenschaft 76/1921, S. 43–92, 268–295, 478–486; Margarete Freudenthal, Gestaltwandel der städtischen, bürgerlichen und proletarischen Hauswirtschaft zwischen 1760 und 1910, mit einem Vorwort und hg. v. Katharina Rutschky, Frankfurt a. M., Berlin 1986.

46   Julius Pierstorff, Frauenarbeit und Frauenfrage, in: Handwörterbuch der Staatswissenschaften, Bd. 3, Jena 1892, S. 653.

Familie abhängige Tochter der Mittelklasse heraus: Die oberen Volksklassen hätten genügend Subsistenzmittel; in den unteren Klassen, die um ihr täglich Brot kämpfen müssten, seien die Frauen stets gehalten, mitzuarbeiten und mitzuverdienen und belegten dadurch zahlreiche Arbeitsfelder, während in der mittleren Klasse „die Töchter wol mit weiblichen Handarbeiten, mit der dilettantischen Betreibung von Musik, Französisch, Literatur, wol auch mit ganz stillen Hoffnungen beschäftigt, übrigens aber – vollkommen müßig sind."[47]

Eine weitere Veränderung musste sich ebenso auf die Lage der unverheirateten Töchter auswirken: die inzwischen günstigere Herstellung zahlreicher Produkte des Alltagslebens außerhalb des Hauses wie etwa Kerzen, Seife, Konserven und Textilien. Hierdurch verringerte sich der Umfang der Hausarbeit, und es bedurfte nicht mehr so häufig der unabdingbaren hauswirtschaftlichen Mitarbeit mehrerer Töchter und Verwandten. Hinzu kam, dass es ein soziales Statussymbol war, „niedere" hauswirtschaftliche Arbeit nicht von Familienangehörigen, sondern von Dienstmädchen verrichten zu lassen. Damit einher ging eine Geringschätzung der Hausarbeit, die sich in einer Reaktion der reichen adeligen Tante in „Paul und Virginie" exemplarisch zeigt. Sie hatte Virginie gefragt, was sie denn im Naturparadies gelernt habe und diese hatte geantwortet: Gehorsam und Hausarbeit. Die Tante resümiert: also eine Ausbildung als Dienstmädchen.

Eine ungenügende Beschäftigung bei viel gesellschaftlichem Zeitvertreib, die außerdem oft als sinnlos und überflüssig empfunden wurde, wurde Gegenstand zahlreicher Lebensbeschreibungen von Frauen hauptsächlich der Generation der um 1870

---

47 Kühne, Mittel, S. 8.

geborenen. Unzufriedenheit mit Müßiggang und Langweile, ein pflichtenloses Dasein, geringe geistige Herausforderungen und dilettantische Zerstreuung thematisierten viele Autobiographien.[48] Das vorherrschende Bild ist der goldene Käfig der Konventionen, in dem sich Mädchen gefangen fühlen. Sie empfinden sich wie ein kostbares Möbelstück, das zum Inventar eines bürgerlich-aristokratischen Salons gehört. Der Virulenz und Aktualität der Figur der höheren Tochter und ihrem Schicksal entspricht, dass auch mehrere Romane sich ihr zuwandten. Ein eindringliches Zeugnis vom Schicksal einer höheren Tochter in der Zeit des Wilhelminismus, als die zeitgenössische Frauenbewegung bereits die ökonomische und selbst bestimmte Unabhängigkeit der Frau propagierte, gibt Gabriele Reuters (1859–1941) Roman „Aus guter Familie", der 1896 publiziert und sofort als Sensation gehandelt wurde. Bis 1931 erreichte das Buch 28 Auflagen.[49] Die zu ihrer Zeit viel gelesene Autorin Gabriele Reuter ist heute nahezu vergessen. In „Aus guter Familie" erzählt sie vom gescheiterten Leben der höheren Tochter Agathe, die an der von den Eltern und der Gesellschaft aufgezwungenen Rolle zerbricht. Ihr Roman, der den Untertitel „Leidensgeschichte eines Mädchens" trägt, ist eine viel sagende Anklage der Sozialisation, wie sie Ende des 19. Jahrhunderts den „höheren Töchtern" tausend-

---

48   Helene Lange, Lebenserinnerungen, Berlin 1921; Dorothee von Velsen, Im Alter die Fülle. Erinnerungen, Tübingen 1956; Adelheid Mommsen, Mein Vater. Erinnerungen an Theodor Mommsen, München 1992; Fanny Lewald, Meine Lebensgeschichte, hg. u. eingel. v. Gisela Brinker-Gabler, Frankfurt a. M. 1980; Alice Salomon, Charakter ist Schicksal. Lebenserinnerungen. Aus dem Englischen übersetzt von Rolf Landwehr. Mit einem Nachwort von Joachim Wieler, Weinheim, Basel 1983; Hedwig Wachenheim, Vom Großbürgertum zur Sozialdemokratie, Berlin 1973; Marianne Weber, Lebenserinnerungen, Bremen 1948.

49   Gabriele Reuter, Aus guter Familie. Leidensgeschichte eines Mädchens, Berlin 1896.

fach widerfuhr. Er erzählt davon, was jungen Frauen der gehobenen Schichten zugemutet und angetan werden durfte, wenn
sie unter der moralischen Kuratel der Eltern standen, die durch
die juristische väterliche Gewalt gegenüber den Unverheirateten ergänzt wurde. Jeder Versuch der sensiblen und intelligenten
Protagonistin, einen eigenen Weg zur Begründung einer für sie
zufrieden stellenden Existenz zu beschreiten, scheitert. Ihr Umfeld hat kein Verständnis für Intelligenz und Sensibilität einer
jungen Frau. Noch der 30-jährigen verweigert der Vater die von
ihr gewünschte naturwissenschaftliche Literatur. Er schenkt ihr
stattdessen, weil er es für sie passender hält, ein Pflanzenbestim-
mungsbuch für höhere Töchter nebst einer Anleitung, wie aus
gepressten Blumen hübsche Lampenschirme hergestellt werden
können. Agathe ist in dem Geflecht von Erwartungen, subtilem
und offenem emotionalen Druck nicht in der Lage, sich zu
entziehen oder zu verweigern und muss dadurch unweigerlich
physisch und psychisch krank werden. Der ungeschminkte und
zugleich desillusionierende letzte Satz des Buches lautet: „Und
Agathe hat vielleicht ein langes Leben vor sich – sie ist noch
nicht vierzig Jahre alt." Agathe repräsentiert ein junges Mädchen, das nicht die Freiheit besitzt, ihr Leben ändern zu können,
weil jeder Ausbruchsversuch elterlichen Widerstand hervorruft.
Theodor Fontanes „Effi Briest" erntet mit ihrer Zuwiderhand-
lung gesellschaftliche Ächtung und wird dafür letzten Endes mit
dem Tod gestraft.[50]
    Auch Ida von Kortzfleisch klagte in ihren Aufzeichnungen
über einen dahin plätschernden Alltag in der Jugend, begleitet

---

50   Theodor Fontane, Effi Briest. Roman [Vorabdruck], in: Deutsche Rundschau, Band
81, Oktober bis Dezember 1894, S. 1–32, 161–191, 321–354, Band 82, Januar bis März 1895,
S. 1–35, 161–196, 321–359. Im Jahr 1896 erschien der Roman in Buchform.

von der Sehnsucht nach sinnvoller Tätigkeit und einer Kranken-
pflegeausbildung, die der Vater abschlug, weil er Bedenken trug,
sie wolle womöglich in einen Beruf eintreten. Die literarischen
und autobiographischen Niederschriften waren ein deutliches
Anzeichen dafür, dass die sozialen und auch kulturellen Bedingungen für die höheren Töchter in Bewegung geraten waren.

Die zahlreichen Lebenserinnerungen zeigen, dass die Gründe für die Unzufriedenheit der höheren Töchter von materiell-
existenziellen bis zu geistigen Nöten reichten. Es ist nicht zu
übersehen, dass in das Selbstverständnis der Gesellschaft, die
sich in der Phase der ‚Zweiten industriellen Revolution' befand,
sowohl bürgerliches Leistungsdenken immer stärker Eingang
fand, als sich auch ein positives Verständnis von Arbeit verankerte – beides stand im Widerspruch zur Existenz der höheren
Tochter als „Zierde des Hauses" „zur beiläufigen Hilfe ihrer
selbstthätigen Mutter" und „als Ersatzkraft etwa eintretender
Krankheitsfälle".[51] In gleichem Maße stieg auch das Empfinden, gegenüber den Brüdern in Bezug auf deren aufmerksam
betriebene und aufwendig finanziell ermöglichte Ausbildung
zurückgesetzt zu sein. Verstärkt wurde dieses Empfinden noch
durch die Erfahrung, dass durch die brüderliche Ausbildung die
Substanz der eigenen Mitgift reduziert und damit wiederum die
Heiratschancen beeinträchtigt wurden. Es entstand ein Zirkel:
Gerade ein in Beamten- und Offizierskreisen geforderter hoher
Aufwand im Lebensstil brachte es mit sich, dass die Söhne auf
eine ausreichende Mitgift der Heiratskandidatinnen dieser Kreise
angewiesen waren, was vielen von diesen aber wegen der brü-
derlichen Unterstützung nicht mehr ausreichend möglich war.

---

51   von Kortzfleisch, Dienstpflicht, in: Tägliche Rundschau 73, 30. März 1894, S. 289 – 290,
hier S. 290.

Immer mehr junge Männer suchten sich daher eine gute Partie aus vermögenderen Kreisen. Durch diese Benachteiligung der unverheirateten Töchter wurden außerdem nicht wenige Frauen gezwungen, eine ungeliebte Tätigkeit wegen des notwendigen Verdienstes aufzunehmen. Gertrud Hermes (1872–1942)[52], eine

52   Gertrud Hermes stammte aus einer alten märkischen Pastoren- und Beamten-Familie. Vater Julius August Ottomar Hermes (1826–1893), Präsident des preußischen evangelischen Oberkirchenrats, Studium der Rechts- und Staatswissenschaften, zunächst im praktischen Justizdienst zu Boitzenburg und Berlin tätig, wurde 1857 so genannter Hilfsarbeiter beim evangelischen Oberkirchenrat und von 1878 bis 1891 dessen Präsident. 1858 Ernennung zum Oberkonsistorialrat. Gertrud Hermes wuchs in Berlin auf, wurde schon in der Kindheit zu tätiger Nächstenliebe angehalten und entwickelte sehr früh zur Berliner Arbeiterschaft eine karitativ geprägte Bindung. Der Konfektionsarbeiterinnenstreik im Jahr 1896 vermittelte ihr eine entscheidende Erkenntnis: Not und Elend seien nicht Einzelschicksale, sondern das Schicksal einer großen Gruppe. Der karitativen Individualhilfe stand sie seitdem kritisch gegenüber, stattdessen soll sie Sympathie für die Forderungen der Arbeiterbewegung entwickelt haben. Von 1900 bis 1908 war sie an einer höheren Mädchenschule in Berlin tätig. Danach engagierte sie sich in der Arbeiterinnenbildung im Gewerkverein der Berliner Heimarbeiterinnen. 1909 zog sie in den Berliner Osten, um das Milieu der Industriearbeiter besser kennen zu lernen. Sie arbeitete in der Sozialen Arbeitsgemeinschaft Berlin-Ost von Friedrich Siegmund-Schultze mit, ein Nachbarschaftshilfe- und Siedlungsprojekt in einem der ärmsten Viertel Berlins am Schlesischen Bahnhof. Siegmund-Schultze war Theologe, Sozialpädagoge, Sozialethiker und gilt als Pionier der Friedensbewegung. Wegen gesundheitlicher Probleme übersiedelte sie nach Bad Kösen. Dort kümmerte sie sich sowohl um die Schüler des benachbarten prominenten Schulinternates Schulpforta, als auch um die Heimarbeiterinnen, die für die Puppenherstellerin Käthe Kruse arbeiteten. An thüringischen und sächsischen Volkshochschulen und Heimvolkshochschulen arbeitete sie als volkswirtschaftliche Wanderlehrerin, an der Heimvolkshochschule Dreißigacker unterrichtete sie in den Frauenkursen. Danach wurde sie tätig als Referentin in den Leipziger Bücherhallen. In Leipzig gründete sie dann mit erheblichen Eigenmitteln ein Volkshochschulheim, das sich als Lebens- und Lehrgemeinschaft für acht bis zwölf jugendliche Arbeiter und Angestellte und zwei Lehrer verstand. Gertrud Hermes sah den Zweck der Erwachsenenbildung nicht in der Vermittlung von reinem Fachwissen, sondern in der Menschenbildung. Ziel der Pädagogen sollte darin bestehen, den Gestaltwerdungsprozess der jungen Menschen zu unterstützen. Zu ihrer Biographie vgl. Gustav Radbruch, Gertrud Hermes (1872–1942), in: Die Frau 50/1942/43, S. 53f; Günther Wolgast, Joachim H. Knoll (Hg.), Biographisches Handwör-

frühe Unterstützerin der Pläne Ida von Kortzfleischs, die für die Schulpläne in Berlin warb und Mitglied im weiteren Ausschuss war[53], Tochter des Präsidenten des preußischen evangelischen Oberkirchenrats, überlieferte einen Ausspruch ihres Vaters, der die Kriterien des Heiratsmarktes aufdeckt: „Hübsch seid ihr nicht, Geld habt ihr nicht, also von Heiraten ist keine Rede."[54] Und tatsächlich sollte Gertrud Hermes auch unverheiratet bleiben. Sie wurde Lehrerin, arbeitete dann im Volkshochschulbereich und schließlich auch wissenschaftlich. Während ihre berufliche Entwicklung mehrere Brüche aufweist, gleichwohl ihrer Suche nach einer konsequenten Weltanschauung folgt, machte ihr Bruder Justus Karriere im preußischen Staatswesen in einer Weise, die einer Frau verschlossen blieb.[55]

terbuch der Erwachsenenbildung, Stuttgart, Bonn 1986, S. 159f; Gertrud Hermes, Neue Wege der Volkshochschularbeit, in: Die Tat 14/1922/23, S. 256–263; Reinhard Buchwald, Miterlebte Geschichte. Lebenserinnerungen 1884–1930, hg. v. Ulrich Hermann, Köln, Weimar, Wien 1992, S. 415; Gertrud Hermes, Die geistige Gestalt des marxistischen Arbeiters und die Arbeiterbildungsfrage, Tübingen 1926.

53   Briefe von Gertrud Hermes an Ida von Kortzfleisch, 1895 bis 1898. Flugblatt „Unsere Ziele". Auch eine Schwester von Gertrud Hermes unterstützte die Frauenschulangelegenheiten, in dem sie in Berlin Unterstützerinnen und Spenden zu gewinnen suchte. Aus einem Brief Ida von Kortzfleischs an ihre Mutter aus Nieder-Ofleiden v. 2.8.1898 geht hervor, dass Gertrud Hermes in der Frauenschule Nieder-Ofleiden unterrichtete. Briefe an Ida von Kortzfleisch, StABü, D 21, Nr. 405.

54   Hermes, Beamtenhaushalt, S. 281. Die Quelle, mit der Hermes arbeitete, waren die Haushaltsbücher, die ihr Vater über Jahrzehnte gründlich geführt hatte.

55   Justus Hermes (1853–1915), Jurist, preußischer Beamter. Kurze Tätigkeit in der Justiz, anschließend 22 Jahre bis 1905 Tätigkeit im Landwirtschaftsministerium, seit 1900 als Ministerialdirektor. Ab 1906 Chefredakteur der Zeitung „Neue Preußische Zeitung", nach dem Eisernen Kreuz im Kopfe des Blattes „Kreuzzeitung" genannt, zweimal täglich in Berlin erscheinende politische Zeitung, das Organ der evangelischen Hochkonservativen, die 1848 gegründet worden war. Ab 1913 bis zu seinem Tode hatte er an der Landwirtschaftlichen Hochschule eine Honorardozentur für Verwaltungskunde inne. Justus Hermes war politisch, sozial und kirchlich stark interessiert. Er übernahm nach seiner Pensionierung die Geschäfte des Chefredakteurs der Preußischen Kreuzzeitung

„Eine Jede muß die Wahl haben"[56]

Die Pädagogin und Frauenrechtlerin Helene Lange (1848–1930) bestätigte, dass die Frauenfrage als soziale Frage, die im Jahr 1865 zur Gründung des Allgemeinen Deutschen Frauenvereins (ADF) und damit zur Begründung der Frauenbewegung geführt hatte, insbesondere auch eine Frage der gehobenen Schichten war: „Gewiß, man begann die Versorgungsbedürftigkeit der Mittelstandstöchter einzusehen, zumal sie so vielen Vätern am eigenen Leib demonstriert wurde."[57] Auch wenn von Seiten der Frauenbewegung wiederholt Forderungen zur besseren Berufsausbildung proletarischer Mädchen aufgestellt wurden, so stand doch die Verbesserung der Bildungs- und Erwerbssituation der höheren Töchter im Mittelpunkt. Hierfür wurden Frauenbil-

---

bis 1912. Seinen Abschiedsworten in der Kreuzzeitung kann man seine Auffassung entnehmen. Er betonte darin die Aufgabe, als Konservativer eine positive Stellung zu der neuen Ordnung der Dinge einzunehmen, einen „weisen, jeder Reaktion in trivialem Sinne abholden Standpunkt". Er hob das Preußentum hervor, das nicht im Sinne des Partikularismus agieren sollte und verwies auf Vorbilder wie Stein, Hardenberg, Blücher, Scharnhorst, Moltke, die alle keine Preußen waren. Mit dem Liberalismus rechnete er ab, dessen Vertreter hätten sich nach Erreichung der 48er Ziele weiter nach links entwickelt. Und er bedauerte die Erschütterung des Autoritätsgefühls, weil zunächst möglichst schrankenlose Entwicklung des Individuums gefordert worden sei und die Rücksichten des menschlichen Gemeinschaftslebens in seinen organischen Bildungen des Staates, der Familie, der Berufs- und Standesgemeinschaft für den Liberalismus erst in zweiter Linie stehen würden. Und schließlich wies er auf Preußens deutschen Beruf hin, der aber nicht darin bestehen dürfe, darauf zu verzichten, Herr im eigenen Hause zu sein. Hermes galt als das Muster eines preußischen Beamten: Mit der Geradheit des Charakters habe er einen scharfen Verstand und warmes soziales Empfinden verbunden. Vgl. Kürschners Deutscher Literatur-Kalender, Nekrolog 1901–1935.

56   von Kortzfleisch, Dienstpflicht, in: Tägliche Rundschau 78, 5. April 1894, S. 309–311, hier S. 310.

57   Helene Lange, Fünfzig Jahre Frauenbewegung, in: Kampfzeiten. Aufsätze und Reden aus vier Jahrzehnten, 2 Bde., Berlin 1928, S. 199.

dungs- und Erwerbsvereine gegründet, die Träger von Schulen wurden.[58] Programmatisch hierfür war die Schrift der Mitbegründerin Louise Otto-Peters (1819–1895) „Das Recht der Frauen auf Erwerb"[59]. Zugleich war ihr Grundanliegen die rechtliche Gleichstellung von Mann und Frau. Sie forderte die Achtung für das Mädchen ein, das sich einen Wirkungskreis für seine Existenz sichert und sich damit zum nützlichen Mitglied der Gesellschaft macht. Forderungen nach politischer Partizipation blieben zunächst ein Fernziel.

Ebenfalls ausdrücklich zur Verbesserung der wirtschaftlichen und sozialen Lage der Töchter der gehobenen Kreise entstand ein Jahr später der von Wilhelm Adolf Lette (1799–1868) gegründete Verein zur Förderung der Erwerbstätigkeit des weiblichen Geschlechts, später Lette-Verein genannt. Der Verein unterstützte die Entwicklung weiterer Berufsfelder für diese, da

---

58 Möglichkeiten, eine Berufsqualifikation zu erwerben, boten auch Lehrererinnenseminare, die durch die Initiative einzelner Frauen oder auch durch Frauenvereine entstanden. Dazu gehört die Schlossschule zu Wolfenbüttel, die auf Initiative von Henriette Breymann, verheiratete Schrader-Breymann (1827–1899), gegründet wurde. Vgl. hierzu Rosemarie Henning, Die Schlossschule zu Wolfenbüttel. Ihr Werden und Wirken von 1866–1921, Wolfenbüttel 2004. Henriette Schrader-Breymann gründete in Berlin den „Verein für Volkskindergärten und Volkserziehung" und das heute noch bestehende Pestalozzi-Fröbel-Haus.

59 Louise Otto-Peters, Das Recht der Frauen auf Erwerb. Blicke auf das Frauenleben der Gegenwart, Hamburg 1866. Louise Otto-Peters wurde 1819 in Meißen als Tochter eines Juristen geboren. Nach dem Tod ihrer Eltern und ihres Verlobten wandte sie sich vollständig der Literatur zu. 1843 erscheint ihr erster Roman. Außerdem arbeitete sie an Zeitschriften und Zeitungen mit. 1848 erregte sie Aufsehen durch ihre Forderung „Vergesst die Frauen nicht!" 1858 heiratete sie den Schriftsteller August Peters, der wegen Beteiligung an den Revolutionskämpfen von 1849 bis 1856 in Haft war. 1864 starb dieser. Louise Otto-Peters wandte sich nun ausschließlich Frauenfragen zu. 1865 wurde sie in Leipzig Vorsitzende des ersten Frauenbildungsvereines und Vorsitzende des Allgemeinen Deutschen Frauenvereins. Sie schrieb 28, oft mehrbändige Romane, verfasste Gedichte, Erzählungen und zahlreiche journalistische Beiträge.

ihnen damals nur die Berufe Gouvernante, Lehrerin und Gesellschafterin offen standen. Oftmals waren aber auch diese Mädchen und Frauen gezwungen, zur Verbesserung einer prekären
finanziellen Situation Heimarbeit zu leisten, die dann aber im
Haus verborgen bleiben musste, war doch der Eindruck, man
ginge einer Erwerbsarbeit nach, zu vermeiden. Diese Einstellung folgte dem Diktum: Wer für Erwerb arbeiten muss, dessen
soziales Ansehen sinkt. Der Lette-Verein förderte Ausbildungsstätten und -institutionen sowie Absatzmöglichkeiten für von
Frauen hergestellte Produkte. Ab 1872 unterhielt er auch eigene
Schulen, die sich insbesondere der Ausbildung von Frauen in
gewerblichen und kaufmännischen Berufen widmeten. So genannte Victoria-Bazare organisierten Ausstellungen und sorgten
für den Verkauf von in Heimarbeit hergestellten Waren. Der
Lette-Verein bot bald auch Stellenvermittlungen an und öffnete
sich zunehmend unterschiedlichen Bevölkerungsschichten. Seine Berufsbildungsstätten und die der Frauenbewegung ebneten
die Wege zur weiteren Entwicklung einer Berufsausbildung für
Frauen.

Nach drei Jahrzehnten Frauenbewegung zeigten deren Argumente und praktische Selbsthilfeeinrichtungen Wirkung, da
sie Erfolge vorweisen konnte und zugleich immer augenschein-
licher wurde, dass die gesellschaftliche Rolle der Frau im Begriff war, sich grundlegend zu wandeln. Die Bewegung steuer-
te Anfang der 1890er Jahre auf einen Höhepunkt zu, was sich
darin manifestierte, dass sich 1894, inspiriert von der Generalversammlung des International Council of Women anlässlich
der Weltausstellung 1893 in Chicago, der Dachverband „Bund
Deutscher Frauenvereine" gründete. 1895 gehörten ihm 65 und
sechs Jahre später schon 137 Vereine mit 70.000 Mitgliedern an.

Die Kritik an den patriarchalischen Strukturen, die frauenrecht-
lerische Forderung, die Gesellschaft habe eine weibliche Kultur
sowie die Gleichstellung der Frau nötig, lösten zahlreiche und
heftige Kontroversen und Gegnerschaften sowohl bei Männern
als auch bei Frauen aus. Das Selbstbewusstsein vieler Frauen
war erstarkt, Frauenrechte wurden nicht nur eingefordert, sondern partiell auch schon ausgeübt. Dennoch zeichnete sich ab,
dass das Verhältnis zwischen Männern und Frauen dabei war,
größte Umwälzungen zu erfahren. Auch wenn viele Frauen
keine Feministinnen waren und insbesondere einer politischen
Emanzipation ablehnend gegenüber standen, gab es doch kaum
ein Frauenleben, das nicht durch die von den Frauenrechtlerinnen aufgeworfenen Fragen berührt wurde: Das galt etwa für
die Möglichkeiten einer verbesserten Bildung, den Zugang zur
Universität oder auch für die Erlangung einer beruflichen Ausbildung. Das galt ebenso für die rechtliche Frage der Verfügung
und Verwaltung des Vermögens, für die väterliche Gewalt über
die Volljährigkeit der Frauen hinaus oder auch den Übergang
in die Gewalt des Ehemanns nach der Heirat. Frauen lasen über
diese Fragen in den zahlreichen Zeitungen und Illustrierten,
dachten auch über Empfängnisverhütung nach, um nicht so
viele Kinder zu bekommen wie ihre Mütter und Großmütter.

Bei der Erörterung ihres Anliegens mischte sich Ida von
Kortzfleisch nicht nur in eine Diskussion ein, die schon länger
geführt wurde, sondern sie nahm im Wesentlichen die Perspektive der Frauenrechtlerinnen und der liberalen Sozialreformer,
die sich der Sache der Frauen angenommen hatten, ein. Den
wichtigsten Protagonisten erwies sie ihre Referenz: „Männer
wie Stöcker, Leixner, Holtzendorff, Grimm, Bücher, und Bebel;
Frauen wie die Lange, Kettler, Gnauck-Kühne, Bülow, Milde

und Dohm haben in ihren Reden, Broschüren, Abhandlungen und Büchern ihre Ansichten geäußert und überzeugend bewiesen, daß es ‚anders‘ [mit der Mädchenerziehung, O. W.-H.] sein und werden müsse."[60] Am Ende des Jahrhunderts monierte Ida von Kortzfleisch erneut die große Abhängigkeit der ledigen Frau von ihrer Herkunftsfamilie und in Bezug auf ihre Verhaltensweisen die eingespielte Rücksichtnahme auf die öffentlichen Erwartungen. Sie forderte – ganz mit der Frauenbewegung übereinstimmend – stattdessen mehr individuelle Freiheiten für die Frauen, vor allem damit diese ein für sie passendes und sinnvolles Betätigungsfeld finden könnten: „Einer Jeden soll Gelegenheit geschafft werden, diesen Wirkungskreis zu finden, ob in oder außerhalb der Ehe. Eine Jede muß die Wahl haben und die Möglichkeit vor Augen sehen, ohne Verstoß gegen die öffentliche Meinung ihren Schritt in einen nützlichen und zusagenden Wirkungskreis zu lenken, selbst wenn dieser nicht innerhalb ihres elterlichen Hauses liegen sollte."[61] Das Wort „Wirkungskreis" war bewusst gewählt, war damit doch ausgesagt, dass jede Art von Beschäftigung in jeder möglichen Lebensform gemeint sein konnte. Damit war das ehrenamtliche Engagement ebenso einbegriffen wie das Ausüben eines Erwerbsberufes. Mit

---

60 von Kortzfleisch, Dienstpflicht, in: Tägliche Rundschau 72, 29. März 1894, S. 285–286, hier S. 285. Bei allen Namensnennungen vermerkte Ida von Kortzfleisch in je einer Fußnote, auf welchen Beitrag der Genannten sie sich bezog. Die vollständigen Namen der Angeführten lauteten: Adolf Stoecker (1835–1909), Otto von Leixner (1847–1907), Franz von Holtzendorff (1829–1889), Herman Grimm (1828–1901), Karl Wilhelm Bücher (1847–1930), August Bebel (1840–1913), Helene Lange (1848–1930), Hedwig Kettler (1851–1937), Elisabeth Gnauck-Kühne (1850–1917), Gertrud von Bülow, Gräfin von Dennewitz (1844–1927), Natalie von Milde (1850–1906), Hedwig Dohm (1831–1919).

61 von Kortzfleisch, Dienstpflicht, in: Tägliche Rundschau 78, 5. April 1894, S. 309–311, hier S. 310.

ihrer Forderung nach mehr Freiheiten und Möglichkeiten und
nach dem Recht auf einen eigenständigen Weg, hatte Ida von
Kortzfleisch das Recht auf eine selbst bestimmte Identitätsfin-
dung und einen aktiv zu gestaltenden Lebensentwurf jenseits
des bisher standesgemäß Zugestandenen formuliert. Bei aller
von ihr mehrfach unterstrichenen Akzeptanz der zentralen weiblichen Bestimmung, Gattin, Hausfrau und Mutter zu sein, hatte
sie ein davon sich abhebendes alternatives Modell daneben gestellt, das der ökonomisch unabhängigen, berufstätigen Frau.

Die Töchter des Adels und „der oberen Stände"[62]

Die Einlassungen Ida von Kortzfleischs deuten darauf hin, dass
die Lebensumstände vieler höherer Töchter in der zweiten Hälfte des 19. Jahrhunderts noch immer nicht von den zahlreichen
im Gang befindlichen Initiativen und Veränderungen berührt
wurden. Das galt auch für die adeligen Mädchen. Selbstverständlich waren deren Familien ebenfalls mit den erstaunlichen
Neuerungen, Erfindungen und neuen Technologien konfrontiert. Sie erlebten die rapide Industrialisierung, das Anwachsen
der Städte. Der Landadel, gestützt auf die Landwirtschaft, geriet durch die Konsequenzen aus dem Welthandel unter Druck,
allein dadurch, dass ausländisches Fleisch, Getreide und andere
landwirtschaftliche Produkte auf den deutschen Markt drängten,
auch wenn die deutsche Regierung durch Steuererleichterungen
und Schutzzölle die Landwirtschaft zu schützen trachtete.
Trotzdem hatten viele kleinere Betriebe große Schwierigkeiten,

---

62   von Kortzfleisch, Dienstpflicht, in: Tägliche Rundschau 78, 5. April 1894, S. 311.

wirtschaftlich profitabel zu bleiben, und auch viele Rittergüter waren hoch verschuldet. Spannungen zwischen dem Alten und Hergebrachten und einer neu entstehenden Welt waren an der Tagesordnung. Aber in Kreisen, in denen der Tradition große Priorität zukam, setzte man in vielen Fällen auf die Prinzipien und Tugenden der Pflichterfüllung im kaiserlichen Vaterland, um des Durchhaltens und Behauptens willen. Viele stemmten sich gegen die neue Zeit und hatten wenig Neigung, sich dieser mit ihren komplexen und widersprüchlichen Tendenzen und ihren unübersehbar verschobenen Prioritäten zu stellen.

Insbesondere wollten viele adelige Familien ihre Töchter vor den modernen Anmutungen schützen. Der hochgehaltene traditionelle Status der Tochter stellte ein argumentatives und räumliches Refugium her, in dem die Familien sich selbst vor den neuzeitlichen Verunsicherungen, die noch mehr Standeserosionen befürchten ließen, verschanzten. Der Autor eines Leserbriefes im „Adelsblatt" erfuhr keinen Widerspruch, als er ein besonders aufregendes, weil bisher nie da gewesenes Ereignis sehr abschätzig kommentierte. Es handelte sich um den internationalen Frauenkongress, der 1896 zum ersten Mal in Deutschland stattfand. Das einflussreiche liberale Berliner Tageblatt vermeldete staunend: „Das hat die Hauptstadt des Deutschen Reiches noch nicht gesehen!" 17.000 Delegierte aus 14 Ländern nahmen teil. Die Frauen waren mit Dampfschiffen aus Amerika über den Ozean angereist, in tagelangen Bahnfahrten waren sie aus Russland und Italien gekommen und hatten auf dem Kongress über Frauenrechte und Prostitution, über weibliche Kreativität und Bildung diskutiert. Beeindruckt hatte die Vielfalt der Erscheinungen: Man konnte Engländerinnen an ihrem soliden Tweed erkennen, eine armenische Prinzessin trat exotisch anzusehen in farbenfroher Tracht und Spitzenschleier auf, deutsche Delegierte waren in graue korrekte Reisekostüme mit großem Hut gekleidet, daneben sah man Frauen in kecken Hosen. Rechtsanwältinnen, Journalistinnen, Lehrerinnen, Landwirtinnen, Juristinnen und Künstlerinnen diskutierten, stritten und feierten miteinander auf diesem Kongress.

Ganz im Kontrast zu diesen Eindrücken nannte der Verfasser des Leserbriefes im „Adelsblatt" diesen Kongress drastisch ein „Welt-Narrheits-Congreß" und „ein Armuthszeugniß für unsere gerühmte Cultur, wie es höhnender und drastischer kaum gedacht werden kann."[63] Er war ganz und gar nicht einverstanden mit den dort vorgetragenen Forderungen nach „Freiheit und Gleichheit" und davon überzeugt: „Geistige Arbeit, um davon zu leben, als Pflicht, als Beruf, sollte dem weiblichen Geschlecht niemals auferlegt werden." Die Versicherungen der Frauen, sich eine Teilnahme am öffentlichen Leben erkämpfen zu wollen, hielt er für unsinnig, denn die Frauen würden schon jetzt öffentlich wirken, ja mehr noch: Sie würden dem öffentlichen Leben überhaupt erst die Grundlage schaffen – und meinte damit die Erziehungsaufgabe der Mütter in den Familien.

Die Töchter sollten ihren bisherigen Platz in der „natürlichen" Ordnung beibehalten, denn die Heimsuchungen der Moderne würden sie nur krank machen, war eine weit verbreitete Auffassung. Das Thema war so aktuell wie virulent, dass es nicht verwundert, dass die Literatur es aufgriff. Die Figur der höheren Tochter aus dem Adel wurde Thema. Der Schriftsteller Eduard von Keyserling (1855–1918)[64], dessen erzählerisches

---

63   Deutsches Adelsblatt. Wochenschrift für die Aufgaben des christlichen Adels. Organ der Deutschen Adelsgenossenschaft 42/1896.

64   Eduard von Keyserling, der „baltische Fontane, wurde als zehntes von zwölf Kin-

Werk in der Welt des ländlichen Adels um 1900 angesiedelt ist, ließ in seinem im Jahre 1914 erscheinenden Roman „Abendliche Häuser" Baron von Warthe verkünden, was die konventionelle standesgemäße Regel für adelige Töchter war: „Unsere Töchter gehören in unser Haus, bis sie ihr eigenes beziehen. Tochter eines adeligen Hauses zu sein ist ein Beruf, der ebenso wichtig ist wie jeder andre Beruf." Und sein Freund Baron Port, der auch eine Tochter zu beklagen hatte, die nach Dresden ausgebrochen war, um ihre Stimme auszubilden, kommentiert ihre Rückkehr: „Ja, zurück kommen sie alle, aber wie? Die Nerven kaputt, zerzaust wie die Hühner nach dem Regen, der arme Warthe hatte ganz recht, keine will auf dem Posten bleiben. Früher hatten die adeligen Fräulein nie solche Talente, die ausgebildet werden mußten, das ist auch so die neue Zeit."[65]

In Keyserlings Roman „Fürstinnen" tauscht man sich beim Abendessen über die Erschütterungen wegen der neuartigen Ideen einzelner Töchter aus. Der Graf berichtet von einem Be-

---

dern einer adeligen Familie auf Schloss Paddern im heutigen Lettland geboren. Er gilt als ein bedeutender Dramatiker des Impressionismus. Sein erzählerisches Werk ist insbesondere ab 1903 angesiedelt in der Welt des baltisch-kurländischen Landjunkertums der vorletzten Jahrhundertwende, auch wenn er die Schauplätze gelegentlich in die Mark Brandenburg, nach Ostpreußen oder ins Bayerische verlegt. Er studierte zunächst Rechtswissenschaft in Dorpat, dann Philosophie und Kunstgeschichte in Wien und Graz. Nach dem Studium verwaltete Keyserling die Güter der Mutter, Paddern und Telsen, übersiedelte nach deren Tod Ende 1894 mit drei Schwestern nach München. Der damals schon an Syphilis Erkrankte zog sich 1897 ein schweres Rückenmarksleiden zu und erblindete, weswegen er ein zurückgezogenes Leben führte. Seit 1908 verließ er kaum noch das Haus in Schwabings Ainmillerstraße Nr. 19, wo er vom Jahre 1900 bis zu seinem Tod wohnte. In diesen Jahren entstanden seine bekanntesten Werke, die er den mit ihm im gemeinsamen Haushalt lebenden Schwestern diktierte. Keyserling schreibt oft aus der Sicht weiblicher Figuren. Deren Stände überschreitende Ausbruchsversuche gelingen nicht: Sie alle scheitern und resignieren zuletzt.

65   Eduard von Keyserling, Abendliche Häuser, Erstausgabe 1914, München 1998, S. 12, 18.

such des Barons Üchtlitz: „Der alte Herr schien ganz außer sich. ‚Denken Sie sich', sagte er, ‚unsere Hilda will fort und etwas leisten. Will sie Kranke pflegen, will sie studieren, will sie Postfräulein werden? Was weiß ich. Sie kann sich zu Hause nicht entwickeln, sagt sie. Haben Sie je gehört, daß zu unserer Zeit unsere Damen sich entwickelten? Nein – aber sie muß fort. Sie sagt, sie wird nicht wie eine Prinzessin zu Hause sitzen und auf eine Krone warten.'" Dieser Bericht erregte Heiterkeit an der Tafel: „‚Sie war mir nie sympathisch', bemerkte die Fürstin, und die Baronin Dünhof meinte: ‚Schließlich, wenn diese Damen sich entwickelt haben, so weiß die Gesellschaft nicht, was sie mit ihnen anfangen soll.' ‚Und es endet gewöhnlich mit einer törichten Heirat', warf Baron Fürwit ein. Die Baronin nickte und erklärte mit Bestimmtheit, die Frau gehöre in das Haus."[66]

Dagegen erfährt man von der ausbruchsbereiten und widerspenstigen Hilda: „Nein, Postfräulein will ich nicht werden, es gibt soviel andere Berufe, ja, es gibt eigentlich alle Berufe, wir müssen sie nur erobern. Unsere Brüder bleiben auch nicht zu Hause und werden, was sie wollen. Warum sollen wir immer Töchter bleiben? Tochter ist so ein schreckliches Wort. Tochter ist ein Wesen, das eigentlich nur dazu da ist, um abends ins Haus zurückgeschickt zu werden, damit es der Mama einen Schal holt, weil es anfängt kühl zu werden."[67]

Auch Ida von Kortzfleisch rieb sich an dem „Beruf" der adeligen Haustochter. Auch ihre Familie verlangte diesen ihr ab. Mit drastischen Worten beschrieb sie ihren Status als Adelstochter: Sie sei „eine privilegierte Bettlerin", abhängig „nur

---

66 Eduard von Keyserling, Fürstinnen, Erstausgabe 1917, München 2005, S. 18, 19.
67 Ebd., S. 36.

von der Barmherzigkeit Gottes und der Menschen".[68] In dieser Situation sah sie nicht nur sich, sondern generell die „Töchter der oberen Stände"[69]. Für diese gelte das Ideal aus dem Gedicht Friedrich Schillers „Würde der Frauen": „In der Mutter bescheidener Hütte bleiben und walten nach frommer Sitte."[70] Ida von Kortzfleisch zeigte sich überzeugt, dass Schillers Ideal in Verbindung „mit den ritterlichen, den patriarchalisch-ererbten Anschauungen" innerhalb der Gesellschaft ein „Bollwerk an Vorurteil und Zweifel"[71] um die weibliche Jugend höherer Stände aufgerichtet hätte. Durch elterliche Eigensucht und falsch verstandene Beschützerfunktion sei die Tochter ein „allerliebstes Spielzeug des Hauses"[72], man gestatte ihr nicht nur, sondern verlange von ihr, „ein Luxus"[73] zu sein. Liebende Väter und Mütter – bemerkte sie anerkennend und zugleich kritisch – wollten den Töchtern so lange wie möglich den „poetischen Hauch der Weltunberührtheit" erhalten: „An dem Blüthenschmelz, dem Schmetterlingssinn der frühlingsknospenden Jungfrau möchten sie ihr eignes abgehetztes, übersättigtes Geschäfts- und Gesellschaftsleben erfrischen und gesund baden."[74] An ihrer Kritik wird deutlich, was sie entbehrt, wenn sie notiert, dass Eltern ge-

---

68   Vortrag Ida von Kortzfleischs in Leipzig 1907, zit. n. Heimpel-Michel, Ida von Kortzfleisch, S. 11.

69   von Kortzfleisch, Dienstpflicht, in: Tägliche Rundschau 78, 5. April 1894, S. 311.

70   Ida von Kortzfleisch, Vor den wirtschaftlichen Kampf gestellt. Vortrag, gehalten am 13. November in der Ortsgruppe Dresden des Deutsch-Evangelischen Frauenbundes, in: dies., Freiin Pawel-Rammingen, Weibliche Dienstpflicht. Zwei Vorträge, Berlin 1907, S. 3–18, hier S. 5. Bei Friedrich Schiller heißt es: „In der Mutter bescheidener Hütte / Sind sie geblieben mit schamhafter Sitte / Treue Töchter der frommen Natur", in: Friedrich Schiller, Sämtliche Werke, Bd. 1, München 1962, S. 218–220, hier S. 219.

71   von Kortzfleisch, Kampf, S. 5.

72   von Kortzfleisch, Dienstpflicht, in: Tägliche Rundschau 78, 5. April 1894, S. 310.

73   von Kortzfleisch, Kampf, S. 6.

74   von Kortzfleisch, Dienstpflicht, in: Tägliche Rundschau 78, 5. April 1894, S. 310.

lehrte Töchter ablehnen würden. Als Gründe gibt sie sowohl zärt-lich gemeinte Fürsorge als auch elterliche Eigensucht an, hatten diese doch zumindest die unverheiratete Tochter stets zu ihrer Verfügung.[75] Ida von Kortzfleisch zeigte sich davon überzeugt, dass viele Töchter dieses Los als unbefriedigend empfänden und

---

75   Diese Vermutung wird durch zahlreiche veröffentlichte Lebenserinnerungen gestützt: Ferdinande Freiin von Brackel, Mein Leben, Köln o. J. (1905), S. 89, 122, 137. Dem Vater von Ferdinande Freiin von Brackel (1835–1905), die viele Jahre unter dem Pseudonym E. Rudorf veröffentlichte, war es ein schrecklicher Gedanke, eine schriftstellernde Tochter zu haben. Die Autorin schreibt, dass beim Tod der Mutter ein Gefühl der Freiheit eintrat, das – obwohl die Freiheit oft herbeigesehnt wurde –, erstaunlicherweise dann doch etwas unangenehm gewesen sei. Paula von Bülow, geb. Gräfin von Linden, Aus verklungenen Zeiten. Lebenserinnerungen 1833–1920, hg. v. Professor Dr. Johannes Werner, 2. Aufl., Leipzig 1925, S. 70; Gräfin Henriette Keyserling, Frühe Vollendung. Das Leben der Grä-fin Marie Keyserling in den Erinnerungen ihrer Schwester, hg. v. Otto Freiherr von Taube, Bamberg 1948, S. 189, 193, 204, 208, 256, 258, 280, 298, 302f, 304. Henriette Gräfin von Keyserling (1839–1908) war die Schwester des Schriftstellers Eduard von Keyserling. In „Frühe Vollendung" wird die unsystematische, „leichtlebige", keine Disziplin fordernde Ausbildung beschrieben. In Bezug auf die Veröffentlichung von Frauentexten zeigt sich bei ihr, dass die Eltern dies fördern würden, die Töchter dies aber als „hässlich" ableh-nen. Häufig wird beschrieben, dass die hauswirtschaftliche Mitarbeit ungeliebt ist, da die jungen Frauen sich für „unbeschreiblich unpraktisch und ungeschickt" halten. Die Heranwachsenden entwickeln Angst, „alte Jungfern" zu werden. Mit Unverständnis er-innern sie sich des Spruches ihrer Konfirmationszeit: „Nichts wollen und nichts können, Nichts haben und nichts tun, Als Jesum uns bekennen, Zu seinen Füßen ruhn." (S. 302f). Anna Freiin von Krane, Wie ich mein Leben empfand, Bocholt i. W. 1918, S. 13f, 24, 29, 36, 38, 43, 73, 113, 127. Anna von Krane (1853–1937) empfand sich in ihrer Kindheit und Jugend als „Vogel im Käfig". Noch schärfer formulierte sie, ihre Jugend sei „Kerkerhaft" gewesen. Sie litt darunter, dass ihr Vater und ihre Erzieherin genaue Vorstellung davon hatten, was eine standesgemäße weibliche Erziehung und Beschäftigung sei. In eine öf-fentliche Schule zu gehen, kam nicht in Frage, da dies „demokratisch" war. Ihr Wunsch, Haushaltsführung und Kochen zu lernen, wurde abgelehnt, da das einer Dame nicht gemäß war. Ihr brennender Wunsch, arbeiten zu dürfen, wurde ebenfalls zurückgewiesen. Von ihrem Vater schreibt sie, der arme liebe Mann hätte das echt männliche Grauen vor einer denkenden Frau gehabt. Ganz ähnlich wie Ida von Kortzfleisch empfand sie sich als „Bettlerin im Leben" (S. 113), gezwungen zur Untätigkeit.

unter einer lückenhaften Ausbildung leiden würden.[76] Ihr war bewusst, dass eine fehlende systematische berufliche Ausbildung junge Frauen in bedrängende Notsituationen bringen konnte. Eine solche konnte durch den frühen Tod des Vaters oder des Ehemannes oder auch durch den Verlust des familiären Vermögens ausgelöst werden. In einer Krisensituation konnten Frauen darauf angewiesen sein, ihren Unterhalt selbst verdienen zu müssen.

Wie schwierig eine selbstständige Existenzsicherung zu bewerkstelligen war, illustrieren eindringlich 39 kurze Lebensbeschreibungen, die der Zeitschrift Gartenlaube als Zuschriften auf ein Preisausschreiben zugesandt wurden, das diese im Jahr 1906 ausgelobt hatte. Das gestellte Thema hatte gelautet: „Vor

---

76   Die aus dem englischen Hochadel stammende Schriftstellerin Nancy Mitford thematisierte noch in den 1940er und 1950er Jahren in ihren Romanen und Artikeln die unzureichende Bildung der Mädchen ihrer Kreise und die Vorbehalte gegenüber Bildung für Frauen: Nancy Mitford, Englische Liebschaften, Erstveröffentlichung London 1945, Nördlingen 1988, S. 22, 50–54, 84–87, 144; dies., Noblesse oblige. Böse Gedanken einer englischen Lady, Erstveröffentlichung London 1956, Reinbek bei Hamburg 1997. Nancy Mitford (1904–1972) war die älteste Tochter David Mitfords, des zweiten Baron Redesdale. Sie hatte keine öffentlichen Schulen besucht, sondern Privatunterricht erhalten. Ihr erstes Buch „Highland Fling" erschien 1931. 1933 heiratete sie Peter Rodd, diese Ehe scheiterte. Während des Zweiten Weltkrieges leitete Nancy Mitford eine Buchhandlung in London. 1946 übersiedelte sie mit Gaston Palewski, einem engen Vertrauten von General de Gaulles, den sie 1942 im Londoner Exil kennen gelernt hatte, nach Paris. Der Mitford-Clan wurde durch einige politische Skandale bekannt. Während Nancy den Sozialisten nahe stand, war ihre Schwester Diana mit Sir Oswald Mosley, dem Gründer der „British Union of Fascist" verheiratet. Ihre jüngere Schwester Unity war eine glühende Verehrerin Adolf Hitlers. Eine weitere Schwester, Jessica, wiederum war eine leidenschaftliche Kommunistin.
Maria Gräfin von Maltzan (1909–1997) musste noch in den 1920er Jahren gegen den Widerstand ihrer Mutter durchsetzen, in Berlin das Abitur machen zu dürfen: Maria Gräfin von Maltzan, Schlage die Trommel und fürchte dich nicht, Berlin, Frankfurt a. M. 1986, S. 48–61. Maria Gräfin von Maltzan wurde Biologin, Tierärztin und engagierte sich im Widerstand gegen das nationalsozialistische Regime.

den wirtschaftlichen Kampf gestellt". Als Motiv formulierte der Verlag, es sei ihm bei dem Preisausschreiben darum gegangen, die „Frauen und Jungfrauen, denen durch harte Not plötzlich der Kampf ums Dasein aufgezwungen war, zur Darstellung ihrer Erlebnisse zu veranlassen".[77] Eine junge Frau beschrieb ihre Situation: „Als mein Mann starb, war ich so blutjung, dass ich fast ebenso eines Vormundes bedurft hätte wie mein zweijähriger blonder Junge. [...] Hinterlassen hatte mir mein Mann nichts, gar nichts, kein Barvermögen, keine Rente oder Pension, nur unsere bescheidene hübsche Einrichtung, die gerade zur Bestreitung der Kranken- und Begräbniskosten zureichte und einen kleinen, ganz kleinen Notpfennig für allerschlimmste Zeiten ergab. So stand ich, knapp zwanzigjährig, allein mit dem Kind da, auf meine eigene Erwerbskraft angewiesen. Und ich war aus vornehmer, plötzlich verarmter Familie und hatte viel, ach, gar so viel gelernt, nur eben nicht – arbeiten!"[78] Der für die höhere Tochter üblicherweise geltende gebildete „Dilettantismus" im Rahmen des häuslichen „natürlichen Berufs" reichte zur Unterhaltssicherung nicht aus.

Eine andere gut gebildete höhere Tochter, die als Unverheiratete unvorhergesehen in eine wirtschaftlich prekäre Situation geriet, machte die Erfahrung: „Ich jagte Vermittlungsbureaus ab, beantwortete Hunderte von Annoncen – alles, was ich dabei gewann, war die Erkenntnis, daß meine ganze sogenannte Bildung weniger zum praktischen Leben taugte als die eines Dienstmädchens."[79] Ihre Vorerfahrungen schienen ihr symptomatisch zu

---

77   Vor den wirtschaftlichen Kampf gestellt ...! Ein Preisausschreiben der Gartenlaube, Leipzig, 1906, S. 5.
78   Ebd., S. 18.
79   Ebd., S. 50.

sein: „Meine Alltagstragödie eines Mädchens aus guter Familie gleicht tausend anderen. Man hat nach der Schule in Sprachen und Musik dilettiert, auf Holz und Porzellan zu Familienfesten ‚reizende‘ Geschenke hergestellt, man guckte ein wenig in die mütterlichen Kochtöpfe, hörte am Ende gar einen Zyklus moderner Literaturvorträge und erhielt eine vage, aber ganz vage Ahnung vom Schneidern – und dann war die Bildung fertig. ‚Gott sei Dank‘, sagt Mutter, ‚meine Tochter hat's nicht nötig, ein Brotstudium zu ergreifen, sie findet wohl bald einen lieben, braven Mann.‘ ‚Gott sei Dank‘, sagt auch Vater, ‚mein Mädel soll sich weder die Augen beim Lernen verderben noch bei der Kunststickerei, sie soll kein Malweib werden oder das Haus mit nervös machender Musikpaukerei verseuchen, ich will sie weder als bleiches Kontorfräulein sehen noch als ‚emanzipierte‘ Studierende, sie soll bleiben, was sie ist: unser Sonnenscheinchen im Hause.‘“ Die Verfasserin stemmte sich in ihrem lebensgeschichtlichen Beitrag gegen das Vorurteil des „nicht standesgemäßen Berufes“ und kam zu dem Fazit: „Hinweg mit allen Vorurteilen des Standes! Kein Vegetieren in verschämter Armut, solange noch ein Funken Kraft die Sehnen spannt! Ehrliche Arbeit schändet nicht [...]“[80].

Ida von Kortzfleisch kommentierte die Veröffentlichungen der Gartenlaube mit den Worten, die geschilderten Erlebnisse entsprächen zahllosen ähnlichen Geschichten, die ihr als Schulgründerin und Vereinsvorsitzende brieflich zugesandt worden seien. Einem Vortrag über die Reifensteiner Schulen gab sie 1906 den gleichen Titel wie der der Preisaufgabe der Gartenlaube gelautet hatte: „Manchen Beitrag aus meinen Korrespondenzen der

---

80   Ebd., S. 57.

letzten 10 Jahre hätte ich dazu liefern können, eine Korrespondenz, die sich unendlich viel um die Stipendienfrage dreht, – Stipendien für liebe, wohlerzogene Mädchen, oft mit klingendem Namen, aber tonlosem Beutel."[81] Eine Briefstelle, die sich auf eine Standesgenossin bezieht, zitierte sie in ihrer „Allgemeingültigkeit": „Trotz vielfacher Versuche ist es der Freiin XX bisher nicht gelungen, eine Stellung zu erhalten, die ihr eine Existenz schafft, hauptsächlich wohl, weil sie nichts Erhebliches gelernt hat, was sich im Leben praktisch verwerten lässt."[82]

Die Wirtschaftlichen Frauenschulen stellten eine Antwort auf das Auseinanderfallen von traditionell hausgebundener Arbeit der Frauen, die sich aus ihrem „natürlichen Beruf" ergab, und einer immer notwendigeren Erwerbsarbeit dar, die einer beruflichen Qualifizierung bedurfte. Sie reagierten darauf, dass eine ausschließliche häusliche und familiäre Unterweisung der Mädchen nicht mehr ausreichte, um auf die grundlegenden Strukturveränderungen, die sich für die landwirtschaftlichen Betriebe im Laufe der zweiten Hälfte des 19. Jahrhunderts ergeben hatten, angemessen zu antworten.[83] Die Entwicklungen in der Landwirtschaft tangierten zunehmend auch die Arbeitsfelder der Gutsfrau, der selbständigen Landwirtinnen, der mitarbeitenden weiblichen Familienmitglieder und anderer weiblicher Hilfskräfte.[84] Aus wichtigen Produktionszweigen, die zum

---

81 von Kortzfleisch, Kampf, S. 9f.

82 Ebd., S.10.

83 Historisch zur Vielfalt der Lebensformen und den Veränderungen in den Arbeitsverhältnissen der Frauen auf dem Land: Heide Wunder, Christina Vanja (Hg.), Weiber, Menscher, Frauenzimmer. Frauen in der ländlichen Gesellschaft 1500–1800, Göttingen 1996.

84 Zum qualitativen und quantitativen Einfluss der Rationalisierung in der Landwirtschaft auf die Bäuerin in einer Gemeinde mit Industrie und Verkehr in der Nähe einer

traditionellen Arbeitsbereich der Frau gehörten, wie Geflügel-
mästerei und Milchverwertung, entstanden eigenständige Unternehmen. Umgestaltungen in der Organisation der Boden-
bewirtschaftung, Ablösung der Dreifelderwirtschaft durch die
Fruchtwechselwirtschaft, die Intensivierung des Ackerbaus, ver-
stärkter Anbau von Kartoffeln und Rüben, und schließlich der
Ausbau der Gartenwirtschaft veränderten die Arbeit der Frauen.
Der Prozess, eine auskömmliche und rationelle Bewirtschaftung
landwirtschaftlicher Betriebe zu erreichen oder sicherzustellen,
war seit Jahrzehnten im Gange, ausgelöst durch Agrarreformen
sowie einen enormen Bevölkerungsanstieg durch sinkende
Sterberaten. Die landwirtschaftlichen Betriebe hatten sich im
Laufe des 19. Jahrhunderts zu Produktionsbetrieben gewandelt,
die nach den Gesetzen der Rentabilität und Anwendung neuer
Kenntnisse, neuer Methoden und Techniken geführt werden
wollten. Um erhöhte Marktleistungen erbringen zu können, waren Ende des 19. Jahrhunderts neue Fähigkeiten und Kenntnisse
notwendig. Dadurch, dass die Lebensbedingungen auf dem
Land nicht immer einfach waren, es vielen Menschen zunehmend schwerer wurde, sich ausreichend zu ernähren und immer
mehr Menschen verarmten – der Beginn des Jahrhunderts kannte die Entwicklung einer Massenarmut – wanderten Arbeits-
kräfte und Bauern aus den bäuerlichen Kleinbetrieben in die
Industrie, mussten in der 2. Hälfte des 19. Jahrhunderts immer
mehr Bäuerinnen und Mägde verstärkt in der Außenwirtschaft

---

größeren Stadt und einer Gemeinde ohne Industrie legte Maria Bidlingmaier (1882–1917)
am Beginn des 20. Jahrhunderts eine Dissertation vor: Maria Bidlingmaier, Die Bäuerin
in zwei Gemeinden Württembergs. Mit einem Vorwort von Carl Johannes Fuchs. Nachwort und Anmerkungen von Christel Köhle-Hezinger, Nachdruck der Ausgabe von 1918,
Kirchheim 1990.

mitarbeiten und Aufgabenbereiche übernehmen, die ursprünglich in das Ressort der Männer fielen.[85] Viele Frauen hatten sogar die gesamte Wirtschaftsführung der Betriebe zu verantworten: „Die hohen z. T. sehr hohen Löhne in der Industrie haben es in der Umgebung von Karlsruhe und Pforzheim so weit gebracht, daß die kleineren landwirtschaftlichen Betriebe so gut wie ganz Frauenbetriebe geworden sind. Die Frau verrichtet dort schlechterdings alle notwendigen Arbeiten in Feld und Stall [...]".[86] Die eigenwirtschaftliche und volkswirtschaftliche Bedeutung der Landfrauenarbeit wurde evident.

Die Überzeugung, dass neue Forschungsergebnisse auf den Gebieten der Ernährungslehre, der Hygiene und der Naturwissenschaften eine Anwendung auf die Haushaltsführung verlangten, fand ihren Niederschlag in der Forderung Reifensteiner Schulfrauen, die Ausbildung auf ein wissenschaftliches Fundament zu stellen und in den Fächerkanon „einschlägige Zweige der Naturwissenschaft" aufzunehmen. Ein „standesgemäßes" Frauenbild reichte nicht mehr aus, die formalen und qualitativen Bildungs- und Berufsstandards der entfalteten Leistungsgesellschaft zu erfüllen. Mit ihrer Polemik gegen die Frau als Luxusgegenstand bereitete Ida von Kortzfleisch eine Neubestimmung der Frauenrolle unabhängig von familiären

---

85 Vgl. David Warren Sabean, Property, Production and Family in Neckarhausen, 1700–1870, Cambridge, New York, Port Chester, Melbourne, Sydney 1990.

86 Hans Seufert, Arbeits- und Lebensverhältnisse der Frauen in der Landwirtschaft in Württemberg, Baden, Elsass-Lothringen und Rheinlandpfalz, auf Grund einer vom Ständigen Ausschuss zur Förderung der Arbeiterinnen-Interessen veranstalteten Erhebung, Jena 1914, S. 164. Zum Strukturwandel auf dem Land am Beispiel des hessischen Hinterlandes: Kerstin Werner, „Hatte schon jeder seine Arbeit". Dörfliche Gesellschaft im Wandel. Frauenrollen im Strukturwandel des hessischen Hinterlands 1870–1930, Kassel, Universität Gesamthochschule, Dissertation 1996.

Erwartungen vor und stellte als neue Richtschnur die Berücksichtigung individueller weiblicher Bedürfnisse auf. Zu ihrem neuen Frauenbild gehörte sowohl die Akzeptanz des Wunsches, systematisches Wissen erlangen zu können als auch einen Beruf anzustreben.

Anfänge ländlicher Frauenberufsbildung durch die Wirtschaftlichen Frauenschulen

Das Interesse an einer besseren Ausbildung von Frauen führte im Herbst 1896 drei adelige Frauen und eine bürgerliche Frau auf hessischem Gebiet zusammen. Die vier Frauen trafen sich zur Besichtigung eines Gutes in Nieder-Ofleiden, das in der Nähe von Marburg an der Lahn im Großherzogtum Hessen-Darmstadt lag. Es waren Ida von Kortzfleisch, Marie von Thadden (1862–1945), Auguste Förster und Freifrau Dorette von Schenck zu Schweinsberg. Letztere war die Besitzerin des zu begutachtenden Gutes, des so genannten oberen Hofes, ein Allodialgut ihrer Eltern, das Dorette von Schenck zu Schweinsberg zusammen mit dem Hof zu Rüdigheim geerbt hatte. Sie gehörte – wie ihr im Jahre 1882 gestorbener Ehemann Ferdinand Freiherr Schenck zu Schweinsberg (1832–1882) – zu einer der zahlreichen Linien der Familie derer von Schenck zu Schweinsberg, ein zum hessischen Uradel zählendes Geschlecht.

Man kannte sich noch nicht lange. Ida von Kortzfleisch hatte Dorette von Schenck anlässlich eines Frauentages an Pfingsten 1896 im Casseler Frauenbildungsverein kennen gelernt, auf dem sie ihre Idee für eine neue Frauenbildungsstätte vorgestellt hatte. In erster Linie traf man sich in dieser, in der preußischen

Auguste Förster, Leiterin der Casseler Frauenbildungsanstalten, Pionierin auf dem Gebiet der hauswirtschaftlichen Ausbildung, war eine der wichtigsten Mitarbeiterinnen beim Aufbau der Wirtschaftlichen Frauenschulen.

Provinz Hessen-Nassau bestehenden Institution der Frauenbewegung, um den Rat der Vorsitzenden des Casseler Frauenbildungsvereins und erfahrenen Pädagogin Auguste Förster und möglichst deren Mitwirkung zu gewinnen, denn deren Erfahrung in hauswirtschaftlichen Kursen für Frauen (seit 1887) als auch in der Ausbildung von Hauswirtschaftslehrerinnen und in der Etablierung von Hauswirtschaftsunterricht in der Volkschule

*Die Offizierstochter
Margarete von Massow,
eine der ersten Maiden
in Nieder-Ofleiden 1897,
entschloss sich nach
ihrer Prüfung in der
Frauenschule für
die Krankenpflege als
Diakonissin.*

(beides seit 1889) waren national bekannt.[87] Die Frau des Oberpräsidenten in Kassel, Cäcilie Magdeburg, geb. von Homeyer[88],
die Ida von Kortzfleisch aus dem Malunterricht in Berlin kannte,
hatte den Kontakt zwischen dieser und der in Kassel wirkenden
Auguste Förster hergestellt. Durch welche Umstände die verwit-

---

87   Vgl. von Heydekampf, Ida von Kortzfleisch, S. 11.
88   Eduard Magdeburg (1844–1932), Oberpräsident der Provinz Hessen-Nassau von
1892–1898. In den erblichen Adelsstand im Jahre 1904 erhoben.

wete Freifrau von Schenck den Weg zum Frauenbildungsverein gefunden hatte, ist nicht bekannt. Ida von Kortzfleisch berichtete später, diese habe eine Tätigkeit für sich und einen Mieter für ihr Landgut gesucht. Die Vierte aus dem Quartett, die aus ostpommerschem Uradel stammende Johanniterin Marie von Thadden, war aus Kreisen der Evangelisch-sozialen Frauengruppe – die Frauengruppe des Evangelisch-sozialen Kongresses[89] – als Unterstützerin der geplanten Frauenbildungsstätte gewonnen worden. Auch Ida von Kortzfleisch stand auf der Mitgliederliste dieser Frauengruppe, die die Mitarbeit der Frauen „an der wirtschaftlichen, geistigen, sittlichen Hebung unseres Geschlechts"[90] als vorrangiges Ziel ihres Zusammenschlusses genannt hatte.

In Nieder-Ofleiden wurden die vier Frauen handelseinig und unterzeichneten einen Mietvertrag für drei Jahre. Für die nächsten Jahre kristallisierte sich ein adelig-bürgerliches Leitungsteam heraus, das aus Ida von Kortzfleisch als Vereinsvorsitzender, Gräfin Mathilde Pückler (geb. 1859) als Schriftführerin, Jenny Grupe (geb. 1850) als Schatzmeisterin und Auguste Förster als pädagogischer Beraterin und Bildungspolitikerin bestand. Vom Gut Nieder-Ofleiden wurden ein Wohnhaus, einige Nebengebäude und ein acht Morgen großes Grundstück an den Verein zur Errichtung wirtschaftlicher Frauenschulen auf dem Lande verpachtet. Es wurde außerdem verabredet, dass die Verpächterin als Lehrkraft in der neuen Schule und als deren Leiterin eingesetzt werden sollte. Im April 1897 begann in Nieder-Ofleiden der Unterricht der ersten Wirtschaftlichen Frauenschule mit vier Lehrerinnen und 12 Schülerinnen, die meisten über 20 Jahre alt.

---

89 Gegründet 1894 durch Elisabeth Gnauck-Kühne (1850–1917), Initial zur Formierung einer Frauenbewegung im Protestantismus. Vgl. Baumann, Protestantismus, S. 79–98.
90 Mitteilungen des Evangelisch-Sozialen Kongresses, 1/1895, S. 11.

Eine Kleinkinderschule für Dorfkinder unter der Leitung einer Diakonissin und eine Flick- und Nähschule für Landmädchen wurden im zweiten Jahr angegliedert, in denen die Frauenschülerinnen zur Ausbildung eingesetzt wurden.

Die Schülerinnen wurden auf zehn Gebieten praktisch und theoretisch unterwiesen: Küche, Hauswesen, Wäsche, Handarbeit, häusliche Wirtschaftsverwaltung, Buchführung, Gartenbau, Geflügelzucht, Molkerei und Bewegungsunterricht. Es wurde empfohlen, sich eineinhalb bis zwei Jahre ausbilden zu lassen. Es stand frei, eine Prüfung nach Ende des ersten Jahres abzulegen. Den Maiden, die eine weitere berufliche Ausbildung anstrebten, wurde eine Abschlussprüfung angeboten. Im April 1898 fand die erste Prüfung von sieben Schülerinnen statt, die als Nachweis der Befähigung zu wirtschaftlicher und sozialer Frauenarbeit galt. Diese Prüfung nahmen Auguste Förster, der Arzt Dr. Klingelhöfer und der Gärtner Reder ab. Als Regierungskommissar war der großherzoglich-darmstädtische Ökonomierat Wilhelm Müller (1856–1926)[91] anwesend. Fünf der geprüften Maiden erhielten eine berufliche Anstellung, vier davon waren adeliger Herkunft: Ella von Köppen übernahm die Leitung einer Schule für Fabrikarbeiterinnen in Bielefeld, Thekla Heusinger von Waldegg und Gräfin Marga zu Münster übernahmen Ämter in der Schule Nieder-Ofleiden, setzten parallel hierzu aber ihre berufliche Ausbildung fort und sollten später für viele Jahre als Lehrerinnen in den Frauenschulen Obernkirchen und Reifenstein unterrichten. Margarete von Massow[92] entschloss sich, ei-

---

91   Ökonomierat Wilhelm Müller war seit 1888 ständiges Mitglied der Oberen landwirtschaftlichen Behörde des Großherzogtums Hessen und Mitglied der Zentralstelle für die Landesstatistik. 1898 wurde er zum Landesökonomierat ernannt.

92   Margarete von Massow, geb. 1873 in Erfurt, war Offizierstochter. Sie veröffentlichte

nen Johanniterkursus zu besuchen, arbeitete anschließend in der Krankenpflege im Diakonissenhaus Kassel und wurde schließlich Oberin des Viktoria Adelheid-Hauses in Gotha, einer Kranken-pflegerinnenanstalt zur Ausbildung und Altersversorgung von Schwestern im Herzogtum Gotha. Auch im dritten Jahrgang – für den zweiten liegen keine Angaben vor – sind von sechs Schülerinnen, die die Prüfung ablegten, fünf adeliger Herkunft. Drei von ihnen nahmen eine Erwerbsarbeit auf.

Wegen wachsender Schülerinnenzahlen wurde die Frauen-schule Nieder-Ofleiden schon drei Jahre später in das Kloster Reifenstein verlegt, das im Eichsfeld in der preußischen Pro-vinz Sachsen lag. In dieser Gründungsphase kristallisierten sich charakteristische Strukturen des Schulkonzepts in Richtung auf eine Fachschule heraus. Es präzisierten sich sowohl päda-gogische Vorstellungen, als auch Inhalt und Ausgestaltung von bisher nicht vorhandenen Unterrichtsplänen für verschiedene Ausbildungsgänge der ländlichen Hauswirtschaft. Mit den Ab-solventinnen der ersten Ausbildungsgänge gewann man die ersten auf diesem Feld ausgebildeten Lehrkräfte, die wiederum als Direktorinnen und Lehrerinnen für die sich ausweitenden Wirtschaftlichen Frauenschulen eingesetzt wurden. Angesichts der entstehenden Herausforderungen war es notwendig, dass sich die verantwortlichen Vorstandsdamen des Trägervereins an die Regeln einer Geschäftsordnung hielten und die Arbeitsweise des Vereins an Stringenz und Effizienz gewann. Hier brachte Auguste Förster aus ihrer jahrzehntelangen Erfahrung als Ver-einsvorsitzende die wichtigsten Anstöße ein. Die notwendigen Selbstvergewisserungen und Klärungen waren Teil von konflikt-

---

mit 19 Jahren ihre ersten Gedichte und kleinen Skizzen in der Deutschen Romanzeitung und wurde Mitarbeiterin verschiedener Zeitschriften.

haften Auseinandersetzungen. Am Ende der ersten drei Jahre stand schließlich die Trennung von Dorette von Schenck zu Schweinsberg. Entschieden hatte Auguste Förster auf dieser Trennung bestanden, weil sich ihrer Meinung nach im Laufe der vergangenen Jahre herausgestellt habe, dass diese in keiner Weise den pädagogischen und fachkundlichen Anforderungen genüge, sie durch ihr ungeschicktes Auftreten viel Unruhe in den Schulbetrieb und Widerstände unter den Schülerinnen hervorgerufen habe und daher dem Ruf und dem weiteren Ausbau der Schule entgegenstände.[93]

Ida von Kortzfleisch griff auf das Brettspiel Mühle zurück, um ihre zentrale Position unter den Pionierinnen für die Frauenschule zu erläutern. Die Kooperation, das Zusammenspiel und

---

93 Ihre Erscheinung wird von einer der ersten Nieder-Ofleidener Maiden, Elisabeth Kotzebue, wie folgt beschrieben: „Niederofleiden war eine echte Schöpfung Tante Idas: Anmutig wie ihre Gedichte, geistdurchweht wie ihre Briefe, originell wie ihre ganze liebe Persönlichkeit! Daneben Frau v. Schenk mit schönem Gesicht, die hohe Flechtenkrone darüber, stets angetan in Schwarz auf raschelnder Seide, feinbeschuht und dennoch: ,Meine gnädige Frau v. Bredow' aus dem Buche: energisch, praktisch, überall anpackend und – streng, streng, immer leicht entsetzt über das schulgemäße unseres Arbeitens." Elisabeth Kotzebue, zit. n: von Heydekampf, Ida von Kortzfleisch, S. 19.
Oft wurde in den Schulen und im Freundes- und Verwandtenkreis von Ida von Kortzfleisch als „Tante" oder auch ironisch als „Frauenschultante" angesprochen – eine Reminiszenz an den „Tantenplatz" der ledigen Frauen in den Familien. Ida von Kortzfleisch titulierte sich in spöttischer Manier selbst als „Frauenschultante", unterschrieb eine Karte an Familie von Pückler mit der Grußformel: „Grüß Euch mit Liebeston aus erster Poststation / Als die bekannte – Frauenschultante!" Zit. n. II. Schwarzes Heft – Gelegenheitsgedichte, im Besitz Dr. Albrecht von Kortzfleischs.
„Meine gnädige Frau v. Bredow" bezieht sich auf die Ehefrau im Buch von Willibald Alexis, Die Hosen des Herrn Bredow, Erstausgabe 1846, Berlin 1985. Die Erstausgabe erschien mit dem Zusatz: „Vaterländischer Roman". Der Schriftsteller Willibald Alexis (1798–1871) hieß eigentlich Wilhelm Häring, gilt als Begründer des realistischen Romans in der deutschen Literatur. Beeinflusst war er von dem schottischen Schriftsteller Walter Scott (1771–1832), unter dessen Einfluss er zahlreiche Romane aus der brandenburgisch-deutschen Geschichte schrieb.

die Konflikte der handelnden Parteien charakterisierte sie als „Zwickmühle". Sich selbst wies sie die zentrale Rolle des Ecksteins in der Zwickmühle zu: „Der Kern des ‚Vereins' in Hannover bestand nur aus drei handelnden Damen, die sich zu jenen andern drei – für Nieder-Ofleiden handelnden – Damen so verhielten, wie im Mühlespiele eine Zwickmühle. Meine Wenigkeit bildete für beide Dreiheiten den Eckwürfel. In Hannover standen mir zur Seite: Frau Oberst Grupe, die treue Schatzmeisterin der ersten Jahre und Gräfin Matilde Pückler, die unermüdliche Schriftführerin. In Kassel, beziehungsweise Nieder-Ofleiden, waren es Fräulein Förster und Frau von Schenck."[94] Ida von Kortzfleisch konnte jedoch auch als ausbalancierender Eckstein nicht verhindern, dass Spannungen auftraten und sich Konflikte zuspitzten.

Am Briefwechsel von Ida von Kortzfleisch mit Auguste Förster zwischen 1895 und 1904 kann nicht nur die arbeitsteilige Kooperation der Gründerinnen und das sich allmählich herauskristallisierende Konzept der Wirtschaftlichen Frauenschulen nachvollzogen werden, sondern es sind auch die unterschiedlichen Kompetenzen der Einzelnen zu erkennen und wie diese sich auf die gemeinsame Arbeit auswirkten.[95] Für die pädagogische Realisierung der Schulidee war Auguste Förster unabdingbar nötig. Für die Geschäftsführung eines Vereins als Träger der Schulen ebenso. In diesen Dingen hatte Ida von Kortzfleisch keine Erfahrung. Ihr lag nicht die Rolle einer disziplinierten Vereinsvorsitzenden, die auf der Grundlage eines Geschäftsvertei-

---

94   Reifensteiner Maidenzeitung 4/1906, S. 5. Ab 1900 war Elisabeth Gräfin von Pückler (geb. 1857) Schriftführerin.

95   Von diesem Briefwechsel sind 240 Briefe erhalten, die Auguste Förster an Ida von Kortzfleisch richtete. Briefwechsel zwischen Ida von Kortzfleisch und Auguste Förster, StABü, D 21, Nr. 407.

lungsplans arbeitete. In dieser Hinsicht machte sie gravierende Fehler, die auch zu Spannungen zwischen Auguste Förster und ihr führen mussten. Sie war vielmehr nötig als Ideengeberin, gefragt waren ihre Begeisterung für die Sache, ihre kreative, originelle Handhabung der unzulänglichen Bedingungen des Anfangs. In dieser Hinsicht war sie zielbewusst und organisatorisch hoch begabt.

Sie hatte Erfolge in der Gewinnung von Unterstützerinnen, dem Erreichen der Aufmerksamkeit staatlicher Stellen, die sie durch ihr hartnäckiges und zugleich charmantes und selbstbewusstes Auftreten beeindruckte. Die zu diesem Wesenszug passende Anekdote überlieferte der Schriftsteller Rudolf von Koschützki (1866–1954): „Einmal ließ sich ein Reicher, nichts Gutes ahnend, vor ihr verleugnen. Er sei nicht zu Haus. ‚Das Wetter ist so schön. Ich werde im Garten spazieren gehen, bis er zurückkommt‘, sagte Tante Ida freundlich. Der Herr Kommerzienrat saß nun wie der Fuchs im Eisen in seiner Villa. Eher wäre ein Kamel durch ein Nadelöhr entschlüpft, als der Reiche durch seine Gartenpforte. Und dann konnte er sich der warmherzigen Fürsprache natürlich nicht entziehen und freut sich gewiß noch heute der guten Anlage seines Überflusses."[96] Ihre Erfahrungen aus einer traditionsbewussten adeligen Familie ermöglichten ihr die Initiative, sehr früh die Identität und das Profil für eine Gemeinschaft zu formulieren und diese auf Zeichen zu verpflichten, die von Schülerinnengeneration zu Schülerinnengeneration weiter gegeben und immer neu formuliert wurden. Die langjährige Schulleiterin der Frauenschule Reifenstein, Anna Bertuch, stellte in einem Lebensbild die große Bedeutung heraus, die Ida

---

96   Rudolf v. Koschützki, Ida von Kortzfleisch zum Gedächtnis, in: Das Maidenblatt 10/1970, S. 137–139, hier S. 138.

von Kortzfleisch für die Reifensteiner Schulgemeinschaft besaß: „Sie war der Mittelpunkt in der Hausgemeinschaft, ganz besonders bei den Mahlzeiten, bei Festlichkeiten und Prüfungen. Obgleich sie ihre eigene Wohnung hatte und sich nicht durchaus in die Regelmäßigkeit des Schullebens einpaßte, war sie doch für viele Fragen maßgebend."[97] Die Hauptmahlzeiten nahm Ida von Kortzfleisch, wenn sie anwesend war, im Speisesaal der Schule ein: „[...] an ihrem Tisch wurde immer die lebhafteste Unterhaltung geführt. Sie verstand es ausgezeichnet, die Maiden in die Unterhaltung hineinzuziehen. Die schönsten und unvergeßlichsten Stunden konnte man aber abends bei ihr verleben und bei ihren anregenden Erzählungen die Zeit vergessen."[98]

Das musische Element in der Schulpraxis zu erhalten, war Ida von Kortzfleisch ebenfalls ein großes Anliegen: „Als alte Malerin, die den erziehlichen Wert und die erfreuliche befreiende Wirkung künstlerischer Übung erfahren hatte, konnte ich mich nicht von dem Gedanken losreißen, in den Frauenschulen diese Einflüsse systematisch zur Geltung zu bringen. In Reifenstein haben sie ja auch, dank Fräulein Endemann's besonderer Begabung, außerprogrammmäßig stets ihren Platz gefunden und das gesellige Leben in hohem Grade bereichert und verschönt."[99] In Reifenstein sah es Ida von Kortzfleisch als eine besondere Aufgabe an, neu eingetretene Schülerinnen in die Klostergeschichte einzuführen und ihnen bei einem Rundgang die Wappen und Abzeichen an Türen und Tischen zu erklären. Während sie sich vom theoretischen Unterricht fernhielt, beteiligte sie sich engagiert an Aufführungen, die zu festlichen Gelegenheiten ver-

---

97   Anna Bertuch, Lebensbild Ida von Kortzfleischs, StABü, D 21, Nr. 437.
98   Ebd.
99   von Kortzfleisch, Das Entstehen, S. 5.

Die Lehrerin Nanny von Monbart, von 1871 bis 1899 Stiftsoberin und Leiterin des Höheren Töchterinstitutes Stift Keppel. Als Stiftsdame im Stift Obernkirchen arbeitete sie ab 1901 mit am Aufbau des Lehrerinnenseminars der Wirtschaftlichen Frauenschule Obernkirchen. Auf dem Foto von 1896, das heute im Kapitelsaal von Stift Keppel hängt, trägt sie den Orden von Stift Keppel – das Medaillon zeigt das Lamm Gottes – und wahrscheinlich den vom König von Preußen gestifteten Luisenorden, zweite Abteilung, zweite Klasse.

anstaltet wurden. Sie stellte nicht nur Kostüme zur Verfügung, sie malte auch Kulissen und gab Anweisungen bei den Proben: „Wie konnte die Künstlerin in ihr beleidigt sein, wenn die Beleuchtung bei den Aufführungen nicht funktionierte. Die richtigen Lichtreflexe mußten auf jeden Fall erzielt werden, und mit Hülfe blitzender Kochtopfdeckel, die hinter die Flammen brennender Petroleumlampen gehalten werden, gelang auch diese Beleuchtung vortrefflich."[100]

Die zweite Schule des Reifensteiner Verbandes wurde 1901 gegründet und fand ihre Räumlichkeiten in einem leer stehen-

---

100   Anna Bertuch, Lebensbild Ida von Kortzfleischs, StABü, D 21, Nr. 437.

den Flügel des evangelisch-adeligen Damenstiftes in Obernkirchen.[101] Obernkirchen, vormals Grafschaft Schaumburg, gehörte zum Zeitpunkt der Gründung der Schule zur preußischen
Provinz Hessen-Nassau. Der Teil der Grafschaft Schaumburg,
der nach der Aufteilung nach dem Dreißigjährigen Krieg der
Landgrafschaft Hessen-Kassel zugeschlagen worden war, war seit
der Annektierung Kurhessens durch Preußen 1866 preußisches
Staatsgebiet geworden. Nur wenige Kilometer von Obernkirchen entfernt lag die Stadt Bückeburg, die Residenzstadt
des Fürstentums Schaumburg-Lippe. Obwohl zwischen beiden
Orten eine Staatsgrenze verlief, übernahm das Protektorat über
die neue preußische Schule die in Bückeburg regierende Fürstin Marie Anna zu Schaumburg-Lippe (1864–1918). Das Haus
Schaumburg-Lippe stand offensichtlich der Schulgründung
wohlwollend gegenüber, die Schulgründerinnen wiederum waren interessiert an einer regionalen Einbettung ihrer Einrichtung
und einer Förderung durch die lokalen Eliten.

Die Königlich-preußische Regierung in Kassel hatte dem
Verband Teile des Gebäudes für Schulzwecke angeboten. Es bedurfte allerdings einer Ordre des preußischen Königs, um dies
zu verwirklichen, denn die Stiftsdamen waren zunächst nicht
bereit, in ihrer unmittelbaren Nachbarschaft eine Schule selbst
für Mädchen aus den besten Kreisen zu dulden. Die Stiftsdamen
fürchteten, dass durch die hierfür notwendigen Umbauten das
klösterlich-mittelalterliche Panorama der Stiftsgebäude verloren
ginge. Eine Schule würde sowohl die wohltuende Ruhe und Abgeschiedenheit, wie auch den ehrwürdigen Eindruck des ganzen

---

101 Ortrud Wörner-Heil, Adelige Frauen in der Landfrauenschule Obernkirchen
(1901–1970), in: Hubert Höing, (Hg.), Zur Geschichte der Erziehung und Bildung in
Schaumburg, Bielefeld 2007, S. 315–348.

Stiftes zerstören. Sie wollten es lieber sehen, dass in dem äußerst baufälligen Westflügel Wohnungen für die auswärts wohnenden Stiftsdamen hergerichtet würden. Diesen würde durch die Aufnahme einer Schule immer mehr die Aussicht auf eine Wohnung verloren gehen.

Wiederholt hatten die Stiftsdamen in dieser Angelegenheit Eingaben beim preußischen Innenministerium und bei Kaiser Wilhelm II. gemacht. Sie fanden weder offene Ohren beim Innenministerium als oberster Stiftsbehörde, noch beim Oberpräsidenten der Provinz Hessen-Kassel, Robert Graf von Zedlitz-Trützschler (1837–1914), der die Schulpläne intensiv befürwortete, und auch nicht beim Stiftshauptmann, dem Landrat des Kreises Schaumburg Hans von Ditfurth (1862–1917). Der Kaiser wies 1899 die Einsprüche der Stiftsdamen durch eine Allerhöchste Ordre zurück, in der er verfügte: „[…], daß in unbenutzten Räumen des Stifts Obernkirchen eine Frauenschule zur Ausbildung unverheiratheter berufloser Damen höherer Stände für die sociale Arbeit an den Töchtern der arbeitenden Klasse errichtet, und zu dem Zwecke ein von Ihnen zu genehmigender Vertrag zwischen der Stiftsverwaltung beziehungsweise der Aufsichtsbehörde und dem Fräulein Ida von Kortzfleisch abgeschlossen"[102] werde.

Zur Verbesserung der Kontakte zwischen dem Reifensteiner Verband und dem Damenstift war die Zusammenarbeit mit der Obernkirchener Stiftsdame Nanny von Monbart (1831–1913) von erheblicher Bedeutung, obwohl von Anfang an die Devise galt: „Deshalb von vornherein keine Gemeinschaft mit den Stiftsda-

---

102 Brief des Ministers des Innern Berlin v. 16. 11. 1899 mit beglaubigter Abschrift der Ordre, StABü, Bestand H 7 Fach 169 Nr. 1.

men"[103] zu machen. Diese Absicht scheint allgemeiner Konsens gewesen zu sein, wie aus dem zitierten Brief der erfahrenen Pädagogin Auguste Förster an Ida von Kortzfleisch hervorgeht. Die enge Abstimmung mit den preußischen Staatsbehörden, die der Reifensteiner Verband von Anfang an pflegte, waren ein Garant dafür, dass die Schule als vom Stift unabhängige Einrichtung erkannt wurde. Dies musste allerdings nicht ausschließen, dass Eltern die räumliche Nähe zum Stift und den Stiftsdamen sympathisch finden konnten. Die Kooperation mit Nanny von Monbart war so produktiv für die Entwicklung der Schule, dass man sich entschloss, sie auch in das Schulkuratorium zu berufen.

Nanny von Monbart wurde zu einer wichtigen Mitarbeiterin der ersten Schulleiterin, Helene Morgenbesser (1851–1938)[104], bei der Ausarbeitung der Unterrichtspläne. Hauptsächlich bei der Erarbeitung der Pläne für das Lehrerinnenseminar konnte Helene Morgenbesser sich auf die langjährigen pädagogischen Erfahrungen Nanny von Monbarts stützen. Helene Morgenbesser hatte vom Verband die Aufgabe erhalten, in Obernkirchen ein Seminar für die Ausbildung von Lehrerinnen der ländlichen Haushaltungskunde zu konzipieren und aufzubauen, das der Frauenschule angeschlossen werden sollte. So sollte diese die erste „Seminarschule" zur Ausbildung von Lehrerinnen auf ländlich-hauswirtschaftlichem Gebiet in ganz Deutschland werden. Die Schule in Reifenstein, die 1900 gegründet wurde, erhielt dagegen kein Seminar. Erst vier Jahre später folgte die zweite Schule mit Seminar: die Wirtschaftliche Frauenschule Maidburg in

---

103   Brief Auguste Försters an Ida von Kortzfleisch v. 19. 5. 1899, StABü, D 21, Nr. 404.
104   Ortrud Wörner-Heil, Artikel zu Helene Morgenbesser, in: Hubert Höing (Hg.), Schaumburger Profile. Ein historisch-biographisches Handbuch, Teil 1, Bielefeld 2008, S. 217–222.

der Provinz Posen. Die konzeptionelle Arbeit in Obernkirchen wurde richtungweisend für alle später gegründeten Seminare an Reifensteiner Schulen, denen bis 1935 vom Staat die Lehrerinnenausbildung für das gesamte ländlich-hauswirtschaftliche Schulwesen übertragen wurde. Die staatliche Anerkennung erhielten die Seminare im Jahr 1909.

Die im Gouvernanteninstitut in Droyßig[105] ausgebildete Lehrerin Nanny von Monbart hatte von 1871 an als Oberin des Stiftes Keppel[106] ein Höheres Töchterinstitut aufgebaut und diesem 1872/73 ein Lehrerinnenseminar angeschlossen. Bis zu ihrem Ruhestand 1899 hatte sie die Einrichtung geleitet und war anschließend in das Stift Obernkirchen eingetreten, wo sie am 1. Januar 1897 zur Stiftsdame ernannt worden war.

---

105   Zum Gouvernanteninstitut in Droyßig: Irene Hardach-Pinke, Die Gouvernante. Geschichte eines Frauenberufes, Frankfurt am Main, 1993, S. 156–169.

106   Erstmals wird Stift Keppel bei Hilchenbach im Siegerland als Frauenkloster in einer Urkunde aus dem Jahre 1239 erwähnt. Die Ordensfrauen lebten nach der Regel des hl. Augustinus. Es waren vor allem unverheiratete Töchter des hessen-nassauischen Landadels, zu deren standesgerechten Versorgung die Stiftung in erster Linie ins Leben gerufen worden war. 1547 erließ Graf Wilhelm von Nassau, der sich der Reformation zugewandt hatte, für Stift Keppel eine neue Ordnung. In ihr wurde die Säkularisierung des Klosters zu einem „freiweltlichen Fräuleinstift" evangelischer Prägung vorgezeichnet. Die Umwandlung erfolgte endgültig 1594. Unter der Schirmherrschaft der preußischen Königin Elisabeth wurde 1871 die „Keppelsche Schul- und Erziehungsanstalt" für Mädchen mit angeschlossenem Internat gegründet. Sie war zunächst in erster Linie zur Versorgung der verwaisten Töchter des verdienten Offiziersadels gedacht. Zur ersten Stiftsoberin wurde Nanny von Monbart berufen. 1908 wurde die Schule mit Internat und Lehrerinnenseminar als stiftisch-öffentliche Schule anerkannt. Das Seminar wurde 1928 in ein Oberlyzeum verwandelt. 1932 gründete man eine Frauenoberschule. Nach 1945 wurde die Schule als neusprachliches Mädchengymnasium geführt. Heute ist Stift Keppel ein öffentliches Gymnasium für Mädchen und Jungen. Vgl. Stift Keppel im Siegerlande 1239 bis 1871, bearbeitet von Professor Dr. Wilhelm Hartnack (†) und Stiftsoberin Oberstudiendirektorin a. D. Juliane Freiin von Bredow im Auftrag des Stiftskurators der vereinigten Stifte Geseke-Keppel, Bd. II: Geschichte der Schule und des Internates 1871–1971, Stift Keppel 1971; Juliane Freiin von Bredow, Leben in einer Zeitenwende, 2. Auflg., Hilchenbach 1985.

Die in Wickrath – damals eine Gemeinde im preußischen Regierungsbezirk Düsseldorf, heute ein Stadtteil von Mönchengladbach – geborene Nanny von Monbart stammte aus einer Militärfamilie. Ihr Vater Julius von Monbart (1806–1880) war preußischer Oberst, ihre Mutter Wilhelmine Louise Schaumburg (1806–1839) starb in jungen Jahren. Nanny von Monbart hatte drei Brüder. Die Familie des Vaters gehörte einem evangelischen Adelsgeschlecht an, das Ende des 18. Jahrhunderts aus Frankreich nach Preußen kam. Aufschlussreich für die Motive der Lehrerin von Monbart ist eine Bemerkung aus späteren Aufzeichnungen. Als ihr die Stelle der Stiftsoberin und Leiterin der im Stift Keppel zu gründenden Schul- und Erziehungsanstalt angetragen wurde, lehnte sie zunächst ab: „Ich hatte immer ein Vorurteil gegen Stifter gehabt, weil ich mich arbeitslustig und -fähig fühlte."[107] Ihr schien zunächst eine pädagogische Arbeit in einer staatlichen Anstalt wie Droyßig solider, außerdem fühlte sie sich dort in ihrer „staatlich gesicherten Stellung" wohl. Die Droyßiger Vorgesetzten hatten ihr ebenfalls abgeraten. Erst nachdem sie von der preußischen Königin Elisabeth (1801–1873) persönlich darum gebeten wurde, die Aufgabe in Keppel anzunehmen und auch ihre Familie ihr zuredete, ließ sie sich umstimmen.

Die spätere Oberin von Stift Keppel, Juliane Freiin von Bredow (1904–1998), sprach ihrer Vorgängerin ein starkes Übergewicht über die an der Keppeler Anstalt wirkenden Persönlichkeiten zu: „Ihrer freudigen Aktivität und Unerschrockenheit, ihrer unbeeinflußbaren Zielstrebigkeit und zähen Energie,

---

107 Nanny von Monbart, Vom Entstehen und Werden der Stift Keppelschen Erziehungs- und Schulanstalt, Gedenkblätter zum 40jährigen Stiftungsfest, 1911, in: Stift Keppel im Siegerlande 1239 bis 1871, S. 171–176, hier S. 171.

ihrem oft erstaunlichen diplomatischen Geschick und der Fähigkeit, denkbar beste Beziehungen zu den einflussreichsten Persönlichkeiten anzuknüpfen und diese für ihre Vorhaben zu interessieren, ihrem organisatorischen Weitblick, fachlich großem Können und der nie ermüdenden Tatkraft verdankte die junge Anstalt einen Aufstieg, der weit über das normale Maß und auch über die Erwartungen der Gründer der Schule hinausging."[108] Im Keppeler Lehrerinnenseminar hatte Nanny von Monbart, neben zwei weiteren, akademisch gebildeten Lehrern, den wissenschaftlichen Unterricht übernommen. Die praktische Ausbildung erhielten die angehenden Lehrerinnen durch Unterricht in einer Übungsschulklasse. Jüngeren Mädchen, die das Alter zum Eintritt in das Seminar noch nicht erreicht hatten, vermittelte die Oberin, dank ihrer guten Auslandskontakte, Aufenthalte in Gastfamilien in Frankreich oder England.[109] Im Jahr 1882 erreichte Nanny von Monbart ein besonderes Privileg: In Keppel durfte sie erstmals eine eigene Prüfungskommission unter ihrem Vorsitz einrichten. Diese Prüfungserlaubnis wurde Privatanstalten nur in seltenen Fällen zuerkannt. In Obernkirchen wurde Nanny von Monbart dafür gewonnen, gemeinsam mit Helene Morgenbesser die Stoffgebiete der ländlichen Hauswirtschaft methodisch und pädagogisch zu gestalten. Sie sollte nach Eröffnung der Schule unentgeltlich den Unterricht in Pädagogik und Methodik im Seminar und dessen Leitung übernehmen.

Wie in Nieder-Ofleiden war auch in Obernkirchen das Pionierteam ein Adel und Bürgertum übergreifender führender

---

108   Stift Keppel im Siegerlande, S. 71.

109   750 Jahre Stift Keppel. 1239–1989. Beiträge zur Geschichte und Gegenwart, hg. im Auftrag des Stifts Keppel von Erwin Isenberg, Udo Reich, Horst Wunderlich, Stift Keppel 1989, S. 11.

*Ida von Kortzfleisch
mit Thekla Heusinger
von Waldegg, im
Bild links, und
der Schulleiterin
der Wirtschaftlichen
Frauenschule
Obernkirchen
Helene Morgenbesser,
im Bild rechts.*

Stab. Er wurde gebildet aus Helene Morgenbesser (1851–1938) als Schulleiterin, Thekla Heusinger von Waldegg (1864–1949) als Lehrerin und Luise Stölting (1862–1933) als Hausdame. Die letzteren wurden in Anlehnung an die zwei charakteristischen Türme der romanischen Stiftskirche die „drei großen Spitzen" genannt.

Alle drei waren um die 50 Jahre alt und ließen sich – mit unterschiedlichen Motiven – von der Notwendigkeit, Wirtschaftliche Frauenschulen aufzubauen, begeistern. Sie begannen gemeinsam im Jahre 1901 und schieden auch gemeinsam nach 14 Jahren zum 1. April 1915 aus. Die „drei Spitzen" bildeten in verschiedenen Funktionen mit ihrem Temperament gleichwohl eine Einheit in der Leitung der Schule und formten so die Schul- und Hausgemeinschaft. Auch nach ihrem Ausscheiden blieben sie der Einrichtung verbunden. Helene Morgenbesser übernahm den Vorsitz im Schulkuratorium und arbeitete im Gesamtvereinsvorstand des Reifensteiner Verbandes mit.[110] Luise Stölting kehrte nach 1918 für einige Jahre als Hausdame in die Schule zurück. Zwischen den drei Frauen bildete sich eine enge Freundschaft, die bis zum Ende ihres Lebens anhielt. Die am längsten lebende Thekla Heusinger von Waldegg pflegte ihre beiden Freundinnen bis zu deren Tod. Die Frauenschule zu lenken, wurde für alle drei zum späten Lebenswerk.

Der Weg in eine Berufstätigkeit dieser drei Lehrerinnen im Dienst des Verbandes ist in gewisser Weise typisch für die erste Generation der Frauenschulen. Ohne eine institutionelle pädagogische Ausbildung vorweisen zu können und auch ohne vorher je berufstätig gewesen zu sein, stellte sich Helene Morgenbesser als Vorsteherin zur Verfügung. Sie hatte gemeinsam mit Thekla Heusinger von Waldegg zu den ersten Maiden gehört, die die Schulen als „ältere Semester" in Nieder-Ofleiden besucht hatten. Die Grenze zwischen Schülerinnen und Lehrkräften war dort in den ersten Jahren fließend. Thekla Heusinger von Waldegg und Luise Stölting gehörten zu der Johanniter-Schwesternschaft. Somit hatten sie eine krankenpflegerische Ausbildung in den Hospitälern erhalten, deren Träger der Johanniter-Orden war.[111]

---

110   Helene Morgenbesser mietete nach ihrem Ausscheiden eine Wohnung in einem Haus an der Eilser Allee, nahe am Finkenberg. Sie übernahm den Vorsitz des Schulkuratoriums, blieb für weitere Jahrzehnte Mitglied im Erweiterten Vorstand des Verbandes und wurde mit der Ehrenmitgliedschaft ausgezeichnet. Später wohnte sie im Haus Nr. 503 an der Rintelner Chaussee. Mit 87 Jahren starb sie am 27. 12. 1938 in den Wohnräumen der Stiftsdamen (Nr. 229).

111   1885 hatte der Johanniter-Orden die „Institution der Johanniter-Schwestern" ge-

Sie sollten nicht die einzigen Johanniterinnen sein, die sich für die Wirtschaftlichen Frauenschulen interessierten und sich auch bei ihrem Aufbau engagierten. Hauptsächlich zwei Aspekte machen gleich gestimmte Motive und Gepflogenheiten bei den Johanniterinnen und den Frauenschulen deutlich: die Arbeit für die Innere Mission – auch Ida von Kortzfleisch war in dieser in Hannover vor ihrer Schulinitiative tätig – und eine Betätigung für das Gemeinwohl. Denkt man an die Wahlsprüche des Reifensteiner Verbandes („Schaffen und Streben ...,“ die Auslegung des Wortes Maid als die Anfangsbuchstaben der Tugenden Mut, Ausdauer, Idealismus und Demut) und an die Abzeichen (bildhafte Maidennadeln etwa als Regenbogen oder für die Schule in Obernkirchen eine Mistel), so war auch die Gepflogenheit, dem jeweiligen Programm prägnante Mottos zu Grunde zu legen, und diese mit Symbolen zu visualisieren, sehr verwandt. Es war wie in vielen Fällen die kritisch-reflektierende und argumentierende Auguste Förster, die die Gefahr benannte, die von einer solchen Nähe für das noch in statu nascendi sich befindliche Konzept der Wirtschaftlichen Frauenschulen aus-

---

schaffen. Die Johanniterinnen erhielten zunächst nur eine zweimonatige Einweisung als Hilfskräfte in der Krankenpflege. Ab 1906 wurden sie mit einem staatlichen Abschluss ausgebildet. Seit diesem Zeitpunkt nahm die Schwesternschaft nur Mitglieder auf, die über eine Ausbildung mit staatlicher Abschlussprüfung verfügten. Die Schwesternschaft begründete ihre Arbeit im christlichen Glauben und in der Tradition des Ordens. Der Johanniter-Orden war ein geistlicher Ritterorden, dessen Wiege im 11. Jahrhundert im Hospiz von Jerusalem stand. Er kümmerte sich dort um kranke Pilger und Kreuzfahrer. Die Mitglieder verpflichteten sich zu einem Doppelauftrag: Eintreten für den Glauben und Einsatz für Kranke und Hilfsbedürftige. Die zentrale Ordensregel lautete: Der Johanniter lässt sich rufen, wo die Not des Nächsten auf seine tätige Liebe und der Unglaube der Angefochtenen auf das Zeugnis seines Glaubens warten. Während der männliche Orden erst 1948 Nichtadelige aufnahm, arbeiteten in der Schwesternschaft schon früher adelige und bürgerliche Mitglieder zusammen.

ging: „Es herrscht eine sehr einsichtige Atmosphäre um diese Johanniterinnen, erzählen unerträglich viel von ihren Stationen, Oberinnen u.s.w. ähnlich wie die Masse der Lehrerinnen von ihren Angelegenheiten spricht. Wollen wir in unserer Maidschaft Propaganda für die Johanniter machen, so brauchten wir nur solch eine Schwester von der besten Sorte, wie Frl. v. M. mitten hinein zu setzen. Wollen wir das?"[112]

Helene Morgenbesser wurde von Ida von Kortzfleisch für ihre großen Pläne gewonnen und meldete sich zum ersten Lehrgang in Nieder-Ofleiden an. Bis dahin hatte sie in Marburg an der Lahn gewohnt, wohin sie nach dem Tod ihrer Eltern und nachdem ihre Schwester und ihr Bruder eigene Hausstände gegründet hatten, im Jahr 1890 gezogen war.[113] Morgenbessers Familie stammte aus Ostpreußen, wo ihr Vater Heinrich als Gerichtspräsident tätig war. Ihre Mutter Marie war eine geborene Schindelmeiser. Helene Morgenbesser kam in Insterburg zur Welt und wurde evangelisch reformiert getauft. Als Kind erhielt sie wahrscheinlich häuslichen Privatunterricht. Ihre Bildung ergänzte sie durch private Studien und große Reisen. Ihre besondere Neigung galt der gärtnerischen Betätigung. In Marburg führte sie einen eigenen Hausstand und konnte offensichtlich von ihrem Vermögen leben.

Es war nicht Geldmangel, der sie bewog, dem geplanten Schulunternehmen näher zu treten. Zwei Aspekte scheinen sie zunächst für Nieder-Ofleiden eingenommen zu haben. Sie beabsichtigte, ein Stück Gartenland, das neben dem Grundstück ihrer

---

112 Brief Auguste Försters an Ida von Kortzfleisch v. 19.10.1897, StABü, D 21, Nr. 404.

113 Im Adressbuch der Stadt Marburg wird Helene Morgenbesser im Jahrgang 1893 zum ersten Mal mit dem Eintrag „Rentiere, Lahnstraße 7" genannt. Später heißt es: „Privatiere".

Thekla Heusinger
von Waldegg in ihrem
Zimmer im Stift
Obernkirchen, um 1916.

Hauswirte lag, zu bewirtschaften. Von der Frauenschule konnte sie sich hierfür die notwendige Ausbildung und Anleitung erwarten. Ferner war sie von dem Gedanken der Schulgründerin eingenommen, „ältere, reifere Mädchen aus gebildetem Stande" in einem ländlichen Betrieb so auszubilden, dass sie der ländlichen, weiblichen Bevölkerung zum Vorbild werden könnten.[114] Schon nach dem ersten Jahr übernahm Helene Morgenbesser

114 Helene Morgenbesser, in: Maidenblatt 2/1939, S. 20, StABü, D 21, Nr. 1415.

anleitende Aufgaben für den nachfolgenden Schülerinnenjahrgang und erhielt vom Verband im Jahr 1900 den Auftrag, eine Schule in Obernkirchen aufzubauen. Sie erklärte ihre Bereitschaft unter der Voraussetzung, dass sie dies gemeinsam mit ihrer früheren Mitmaid Thekla Heusinger von Waldegg tun könne. Diese wiederum brachte als drittes Mitglied ihre Freundin Luise Stölting in das Pionierteam ein.

In der Literatur zur Adelsforschung wird angenommen – was auch jüngst wieder erneut unterstrichen wurde –, Kindheit, Jugend und Erziehung adeliger Frauen seien im späten 19. Jahrhundert und bis zur Mitte des 20. Jahrhunderts auf der Basis eines starren, tief verwurzelten Frauenbildes[115] gleichförmig verlaufen. Die Erziehung der adeligen Töchter seien mit einem einzigen Lebensentwurf ausgekommen: dem der Gutsherrin, Ehefrau und Mutter. Thekla Heusinger von Waldeggs beruflicher Weg ist ein Beleg dafür, dass dies für Teile der Adelstöchter schon Ende des 19. Jahrhunderts nicht mehr galt. Sie stammte aus einer Militärfamilie, mit der sie seit 1870 zunächst in Kassel, dann in Wiesbaden und später wieder in Kassel lebte. Die Familie ihres Vaters Friedrich Philipp Theoder (1820–1873) gehörte dem hessischen Adel, die Familie ihrer Mutter Anna (geb. 1836), eine geborene von Bardeleben, der schaumburgischen Ritterschaft an. Theklas Vater, zunächst Oberstleutnant in der Kurhessischen Armee, war 1866 in preußische Dienste übergetreten und hatte als Regimentskommandeur den Rang eines Obersten eingenommen. Die Familie gehörte der evangelisch-reformierten Kirche an. Nach dem frühen Tod des Vaters musste die

---

115 So in: Kleines Lexikon des Adels. Titel, Throne, Traditionen, hg. v. Eckart Conze, München 2005, Art. Erziehung, S. 81; ders., Von deutschem Adel; von Hoyningen-Huene, Adel.

Mutter mit ihrer nicht sehr üppigen Witwenpension vier kleine Kinder aufziehen.

Für Thekla Heusinger von Waldeggs Entscheidung, als 33-jährige zur Ausbildung nach Nieder-Ofleiden zu gehen, war ausschlaggebend, ihrem „Leben einen Inhalt zu geben"[116]. Dass sie an einer eigenständigen Existenz außerhalb der Familie interessiert war, wird auch daran deutlich, dass sie nach der Auflösung des ersten Schulprojektes in Nieder-Ofleiden für einenhalb Jahre als Johanniterin in das Diakonissenkrankenhaus in Kassel eintrat. Danach entschloss sie sich, die Wirtschaftliche Frauenschule in Obernkirchen mit aufzubauen und von da ab dort als Lehrerin für Kochen zu wirken. 1912 zog die 76-jährige Mutter zu ihrer Tochter nach Obernkirchen.

Man kann vermuten, dass bei ihren Erwägungen auch die materielle Situation eine Rolle spielte. Entsprechende Hinweise sind ihren Anträgen auf eine Stiftsstelle in Obernkirchen zu entnehmen. Den ersten stellte sie 1903, zu einem Zeitpunkt als sie schon seit zwei Jahren Lehrerin in der Frauenschule Obernkirchen war. Sie führte darin an, dass sie kein Vermögen besitze und auch keines zu erwarten habe und sie ihre Zukunft sicherstellen müsse.[117] Dies ist nachvollziehbar, denn die Lehrkräfte

---

116   Immediat-Vorstellung des Frl. Thekla Heusinger von Waldegg, Obernkirchen betreffend Verleihung einer Stiftsstelle in Obernkirchen. Decret. An den Minister des Inneren, Berlin den 25ten Juli 1903. Geheimes Staatsarchiv Preußischer Kulturbesitz, I. HA Rep. 77 Ministerium des Innern Tit. 904 Lit. H Nr. 378. Acta betr. Fräulein Thekla Heusinger von Waldegg, Tochter eines verstorbenen Obersten, in Obernkirchen vom 5. August 1903, Stiftssachen.
117   Der Begutachtung des Landrates ist zu entnehmen, dass die Mutter regelmäßig finanziell von zwei Schwestern bis zu deren Tod unterstützt wurde. Die eine war eine – gut gestellte – verheiratete Waitz von Eschen, mit der anderen, einer unverheirateten Schwester, die Stiftsdame in Obernkirchen war, lebte sie bis zu deren Tod im Jahre 1912 zusammen.

in den Reifensteiner Schulen erhielten bis 1920 nur die Hälfte des Gehaltes einer Gewerbeschullehrerin und hatten auch keine Pensionsberechtigung. Thekla Heusinger von Waldeggs Anträge auf eine Stiftsstelle (1903, 1905, 1906, 1912, 1913) sowie ein Antrag auf eine Stiftspension (1912) wurden vom preußischen Innenministerium vorerst ausnahmslos abgelehnt, obwohl diese vom Oberpräsidenten der Provinz Hessen-Nassau, dem Regierungspräsidenten und auch dem Landrat des Kreises Schaumburg Hans von Ditfurth befürwortet wurden. Durch ein Schreiben des Landrates 1912 scheint sich das Blatt gewendet zu haben. Wie schon so oft legte dieser nicht nur ein besonderes Geschick in seiner Argumentation an den Tag, sondern er entwickelte auch eine pragmatische Konstruktion, die sich letzlich als erfolgreich erwies. In seiner Eigenschaft als Stiftshauptmann machte von Ditfurth auf die segensreiche Mitarbeit Thekla Heusinger von Waldeggs bei der Etablierung der Frauenschule aufmerksam, die seitens der Staatsbehörden als erste Schule zur Ausbildung von Wirtschaftslehrerinnen auf dem Lande anerkannt worden war. Außerdem habe deren Bestand auch die maroden Stiftsfinanzen saniert. Nunmehr wäre man demnächst in der Lage, eine weitere neue, die zwölfte Stiftsstelle zu schaffen, die zu erhalten die Antragstellerin „verdient" hätte.[118] Nachdem sich auch die Hofstaatsdame der Kaiserin Auguste Viktoria, Klaire von Gersdorff, für sie eingesetzt hatte, erhielt Thekla Heusinger von Waldegg die im März 1914 neu eingerichtete Stiftsstelle, die mit einer Präbende von 1200 Mark im Jahr ausgestattet war.

Wenn in Berichten von Schülerinnen von Thekla Heusinger von Waldegg als „starker Willensnatur"[119] die Rede war, von ih-

---

118   Immediat-Vorstellung des Frl. Thekla Heusinger von Waldegg.
119   Käthe Delius, Ein Leben für die ländliche Hauswirtschaft. Lebenserinnerungen,

rem soldatisch strengen Regiment in der Küche, wo mit Temperament und Feuer gekocht wurde und die oft sehr jungen und ungeschickt agierenden Maiden nichts zu lachen hatten, so wurde die aus dem Rheinland[120] stammende Johanniterin Luise Stölting als rheinische Frohnatur charakterisiert. Als Hausdame war sie insbesondere für das Internat zuständig. Maiden rühmten an ihr nicht nur ihr fürsorgliches Wesen, sondern vor allem auch ihren Humor, der die Schulatmosphäre auflockerte. „Tante Wieschens" Lachsalven, ihr Verständnis für die Freuden und Nöte der Schülerinnen wurden immer wieder hervorgehoben, auch wenn sie in der Aufsicht über die zu erledigenden Arbeiten und die Ordnung im Haus unbestechlich gewesen sein soll. Ihren Dienst tat sie in ihrer Johanniterinnentracht. In der ersten Septemberwoche 1914 wurde sie durch den Johanniterorden zur Krankenpflege nach Mannheim einberufen, wo sie als Oberin das Vereinslazarett in Neckarau zu leiten hatte. Ab 1921 durfte sie einer staatlichen Verordnung gemäß auf der Basis einer jahrelangen Praxis die Berufsbezeichnung „Hausbeamtin" tragen.

Obwohl einige Stimmen Helene Morgenbesser nachsagten, öffentliches Auftreten habe ihrer etwas spröden, herben Natur nicht gelegen, war sie doch als Leiterin für die repräsentative Außenvertretung zuständig und dabei durchaus erfolgreich. Durch sachliches, verlässliches und bescheidenes Vorgehen konnte sie sich Respekt erwerben und imponieren. Dies gelang ihr auch bei Catharina Henriette Heye, der Ehefrau des größten Mäzens der Schule, des Glasfabrikanten Theodor Heye (1831–1916). Diese

---

zugleich eine Geschichte des ländlich-hauswirtschaftlichen Schulwesens von Anbeginn bis 1945. Typoskript o. J., StABü, D 21, Nr. 1354, S. 17.
120   Sie wurde in Aachen geboren.

notierte im Mai 1901 in einem Tagebuch: „Ich lernte auch ein Frl. Morgenbesser, die künftige Vorsteherin der Frauenschule in Obernkirchen kennen, die mir einen besonders guten Eindruck machte. Theodor hilft ihnen nun die Stiftsräume ausbauen und einrichten zu können."[121] Der gute Anklang der „vorzüglichen Vorsteherin" bewirkte demnach nicht nur weitere Großzügigkeit, sondern Catharina Henriette Heye arbeitete für zwei Jahrzehnte verlässlich im Schulkuratorium mit. Auch nach ihrer Zeit war die Familie Heye mit einem Familienmitglied im Kuratorium vertreten.[122]

Für viele der Schülerinnen scheint Helene Morgenbessers „echt preußische Art" gewöhnungsbedürftig gewesen zu sein: „… aber ihre große Güte überwand schließlich alle Scheu und

---

121   Das Tagebuch der „Frau Geheimrat Heye" wurde mir freundlicherweise von Rolf-Bernd de Groot aus dem Fundus des Berg- und Stadtmuseums Obernkirchen zur Verfügung gestellt. Am 21.10.1901 notierte sie: „Mit Landrat von Ditfurth zur Frauenschule im Stift. Erste Sitzung mit Frau von Wegnern in den schon sehr netten Räumen. Ich hätte nicht gedacht dass aus den verfallenen Gemäuern so Gutes werden könnte. Hoffentlich gedeiht die Sache zum Nutzen vieler Mädchen die dadurch lernen sich nützlich zu machen, sich ihren Unterhalt zu verdienen und eine selbständige Stellung in der Welt einzunehmen." Am 24.10: „Nachmittags sind wir Alle im Stift in der Frauenschule gewesen, die auch Th. gut gefallen hat, er hat ihr noch ein drittes Stipendium von 1000 Mark jährlich und das Thor für die Einfahrt von der Rückseite geschenkt." Im Frühjahr 1902: „Die Frauenschule in Obernkirchen hat mir einen vortrefflichen Eindruck gemacht, die jungen Menschen waren so fröhlich bei ihrer Arbeit. Die Vorsteherin Frl. Morgenbesser ist vorzüglich." 24.9.1902: „In der Frauenschule ist heute Prüfung gewesen, Hoheit der Fürstin ist dazu gekommen. Ist alles gut verlaufen. Wir wohnten am 15., der zweiten Prüfung der Seminaristinnen, und einem kleinen hübschen Fest mit netten Aufführungen bei. Ein Besuch bei Frau Oberin von Monbart, die früher Vorsteherin der staatlichen Erziehungsanstalt Keppel war, jetzt Ruhewohnung im Stift hat und mit an der Frauenschule unterrichtet, machte mir viel Freude. Sie wohnt in unglaublich kleinen dunklen Räumen, ist eine feine und kluge alte Dame, geistig sehr frisch, man merkt ihr die 71 Jahre nicht an."
122   Eine Enkelin sollte überdies Schülerin in der Frauenschule werden.

löste größtes Vertrauen aus. Ich persönlich habe ihr unendlich viel zu danken", erinnert sich Margarete von Spies (1873–1953), die ihr später als Schulleiterin nachfolgte.[123] Auch Käthe Delius (1893–1977), die 1923 als Referentin für die ländlich-hauswirtschaftliche Frauenbildung in das Preußische Landwirtschaftsministerium berufen werden sollte, war der Meinung, Helene Morgenbesser habe nach außen nicht stark wirken können und sei deshalb vielfach verkannt worden. Als Schülerin schätzte sie aber ihre Klugheit und ihr geistiges Interesse, das ihr viel gegeben habe.[124]

Ganz zentral für den Aufbau und die Stabilisierung der Schule waren die Helene Morgenbesser nachgesagten „preußischen" Tugenden. Die spätere, ebenfalls langjährige Schulleiterin Mathilde Groschupf, eine ihrer ersten Maiden (1903), berichtete: „Voll tiefer Güte und Strenge verlangte sie von uns Maiden Disziplin, Fleiß und Gründlichkeit."[125] Mit eiserner und oft kritisierter Sparsamkeit habe sie die Wirtschaftlichkeit der Schule ermöglicht, so dass diese sich im Reigen der anderen Reifensteiner Schulen zu der einzigen Schule entwickelte, die hin und wieder Überschüsse erwirtschaftet habe. Sie bewährte sich nicht nur in Zusammenarbeit mit dem Schulkuratorium, in dem der erfahrene wie ambitionierte Landrat von Ditfurth sowie Frau von Wegnern, die Ehefrau des früheren Staatsministers des Fürstentums Schaumburg, Martin Georg Anton von Wegnern, engagiert mitarbeiteten, sondern sie hatte sich ebenfalls gut abzustimmen mit den verschiedensten Behörden und Ministerien, die Zuschüsse gewährten, Ausbildungsbestimmun-

---

123   Bericht von Margarete von Spies, Typoskript.
124   Käthe Delius, Ein Leben für die ländliche Hauswirtschaft, S. 17.
125   Mathilde Groschupf, Die „drei Spitzen", in: Blatt der Altmaiden 25/1951, o. S.

gen und Lehrplanänderungen anordneten. Mit dem Vorstand des Verbandes war zwischen dessen Gesamtverantwortung und der Selbständigkeit der Schule eine Balance herzustellen, was bei anfänglich fehlender Kompetenzklärung nicht ganz einfach weil konfliktträchtig war. Dass Helene Morgenbesser bald Bedeutung für die Arbeit des Verbandes erreichte, spürten selbst die Schülerinnen: „... sie war die Vorsichtige, die Abwägende bei der genial sprühenden Planung Ida v. Kortzfleischs".[126]

In der Arbeitsteilung des Triumvirats war Thekla Heusinger von Waldegg in besonderer Weise für zwei Ausprägungen bei der Formung der Maidengemeinschaft verantwortlich: Das Verständnis von der Schulgemeinschaft als eines verpflichtenden Tugendkollektivs und später die Pflege der Schultradition. Sie lehrte die Schülerinnen, ihre Tracht – eine in allen Schulen einheitliche Kleidung – als „Ehrenkleid" anzusehen. An die äußere Erscheinung und an die Haltung stellte sie hohe Ansprüche, diese sollte sorgfältig und tadellos sein. Die Erhaltung der Tradition und das Ansehen der Schule bezeichnete Mathilde Groschupf als das „Herzstück" ihres Lebens. Auch als ältere Stiftsdame sei sie aufrecht, gemessenen Schrittes durch das Stiftsgelände zu ihrem Gärtchen gewandert. Erziehung zu unbedingter Pünktlichkeit, Gewissenhaftigkeit im Unterricht und im Internatsleben waren von der Schulleitung gemeinsam vertretene Prinzipien, die Luise Stölting mit einer „mütterlichen" Note verfolgte.

An der Konzeption der Wirtschaftlichen Frauenschulen lässt sich erkennen, dass sich das neuzeitliche Berufsbildungssystem für die weibliche Jugend gänzlich anders als das männliche entwickelte. Während für das männliche Berufsbildungssystem

---

126 Mathilde Groschupf, Helene Morgenbesser, in: Maidenblatt 2/1939, S. 19.

die betriebliche Form der Ausbildung die vorherrschende war, zu der dann in Ergänzung die schulische hinzutrat, orientierten sich die meisten Ansätze für eine Berufsbildung der weiblichen Jugend am Prinzip der schulischen Ausbildung. Die Berufsbildungsforschung unterscheidet fünf Phasen in der Herausbildung eines neuzeitlichen Berufskonzepts für die weibliche Jugend.[127] Die Reifensteiner Schulen lassen sich der vierten Phase zurechnen. Lenkend für die jeweilige Stufe waren die Frauenbilder und Frauenrollen, die jeweils für verschiedene Sozialschichten galten.

Zunächst richteten sich Initiativen Anfang des 19. Jahrhunderts in einer ersten Phase darauf, Mädchen der unteren Sozialschichten „erwerbsfähig" zu machen. Die entsprechenden Bemühungen folgten einem „Erwerbskonzept". Mädchen des bürgerlichen Milieus dagegen sollten auf den „natürlichen Beruf des Weibes" als „beglückende Gattin", als bildend-erziehende Mutter, als „weise Vorsteherinnen des inneren Hauswesens"[128] vorbereitet werden. Da diese Anschauung auf der Vorstellung von einer „Berufung" fußte, wurde das Erziehungsmodell in der Berufsbildungsforschung mit dem Begriff „Berufskonzept" gekennzeichnet. In einer zweiten Phase bildeten sich unter dem Druck gesellschaftlicher Veränderungen in der ersten Hälfte des

---

127 Vgl. Christine Mayer, Berufsbildung und Geschlechterverhältnis. Eine historische Analyse zur Entstehung des Berufsbildungssystems in Deutschland, in: Die Modernität des Unmodernen. Das „deutsche System" in der Berufsausbildung zwischen Krise und Akzeptanz, hg. v. Friedhelm Schütte, Ernst Uhe, Berlin 1998, S. 427–447; dies., Zur Kategorie „Beruf" in der Bildungsgeschichte von Frauen im 18. und 19. Jahrhundert, in: Frauen in pädagogischen Berufen, Band 1: Auf dem Weg zur Professionalisierung, hg. v. Elke Kleinau, Bad Heilbrunn 1996, S. 15–38.

128 Joachim Heinrich Campe, Väterlicher Rath für meine Tochter. Ein Gegenstück zu Theophron, 5. Aufl., Braunschweig 1796, Reprint, Paderborn 1988, S.16f.

19. Jahrhunderts auch erste berufliche Ausbildungsmöglichkeiten für Mädchen aus mittleren und unteren bürgerlichen Schichten, damit diese einen Erwerbsberuf aufnehmen konnten. Diese Möglichkeiten lagen hauptsächlich im pädagogischen Bereich: Erzieherinnen, Gouvernanten, Hauslehrerinnen, Kinderwärterinnen. Die dritte Phase begann um 1860. Sie hing eng zusammen mit der einsetzenden öffentlichen Diskussion um das Recht aller Frauen auf Arbeit und ökonomische Selbstständigkeit. Die Debatte und die sich daraus ergebenden Initiativen zielten dabei erneut auf die Frauen des mittleren und unteren Bürgertums. Die sozialen und mentalen Veränderungen machten auch für diese eine erwerbsbezogene Berufsausbildung notwendig. Es entstanden eine Reihe von Fach- und Gewerbeschulen, die meist von Bildungsvereinen getragen wurden.

Die Gründung der Wirtschaftlichen Frauenschulen um 1900 läutete die vierte Entwicklungsphase in der Herausbildung eines Berufskonzeptes für die weibliche Jugend ein. Die fünfte, die etwa 1909 begann, betraf das Lehrlingswesen und bewerkstelligte den Einstieg in die Etablierung qualifizierter Lehrabschlüsse. Für die Entstehung der vierten Phase waren vier Aspekte bedeutsam, die von ihrer Initiatorin Ida von Kortzfleisch und ihren Mitstreiterinnen als Defizite wahrgenommen wurden. Ihrer Meinung nach waren erstens die bisherigen Angebote stark auf die in der Stadt Lebenden konzentriert. Zugleich fehlten, zweitens, ausreichende Bildungs- und Ausbildungsmöglichkeiten für Mädchen und Frauen auf dem Land. Zwar hatte im Jahr 1895 das Landesökonomiekollegium Preußens dem Landwirtschaftsministerium empfohlen, die landwirtschaftliche Unterrichtung und insbesondere die der weiblichen Jugend zu fördern. Die daraus folgenden staatlichen Initiativen blieben allerdings äußerst verhalten. Die entsprechende Förderung von Bildungsmöglichkeiten wurde zudem durch eine traditionell fixierte Mentalität gehemmt, die überkommene Vorstellungen zur Bildung von Landfrauen betrafen: „Kein Gesetz und keine wirthschaftliche Reform kann unseren Bauernstand retten, wenn die Bäuerinnen aufgehört haben, die Seele der Wirtschaft zu sein, den Tag und die halbe Nacht zu sorgen in Küche und Keller, im Stalle und auf dem Felde [...] Man verpflanze doch auf das Land nicht die Vielwisserei. Das Beste, was die Landschulen bieten und die Erziehung gewähren kann, ist die Liebe zur Arbeit und Thätigkeit, zu Entbehrung und Sparsamkeit. Demgegenüber ist es höchst gleichgültig, ob die Bäuerin besser lesen oder schreiben kann [...]"[129]

Während es inzwischen, drittens, Ausbildungsmöglichkeiten in gewerblichen, kaufmännischen, kunstgewerblichen, sozialpädagogischen und krankenpflegerischen Feldern gab, bestanden dagegen keine adäquaten Angebote für spezifisch ländlich-hauswirtschaftliche Berufe. Das ländliche und landwirtschaftliche Bildungswesen für Mädchen und Frauen war vor der Gründung der Wirtschaftlichen Frauenschulen noch vollkommen unstrukturiert. Bis dahin hatte es zwar einzelne Haushaltungsschulen[130], Kursangebote und so genannte „Wandervorträge" und „Wanderberatung" gegeben, aber eine mittlere und

---

129 Äußerung Georg Ratzingers (1844–1899), römisch-katholischer Geistlicher, Sozialreformer, Publizist und Politiker der bayerisch-katholischen Patriotenpartei bzw. des Bayerischen Bauernbundes, aus den 1890er Jahren, zit. in: Andrea van Dülmen, Frauen. Ein historisches Lesebuch, München 1988, S. 36.

130 Diese waren entweder Betrieben wie Meiereien angeschlossen oder von nicht-gewerblichen Trägern geführt: von Wohltätigkeitsverbänden, von Ordensniederlassungen, Diakonissenanstalten und von landwirtschaftlichen Organisationen und Vereinen. Sie waren gedacht für erwachsene Mädchen aus bäuerlichen und bürgerlichen Familien.

auch eine höhere Ausbildungsebene waren noch nicht entwickelt. Eine universitäre schon gar nicht, obwohl es die in der landwirtschaftlichen Ausbildung für Männer schon seit etwa 1800 gab. Und was völlig fehlte, war die Ausbildung von Lehrerinnen für die verschiedenen Ausbildungs- und Bildungsangebote.

Und schließlich fehlte es, viertens, an beruflichen Ausbildungsangeboten für Mädchen aus gehobenen Schichten, denn für diese galten noch immer Normen einer „standesgemäßen Erziehung" entlang der „natürlichen weiblichen Berufung", die der Realität schon lange nicht mehr standhielten. Die Option einer Existenz sichernden Tätigkeit wurde immer dringlicher. Erst zögernd entstand die Auffassung, generell müsse für die Zukunft der unverheirateten Töchter gesorgt werden. Hierdurch angeregt verschob sich die Bereitschaft zur karitativen Hilfe für in Not geratene Frauen allmählich zu Überlegungen, auch den Mädchen aus höheren Schichten vermehrt Ausbildungs- und Erwerbsmöglichkeiten zu schaffen. Dieser Entwicklung war dienlich, dass sich auch in diesen Kreisen die ausschließliche Orientierung auf Haus und Familie im Verlauf des 19. Jahrhunderts gelockert hatte. Gefördert worden war dies sowohl durch zunehmende ehrenamtliche wohltätige Mitarbeit, etwa im Vaterländischen Frauenverein oder anderen karitativ tätigen Vereinen, als auch durch verstärktes aktives Engagement in der Inneren Mission.

Sehnsucht nach gesellschaftlich anerkannter Arbeit

Mit dem englischen Philosophen und Ökonomen John Stuart Mill[131] teilte Ida von Kortzfleisch die Auffassung, dass das Fehlen eines „würdigen Wirkungskreises" verhängnisvoll sei: „Aber etwas Gegenständliches muß der gesund organisierte Mensch haben, auf das er lossteuern kann. ‚Nächst Krankheit' – sagt Stuart Mill – ‚ist nichts so verhängnisvoll für den freudigen Genuß des Lebens, als der Mangel an einem würdigen Wirkungskreise.'"[132] Sie erklärte eine gesellschaftlich anerkannte Berufsarbeit zum Medium der Persönlichkeitsentfaltung. Mit ihren Forderungen fand sie Anschluss an die Argumentationen der Frauenbewegung und zugleich knüpfte sie an einen modernen Arbeitsbegriff an. Arbeit erscheint in diesem Zusammenhang als wesentlich für das Selbstverständnis des Individuums.

Einer fundamentalen Tendenz in der modernen Konzeption von Arbeit stellte sie sich jedoch entgegen: Obwohl sich schon in ihrer ersten Niederschrift die Unterscheidung von Arbeit in Familie und Haus und Arbeit als Erwerbs- und Lohnarbeit zeigte, stemmte sie sich dagegen, dass die private Familien- und Hausarbeit immer ausdrücklicher als Nicht-Arbeit angesehen wurde. Folgerichtig wurde im späteren Reifensteiner Modell die häusliche und familiäre Arbeit von Frauen so hoch eingeschätzt, dass es auch für diese eine auf den neuesten wissenschaftlichen Erkenntnissen aufgebaute systematische Ausbildung als notwen-

---

131   John Stuart Mill (1806–1873) erstellte u. a. Studien zur Lage der Frauen. Er vertrat frauenemanzipatorische Positionen, forderte das Frauenwahlrecht und ein Scheidungsrecht.
132   von Kortzfleisch, Dienstpflicht, in: Tägliche Rundschau 78, 5. April 1894, S. 310.

Chemieunterricht in einer der Schulen des Reifensteiner Verbands um 1928.

dig erachtete und konsequenterweise auch anbot. Im Grundsatz wendeten sich damit die Wirtschaftlichen Frauenschulen gegen die moderne Tendenz, als Arbeit nur Erwerbsarbeit anzusehen. Ida von Kortzfleisch monierte, dass der familiäre und haushälterische Aufgabenkreis als das ehemals zentrale Gebiet der angestammten Frauenarbeit durch die Maschinenarbeit seine Bedeutung verloren habe: „Diese Konkurrenz [zwischen Frauen- und Maschinenarbeit, zwischen Frauen- und Männerarbeit, O. W.-H.] war es, in der der moderne männliche Geist des Handels und der Erfindung den weiblichen Fleiß und Erwerb aus dem Felde schlug. Desto mächtiger der Trieb, desto gerechter der Anspruch, in neuen Wettbewerb einzutreten, der die Verdrängten auf Rückeroberung ihrer Existenz hoffen lässt."[133]. Die gesellschaftliche Anerkennung dieser Arbeit zurück zu erobern, bestimmte ihre frauenpolitische Strategie: „Der einzige Weg dahin ist sachliches Wissen und Können, Ausdauer, Fleiß und Uebung in praktischen Angelegenheiten, die zur Zeit vorwiegend in Männerhand liegen. Dieser Weg muß gebahnt werden, und man hat damit begonnen! Er muß gebahnt werden erstens: durch Gymnasium und Universität für eine geistig hochbegabte weibliche Minderheit, und zweitens: durch die wirthschaftliche Frauen-Hochschule für die weibliche Gesammtheit."[134] Die auf Ausbildung basierende Arbeit wurde von Ida von Kortzfleisch als notwendig für die Gruppe der Töchter der höheren Kreise angesehen. Mit ihren Schulplänen sollte sie auch den adeligen Töchtern Wege in das Zeitalter der modernen Arbeit und der nationalen Arbeitsgesellschaft ebnen.

Dass auch die Situation adeliger Töchter mit neuen Akzenten erörtert wurde, lässt sich nicht nur an Artikeln im „Adelsblatt", sondern auch an Erziehungsschriften ablesen. Und dennoch galt in vielen Familien noch immer die Norm einer „standesgemäßen" Erziehung, die eine systematische berufliche Ausbildung ausschloss und sich gegen entsprechende frauenpolitische Forderungen stellte. Die Gegenrede kam etwa von einer aus einer Offiziersfamilie stammenden Autorin eines Erziehungsratgebers von 1881, Johanna von Sydow (geb. 1850), die seit Mitte der 1870er Jahre in Berlin als Übersetzerin und Schriftstellerin tätig war.[135] Im Jahr 1881, fünfzehn Jahre vor der

---

133 Ebd., S. 314.
134 Ebd.
135 Johanna von Sydow stammte aus einer Familie des märkischen Uradels mit dem wahrscheinlichen Stammhaus Sydow in der Altmark. Vater: Heinrich (1880–1882), Kgl.

Entstehung der Reifensteiner Schulen, veröffentlichte sie einen Ratgeber mit dem Titel: „Behalte mich lieb! Mitgabe beim Eintritt in die Welt und an das gesellschaftliche Leben" – eine Schrift, die sich an sechzehnjährige Mädchen der gebildeten oberen, sowohl adeligen als auch bürgerlichen Schichten richtete.[136] Über weite Passagen wird durchaus konventionell im Sinne höherer

---

Preußischer Steuerrath a. D., Premierlieutenant a. D., zuletzt im Infanterieregiment Nr. 22, Amtsvorsteher zu Reichenau im Kreise Sagan, verh. 1848 mit Maria von Seydlitz und Ludwigsdorf (1820–1891). Johanna hatte 6 Geschwister, von denen 4 lebten: 1 Schwester, 3 Brüder. Vgl. Der „Gotha": Supplement. Genealogisches Taschenbuch der Adeligen Häuser, 14. Jg. 1889. Johanna von Sydow schrieb zunächst über Dichtung und Mode, verfasste dann Ratgeber. 1878 erschien: Moden- und Toilettenbrevier. Unentbehrliches und Entbehrliches aus dem Gebiete von Tracht und Mode, Toilette und Putz und Zierrath und Schmuck, Leipzig 1878. In der Vereinszeitschrift des Allgemeinen Deutschen Frauenvereins wurde diese Veröffentlichung besprochen und den Leserinnen empfohlen als ein wirklich „reizendes Werk": Neue Bahnen 3/1878, S. 22f. 1879 erschien in Leipzig dann das „Brevier der Eleganz", das große Verbreitung erfahren sollte. Im Jahr 1882 folgte: Im Toilettenzimmer. Plaudereien u. Enthüllungn. aus dem Gebiete der Eleganz und aus dem Salon. Ratgeber am Putztisch und in Gesellschaftsfragen, Leipzig 1882. Gemeinsam mit Elly Gregor gab sie heraus: Lieschens Puppenstube. Kleines illustriertes Haus- u. Wirtschaftsbuch für unsere Lieblinge. Eingekleidet in eine Erzählung als Anleitung zum selbstthätigen Denken und Schaffen in häuslichem Sinne, Leipzig, Berlin 1884. Ebenfalls in 1884 erschien: Das Buch der Hausfrau. Mitgabe für Frauen und Jungfrauen zur Beglückung des Hauses, sowie zur Sicherung und Verbreitung häuslichen Wohlstandes und Komforts. Gemäss den Anforderungen der Gegenwart vorbereitet. Auf Grund eines neu aufgestellten Planes vorbereitet von Johanna von Sydow, hg. unter Mitwirkung von Erna von Thirnau, Leipzig, Berlin 1884. Im Jahr 1890 wurde von Johanna von Sydow publiziert: Der Kleinen Lieblingsbuch. Mit Beiträgen von Pauline und Frida Schanz, W. Gleim und Anna Hillmar, Stuttgart 1890; dies., Der kleine Dietrich oder das Buch der Hausfrau im Schlüsselkorb. 4. Aufl. Berlin 1894. Mit anderen gab Johanna von Sydow heraus: Die praktische Offizierfrau, Berlin 1897. Zwischen 1905 und 1907 schrieb sie für das „Deutsche Offizierblatt", in dessen Beilage „Die praktische Offizierfrau" 1905 die Umfrage gestartet wurde: „Welche Berufe können für Offiziertöchter als standesgemäß gelten und gewähren ihnen gleichzeitig einen auskömmlichen Erwerb?"

136   Leipzig, Berlin 1881. Fünf Jahre vor Johanna von Sydow hatte die Frauenrechtlerin Louise Otto 1876 die Forderung nach einer Berufsausbildung für Mädchen der oberen Schichten erhoben.

Töchtererziehung der Erwerb häuslicher, repräsentativer und kommunikativer Fähigkeiten behandelt, am Schluss aber steht ein umfangreiches Kapitel, in dem in emanzipatorischer Absicht von der Notwendigkeit einer Berufsausbildung gesprochen wird. Wie der Knabe, der schon früh angehalten werde, sich für einen späteren Beruf nach Neigung und Fähigkeit zu entscheiden, so solle auch das junge Mädchen danach streben, in irgend einer Richtung eine „praktische Tüchtigkeit" zu erlangen, damit sie im Falle der Not ihren Lebensunterhalt darauf gründen könne. Ausdrücklich auch für „reiche und vornehme Mädchen" erkannte Johanna von Sydow die Notwendigkeit, sich einmal auf eigene Füße stellen zu müssen, „statt durch das Leben getragen zu werden". Als mögliche Berufe führte sie auf: Lehrerin, Erzieherin, Gesellschafterin, Hofdame, pädagogisch und sozial tätige Stiftsdame, Schriftstellerin mit der Aussicht, in eine Redaktion einzutreten, Zeichnerin, Diakonissin, Ärztin, kaufmännisch Tätige mit der Perspektive, sich selbständig zu machen und nicht zuletzt Beamtin in Post-, Telegraphen- und Eisenbahnbüros. Berücksichtigt man den Zeitpunkt dieser Ausführungen – Anfang der 1880er Jahre – so entfaltete Johanna von Sydow ein Spektrum von Berufsmöglichkeiten, das weit über die gemeinhin in adeligen Kreisen vorstellbaren hinausreichte. Um den Weg einer beruflichen Tätigkeit erfolgreich einschlagen zu können, müsse ein prinzipieller Vorbehalt aufgegeben werden, betonte sie. Dafür führte sie nicht zuletzt ökonomische Argumente ins Feld: „Damen höherer Stände haben heutzutage in sich und Anderen das Vorurtheil zu bekämpfen, als ob die erwerbsmäßige Arbeit ihre Würde beeinträchtige und nicht ohne eine große Dosis von Charakterstärke werden sie sich darüber hinwegsetzen. Allein die dadurch gewonnene innere Selbständigkeit und die Hochachtung aller Edelgesinnten und Verständigen sind ein nicht gering zu schätzender Lohn, selbst wenn die äußere Stellung bescheidener, als die bisher gewohnte, werden sollte."[137]

Auch in ihrem „Buch der Hausfrau", das 1884 erschien, setzte sie sich kritisch mit der Mädchenbildung ihrer Zeit auseinander. Angesichts von „riesigen Veränderungen auf allen Gebieten des Lebens in der Neuzeit"[138] erschien ihr das den Mädchen vermittelte Bildungswissen als ungenügend. Vielmehr hielt sie es für nötig, die Bildungsanstrengungen zu fördern, die es den Mädchen ermöglichen würde, einen bisher „nur den Männern zugestandenen Beruf" zu ergreifen. Dies sei nachgerade eine Notwendigkeit, da eine Verheiratung nicht mehr die Regel und ein Alleinstehen nicht mehr die Ausnahme sei. Die inzwischen hörbarer vorgetragenen Forderungen nach besserer Ausbildung für diejenigen Mädchen, die bisher glaubten, es „nicht nötig" zu haben, empfand sie als ganz „natürlich". Ihr Plädoyer galt sowohl einer Verbesserung der allgemeinen Bildung als auch einer beruflichen Ausbildung: „Allgemeine Bildung ist für unsere Töchter jetzt zu einer unumgänglichen Notwendigkeit geworden. – Es ist notwendig, dass die Erlernung eines Broterwerbes ein wesentlicher Bestandteil der weiblichen Erziehung werde. Unsere Töchter lernen jetzt viel. Sie lernen manches, was unsre Mütter nicht wußten, die dessen ungeachtet als edle und für ihre Zeit gebildete Frauen gelten durften, aber unsre Zeit ist auch eine andre als die gute alte! Daß unsre Mädchen jetzt mehr lernen müssen, ist ein Fortschritt, ein Segen unsrer Zeit, für den wir nicht genug dankbar sein können."[139]

---

137   Die Zitate in diesem Abschnitt: von Sydow, „Behalte mich lieb!", S. 161f, 163, 175.
138   von Sydow, Das Buch der Hausfrau, S. 235.
139   Ebd., S. 243.

Ihre und Ida von Kortzfleischs Zielsetzung war, der Arbeit das Odium des für Frauen der Mittel- und höheren Schichten Unwürdigen zu nehmen: „Frauen und Mütter müssen hier einschreiten und ihren Töchtern zuerst die Achtung vor der Arbeit einflößen, die das tägliche Brot gibt, denn niemand kann wissen, in welcher Lebensstellung er sich auch befinden mag, ob er nicht später einmal genötigt ist, für seinen eignen Unterhalt zu sorgen." Und: „Jede Mutter lehre beizeiten ihr Kind den Wert der Arbeit schätzen!"[140] Als großes Vorbild stellte sie Amerika hin, wo sich Tausende Mädchen durch eigene Arbeit ernähren würden. Frauen seien Leiterinnen von großen kaufmännischen Geschäften und Fabriken, Frauen redigierten bedeutende Zeitschriften, trieben Künste und Wissenschaften, arbeiteten als Ärztinnen und seien in weiteren hundert anderen Berufen tätig. Johanna von Sydow vertrat die Meinung, auch in Deutschland könnten die Frauen ihre Töchter so erziehen, es hindere sie daran nur das Vorurteil, berufstätig zu sein sei nicht standesgemäß. Den Kritikerinnen war demgegenüber zentral, auch eine Erwerbsarbeit außerhalb des Hauses als standesgemäß zu erklären. Offensichtlich wuchs schon in der zweiten Hälfte des 19. Jahrhunderts zunehmender Widerstand gegen den „Tantenplatz" innerhalb der Herkunftsfamilie, der ledigen Frauen bislang angeboten wurde. Die Wünsche und Forderungen richteten sich auf eine unabhängige Existenz außerhalb der Familie.

„Was fängt eine Frau mit Geist an?"[141] Diese Frage stellte ebenfalls in den achtziger Jahren des 19. Jahrhunderts wiederholt Ehrengard von Gerlach, eine junge Dame aus bedeutender preu-

---

140 Ebd., S. 244, 255.
141 Ehrengard von Gerlach, zit. n. Irmgard von der Lühe, Elisabeth von Thadden. Ein Schicksal in unserer Zeit, Düsseldorf-Köln 1966, S. 7.

ßischer Familie. Als Waise bei der Großmutter von Alvensleben aufgewachsen, umsorgt von Tanten in der Altmark, in Schlesien und in Westpreußen und erzogen im badischen Viktoriapensionat in Karlsruhe, wird von ihr überliefert, dass sie geschliffene Gespräche, Kunst und Literatur geliebt habe und weit gereist sei. Sie heiratete 1889 den preußischen Landrat Adolf von Thadden und wurde die Mutter von Elisabeth und Marie-Agnes von Thadden, die beide eine der Reifensteiner Schulen besuchten. Elisabeth war von 1909 bis 1910 Schülerin in der Wirtschaftlichen Frauenschule Maidburg in Posen und Marie-Agnes von 1910 bis 1911 in der Frauenschule Löbichau in Thüringen.

Von englischen, französischen und deutschen Erzieherinnen und Hauslehrerinnen betreut, wuchsen Elisabeth und Marie-Agnes mehrsprachig auf. Die Mutter unterrichtete selbst Erdkunde und Geschichte, nahm die Kinder auf viele Reisen mit und gab sie schließlich in das 1890 für Töchter besserer Stände gegründete Viktoria-Pensionat nach Baden-Baden. Der frühe Tod der Mutter rief Elisabeth 1910 aus der Reifensteiner Ausbildung in den großen und gastfreundlichen Gutshaushalt zurück. Sie übernahm dessen Leitung und stellte eigene berufliche Pläne vorerst zurück. Erst als Anfang der zwanziger Jahre der Vater wieder heiratete, trat sie nach einer Kurzausbildung auf einer Sozialen Frauenschule in Berlin eine Stelle in der Erholungsfürsorge an, wechselte dann in den Jugendbereich – wofür sie ein Examen als Jugendleiterin ablegte – und schließlich in die pädagogische Arbeit an der Reformschule Salem. 1927 gründete sie auf Schloss Wieblingen bei Heidelberg das „Evangelische Landerziehungsheim" – eine christliche Schule in der Tradition der Reformpädagogik. Am 1. Juli 1944 wurde Elisabeth von Thadden wegen Wehrkraftzersetzung und Feindbegünstigung vom Volksgerichtshof zum Tode verurteilt und am 8. September 1944 in Berlin-Plötzensee hingerichtet.

Der Stoßseufzer Ehrengard von Gerlachs und die Berufsentwicklung ihrer Tochter Elisabeth von Thadden zeigen dreierlei: Erstens bekundeten in den achtziger Jahren des 19. Jahrhunderts auch junge Frauen aus gut gestellten adeligen Familien den Wunsch nach einer sinnvollen Betätigung. Zweitens gehörte die 1890 geborene Elisabeth von Thadden zu einer Generation von Frauen, die im Rahmen der Familie qualifizierte Arbeitserfahrungen und ein Bewusstsein von der Notwendigkeit einer beruflichen Ausbildung erwarben. Dies führte sie schließlich zur Berufsarbeit und sogar, wie bei anderen adeligen Frauen im Umfeld des Reifensteiner Verbandes – etwa Clara Gräfin von Bernstorff-Gartow (1870–1936), Irene Freiin von Gayl (1882–1960), Margarete von Spies (1873–1953)[142] – zur Gründung eines eigenen Unternehmens, in ihrem Fall einer eigenen Schule. Und drittens wird deutlich, dass die Reifensteiner Schulen offensichtlich für diese Bedürfnisse Bildungsangebote bereitstellten und auch an der Weckung und Formulierung entsprechender Interessen beteiligt waren.

Mit Gräfin Viktorine von Butler-Haimhausen (1811–1902)[143] erhob sich eine weitere prominente Stimme, die vehement für Frauenrechte eintrat. An den Internationalen Kongress für Frauenwerke und Frauenbestrebungen, der 1896 in Berlin stattfand, richtete die 85-jährige die Worte: „Und je mehr ich eindringe in

142   Der Name „Spies" fand sich in verschiedenen Schreibweisen, auch: Spiess und Spieß. Ihr Vorname Margarete wurde hin und wieder notiert als: Margarethe.
143   Ihr genauer Name lautet: Gräfin Viktoria von Butler-Clonebough genannt zu Haimhausen. Zu ihrer Biographie vgl. Rita Huber-Sperl, Gräfin Viktorine von Butler-Haimhausen (1811–1902). Wohltäterin – Sozialreformerin – Frauenrechtlerin, in: Zeitschrift für bayerische Landesgeschichte 1999, Band 62, Heft 1, S. 163–199.

die Geschichte der Menschheit und in meine eigenen Erinnerungen, je mehr ich den Blick richte auf die beiden Geschlechter und ihre Stellungen zu einander, desto tiefer empört stehe
ich vor den Bildern, die an mir vorüberziehen. Ein wenig besser,
ein wenig minder grausam soll die Lage der Frau ja heute sein.
Ein wenig besser? [...] Unbewusst war dieser Hass, diese unedle
Sucht des Stärkern, die Schwächere zu unterdrücken und sie all
ihrer natürlichen Rechte zu berauben, ja immer da – aber erst
unserer Zeit ist es vorbehalten, dass diese Schwächere sich des
Unrechtes bewusst wird, dass man ihr anthut, und dass sie anfängt, sich dagegen aufzulehnen."[144] Auf dem Kongress wurde
Gräfin Haimhausen als älteste lebende Vertreterin der deutschen
Frauenbewegung und im Handbuch der Frauenbewegung im
Jahr 1901 als „eine in ihrer Arbeit ziemlich alleinstehende Vor-
läuferin auf dem Gebiete sozialpolitischer Frauenarbeit"[145] gewürdigt. Die sozialpolitischen Projekte der Gräfin waren immer
auch auf die Anliegen und Bedürfnisse der Frauen gerichtet. Früh
setzte sie sich für die Verbesserung der Mädchenbildung ein und
forderte: „Daß die Erziehung des weiblichen Geschlechts unbedingt in die Hand von gebildeten, tüchtigen durch weibliche
Kräfte geschulte Lehrerinnen, die zugleich Erzieherinnen sein
müssen, gelegt werden muß!"[146] Gräfin Butler-Haimhausen, die

144 Viktorine Butler Haimhausen, Gruss an den Kongress, in: Der Internationale
Kongress für Frauenwerke und Frauenbestrebungen in Berlin 19. bis 26. September 1896.
Eine Sammlung der auf dem Kongress gehaltenen Vorträge und Ansprachen, hg. v. der
Redaktions-Kommission, Berlin 1897, S. 70–73, hier S. 70.
145 Handbuch der Frauenbewegung, hg. v. Helene Lange, Gertrud Bäumer, 1. Teil:
Geschichte der Frauenbewegung in den Kulturländern, Berlin 1901, S. 120f, zit. n. Huber-
Sperl, Gräfin Viktorine von Butler-Haimhausen, S. 165.
146 Mahnworte der hochehrwürdigen Greisin Gräfin Victorine Butler Haimhausen,
hg. v. Frh. v. Broich, Berlin 1894, S. 14.

auch am Genossenschaftsgedanken sehr interessiert war, weil sie sich davon eine Chance für bedürftige Kreise erhoffte, die Hilfe zur Selbsthilfe versprach, verfasste zu diesem Thema mehrere Denkschriften. Sie kam in Kontakt mit Kreisen, die das Genossenschaftswesen als ein Mittel zur Lösung der sozialen Frage ansahen. Das galt für den Sozialreformer und Schriftsteller Victor Aimé Huber (1800–1869), das galt auch für Freiherr Ferdinand von Broich[147]. Letzterer gab eine der Denkschriften der Gräfin Butler-Haimhausen heraus.[148] In seinem Nachwort griff er die Mahnworte der Gräfin zur Lösung der Frauenfrage auf und gab seine Absicht bekannt, den von ihm unterstützten „Nationalverein zur Hebung der Volksgesundheit" zu bewegen, ein „hygienisches Damen-Pensionat" zu errichten, um zur Verbesserung der Frauenerziehung beizutragen.[149]

An dieser Stelle schließt sich der Kreis zu Ida von Kortzfleisch, die in der Entstehungszeit der Frauenschule, einige Monate, nachdem sie die Bismarck-Spende ins Leben gerufen hatte, ein „feierliches"[150] Schreiben vom Geheimen Oberregierungsrat Ferdinand von Broich erhielt. In seinem Brief im November 1895 machte dieser das Angebot, der geplanten Frauenschule größere Ländereien in Borgsdorf bei Oranienburg zur Verfügung zu stellen. Diese Offerte beflügelte die Pläne, denn Ida

147 Sozialreform und Genossenschaftswesen. Zum Zweck der Begründung und Ausgestaltung eines sozialreformatorischen Genossenschaftswesen, hg. v. Freiherr von Broich, 2. u. vermehrte Aufl., Berlin 1890. Von Broich trat für eine Sozialreform ein, die die sozialdemokratische Begeisterung der besitzlosen Volksklassen in eine genossenschaftliche Begeisterung umwandeln sollte.
148 Mahnworte 1894.
149 Nachwort des Herausgebers, in: Mahnworte, S. 34.
150 Ida von Kortzfleisch, Wie der Verein für wirtschaftliche Frauenschulen auf dem Lande entstanden ist, in: Maiden-Zeitung der Frauenschule Obernkirchen 1/1910, S. 7–13, hier S. 9.

von Kortzfleisch glaubte, mit dem Beamten stände die Regierung hinter dem Vorhaben: „Die von ihm übersandten Baupläne für Borgsdorf sahen meinem Phantasiebild so ähnlich, daß ich wie vor einem Wunder stand. Ich lud Damen und Herren in unser Haus ein, die seit 1895 bei meiner Sammlung der ‚Frauen-Bismarckspende' geholfen hatten. […] Ich teilte den Versammelten freudigen Herzens mit, die Regierung selbst scheine unsere Idee zur Tat fördern zu wollen. Ich sei bereit, um das Vertrauen der Regierung zu rechtfertigen, das dargebotene Feld künftiger Arbeit baldmöglichst zu besichtigen und nicht zu ruhen, bis sich bewährte, geschulte, nach Charakter und Geist geeignete Persönlichkeiten gefunden hätten, die befähigt wären, einen reellen Anfang vorzubereiten."[151] Sehr bald stellte sich heraus, dass nicht die Regierung, sondern ein Aktienunternehmen hinter dem Angebot stand, dass sich in einer wirtschaftlich kritischen Lage befand. Den Frauenschulplänen hatte das öffentlich bekannt gemachte Angebot des Freiherrn von Broich genutzt: Die Sammlung für eine Schulgründung war auf 12.000 Mark gestiegen.

Wie Ida von Kortzfleisch, so war auch die fast gleichaltrige Schriftstellerin Gräfin Gertrud Bülow von Dennewitz (1844–1927), die aus einem uradeligen Geschlecht stammte, das ursprünglich aus Mecklenburg kam, beeinflusst vom Werk John Stuart Mills. Aus der Aufzählung von frauenrechtlerischen Veröffentlichungen in der Einleitung ihrer ersten Broschüre zur Gründung einer Frauen-Hochschule geht hervor, dass Ida von Kortzfleisch die Arbeiten von Gräfin Bülow kannte und sie zum Kanon der grundlegenden Frauenschriften zählte. Analysiert man deren Positionen zur Frauenfrage, die sie in Vorträgen und

---

151 Ebd.

„Unsere Frühbeete" 1920/21, in der Wirtschaftlichen Frauenschule Oberzwehren bei Kassel. Die Fotografie stammt aus dem Besitz von Thea von Loßberg, verheiratete Breckerbaum. Diese Frauenschule gehörte dem Reifensteiner Verband von 1917 bis 1921. Sie war 1904 von Auguste Förster in Zusammenarbeit mit dem Casseler Frauenbildungsverein als Wirtschaftliche Frauenschule Auguste-Förster-Stiftung gebaut worden.

in zahlreichen Publikationen etwa ein Jahrzehnt vor Gründung der ersten Frauenschule veröffentlichte, kann man behaupten, Gräfin Bülow bereitete argumentativ ebenfalls das Feld, dass der späteren Frauenschulinitiative Aufmerksamkeit und Attraktivität sicherte. Auch wenn Ida von Kortzfleisch nicht in allen Punkten der Radikalität der Gräfin zugestimmt haben dürfte, so stimmten die beiden Reformerinnen doch in zentralen Punkten überein. Es ist daher auch nicht erstaunlich, dass Gräfin Bülow Jahre später Mitglied im Reifensteiner Verband wurde.[152]

152 Mitgliederliste des Reifensteiner Vereins für Wirtschaftliche Frauenschulen auf dem Lande, Gotha 1917.

Ab dem Jahr 1887, nach dem Tod des Vaters Graf Albert Bülow von Dennewitz, Majoratsherr auf Grünhoff in Ostpreußen, hatte sich Gräfin Bülow intensiv der Schriftstellerei gewidmet. Zuvor hatte sie als älteste Tochter – ihre Mutter war jung gestorben – vierzehn Jahre lang den väterlichen Haushalt in Dresden geführt, in dem auch ihre jüngeren Geschwister lebten. Sie hatte dennoch Gelegenheit gehabt, sich oft mit Sprachen, Musik und Literatur zu beschäftigen. In den 1870er Jahren hatte sie Arbeiten der englischen Schriftstellerin Anna Brownell Jameson (1794–1860) gelesen. Durch deren Buch „A commonplace book of thoughts, memories and fancies"[153], vor allem durch das erste Kapitel „Ethical Fragments", sowie durch die beiden Abhandlungen „Women's mission and women's position" und „The relative position of mothers and governess" in ihrer Publikation „Memoirs and essays"[154] wurde sie auf die Entwürdigung der Frauen und die junge Frauenbewegung aufmerksam. Gräfin Bülow sollte unter dem Pseudonym „Gräfin Gisela von Streitberg" ihre schriftstellerische Tätigkeit der Frauenfrage und der Förderung der Frauenbewegung widmen.[155] Unter die-

---

153   Mrs. Jameson, A commonplace book of thoughts, memories and fancies. Original and selected. Part I – Ethics and character, Part II – Literature and art, New York 1855.

154   Mrs. Jameson (Author of "The characteristics of women", "Memoirs of female sovereigns", "Winter studies and summer rambles"), Memoirs and essays. Illustrative of art, literature and social morals, London 1846.

155   Gräfin Gisela von Streitberg, Das Weib am Ende des Jahrhunderts. 2. Aufl., 4 Teile in 1 Band, Berlin 1891; dies., Die Enterbten, Gefallenen u. Verlorenen. Ein Beitrag zur Kulturgeschichte des Weibes, Berlin 1891; dies., Die Erziehung der Töchter. Grausamkeiten im Familien- und gesellschaftlichen Leben, Berlin 1891; dies., Die falsche Moral im Leben des Weibes, Berlin 1891; dies., Die verehelichten und die ehelosen Frauen; Berlin 1891; dies., Taceat mulier in ecclesia. (Das Weib schweige in der Gemeine), Dresden 1892; dies., Die deutschen Frauen und der Bismarckkultus, Leipzig 1894; dies., Die Bevölkerungsfrage in weiblicher Burteilung, Leipzig 1908; dies., Die Beseitigung keimenden Lebens, Oranienburg-Berlin 1910; Unter: Gertrud von Bülow, Vor Anker. Skizzen aus

sem Pseudonym sprach sie sich als eine der ersten Frauen für die Abschaffung des § 218 aus.[156] Insbesondere setzte sie sich auch mit dem von Hedwig Kettler (1851–1937) im Jahr 1888 gegründeten „Deutschen Frauenverein Reform" für eine Bildungsreform im Interesse der Mädchen und Frauen ein. Hier vertrat sie den von Zeitgenossen als radikal bezeichneten Standpunkt, nicht das eine oder andere ergänzende Reformprojekt könne einen Ausweg aus der Bildungsmisere der Frauen bieten, sondern notwendig sei die gleiche höhere Schulbildung für Mädchen und für Knaben, die Einrichtung von Mädchengymnasien sowie eine generelle Zulassung der Frauen zu allen Studienfächern. In ihren Vorträgen und Veröffentlichungen machte sie, zum Teil mit polemischen und sarkastischen Worten, auf die Lage der Frauen aufmerksam und wies auf die Barrieren einer Erwerbstätigkeit hin: „Da unsere gesellschaftlichen Einrichtungen der Frau den selbständigen Erwerb so viel wie möglich erschweren und überdies in den höheren Ständen ihre Erziehung sie sehr oft dazu untauglich gemacht hat, ferner da sie sich nur in seltenen Fällen die freie Verfügung über ihr Eigenthum contractlich verschafft hat, so ist sie gewöhnlich in Betreff ihres Unterhalts vom Manne abhängig und muß in ihrer unwürdigen Lage ausharren."[157] Für

---

meinem Leben, Lahr-Dinglingen 1938; dies., An Gottes Hand, 2. Auflg., Lahr-Dinglingen 1957.

Ganz anders als Gräfin Gertrud von Bülow argumentierte Sophie von Hardenberg in ihrer Broschüre zur Frauenfrage. Einerseits benannte sie ebenfalls wichtige Versäumnisse in der Mädchenbildung, andererseits glaubte sie, dass die Lösung dafür darin liege, die Frauen alleine für die häuslichen Angelegenheiten zu erziehen: Sophie von Hardenberg, Zur Frauenfrage, Leipzig 1882. Vgl. hierzu: Gnauck-Kühne, Universitätsstudium, S. 52–60.

156 Monika Schmittner, Aschaffenburg – ein Schauplatz der Bayerischen Frauenbewegung. Frauenemanzipation in der „Provinz" vor dem Ersten Weltkrieg, Aschaffenburg 1995, S. 138, 142.

157 von Streitberg, Die verehelichten und die ehelosen Frauen, S. 52.

des Pudels Kern hielt sie, dass die Frauen von jeglicher Berufstätigkeit ferngehalten werden sollten, die den Männern lohnenden Gewinn, Ruhm und Lebensgenuss eintrage, den Frauen aber die Möglichkeit raube, jemals volle Unabhängigkeit zu erringen. Sie geißelte die Erziehung der Frauen zu Unselbständigkeit, Unmündigkeit und Unterwürfigkeit. Die Basis schienen ihr völlig überlebte Anschauungen zu sein. Gräfin Bülow beteiligte sich auch am Diskurs über die Lage der ledigen Frauen, die „vom Schicksal ihrer Nation ausgeschlossen sein sollen", die aber nun „an die eherne Pforte der Staatsgesetze" pochten und die Berechtigung verlangten, „ihr Brot nach eigener freier Wahl erwerben zu können."[158]

Schonungslos kritisierte sie Auffassungen ihrer eigenen Herkunftskreise, wandte sich gegen einen Kastengeist, der anderen die eigene Norm vorschreiben wolle, was sich für einen Stand schicke oder nicht: „Eine alte Aristokratin, in der Meinung aufgewachsen, daß vornehmes Nichtsthun besser sei als jede außergewöhnliche Beschäftigung, nahm gewaltigen Anstoß daran, daß die Freundin ihrer Tochter es allein durch Selbstunterricht zu hervorragenden Leistungen auf philosophischem Gebiet gebracht und sich die Anerkennung von Fachgelehrten erworben hatte. Sie nannte dieselbe eine Mißgeburt, der die eigene Mutter das Genick brechen sollte!"[159] Gräfin Bülow verwies nicht nur darauf, dass die Vermögensverhältnisse der Aristokratie und des höheren Beamtenstandes in zahlreichen Fällen längst nicht mehr mit den Anforderungen ihrer Stellung im Einklang ständen, sondern brachte vielmehr anschauliche Beweise für die Disparität von Verhaltensnorm und Wirklichkeit: „Es

---

158   Ebd., S. 69, 71.
159   Ebd., S. 75. Eine Kritik an höheren Klassen findet sich: S. 81–84.

giebt Damen, welche nichts dagegen einzuwenden haben, daß die Töchter vornehmer oder angesehener Familien heimlich um einen Spottlohn Handarbeiten an ein Geschäft liefern, welche aber mit der Besitzerin oder Leiterin eines Geschäfts nicht an demselben Tische sitzen wollen. Denn wer mit dem Publikum verkehrt, zählt in ihren Augen nicht zur ‚anständigen Gesellschaft‘. So würde auch manche Dame aus der feinen Welt einer Verwandten oder Freundin allenfalls gestatten, als Concertsängerin ihr Talent zu verwerthen, würde aber unbedingt jeden Umgang mit ihr abbrechen, wenn sie zur Bühne ginge."[160] Es mutet wie ein Vorgriff auf die Reifensteiner Schulidee an, dass Gräfin Bülow schon früh als Alternative zum Beruf der Lehrerin oder Gouvernante, die für viele als einzig anständig galten, für den einer Wirtschafterin auf dem Lande warb. Auch andere Tätigkeiten, die Handfertigkeiten erforderten, schienen ihr erstrebenswert, weil sie überzeugt war, dass die geistige gegenüber der physischen Arbeit überschätzt würde. Sie empörte sich über das Missverhältnis zwischen Leistung und Lohn, die geringere Entlohnung für weibliche Arbeit und prangerte die biblische Überlieferung an, nachdem Arbeit ein Fluch sei. Ihr Appell, das Werk der „Befreiung" mit „Muth, Ausdauer und Hoffnungsfreudigkeit" zu fordern, erinnert sehr an die Wahlworte, die Ida von Kortzfleisch den Frauenschülerinnen mit auf den Weg gab: Mut, Ausdauer, Idealismus und Demut.

Während Elisabeth von Thadden Schülerin war, waren Clara Gräfin von Bernstorff-Gartow, Irene Freiin von Gayl und auch Margarete von Spies, bevor sie sich selbstständig machten, Lehrerinnen in Reifensteiner Frauenschulen. Clara Gräfin von

---

160 Ebd., S. 77.

Margarete von Spies, die Tochter eines Landwirts, leitete von 1915 bis 1918 die Wirtschaftliche Frauenschule Obernkirchen. Anschließend gründete sie zusammen mit Freifrau Irene von Gayl den Landwirtschaftlichen Lehrbetrieb Sonnenblick im Kreis Königsberg i. Ostpr.

Bernstorff-Gartow leitete von 1912 bis zum Kriegsbeginn 1914 die landwirtschaftliche Fachklasse in der neu gegründeten Frauenschule Bad Weilbach.[161] Gräfin Bernstorff brachte für diese Tätigkeit die praktische Ausbildung und intensive Mitarbeit in der Hauswirtschaft des großväterlichen Gutes und weitere Qualifikationen aus einer Reihe von Kursen mit: Weißnähen und Schneidern lernte sie in einer Gewerbeschule in Eisenach, Krankenpflege in der Diakonissenschule in Frankfurt am Main, ein dreiviertel Jahr besuchte sie das Christlich-soziale Frauenseminar des Deutsch-Evangelischen Frauenbundes in Hannover,

---

161   Annie von Buch, Ein Besuch in Weilbach, in: Reifensteiner Maidenzeitung 17/1913, S. 40–42, hier S. 41.

die erste Ausbildungsstätte für Fürsorgerinnen in Deutschland, dann wiederum nahm sie mehrere Monate praktischen Unterricht in Landwirtschaft und Gartenbau in England sowie auf der Domäne des Schlosses Wilhelmshöhe bei Kassel. In den Jahren 1909 und 1910 – direkt nach der Zulassung von Frauen zum Studium in Preußen – immatrikulierte sie sich an der Universität Göttingen und anschließend an der Landwirtschaftlichen Hochschule in Berlin, was ihr wissenschaftliches Interesse anzeigt. In Göttingen hörte sie Vorlesungen des Professors für Pflanzenbaulehre Conrad von Seelhorst (1853–1930) sowie des Nationalökonomen Gustav Cohn (1840–1919), in Berlin belegte sie Veranstaltungen des Professors für Wirtschaftslehre des Landbaus Friedrich Aereboe (1865–1942). Für Gräfin Bernstorff wird wichtig gewesen sein, dass Professor Aereboe nicht nur die Theorie und Entwicklung der landwirtschaftlichen Betriebslehre in Deutschland maßgebend beeinflusste und nicht nur zahlreiche landwirtschaftliche Betriebe praktisch beriet, sondern, dass er sich auch intensiv dem ländlichen Bildungswesen widmete. Ergänzend zu den akademischen Vorträgen besuchte Gräfin Bernstorff in Berlin Buchführungskurse der Deutschen Landwirtschaftsgesellschaft. Sie war damit ansehnlich praktisch und theoretisch ausgebildet, was sie befähigte, die Leitung der landwirtschaftlichen Fachklasse in Weilbach zu übernehmen. Um auf Dauer im Frauenschulbereich bleiben zu können, musste sie aber die Prüfung als Lehrerin der landwirtschaftlichen Haushaltungskunde ablegen. Dies beabsichtigte sie zunächst auch, legte dann aber diese Pläne beim Ausbruch des Ersten Weltkrieges ad acta und meldete sich freiwillig als Rotkreuz-Schwester. Vermutlich wird es ihr Alter von 48 Jahren gewesen sein, dass sie nach Kriegsende bewog, andere Wege zu gehen. Sie entschloss sich, ein Gut in Schnackenburg, ein Ort an der Elbe ganz in der Nähe des Familiengutes Gartow gelegen, zu kaufen. Dort richtete sie eine Lehrwirtschaft ein, in der Kochen, Plätten, Waschen, Hühnerzucht und Gärtnerei erlernt werden konnten. Im Winter wurde zusätzlich ein Schneiderkurs angeboten. Dem Reifensteiner Verband schloss Gräfin Bernstorff die Lehrwirtschaft Schnackenburg im Jahr 1922 an. Aber schon zwei Jahre später gab sie ihr Unternehmen auf und verpachtete es, „der besseren Rentabilität wegen". Sie habe „nicht mehr die Körperkräfte, um den Vorarbeiter zu spielen."[162] Dennoch suchte sie weiterhin nach einer ihr angemessenen und sinnvoll erscheinenden Tätigkeit: „Ich sehe mich nach einer Tätigkeit um, in der ich mich nützlich machen kann; höre in diesem Winter in Berlin Vorlesungen bei Spranger."[163] Ihr Interesse an den Vorlesungen des Professors der Philosophie und Pädagogik Eduard Spranger (1882–1963) in Verbindung mit ihren bisherigen beruflichen Erfahrungen zeigen die Richtung an, in der sie eine Beschäftigung suchte: eine pädagogische Arbeit auf dem Gebiet der ländlichen Hauswirtschaft. Die sollte sie auch Ende der 1920er Jahre als Wanderschullehrerin für Bauerntöchter im Landkreis Lüchow finden: „Kochen lernt man gründlich. Außerdem Backen, Einmachen, Nähen, Flicken und Anfertigen einfacher Hauskleider. Der Tag fängt mit theoretischem Unterricht an, wir besprechen die Grundlagen der Säuglings-, Kinder- und Krankenpflege."[164]

Dass Gräfin Bernstorff weit von einem Frauenbild entfernt war, das das „Heimchen am Herd" als Norm vorgab, thema-

---

162 Lebenslauf Clara von Bernstorff, zit. n. Conze, Von deutschem Adel, S. 322.
163 Ebd.
164 Clara von Bernstorff, Die Wanderhaushaltungsschule, in: Heimatbote. Gemeindeblatt für den Kirchenkreis Gartow, H. 9/1930, S. 71, zit. n. ebd., S. 322.

tisiert ihr Gedicht „Das Kocherl". Die Leitfigur war vielmehr die selbstbewusste, gebildete „neue Frau", die über männliche Zumutungen und weibliche Servilität spottete.

Gibt's etwas auf der weiten Welt,
was einem Mann so gut gefällt
als eine brave Küchenfee?
Wie zierlich ist sie,
wie sie jederzeit,
so wie sich's ziemt,
‚dem Herrn' bereit,
die liebe kleine Küchenfee.
Beileibe nicht gelehrt, mein Herr!
Beileibe nichts verkehrt, mein Herr!
Es ist so weit, die Essenszeit,
es ist so weit, o glaube mir,
dies gute, kleine Menschentier,
ist lieber Dir,
als eine Frau der neuen Welt,
der so ein Herr nicht mehr gefällt.
Sie fragt soviel,
sie fordert auch, sie nimmt und will,
das ist nicht Brauch
bei Dir und Deinesgleichen.
Fein subaltern, kein Extrastern,
so nimm sie Dir,
das kleine Tier.[165]

---

165 Clara von Bernstorff, Den deutschen Frauen. Gedichte, masch. Manuskript (o. J.), in: Gräflich Bernstorffsche Bibliothek Gartow, zit. n. ebd., S. 483, Fußnote 150.

Besuch der Königin Charlotte von Württemberg in der Frauenschule Reifenstein im Jahr 1911, in der ihre Schwester Alexandra, Prinzessin zu Schaumburg-Lippe zu dieser Zeit Maid war (beide links). In der Mitte Ida von Kortzfleisch, rechts die Schulleiterin Anna Bertuch.

Irene Freiin von Gayl, die Tochter eines Generalmajors, war von 1909 bis 1910 Maid an der Frauenschule Obernkirchen, danach wurde sie an der Frauenschule Maidburg in Posen zur landwirtschaftlichen Lehrerin ausgebildet. Anschließend übernahm sie die Aufgabe, die Wirtschaftliche Frauenschule Metgethen in Ostpreußen aufzubauen, die im April 1912 eröffnet wurde. Irene Freiin von Gayl wurde deren Leiterin bis 1920. Nach 1918 konnte die Schule nur mit Mühe bestehen, denn Ostpreußen war durch den polnischen Korridor vom übrigen Reichsgebiet getrennt. Die sich anschließenden Inflationsjahre waren ebenfalls sehr schwer zu verkraften. Das Lehrerinnenseminar musste 1922 geschlossen werden. In der schwierigen Nachkriegszeit nahm Irene von Gayl

Prinzessin Alexandra zu Schaumburg-Lippe (1879–1949) besuchte 1910/11 die Wirtschaftliche Frauenschule in Reifenstein. Während des Ersten Weltkriegs war sie Präsidentin des Zweigvereins des Roten Kreuzes in Náchod in Ostböhmen. Sie war die jüngste Tochter von Wilhelm zu Schaumburg-Lippe (1834–1906) und Bathildis (1837–1902), geborene Prinzessin zu Anhalt-Dessau, und lebte in den Schlössern Náchod und Ratibořice in Ostböhmen. Mit der Herrschaft Náchod an der böhmisch-schlesischen Grenze hatte ihr Großvater, Fürst Georg Wilhelm zu Schaumburg-Lippe, ihrem Vater eine Sekundogenitur eingerichtet, die dieser im Jahr 1860 übernommen hatte. 1873 war mit Genehmigung des österreichischen Kaisers für die Herrschaft Náchod ein Fideikommiss errichtet worden.

ihre Freundin Margarete von Spies, die die Frauenschule Obernkirchen von 1915 bis 1918 geleitet hatte, als Lehrkraft in das Kollegium auf. Margarete von Spies, die Tochter eines Landwirtes, hatte ihr Maidenjahr in der Schule Scherpingen in Westpreußen von 1908 bis 1909 absolviert. Für die Ausbildung als Lehrerin hatte sie anschließend das Seminar in Obernkirchen besucht. Bevor sie Schulleiterin wurde, war sie als Lehrerin an der Frauenschule in Reifenstein tätig. In Metgethen übernahm sie für zwei Jahre die Stelle als Molkereilehrerin. Da sie aber den sehnlichen Wunsch hatte, einen eigenen Wirtschaftsbetrieb zu eröffnen, entschlossen sich Irene von Gayl und Margarete von Spies einen in Neuendorf am Kurischen Haff gelegenen Hof, der über große Gebäude und 72 Morgen Land verfügte, zu kaufen. Sie richteten hier den Landwirtschaftlichen Lehrbetrieb Sonnenhof ein, den sie auch dem Reifensteiner Verband anschlossen. Zu ihrer Enttäuschung genehmigte der Landrat aber nicht die von ihnen geplante Ausbildung von Haushaltspflegerinnen. 1923 entschloss sich Irene von Gayl, eine Stelle als Referentin bei der Landwirtschaftskammer Ostpreußen zu übernehmen, ein Jahr später gaben die Frauen den Sonnenhof auf. Nach 1945 wurden die beide freundschaftlich verbundenen Frauen als Vertriebene in ihrer alten Frauenschule in Obernkirchen aufgenommen. Hier starb Margarete von Spies im Jahr 1953 und Irene von Gayl sieben Jahre später, im Februar 1960.

Adelige Frauen in den Organen des Reifensteiner Verbandes und seinen Schulen

Um den hohen Anteil des weiblichen Adels im Reifensteiner Verband und seinen Schulen anschaulich zu machen, soll an dieser Stelle vorausgeschickt werden, dass der Anteil des Adels an der Gesamtbevölkerung um 1900 in der Adelsforschung auf etwa ein Promille geschätzt wird. Bei dieser Schätzung muß jedoch eingeräumt werden: „Gesicherte statistische Angaben über den Adel sind aufgrund einer unzureichenden Datenbasis nur schwer und unvollständig möglich."[166] Für die Zeit der Weimarer Republik ist die Zahl von etwa 60.000 bis 70.000 adeligen Personen er-

---

166   Conze, Kleines Lexikon, S. 8; ebd., Art. Adelsstatistik S. 41.

rechnet worden. Diese Zahl erhöhte sich für die Bundesrepublik Deutschland auf etwa 80.000, wiederum ein Anteil von einem Promille an der Gesamtbevölkerung.

Um die Anziehung und Bedeutung dieser Einrichtungen für adelige Frauen zu ermessen, habe ich eine Datenbank angelegt. Dafür wurden Schülerinnenlisten, Jahresberichte der Schulen, Rechenschaftsberichte des Verbandes, Artikel der Verbandszeitung, Publikationen des Verbandes und Selbstzeugnisse ausgewertet.[167] Die Datenbank umfasst für den Zeitraum von 1895 bis 1933 mehr als 3.000 adelige Frauen. Die übergroße Mehrheit gehört dem niederen Adel, sowohl tituliert wie untituliert, an. Bislang konnten außerdem fünfunddreißig Angehörige des Hochadels nachgewiesen werden.[168] Eine Unterscheidung zwi-

---

[167]   von Kortzfleisch, Maidenbuch; Jahresberichte des Vereins für wirtschaftliche Frauenschulen auf dem Lande von 1897 bis 1912; Reifensteiner Maidenzeitung von 1905 bis 1921; Maiden-Zeitung der Frauenschule Obernkirchen von 1910 bis 1915; Maidenstammliste. Namensverzeichnis der Schülerinnen der im Reifensteiner Verband für Wirtschaftliche Frauenschulen zusammengeschlossenen Ausbildungsstätten, im Auftrag des Verbandsvorstandes zusammengestellt von Anna von Heydekampf, Gotha 1925; Erster bis vierter Nachtrag zur Maidenstammliste von 1925 bis Oktober 1934; Das Maidenblatt. Zeitschrift des Reifensteiner Vereins für Wirtschaftliche Frauenschulen 1/1916 bis 3/1943; Blatt der Altmaiden 3/1949 bis 202/1966; Mitteilungen. Blatt der Altmaiden. Reifensteiner Verband für haus- und landwirtschaftliche Frauenbildung e. V. 203/1967 bis 368/1990. Alle Quellen befinden sich im StABü, D 21.

[168]   Hermine Prinzessin von Preußen (1887–1947), geborene Prinzessin von Reuß ältere Linie, in erster Ehe verheiratet mit Johann Georg Prinz von Schoenaich-Carolath (1873–1920) und zweite Ehefrau von Kaiser Wilhelm II. beschreibt in ihren Aufzeichnungen, wie groß der Verstoß gegen die von der Gouvernante hochgehaltenen hochadeligen Standesnormen war, als sie als Kind und dann als Jugendliche hauswirtschaftliches Interesse äußerte und die Küche des Schlosses betrat: „Daneben, bemüht, ihr Missfallen zu verbergen, steht die weise Gouvernante, die ihre Nase hoch trägt ... sie findet, Kochen – selbst im Kinderzimmer – ziemt sich nicht für eine Prinzessin mit einer Ahnenreihe, die bis ins 10. Jahrhundert zurückreicht. [...] Als später die Prinzessin ein aktives Interesse am väterlichen Haushalt entwickelt, die malerische Küche des Schlosses Burgk zu betreten, wo der Ruß durch den hohen Rauchfang abzieht und der Geruch nach

schen altem und nobilitiertem Adel konnte nicht vorgenommen werden.

Im Untersuchungszeitraum lag der Vorsitz des Vereins immer in der Hand einer adeligen Frau: Ida von Kortzfleisch von 1897 bis 1915, Anna Stieler von Heydekampf (1875–1958) von 1915 bis 1921[169] und Dr. Käthe Herwarth von Bittenfeld (1889–1945)

Essen zarte Näschen unangenehm belästigt – da kann die Gouvernante sich nicht mehr beherrschen. Sie verbietet ihrer Schülerin, jemals wieder die Küche zu betreten, und bemerkt, dass es sich für eine Prinzessin nicht schicke, auch nur den Versuch zu machen zu lernen, wie es im Haushalt zugeht. Und als die Prinzessin dann doch wieder – allen Verboten zuwider – hingeht, protestiert die aristokratische Gouvernante beim Fürsten gegen die plebejischen Neigungen seiner Tochter." Interessant ist, dass dann der Vater anderer Meinung ist: „Der Fürst, Heinrich XXII., lacht: ,Jedes Mädchen muß kochen lernen!', sagt er, ,Kenntnisse der häuslichen Tätigkeit kommen jedem Mädchen zugute, ob Prinzessin oder Kammermädchen.'" Und Hermine Prinzessin von Preußen resümiert, dass ihr die frühen Kenntnisse vom Haushalt, die sie sich trotz der Gouvernante in der Jugend angeeignet habe, und die Fähigkeit zu systematischer Arbeit, die ein Erbteil ihres Vaters wäre, ihr ermöglichen würden, zwei Haushalte gut im Griff zu haben. Hermine Prinzessin von Preußen, Der Kaiser und ich. Mein Leben mit Kaiser Wilhelm II. im Exil, hg., aus dem Niederländischen übersetzt und kommentiert von Jens-Uwe Brinkmann, Göttingen 2008, S. 118f. Die Prinzessin war so von der Bedeutung einer qualifiziert ausgebildeten Hausfrau überzeugt, dass sie ihre beiden Töchter Caroline Hermine (1910–1992) und Henriette (1918–1973) im Jahr 1932 bzw. 1936 zur Ausbildung in die Frauenschule Obernkirchen schickte.

169 Anna Stieler von Heydekampf war zunächst Sekretärin Ida von Kortzfleischs und Schriftführerin des Verbandes ab dem Jahr 1909. Ab 1913 war sie stellvertretende Vorsitzende, nach dem Tod Ida von Kortzfleischs übernahm sie von 1915 bis 1917 stellvertretend den Vorsitz, wurde dann in der Mitgliederversammlung 1917 zur Vorsitzenden gewählt. Im Jahr 1916 begründete sie die Verbandsschrift „Das Maidenblatt", dessen Schriftführerin sie bis 1929 blieb. Anna von Heydekampf war mit Ida von Kortzfleisch über deren Tante Ottilie weitläufig verwandt. Außerdem war sie die Nichte Gertrud von Wegnerns (1850–1918), der Kindheitsfreundin Ida von Kortzfleischs. S. Abschnitt „Kindheit und Jugend in Ostpreußen und Pommern" im Kapitel „Bildungsreformerin in der Moderne. Ida von Kortzfleisch (1850–1915)".
Der Vater Anna von Heydekampfs, der königlich preußische Generalleutnant Arthur Stieler von Heydekampf (1840–1923), gehörte einige Jahre dem Vorstand des Reifensteiner Verbandes als Schatzmeister an.

von 1921 bis zur Absetzung durch den Reichsnährstand im Jahr 1936, letztere als Käthe Stackmann bürgerlich geboren.[170] In der Anfangs- und Konsolidierungsphase der neuen Ausbildungsinstitution und ihres Trägervereins ist eine starke Präsenz adeliger Frauen zu beobachten. Ihr Anteil in der Verbandsleitung überwiegt eindeutig. Der erste Vorstand im Jahre 1896 wurde von zwei adeligen Frauen und einer bürgerlichen gebildet, der erweiterte Vorstand umfasste 15 adelige und 10 bürgerliche Mitglieder. Bis 1898 wurden drei neue Mitglieder in den erweiterten Vorstand aufgenommen: zwei adelige und ein bürgerliches, sodass noch immer mehr als 50 Prozent dem Adel entstammten. Im Jahre 1900 überwog im engeren Vorstand für kurze Zeit das bürgerliche Element, waren nun doch drei adelige und vier bürgerliche Frauen vertreten. Nach der Gründung eines Zweigvereins in Württemberg wurde dessen maßgebliche Initiatorin Gräfin Johanna von Leutrum (1857–1920) statt Gertrud Hermes in den Hauptvorstand aufgenommen, der nun wieder von mehr adeligen als bürgerlichen Frauen getragen wurde. Die Spendenlisten der ersten Jahre zeigen ein entsprechendes Bild. Auch 1906 blieb im Beirat, der zu diesem Zeitpunkt die Funktion eines Vorstandes besaß, der hohe Anteil des Adels bestehen: sechs adelige und je zwei Frauen und Männer, die dem Bürgertum entstammten. Die Untersuchung ergab, dass sich der Adelsanteil in der engeren und weiteren Verbandsleitung bis zum Ende des Ersten Weltkrieges nochmals entscheidend erhöhte. Erst danach überwog die Zahl der Bürgerlichen, der Anteil des Adels blieb aber bis zur Gleichschaltung mit dem Reichsnährstand im Jahr 1935 immer noch hoch.

---

170 Der Vorsitz des Vereins lag sogar bis in die 1950er Jahre immer in der Hand einer adeligen Frau.

In der kleinen Gruppe der „lebenslänglichen Mitglieder" des Verbandes – neun im Jahre 1917 –, die diesen Status durch eine einmalige höhere Spende erhielten, sind folgende adelige Frauen aufgeführt: Gräfin Sascha von Schlippenbach, geb. v. Metzler, Berlin[171]; Gräfin Schimmelmann, Wiesbaden; Frau von Meister, Wiesbaden; Gertrud von Mauntz, geb. von Wegnern. Bis 1917 war die Anzahl der körperschaftlichen Mitglieder auf achtundsechzig angewachsen. Darunter befanden sich drei Provinzialausschüsse, neun Landwirtschaftskammern sowie sechsunddreißig Kreiskommunalverbände. Hierzu gehörten außerdem elf Schulen privater Schulunternehmer und acht Vereine oder Verbände, die ebenfalls als Schulträger fungierten wie der Bayerische Verein für Wirtschaftliche Frauenschulen auf dem Lande, die Deutsche Adelsgenossenschaft, die Evangelische Frauenhilfe e. V., die Gesellschaft für landwirtschaftliche Frauenbildung m. b. H., die Kolonialfrauenschule G. m. b. H., der Mecklenburgische Frauenschulverband und der Württembergische Verein für Wirtschaftliche Frauenschulen auf dem Lande. Unter den körperschaftlichen Mitgliedern wurde auch der „Deutsche Ostmarkenverein" geführt. Zum gleichen Zeitpunkt, 1917, umfasste der Reifensteiner Verband 1.500 persönliche Vereinsmitglieder. Von diesen war etwa ein Drittel adeliger Herkunft.

---

171   Im Ersten Weltkrieg führte Gräfin Schlippenbach einen Salon, in den zum Frühstück eingeladen wurde. Es heißt, vor allem Herren des Zentrums und der Konservativen Partei hätten regelmäßig in ihrem Salon verkehrt. Nach einer Unterbrechung nahm die Gräfin anfangs der zwanziger Jahre die Tradition der Empfänge wieder auf. Kurt Freiherr von Reibnitz charakterisierte diese erneuten Zusammenkünfte als Versammlung der „spärlichen Reste(n) der einst so glänzenden Berliner Hofgesellschaft", ähnlich wie die Häuser der Gräfinnen Dönhoff und Groeben sei auch das der Gräfin Schlippenbach „ganz einseitig auf die sogenannten ci-devants eingestellt" gewesen. Kurt Freiherr von Reibnitz, Gestalten rings um Hindenburg. Führende Köpfe der Republik und die Berliner Gesellschaft von heute, 2., verb. Aufl., Dresden 1929, S. 121 und 204.

Scherpingen bei Sobbowitz (Westpr.)   Wirtschaftliche Frauenschule.

Die vierte Schule des Reifensteiner Verbandes: Wirtschaftliche Frauenschule Scherpingen im Kreis Dirschau in Westpreußen (1908–1929).

Adelige stellten in den Anfangsjahren bis 1905 zwischen fünfundzwanzig und fünfzig Prozent der Schülerinnen. Der Durchschnitt lag bis 1910 etwa bei dreißig Prozent. Eine Untersuchung der sozialen Zusammensetzung der Schülerschaft der Frauenschule Nieder-Ofleiden ergab, dass in dieser zwischen 1897 und 1900 fünfundzwanzig Prozent der Schülerinnen adeliger Herkunft war. Für Obernkirchen weisen die Stammlisten auf, dass in den ersten zwölf Jahren, von 1901 bis 1913, die adeligen Schülerinnen im Durchschnitt 30 Prozent der Schülerschaft ausmachten.[172] Insgesamt besuchten die Schule in diesem

---

172   Dabei schwankten die einzelnen Jahreswerte zwischen 7 % und 52 %. 1903: 14 %; 1904: 24 %; 1905: 36 %; 1906: 33 %; 1907: 7 %; 1908: 52 %; 1909: 30,2 %; 1910: 13 %; 1911: 27 %; 1912: 28 %; 1913: 50 %.

Zeitraum 332 Schülerinnen. Davon waren 103 Adelstöchter. Von diesen blieben laut vorliegender Listen in den ersten zehn Jahren des Bestehens der Schule – von 1901 bis 1910 – 72 unverheiratet. Mehr als 50 Prozent (38 Schülerinnen) entschloss sich zu einer Ausbildung als Lehrerin. Auch wenn nicht festzustellen ist, wie viele davon tatsächlich danach eine berufliche Tätigkeit übernahmen, so stellt dies doch einen beträchtlichen Anteil dar.

Der hohe Adelsanteil in der Wirtschaftlichen Frauenschule Obernkirchen lässt sich u. a. darauf zurückführen, dass das Schulkuratorium im Dezember 1902 eine Kooperation mit der Deutschen Adelsgenossenschaft vereinbarte und dieser die bevorzugte Aufnahme adeliger, von dieser zur Ausbildung vermittelter Schülerinnen, zusagte. Die Adelsgenossenschaft verpflichtete sich, einen Teil der Pensionsgelder zu übernehmen, Stipendien auszusetzen und Einrichtungsinventar zur Verfügung zu stellen.[173] Im Gegenzug ließ sie sich Einsicht in den Schulbetrieb zusichern. Seitdem warb das „Adelsblatt" für die wirtschaftlichen Frauenschulen, griff partiell Argumente der Reifensteinerinnen auf, vor allem die angestrebte Erziehung zur Arbeit, die standesübliche Anschauungen zu überwinden habe.[174] Begleitet wurde dies dennoch mit Warnungen vor demokratischen Phrasen von Gleichheit und Freiheit der modernen Frauenbewegung, der die Edelfrau sich wegen ihrer wahrhaft adeligen Gesinnung nicht anschließen solle.

---

173   Protokollbuch des Kuratoriums der Frauenschule zu Obernkirchen, StABü, D 21, Nr. 177. Auch: Pensionat zur Ausbildung von Töchtern des deutschen Adels für das praktische Leben, in: Deutsches Adelsblatt 1903, S. 177f; Kalender der deutschen Adelsgenossenschaft 1905, S. 371–377.
174   Frauenfrage und Adelsgenosssenschaft II., in: Deutsches Adelsblatt 1904, S. 360–362.

Auch wenn die vorhandenen Schülerinnenlisten nicht für alle Schulen vorliegen, zeigen die verfügbaren Daten dennoch den enormen Anstieg der absoluten Zahlen adeliger Schülerinnen. Bis 1910 waren es etwa 400, zwischen 1910 und 1920 bereits 971. Etwa gleich hoch war ihre Zahl zwischen 1920 und 1930: 913. Von 1930 bis 1934 besuchten 361 adelige Schülerinnen die Reifensteiner Schulen. Obwohl davon auszugehen ist, dass der Anteil der adeligen Schülerinnen gemessen an der Gesamtschülerinnenzahl im Untersuchungszeitraum relativ abnahm, so umfasste er in den zwanziger Jahren noch immer zehn Prozent.

Die adeligen Schülerinnen verteilten sich nicht gleichmäßig auf alle Schulen, vielmehr ließ sich eine Konzentration auf einige wenige Schulen feststellen. Zwischen 1897 und 1909 besuchten Adelige von zehn bestehenden Schulen in erster Linie die beiden dem Verband gehörenden Einrichtungen Reifenstein in der preußischen Provinz Sachsen und Obernkirchen in der preußischen Provinz Hessen-Nassau. Ab 1910 stießen dann zur Gruppe der meistbesuchten Schulen auch solche anderer Schulträger. Zwischen 1910 und 1930 rangierten von insgesamt zwanzig Frauenschulen an erster und zweiter Stelle aber noch immer die verbandseigenen Schulen Reifenstein und Scherpingen, letztere war 1908 in der preußischen Provinz Westpreußen gegründet worden.[175] An dritter und vierter Stelle folgten die Frauenschule Malchow, gegründet 1916 im Großherzogtum Mecklenburg-Schwerin und geführt vom Mecklenburgischen Frauenschulverband[176], und die 1908 von der Deutschen Adelsgenossenschaft gegründete Schule Löbichau im Herzogtum Sachsen-Alten-

---

175 Zur Wirtschaftlichen Frauenschule Scherpingen: Wörner-Heil, Frauenschulen, S. 137–139.
176 Zur Wirtschaftlichen Frauenschule Malchow: ebd., S. 191–193.

burg.[177] Am Ende der zwanziger Jahre vollzog sich eine Umgruppierung: Seitdem konzentrierten sich die adeligen Schülerinnen hauptsächlich auf die Schule in Obernkirchen und auf die von der Evangelischen Frauenhilfe e. V. in der preußischen Provinz Brandenburg gegründete Schule Luisenhof[178]. Beliebt blieb jedoch auch weiterhin die Schule in Malchow. Eine Ursache für die quantitative Umgruppierung ist darin zu erkennen, dass die Schule Löbichau der Adelsgenossenschaft im Jahr 1930 aus wirtschaftlichen Gründen geschlossen werden musste. Sicherlich ist es nicht ohne Bedeutung, dass ab 1931 in den neun verbandseigenen Schulen nur noch eine Schulleiterin adelig war: Agnes Freiin von Dincklage[179]. In den drei Jahrzehnten zuvor hatte das ganz anders ausgesehen. Da hatten sich elf Adelige unter den insgesamt fünfunddreißig Direktorinnen der vierzehn bis 1933 gegründeten verbandseigenen Schulen befunden, was anzeigt, dass die Position der Schulleiterin außergewöhnlich häufig von adeligen Frauen übernommen wurde. Zwar ist die Gesamtzahl der Leiterinnen der dem Schulverbund korporativ angeschlossenen Schulen nicht bekannt, aber Berichten im Maidenblatt kann man entnehmen, dass auch sie häufig von adeligen Frauen geführt wurden, die überdies ihre Ausbildung in einer der Reifensteiner Schulen absolviert hatten. Diese Befunde fallen umso mehr ins Gewicht, als die Leitungsposten oft für viele Jahre, in

---

177   Zur Wirtschaftlichen Frauenschule Löbichau: ebd., S. 188f.

178   Zur Wirtschaftlichen Frauenschule Luisenhof: ebd., S. 189–191.

179   Ortrud Wörner-Heil, Agnes Freiin von Dincklage (1862–1962) – Leiterin der Landfrauenschule Obernkirchen von 1918 bis 1949, in: Schaumburger Landschaft (Hg.), Geschichte Schaumburger Frauen, Gütersloh 2000, S. 142–153, dies., Artikel zu Agnes Charlotte Elma Jenny Freiin von Dincklage (1882–1962) und zu Helene Morgenbesser (1851–1938), in: Hubert Höing (Hg.), Schaumburger Profile. Ein historisch-biographisches Handbuch, Teil I, Bielefeld 2008, S. 90–95 und S. 217–222.

einigen Fällen für Jahrzehnte in einer Hand verblieben. Allerdings wurden nach 1919 immer weniger Schulen von einer Adeligen geleitet, 1918 waren es noch vier von neun eigenen Schulen. Dabei muss berücksichtigt werden, dass einige Schulleiterinnen zu anderen Schulträgern wechselten, Positionen in Verbänden und Kammern annahmen und sich generell die Berufsmöglichkeiten für Frauen nach 1919 erheblich verbreiterten. Unter den Lehrerinnen sind ebenfalls zahlreiche adelige Frauen zu finden. Genauere Daten ließen sich nicht beibringen, da für diese Gruppe keine Personalunterlagen und Gesamtlisten vorliegen.

Eine Bereitschaft zur Übernahme von Aufgaben im Rahmen der Schülerinnenvertretung ließ sich ebenfalls nachweisen: Eine Stichprobe für die Schule Reifenstein ergab, dass von vierzehn Vertreterinnen der Jahrgänge seit ihrer Gründung im Jahr 1900 zehn adeliger Herkunft waren. Diese Jahrgangsvertreterinnen waren ein zentrales Bindeglied zwischen Schule und Ehemaligen, hatten die Aufgabe, beide Seiten zu informieren, den Kontakt zu den einstigen Mitschülerinnen aufrechtzuerhalten, die Schulen in ihren aktuellen Bedürfnissen zu unterstützen und generell an der steten Erneuerung der Schulgemeinschaft mitzuwirken.

Auf der Grundlage von Schülerinnenlisten, in die jedoch – wie schon erwähnt – nicht alle Schulen aufgenommen worden waren, konnten für den Zeitraum 1897 bis 1910 die Berufe der Väter der adeligen Schülerinnen ermittelt werden. Drei Gruppen weisen die weitaus größten Zahlen auf: die der höheren militärischen Berufe (Generäle und Stabsoffiziere), die der Rittergutsbesitzer und die der Landwirte oder Gutsbesitzer. Es folgen niedere militärische Ränge (Hauptleute, Oberleutnants und Leutnants), Beamte oder Juristen. Es schließen sich an:

Kaufleute, Fabrikanten, Professoren, Pastoren und Forstleute. Auffallend oft wurde als Beruf des Vaters Hofkammerpräsident oder Kammerherr angegeben, deutlich seltener Landräte, Forstbeamte und Fabrikanten, in je drei Fällen Staatsminister und Hochadelige.

Exemplarisch wurden die Berufe der Väter der zwischen 1897 bis 1933 insgesamt elf adeligen Leiterinnen recherchiert. Hier ergab sich ein ähnliches Bild wie bei den Schülerinnen. Neun der elf gaben als Beruf – in manchen Fällen wurden mehrere Berufe oder auch Ämter genannt – ihrer Väter an: Rittergutsbesitzer und Landessyndikus; Amtsgerichtsrat; Königlich Preußischer Generalmajor a. D.; Königlich Preußischer Generalleutnant; Landgerichtsdirektor; Rittergutsbesitzer, Landschaftsdirektor und Königlich Preußischer Oberstleutnant a. D.; Kapitän-Leutnant; Generalleutnant; Landwirt.

Adelskultur im Reifensteiner Verband

Im Reifensteiner Schulkonzept und auch in der Schulpraxis blieb der Rekurs auf den Adel aus. Formen ständischer Distinktion wurden nicht gefordert und ließen sich auch nicht feststellen. Es ist an keiner Stelle nachweisbar, dass sich eine organisiert oder auch informell wirkende Fraktion als soziale Gruppe gebildet hätte. Auch in den programmatischen Äußerungen und Schriften finden sich keine Formulierungen, die die Verfolgung standesspezifischer Interessen beträfen. Die Schulen waren keine Adelsschulen, in denen auf der Basis von standespolitischen Absichten eine adelige Identität vermittelt wurde, sondern sie präsentierten sich adeligen Frauen wie bürgerlichen Frauen als innovative, qualitätvolle und optional berufsqualifizierende Bildungsstätten. In mehrfacher Hinsicht verwirklichten das Schulmodell, die Erziehungsideen und die Schulpraxis der Frauenschulen zwar Elemente adeligen Selbstverständnisses und adeliger Kultur, zugleich aber wurden durch die Erschließung neuer Berufsfelder, die Entwicklung neuer Sichtweisen und damit auch die Praktizierung veränderter Gepflogenheiten konventionelle Werte der traditionell ständischen Gesellschaft abgelöst. Da die Wirtschaftlichen Frauenschulen von Beginn an auf die Ausbildung einer Elite aus gebildeten, christlich orientierten Frauen abhoben und entsprechende Kooperationen zur Entwicklung der Schulkonzeption eingingen, konnte eine adelig-bürgerliche Begegnungsstätte entstehen, die die Bildung einer pädagogisch-hauswirtschaftlichen Elite ermöglichte. Insbesondere die christliche Orientierung ebnete den Frauen den Weg in öffentliches Engagement und berufliche Professionalisierung. In einer Zeit, in der Frauen des Adels noch immer mit einer stark konventionell orientierten Frauenrolle konfrontiert wurden, boten die Reifensteiner Schulen eine Integration in die nationale Arbeitsgesellschaft und zugleich Chancen, die moderne Welt mitzugestalten. Dies veränderte nicht nur deren Status und Möglichkeiten, sondern auch diejenigen von bürgerlichen Frauen. Eine Gruppe des weiblichen Adels konnte ihr Selbstverständnis in der Bürgergesellschaft neu bestimmen.

In wesentlichen Punkten bestand Kongruenz zwischen dem die Erziehung und Bildung in den Frauenschulen lenkenden Tugendkanon und traditioneller Adeligkeit. Landwirtschaft und Hauswirtschaft als Ausbildungs- und Betätigungsfelder waren für den Adel herkömmlicherweise Bereiche mit hohem identi-

Die dritte Schule, die der Reifensteiner Verband einrichtete: Die Wirtschaftliche Frauenschule Maidburg in Posen (1905–1919). Es war die erste Schule, für die Gebäude und Grundstück gekauft wurden: Ein Schloss mit großem Park.

fikatorischen Wert. Vor allem die ländliche Hauswirtschaft galt für Frauen des Adels als genuin weiblich und standesgemäß.[180] Seit Jahrhunderten hatte besonders dem Landadel daran gelegen, dass seine Töchter im Rahmen ihrer Erziehung zu einer „adeligen Dame" auch in die Grundlagen der Hauswirtschaft einge-

---

180   Vgl. stellvertretend: Oldwig von Uechtritz, Die deutsche Edelfrau und ihre Aufgaben in der Gegenwart, in: Deutsches Adelsblatt 1884, S. 519–521, 532–535, 543–545, hier S. 520: „Die Hüterin des Hauses, seiner christlichen Sitte, seines Brauches ist allzeit die Frau gewesen." S. 532: „Je tüchtiger die eigenen Leistungen und Kenntnisse der Damen in allen Gebieten der Haus- und Landwirthschaft, je schneller wird es ihnen gelingen, das Vertrauen der Dörfler zu erringen und sich in demselben zu befestigen." S. 533: „Wäre es nicht ein Siegespreis des Schweißes der edelsten unserer Frauen werth, wenigstens den kommenden Geschlechtern in der Erziehung der Töchter die deutsche Mutter, die deutsche Hausfrau wiederzugewinnen?"

wiesen wurden, gehörte doch die Führung eines herrschaftlichen Haushalts zu den Aufgaben einer adeligen Frau.[181] Zudem sollte sie unter Umständen – etwa im Witwenstand – eine Grundherrschaft oder ihr Wittum ökonomisch führen können.[182] Die christliche Ausrichtung der Reifensteiner Schulen entsprach ebenfalls dem überlieferten Fundament des adeligen Selbstverständnisses.[183] Das Reifensteiner Schulmodell integrierte in sein Berufsbild die Ausbildung in und zugleich praktische Ausübung von sozialer Wohltätigkeit, etwa die Betreuung der im Umfeld der Schule wohnenden Dorfkinder. Dies entsprach der Verpflichtung vor allem des landbesitzenden Adels zu patriarchaler Fürsorglichkeit und besonders der adeligen Frau zur Ausübung christlicher Barmherzigkeit.[184] Die Weckung und Stärkung von Selbstbewusstsein, Verantwortung und Entscheidungsfreude zur Vorbereitung auf die Übernahme von Führungsaufgaben entsprach adeligen Vorstellungen, die im „Adelsblatt" als der „sozi-

---

181　Irmintraut Richarz, Herrschaftliche Haushalte in vorindustrieller Zeit im Weserraum, Berlin 1971; Heinz Reif, Westfälischer Adel 1770–1860: Vom Herrschaftsstand zur regionalen Elite, Göttingen 1979.

182　Zu den Rechtsgrundlagen: Heide Wunder, Herrschaft und öffentliches Handeln von Frauen in der Gesellschaft der Frühen Neuzeit, in: Ute Gerhard (Hg.), Frauen in der Geschichte des Rechts. Von der Frühen Neuzeit bis zur Gegenwart, München 1997, S. 27–54, bes. S.45–54.

183　Aphorismen über Adel und Standesehre, in: Deutsches Adelsblatt 1888, S. 198–200, hier S. 199: „Die Erziehung der Jugend in christlichem Sinne ist und bleibt das ceterum censeo, die conditio sine qua non einer Adelsreform; nicht eher wird an einen Erfolg zu denken sein, ehe nicht der feste Bau christlicher Gesinnung und Gesittung im Adel von Grund aus durch Zucht und Lehre begründet wird." Zur christlichen Liebesthätigkeit des Adels, in: Deutsches Adelsblatt 1894, S.561–563, hier S.561: „Kreuz und Schwert, Kapelle und Burg, Hospital und Ritterschaft haben immer in engster Wechselbeziehung zu einander gestanden Der Ursprung des Adels ist christlich."

184　Vgl. von Uechtritz, Die deutsche Edelfrau, S. 509f, 532–535.

alaristokratische" oder „sozialpolitische"[185] Beruf des Adels, auch der Frau, benannt wurden.

Auf Zustimmung konnte überdies der hohe Stellenwert von Familie und Mutterschaft im Reifensteiner Konzept rechnen. Ida von Kortzfleischs Vision, die der Frau sinnvolle Arbeit als Alternative zu luxuriösem Getändel erschließen wollte, vertrug sich gut mit der ähnlich gerichteten Agitation etwa der Adelsgenossenschaft gegen Luxus und für Einfachheit im Lebensstil.[186] Auch der propagierten Gemüts- und Herzensbildung konnte man positiv gegenüber stehen. Der Beruf der Lehrerin wiederum galt durchaus als standesgemäß, obwohl die damit verbundene gesellschaftliche Position im Vergleich zu „den Ehren und Würden […] einer repräsentabelen Hausfrau"[187] immer eine bescheidene blieb.

Die Schulgemeinschaft figurierte als Familie, die Homogenität nach außen und innen verlangte, die Schulleiterin übernahm in diesem Modell die Rolle des mit natürlicher Autorität ausgestatteten Familienvorstandes. Die Bedeutung, die dem Erlernen repräsentativen Auftretens und souveränen gesellschaftlichen Umgangs eingeräumt wurde, stimmte mit adeligen Auffassungen überein. Da der adeligen Frau die Aufgabe der „Formung der Geselligkeit" zugesprochen wurde, stand die Ausbildung der Fähigkeit zur Konversation im Mittelpunkt, wurde zum Prüfstein ihrer Begabung und ihrer Bildung. In der Frühen Neuzeit waren hierzu Anleitungen zur Höflichkeit entwickelt worden.[188] Nicht

---

185 Ebd.; Standesberuf und nationaler Gedanke, in: Deutsches Adelsblatt 1905, S. 17–19, hier S. 18.

186 von Uechtritz, Die deutsche Edelfrau, S. 533.

187 Briefkasten, in: Deutsches Adelsblatt 1891, S. 726.

188 Willi Flemming, Deutsche Kultur im Zeitalter des Barock, Konstanz 1968, S. 234. Zur Erziehung adeliger Mädchen: Ksoll-Marcon, Erziehung und Heirat.

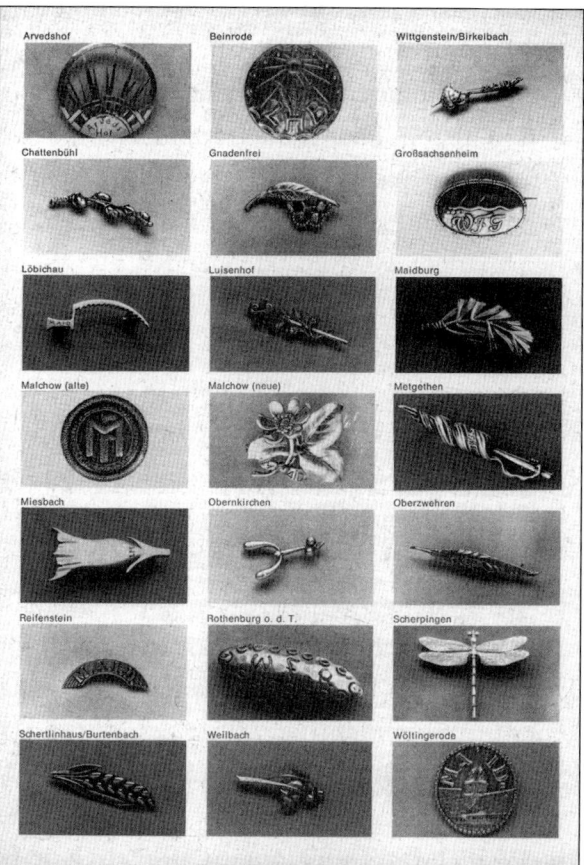

Jede Schule gestaltete für sich eine, im Verlauf der Jahre oftmals noch weitere „Maidennadeln" oder „Maidenbroschen", die an fortgeschrittene Schülerinnen verliehen wurden. Jede der Nadeln war mit dem Wahlwort der Gründerin „Maid" versehen. Auch für den Reifensteiner Verband wurde ein eigenes Abzeichen entworfen.

zuletzt die in den Frauenschulen bevorzugten Bildungsmittel: Lernen durch alltagspraktische Erfahrungen und von lehrenden Vorbildern entsprachen adeligem Selbstverständnis. Der bewusst gestaltete Schulalltag sowie die Formung des Jahresablaufes weisen eine ganze Reihe weiterer Korrespondenzen zu adeliger Lebensgestaltung und Lebenswelten auf. Die Wahl von Gebäuden für die Schulen wurde unter dem Gesichtspunkt entschieden, dass die Aura ihrer Geschichte und ihre architektonische und

repräsentative Aufführung alle Qualitäten für einen nicht aus-
löschbaren Erinnerungsort hergaben. Dies finden wir auch bei
den Herrenhäusern, die adeligen Familien den Zusammenhalt
sichern helfen. Die Charakterbildung in den Schulen schloss die
Ermutigung zur Muße, Verspieltheit und Kreativität ein, die ein
fester Bestandteil der traditionellen Adelsbildung war. Entsprechend einem Leitbild adeliger Kultur war dem Adeligen nahe
gelegt, sich in möglichst vielen Künsten auszubilden. Musik
und Tanz, Musizieren und Theaterspielen bot vielerlei Möglichkeiten, sich kreativ zu betätigen.[189] In den Reifensteiner Schulen
wurde auf eine schöpferische Muße geachtet, wurden kultivierte
Erholung und Unterhaltung gepflegt, um ein Gegengewicht gegen die fordernde Tagesarbeit aufzubauen.

Auffallend übereinstimmend mit einer adeligen Kultur war
die permanente Vergewisserung von Gemeinsinn und Verbundenheit der Schulgemeinde durch die Tradierung einer Schulgeschichte wie durch Zeremonien der Erinnerung. Die Stiftung
einer Gruppenidentität wurde gestärkt durch Stiftungsfeste der
einzelnen Schulen, Geburtstagsfeiern der Direktorinnen und
von Festen, die sich aus dem kirchlichen Jahr ergaben. Durch
die Verleihung einer aus Symbolen gestalteten Maidennadel,
von Schule zu Schule unterschiedlich, an die fortgeschrittenen
Maiden wurde die Gemeinschaft über die Versicherung einer
Wertebindung gestärkt und zugleich die Belobigte auf die Werte
verpflichtet.[190]

---

189   Statt vieler Einzelbeispiele: Thomas Barth, Adelige Lebenswege im Alten Reich.
Der Landadel der Oberpfalz im 18. Jahrhundert, Regensburg 2005, bes. S. 461. Beate
Spiegel, Adliger Alltag auf dem Land: Eine Hofmarksherrin, ihre Familie und ihre Untertanen in Tutzing um 1740, Münster 1997, bes. S. 71ff.
190   Hierzu: Wörner-Heil, Frauenschulen, S. 20, 115–122.

Das Fortwirken eines adeligen Selbstverständnisses lässt sich bei einzelnen Mitgliedern des Reifensteiner Verbandes wie der Leiterin der Schule Obernkirchen, Agnes Freiin von Dincklage, die nach Aussage einer Kollegin „königlich regierte und demütig diente"[191], auch für die Weimarer Republik nachweisen. Ein Hinweis darauf ist, dass sie von Mitte der 1920er Jahre bis Ende der 1930er Jahre Mitglied der Deutschen Adelsgenossenschaft war. Wiederholt wurden auch in der Verbandszeitschrift in den zwanziger Jahren überschwängliche Sympathien für Mitglieder der kaiserlichen Familie geäußert. Dies geschah in der Form von kurzen Texten oder auch Gedichten, die entweder dem Kaiser und dem Gedächtnis der Kaiserin Auguste Viktoria galten oder auch der Kronprinzessin Cecilie gewidmet waren. Sie bezogen sich nicht auf die Institution Kaiser, nicht auf das Kaiserhaus, sondern waren rein personenbezogen formuliert. Es finden sich darin keine Äußerungen, die auf eine Restaurierung der Monarchie zielen und auch keine antirepublikanischen Bemerkungen.[192] Auch der Bericht über den Besuch der Kronprinzessin in der Frauenschule Metgethen in Ostpreußen im September 1925 kann nicht als monarchistische Demonstration gedeutet werden.[193] Er informiert über die Aufregung und den Jubel der Schülerinnen, der ausgelöst worden war von der Besuchsankündigung der Protektorin der „Wirtschaftlichen Frauenschule Kronprinzessin-Cecilien-Schule Metgethen", deren Namen die

---

191 Schaumburger Zeitung v. 30. 08. 1962.

192 Unserer Kaiserin, in: Das Maidenblatt 5/1921, S. 69; Walter Bloem, Zum 22. Oktober. Der Kaiserin, in: Das Maidenblatt 10/1921, S. 161; M. Feesche, Dem Andenken an unsere heimgegangene Kaiserin, 22. Oktober und an unsere Maidenmutter Ida von Kortzfleisch, 7./10. Oktober, in: Das Maidenblatt 10/1922, S. 157; Gedenktage, in: Das Maidenblatt 10/1923, S. 138; Unserer Kaiserin zum Gedächtnis, in: Das Maidenblatt 14/1924, S. 201.

193 Der 5. September 1925 in Metgethen, in: Das Maidenblatt 18/1925, S. 274f.

Schule seit 1916 trug. Berichtet wird vom Herausputzen der Schule für den „hohen Besuch", der durch die Anwesenheit der Vorsitzenden des Reifensteiner Verbandes Käthe Herwarth von Bittenfeld zusätzlich gewürdigt wurde. Der Besuch dauerte nur eine halbe Stunde, in der der Kronprinzessin die Kuratoriumsmitglieder vorgestellt wurden, die Maiden einen Nelkenstrauß übergaben und das Maidenlied vortrugen, die Kronprinzessin sich das Haus und die Betriebe zeigen ließ, ein kleiner Imbiss gereicht wurde und schließlich die Vorsitzende des Metgether Hausfrauenvereins noch einen Rosenstrauß überreichte und der Kaiserlichen Hoheit unverbrüchliche Treue versicherte. Durch die spalierstehenden Maiden rollte das Auto des Gastes unter Hurrarufen und Winken zum Tor hinaus. Der Bericht endete: „Nur allzuschnell verging uns allen diese halbe Stunde, die uns aber trotz ihrer Kürze so viel, viel Schönes gebracht hat und die uns allen sicherlich unvergesslich sein wird." Eine zurückhaltende Schilderung eines prominenten, wenn auch heiklen Gastbesuches, aber keine politische Demonstration. Dennoch wurden diese Texte als Gruß- und Huldigungsadressen an die Monarchen gelesen, als eine antirepublikanische politische Demonstration für die Monarchie als Staatsform. Folgerichtig führten sie Ende der 1920er Jahre zu Konflikten mit dem Aufsicht führenden Ministerium und der Republikanischen Beschwerdestelle.[194] Der Vorstand distanzierte sich, erklärte, sich als Schulins-

---

194   Hierzu: Wörner-Heil, Frauenschulen, S. 85–87. Die Republikanische Beschwerdestelle bestand von 1924 bis 1933. Sie war nach dem Mord an Außenminister Walther Rathenau als Beschwerdestelle des Republikanischen Jugendbundes Schwarz-Rot-Gold zu Verstößen von Behörden und Regierung gegen die Verfassung eingerichtet worden und verstand sich als Institution zum Schutz der Republik, wozu sie auch den Kampf gegen die ihrer Meinung nach antagonistische Staatsform der Monarchie rechnete. Leiter dieses Jugendbundes und Initiator war Alfred Falk (1896–1951), ein Journalist und

titution politischer Äußerungen enthalten zu wollen, und löste die verantwortliche Schriftleiterin Anna von Heydekampf ab. Der Minister Hermann Dietrich (1879–1954)[195] hatte in einem Artikel anlässlich des 70. Geburtstags des Kaisers eine politische Kundgebung gesehen und die Ablösung der Schriftleiterin verlangt. Dieser Aufforderung kam der Verband nach, „weil er Politik, namentlich Parteipolitik, weder in seinen Schulen noch im ‚Maidenblatt' dulden wolle, obwohl er auf Grund seiner Kenntnis der Persönlichkeit der damaligen Schriftleiterin überzeugt gewesen sei, daß der Artikel nicht politisch gemeint sei, man müsse aber auch den Schein meiden, denn es sei nicht angängig, daß ein staatlich subventionierter Schulunternehmer in seinem Organ gegen die geltende Staatsform Stellung nehme."[196]

Pazifist. Falk gelang es im Oktober 1924, den Vorstand der Deutschen Liga für Menschenrechte davon zu überzeugen, die Beschwerdestelle als eigenständige Organisation zu etablieren. Am sechsten Jahrestag der Novemberrevolution, am 10. November 1924, wurde in Berlin ein entsprechender Verein gegründet und Falk als Leiter der Beschwerdestelle eingesetzt. Nach der Machtergreifung der Nationalsozialisten und dem Reichstagsbrand setzte sich Alfred Falk zunächst nach Prag ab. Zuvor hatte er bereits die Unterlagen der Beschwerdestelle vernichtet oder in Sicherheit gebracht. Damit wollte er verhindern, dass den Nationalsozialisten die vertraulichen Eingaben in die Hände fielen, mit denen Bürger antirepublikanisches Verhalten angezeigt hatten. Am 10. März 1933 wurde die Beschwerdestelle vom Berliner Polizeipräsidenten verboten. Hierzu: Otmar Jung, Verfassungsschutz privat: Die Republikanische Beschwerdestelle e.V. (1924–1933), in: Vierteljahrshefte für Zeitgeschichte, 35. Jg., Januar 1987, S. 65–94.
195 Hermann Dietrich war Politiker der Deutschen Demokratischen Partei. Er bekleidete in der Weimarer Republik zwischen 1928 und 1932 verschiedene Kabinettsposten. Vom 28. Juni 1928 bis zum 27. März 1930, im Kabinett Müller II, war er Minister für Ernährung und Landwirtschaft. Das Kabinett Müller II war die zweite Große Koalition der Weimarer Republik. Geführt vom Sozialdemokraten Hermann Müller kam die Koalition aus SPD (Sozialdemokratische Partei Deutschlands), DDP (Deutsche Demokratische Partei), Zentrum (Deutsche Zentrumspartei), BVP (Bayerische Volkspartei) und DVP (Deutsche Volkspartei) auf die längste Regierungszeit dieser politisch instabilen Republik.
196 Protokoll der Sitzung des Erweiterten Vorstandes und des Ausschusses der angeschlossenen Schulen am 31. 1. 1930 in Berlin, StABü, D 21, Nr. 64.

Das in den 1920er Jahren jährlich gepflegte Gedenken an die im Jahr 1921 gestorbene Kaiserin kann verstanden werden als eine Trauerarbeit wegen des Verlustes der kaiserlichen Protektorin. Nach wie vor ist immer noch von der „Kaiserin" die Rede, „diese[r] echte[n] deutsche[n] Frau"[197]. In der Anzeige ihres Todes wurde in der Verbandszeitschrift gelobt, dass das Andenken an sie unvergessen sein sollte, „das Gelöbnis der Treue und Liebe und der Nacheiferung" wurde als Maidenpflicht verkündet.[198] Zur Erinnerung an ihren Geburtstag im Oktober 1924 wurde die Kaiserin „in ihrem echten Frauentum und als wahre Christin" gewürdigt. Es heißt, sie sei in „erster Linie immer Frau, immer Mensch" gewesen, „deren schlichte Wesensart aus schlichtem Familienleben herausgeboren"[199] worden sei, das „sie eigentlich nicht zu heroischer Stellung im öffentlichen Leben" vorbestimmt habe. Damit wurde sie zu einer Frauengestalt jenseits monarchischer Autorität und Herrschaft stilisiert, vielmehr zu einer Leitfigur der nationalen Frauenwelt und zur „Mutter des deutschen Volkes"[200]. Damit blieb sie dem Reifensteiner Verband als ideelle Protektorin erhalten, ohne sie als Monarchin beanspruchen zu müssen.

Es kann keine Rede davon sein, dass den Frauenschulen in erster Linie an der Pflege adeliger Identität oder an einer standespolitischen Initiative gelegen war, der die ländlich-hauswirtschaftliche Qualifikation nur als Vehikel diente. Es sind vor allem drei, die Bildungshorizonte und den Schulalltag prägende Elemente, die auf neue, der traditionellen Adelskultur fremde

---

197   Unserer Kaiserin, in: Das Maidenblatt 5/1921, S. 69.
198   Ebd.
199   Unserer Kaiserin zum Gedächtnis, in: Das Maidenblatt 14/1924, S. 201.
200   Unserer Kaiserin, in: Das Maidenblatt 5/1921, S. 69.

Normen und Gepflogenheiten verweisen: 1. Die Ausbildung für
einen Beruf, der Broterwerb bedeutete, erforderte die Erziehung
zur Arbeit, die der Muße als adelsständischer Maxime zuwider-
lief. Die adeligen Frauenideale – „Dame von Welt" und „Land-
edelfräulein" – kannten weder gründliche berufliche Spezial-
kenntnisse noch zupackende, ausdauernde körperliche Arbeit.
Erst nach der Jahrhundertwende tauchen auch im „Adelsblatt"
entsprechende Argumente auf.[201] 2. Das den Forderungen der
Frauenbewegung folgende Ziel, Frauen durch verbesserte Bildung und berufliche Chancen neue Lebens- und Gestaltungs-
räume zu erschließen, hieß Einordnung in die Leistungsgesellschaft und Berufskonkurrenz, beförderte zudem die Option auf
eine Individualisierung jenseits von Konventionen. Die Idee
von der Gleichberechtigung der Frau, die Kritik an der Zurücksetzung der Töchter gegenüber den Söhnen in Fragen der Ausbildung, an der Unterordnung der Frau unter den Mann sowie
an der Beschränkung auf Heim und Herd widersprach traditionellen adeligen Frauenbildern. Als Ida von Kortzfleisch noch für
die Gründung der ersten Schulen warb, sah das „Adelsblatt", das
Organ der Adelsgenossenschaft, in den meisten Bestrebungen
zur Lösung der „Frauenfrage" eine „zersetzende moderne Bewegung"[202], sprach sich gegen „Emanzipations-Bedürfnisse" gewisser weiblicher Kreise aus, die den Frauen den Strickstrumpf
aus der Hand nähmen und dafür die Zigarre in die Finger

---

201 A. v. W., Zur Frauenfrage. Eingesandt, in: Deutsches Adelsblatt 1903, S. 127f. Diese
Neugewichtung der Argumente fällt nicht zufällig mit der Verlagerung des Anna-Eleonoren-Heims 1901 nach Nieder-Ofleiden zusammen, wo Dorette Freifrau von Schenck-
Schweinsberg auf ihrem Gut eine Wirtschaftliche Frauenschule in eigener Verantwortung,
unabhängig vom Reifensteiner Verband, fortzuführen gedachte. Die von ihr geleitete
erste Reifensteiner Schule war inzwischen in das Kloster Reifenstein umgesiedelt.
202 von Uechtritz, Unsere Frauen, S. 381.

drückten. Das Votum lautete: gegen „sogenannte Selbstständigkeit" und gegen die Frauenbewegung.[203] 3. Auch die Überzeugung, dass selbst gutsherrschaftliche Aufgaben der Frauen gründlicher wissenschaftlicher, nicht zuletzt naturwissenschaftlicher Qualifizierung bedurften, die nicht von den Familien und Müttern, sondern nur von anerkannten Bildungsinstitutionen geleistet werden konnte, stand im Gegensatz zu herkömmlichen adeligen Anschauungen. Auch wenn zu berücksichtigen ist, dass zwischen Berufsausbildung und Berufsausübung, zwischen Ausbildung und späterer Tätigkeit unterschieden werden muss, bot doch die scheinbar so konventionelle ländlich-hauswirtschaftliche Ausbildung Optionen auf grenzüberschreitende Wege.

Namentlich in zwei Punkten wurden im Reifensteiner Verband Auffassungen vertreten, die in Adelskreisen äußerst umstritten waren: Zum einen war dies die Frage der Bildung einer neuen Aristokratie, welche die höheren bürgerlichen Schichten inkorporieren sollte, gerichtet gegen eine Standespolitik, die darin gefährlichen „Mischmasch"[204] oder „staatsbürgerlichen Brei"[205] sah und der adeligen Jugend zurief: „Wählt eines von beiden: – Seid Bourgeois, oder seid Ritter."[206] Zum anderen betraf dies gewisse Formen nationaler Begeisterung, die kritisch

---

203   von Uechtritz, Die deutsche Edelfrau, S. 543; Frauenemancipation, in: Deutsches Adelsblatt 1898, S. 317f, hier S. 318.

204   Erziehungs-Probleme I., in: Deutsches Adelsblatt 1898, S. 727–728, hier S. 728. Auch hier zeigte sich erst nach der Jahrhundertwende eine etwas offenere Haltung, die allerdings die Frauenfrage weniger als eine Frage gleicher Berufsrechte, denn als Frauenerwerbsfrage behandelte. C. Boysen, Frauenfrage und Adelsgenossenschaft, in: Deutsches Adelsblatt 1904, S. 344–346; 360–362.

205   Deutsches Adelsblatt 1895, S. 145.

206   Erziehungsprobleme, in: Deutsches Adelsblatt 1899, S. 231–233, hier S. 232.

gesehen und des Liberalismus verdächtigt wurden.[207] Skeptisch stand man den Befürwortern einer in die eigenen Reihen vorgedrungenen „modern-nationalen" Überzeugung gegenüber, da diese hauptsächlich rational denkende und handelnde „Vernunft-Monarchisten"[208], aber keine „prinzip-bewußten wetterfesten Royalisten" versammele: „Das Wort von der Reichs- und Kaisertreue klingt schön, recht schön. Wir wollen uns seiner erfreuen".[209] Aber die in den Schulen gelehrte patriotische Gesinnung reiche nicht aus. Hinzu treten müssten die Überzeugung vom Gottesgnadentum aller Könige und die von den „Grundsätzen der Adelsidee". Nur eine verlässliche Königstreue und patriotische Einstellung sichere subjektive Loyalität, die allein der Adel, als ihm im Blut steckend, beibringen könne.[210] Das Reifensteiner Engagement zeigt, dass adelige Frauen im Erziehungs- und Bildungsbereich als Orientierungsleistung für die Konstitution neuer Elitegruppen adelsspezifische Kenntnisse und Leistungen einbrachten.

---

207 „… unselige Verquickung des liberalen Moments mit dem modern-nationalen": Erziehungs-Probleme I, in: Deutsches Adelsblatt 1898, S. 727–728, hier S. 727.

208 Standesberuf und nationaler Gedanke, in: Deutsches Adelsblatt 1905, S. 17–19, hier S. 18. Misstrauen bezüglich der monarchischen Verlässlichkeit in national gesinnten Kreisen wurde immer wieder geäußert: „Im übrigen scheint uns die Reichseinheit in der föderalistisch-paritätischen und monarchischen Form, in welcher sie rechtlich und durch die opferfreudige Hingebung der deutschen Fürsten gewährleistet wurde, weit gesicherter, als in der Wirkungssphäre der ‚Männer von Bildung und Besitz' der ‚nationalen' Vernunft-Monarchisten." In: Deutsches Adelsblatt 1899, S. 520.

209 Erziehungsprobleme, in: Deutsches Adelsblatt 1899, S. 139–141, hier S. 141.

210 „Unsere staatliche Berufspflicht Dem, welchem sie gehört, unsere Ritterpflicht den großen Prinzipien, den ewigen Grundgesetzen, auf welchen sich der Adel aufbaut." In: Erziehungsprobleme, in: Deutsches Adelsblatt 1899, S. 139–141, hier S. 141.

Bildung im Dienste der Nation und Orientierung für die ersten Gesellschaftskreise

Vor 1918 dominierte die Vorstellung einer monarchischen Nation, eines Reiches in Gestalt des monarchischen Obrigkeitsstaates, der die Einheit und Stärke der Nation garantierte. Als der demokratische Staat von Weimar diese nicht mehr zu gewährleisten schien, sollte sich zeigen, dass sich der Reifensteiner Verband in der Pflicht sah, diese Aufgabe zu übernehmen und nationale Interessen zu wahren.

Ida von Kortzfleischs Devise galt in den Reifensteiner Schulen stets als Handlungsorientierung: „Ueber aller Arbeit aber soll die Ueberschrift stehen: Nicht vergeblich gewesen; sondern ein Beitrag zur großen gemeinsamen Sache der Frauenarbeit; für's Vaterland, für's Reich Gottes!"[211] Ihr Ziel war es, der Frauenwelt einen „tüchtigen Offiziers- und Unteroffiziersstand"[212] auszubilden, der sich dem Dienst an der Nation verpflichtete. Wenigstens bei Ida von Kortzfleisch lässt sich eine Bewunderung des militärischen Systems belegen, und es war kein Zufall, dass es Vorbildcharakter für die Konzeption der Frauenschulen erhielt. Tatsächlich lassen sich in der Reifensteiner Schulkonzeption sowohl Analogien zur Militärausbildung als auch sich davon unterscheidende Komponenten ausmachen. In den Bildungsideen wurden Tugenden aufgegriffen, die auch im militärischen Bereich gepflegt wurden: Mut, Ausdauer, Tapferkeit im Ertragen schwieriger Lagen, nationale Ideale. Ähnlichkeiten lassen sich ferner in der starken Betonung der Persönlichkeits- und Charaktererziehung erkennen, im hohen Stellenwert, der der Tradi-

---

211 von Kortzfleisch, Leitsätze, S. 53.
212 von Kortzfleisch, Dienstpflicht, in: Tägliche Rundschau 74, 31. März 1894, S. 295.

tionsbildung eingeräumt wurde, sodann in der Betonung eines Korpsgeistes mit entsprechenden Ehrbegriffen, in den Formen und Strategien, die zu deren Verwirklichung eingeschlagen wurden.

In den Wirtschaftlichen Schulen unterwarfen sich die Maiden einem strengen Dienst- und Pflichtideal. Dennoch kann man von einer „Militarisierung" der Frauenschulen nicht sprechen. Die Reifensteiner Schulen erhoben zwar den Anspruch, eine Elite zu bilden, beanspruchten aber keine Sonderstellung im gesellschaftlichen Gefüge, wie dies dem Militär im Kaiserreich zugestanden wurde. Die Pflege des Autoritätsgedankens und die Hierarchie des Schulkörpers entsprachen nicht dem militärischen unbedingten Gehorsam. Die Leitungspersonen und Lehrkräfte waren stärker in die alltäglichen Abläufe eingebunden, in denen Prinzipien einer alle Schulgruppen umfassenden Werkgemeinschaft galten. Dafür wurden zentrale Leitgedanken für die Bildungsziele, Erziehungspraktiken und Umgangsformen einem christlichen Weltbild entnommen. Der Schulalltag war durch religiöse Feiern und Andachten rhythmisiert und suchte, eine familiär intime Atmosphäre zu schaffen.

Gleichwohl, die Orientierung am Offiziersstand spricht dafür, dass den Frauen ein Recht und eine Pflicht zum Dienst an der Nation und zur Führung der Nation zugesprochen wurden. Dies schuf die Voraussetzung dafür, dass der Reifensteiner Verband mit wirkungsvollen Angeboten zur Stelle war, als Frauen am Beginn des Ersten Weltkrieges Versorgungs- und Bildungsaufgaben übernehmen sollten. Unverzüglich richtete er Kriegslehrgänge für landwirtschaftliche Haushaltungs- und Wanderlehrerinnen sowie für Hausfrauen und Töchter auf dem Lande ein. Noch bevor der vom Bund Deutscher Frauenvereine organisierte nationale Frauendienst tätig wurde, hatte die Vorsitzende des Reifensteiner Verbandes – bis zu ihrem Tod mitten im Ersten Weltkrieg hatte Ida von Kortzfleisch die Initiative in der Hand –, Impulse für Lehrgänge gegeben, um die deutschen Hausfrauen auf die Kriegsverhältnisse einzustellen.[213] Diese Lehrgänge waren für die Mobilmachung der Heimatfront von großer Bedeutung. Die Berufsausbildung der Landfrau schien nun in den Rang einer „vaterländischen Pflicht"[214] zu rücken. Ohne großen Verzug waren Reifensteiner Schulen und Schülerinnen seit Kriegsbeginn im Einsatz für das Rote Kreuz, die Bahnhofsmission, im Lazarett- und Sanitätsdienst. Zahlreiche ehemalige Absolventinnen übernahmen Kriegshilfsdienste, im Unterricht wurden patriotische Pflicht und Verantwortung gelehrt.

Die Umwälzungen in Staat und Gesellschaft machten nach 1918 für den Reifensteiner Verband eine Reformulierung der Erziehungsziele und der Verbandspolitik erforderlich. Während anfangs die Ida von Kortzfleisch im Vorsitz nachfolgende Anna von Heydekampf, vom Kriegsausgang tief betroffen, mit nationalistischem Gestus reagierte – „Deutsch in Gedanken, Worten und Werken. Keine Auslands-Liebedienerei" – und sich missionarisch zur Sicherstellung von „Deutschtum und Frömmigkeit"[215] berufen fühlte, zeigte sich ihre Zweite Stellvertreterin und ab 1921 auch Nachfolgerin Käthe Herwarth von Bittenfeld weniger

---

213 Zur Aufwertung von Landwirtschaft und Hauswirtschaft und zur Rolle des Reifensteiner Verbandes: Wörner-Heil, Frauenschulen, S. 76–80.

214 So die Schulleiterin Elisabeth Freiin von Pawel-Rammingen in einem Vortrag: Die Landfrauenarbeit im Kriege, 2. Kriegslehrgang für landwirtschaftliche Haushaltungs- und Wanderlehrerinnen und für Hausfrauen und Töchter auf dem Lande, hg. v. der Geschäftsleitung des Lehrganges, Berlin 1916, S. 131. Vom Reifensteiner Verband und seiner Vorsitzenden ging Ende 1914 die Initiative zur Einrichtung der Kriegslehrgänge für landwirtschaftliche Lehrerinnen und für Hausfrauen und Töchter auf dem Lande aus: Kriegslehrgänge, in: Reifensteiner Maidenzeitung. Kriegsnummer 21/1915, S. 14–27.

215 Maidenaufruf, in: Das Maidenblatt 12/1918, S. 133.

pathetisch, der neuen politischen Lage entschieden flexibler und positiver begegnend. Zwar war ihr bewusst, dass vieles weggefegt war, woran „unser Herz mit Liebe und Stolz hing", aber: „Die alte Staatsform ist zerbrochen – ein Neues ist im Entstehen, und wir alle müssen – wenn vielleicht auch schweren Herzens – mithelfen, daß dieses Neue etwas Gutes wird für unser deutsches Volk."[216] Mit diesen Perspektiven begann eine neue Ära, gekennzeichnet von intensiver Kooperation mit staatlichen Institutionen der Weimarer Republik, denen Wissen und Kompetenz beim Aufbau eines staatlichen Bildungswesens auf dem Land zur Verfügung gestellt wurden.

Für nationales Denken wurde jedoch auch nach 1918 weiterhin geworben. In einem Bericht, den Elisabeth Freiin von Pawel-Rammingen (1864–1946) – Leiterin der Landfrauenschule und Lehrgut Amalienruh bei Meiningen in Thüringen seit 1904, Mitglied im Beirat und dann im erweiterten Vorstand des Reifensteiner Verbandes[217] – von der Sitzung des Bundes Deutscher Frauenvereine in Hamburg vom 15. bis 18. September 1919 erstattete, wurde der Freude und Genugtuung Ausdruck verliehen, dass deutsche Frauen für deutscher Frauen Schutz und Recht einstehen, großzügig und frei von Parteipolitik. Die Zukunftsaufgabe aller sei die Gesundung und Rettung des Vaterlandes, ohne Unterschied der politischen Stellungnahmen.[218] In der Verbandszeitschrift erschienen zahlreiche „vaterländisch gerichtete"[219]

---

216   Käthe Herwarth von Bittenfeld, Ein Wort zu den bevorstehenden Wahlen, in: Das Maidenblatt 12/1918, S.135.
217   Wörner-Heil, Frauenschulen, S. 169–171.
218   Freiin Pawel-Rammingen, XI. Generalversammlung des Bundes Deutscher Frauenvereine zu Hamburg vom 15. bis 18. September 1919, in: Maidenblatt 12/1919, S. 193f.
219   Anna von Heydekampf, Unser Maidenblatt in 10 Jahren seines Bestehens, in: Maidenblatt 23/1925, S. 353–357, hier S. 355.

Artikel. Hinter nationalem Denken und Empfinden konnten sich unterschiedliche politische Einstellungen verbergen. Das konnte monarchistische Strömungen ebenso einschließen[220] wie den Umstand, dass Absolventinnen im demokratischen Staat Ämter mit weit reichender Verantwortung bekleideten.[221]

---

220 Berichte über Gedächtnisfeiern für „unsere heimgegangene Kaiserin" wurden von den Schulen Obernkirchen, Weilbach, Wöltingerode, Chattenbühl, Gnadenfrei und Beinrode verfasst. Die Maiden in Obernkirchen trugen 14 Tage Trauer. Sie durften den Zug, „der die Leiche unserer Kaiserin unter dem Klange der Glocken aus Dorf und Stadt in die Heimat zurückführte, still grüßen." Die Feiern fanden unter dem Bild der Kaiserin statt, „die wohl unvergesslich bleiben werden in den Herzen unserer Maiden. Durch die schlichten Feiern, durch die Töne der Lieder, durch die tief empfundenen Worte, die ein warmes Herz zum Andenken an die Heimgegangene gefunden hat, klingt ein Schrei der Sehnsucht und der Hoffnung: ‚Herr laß uns nicht zu schanden werden'." In: Das Maidenblatt 5/1921, S. 75f.

221 Dies gilt etwa für adelige Frauen, die Stellen als Referentinnen in den Landwirtschaftskammern übernahmen: Irene Freiin von Gayl, von 1912 bis 1920 Leiterin der Wirtschaftlichen Frauenschule Kronprinzessin-Cecilien-Schule Metgethen in Ostpreußen, ab 1920 Besitzerin des Landwirtschaftlichen Lehrbetriebs Sonnenhof in Neuendorf im Kreis Königsberg i. Ostpr., wurde 1923 Referentin der Landwirtschaftskammer Ostpreußen. Ellen Gräfin von Wrangel (1892–1970), Lehrerin in der Frauenschule Obernkirchen ab 1918, wurde von der Landwirtschaftskammer Hessen-Kassel als Geschäftsführerin des Landwirtschaftlichen Hausfrauenvereins Kassel 1925 angestellt. Käthe Delius (1893–1977), Lehrerin an den Frauenschulen Obernkirchen und Malchow, Gewerbelehrerin am Pestalozzi-Fröbelhaus in Berlin und in Königsberg i. Ostpr., nach 1918 Geschäftsführerin des Reichsverbandes der Lehrerinnen und Angestellten in Haus, Garten und Landwirtschaft, wurde 1923 die erste Frau, die als Referentin in ein Ministerium berufen wurde. Sie wurde Referentin für die ländlich-hauswirtschaftliche Frauenbildung im preußischen Landwirtschaftsministerium. Weitere biographische Hinweise zu Gräfin Wrangel: Anke Sawahn, Die Frauenlobby vom Land. Die Landfrauenbewegung in Deutschland und ihre Funktionärinnen 1898–1948, Frankfurt a. M. 2009, S. 129, 482, 515, 535, 616, 679. Zu Käthe Delius: Richarz, Irmintraut, Oikos, Haus und Haushalt. Ursprung und Geschichte der Haushaltsökonomik, Göttingen 1991, S. 256–271. Ortrud Wörner-Heil, Die Wirtschaftlichen Frauenschulen des Reifensteiner Verbandes als neuer Schultyp in der modernen Berufsbildung. Ein Beitrag zu den Anfängen des ländlich-hauswirtschaftlichen Bildungswesens, in: Hermann Heidrich (Hg.), Frauenwelten. Arbeit, Leben, Politik und Perspektiven auf dem Land, Bad Windsheim 1999, S. 99–119. Sawahn, Frauenlobby, S. 41, 129, 131f, 389f, 421, 569, 616, 675.

In der sich dynamisch entfaltenden bürgerlich-kapitalistischen Gesellschaft des 19. Jahrhunderts, die den „angestammten Beruf" und die Vorrechte des adeligen Geburtstandes infrage stellte, machte der Adel gleichwohl seinen Anspruch auf politische und gesellschaftliche Führung und Gestaltung geltend. Dabei wurde an ein spezifisches adeliges Pflichtverständnis angeknüpft, an sein „noblesse oblige", an seine kulturellen Fähigkeiten und Leistungen auf Grund von Erziehung, Sitte, Gewohnheiten und Lebensstil sowie an seine sozialen Ressourcen in Form von Beziehungsnetzen, die ihm einen weiten Kommunikationsraum sicherten. Ritterlichkeit, Opferbereitschaft und Dienstideal waren zentrale Werte. Vor allem das Dienstideal forderte die persönliche Treue – im Kaiserreich für König und Kaiser –, die Achtung des Gemeinwohls und die Sicherung des staatlichen Gemeinwesens. Zu diesen Auffassungen gehörte es, die moderne kapitalistische Entwicklung kritisch und korrigierend zu begleiten, materialistischen, unpersönlichen, egoistischen und bürokratischen „Auswüchsen" entgegenzuarbeiten, sich – so jedenfalls das Selbstverständnis – uneigennützig dem Ganzen, den nationalen Belangen und nicht partikularen Interessen auf der Basis einer christlichen Religiosität zu widmen. Die Legitimation adeligen Standesbewusstseins stützte sich noch in der Weimarer Republik auf Traditionen und christlich hergeleitete Gesinnungen wie „strenge Ehrenhaftigkeit, peinliche Pflichterfüllung, treueste Hingabe an Staat und Volk, einfache Lebensführung, Abkehr von Geld, Gier und Genußsucht und freudigste Zurücksetzung persönlicher Ansprüche zum Wohl des Ganzen."[222] Zwar entwickelten sich die Frauenschulen zwi-

---

222 von Hagen, in: Deutsches Adelsblatt 1921, S. 37f.

schen 1890 und 1933 zu Hüterinnen nationaler Identität, aber die persönliche Treuebindung an den Monarchen und die Verpflichtung zum Dienst am Staate standen immer, vor allem in der Weimarer Republik, in einem gewissen Spannungsverhältnis.

Der Dienst an der Nation konkretisierte sich in drei Dimensionen: die Schulen des Reifensteiner Verbandes entwickelten ein nationales Leitbild, übernahmen eine nationalpädagogische Aufgabe, und als Bildungsstätte boten sie selbst einen nationalen Erfahrungsraum. Ein Leitbild für die Zusammenarbeit von Adel und Bürgertum war die gut qualifizierte Hausfrau im Dienste der Nation. Die Reifensteiner Ausbildung war daran beteiligt, dass Vorstellungen einer wissenschaftlich informierten und kulturell gestalteten Haushaltsführung weit in die Diskurse über nationale Identität vordrangen. Schule und Haushalt wurden Orte, an dem sich für Frauen ein Nationalgefühl entwickelte und festmachte. In wenig spektakulären und dennoch wirkmächtigen Formen wurden hier – im Alltag – die Nation ebenso wie nationale Attitüden und Einstellungen evoziert, sozialisiert und reproduziert. Für diesen Vorgang hat der britische Sozialwissenschaftlicher Michael Billig den Terminus des „banal nationalism" gefunden.[223] Während sich die Nationalismusforschung meist mit öffentlichen Ritualen und Symbolen beschäftigt, ginge es im Falle einer hauswirtschaftlich-ländlichen Bildungsstätte darum, auf die Prozesse des „banal nationalism" stärker das Augenmerk zu richten.

Beim Reifensteiner Verband und seinen Schulen bezogen sich die Lenkungs- und Orientierungsdienste hauptsächlich

---

223 Michael Billig, Banal nationalism, London 1995.

auf die Einbeziehung der Frauen in die national verfasste Leistungsgesellschaft, was auf der Grundlage verbesserter Bildung, Ausbildung und Professionalisierung geschehen sollte. Weder im Kaiserreich noch in der Weimarer Republik können die Reifensteiner Schulen als adelige Refugien in einer adelsfeindlichen Umwelt angesehen werden. Die Initiativen des Reifensteiner Verbandes galten in erster Linie der Schaffung einer Elite aus gebildeten, christlich orientierten Frauen. Seine standespolitischen Aktivitäten blieben zurückhaltend. Dennoch beruhte die Erfolgsgeschichte der Reifensteiner Schulen wesentlich auf Voraussetzungen, die die Frauen aus ihrer adeligen Herkunft und Sozialisation mitbrachten: Name und Rang, Selbstbewusstsein und gesellschaftlicher Schliff, Nähe zur Monarchie und Beziehungen zum Hof, weit gespannte Verwandtschafts- und Bekanntschaftsnetze.

Teilweise gestützt auf adeliges Selbstverständnis und adelige Konventionen, hatten sich die Wirtschaftlichen Frauenschulen als moderne, innovative Kraft im ländlich-hauswirtschaftlichen Bildungssektor konstituiert und bewährten sich in der Weimarer Republik als Fachschulen für die ländliche Hauswirtschaft. Partiell waren Gepflogenheiten und Werte einer traditionell ständisch geprägten Gesellschaft abgelöst und adeligen Frauen der Zugang zur bürgerlichen Gesellschaft eröffnet worden. Die Frauenschulen konnten sich entwickeln, weil sich das Selbstverständnis der sie initiierenden und tragenden adeligen Frauen verändert hatte. Die Schulen hatten der noch in Konventionen verhafteten adeligen Frauenwelt ein Angebot zur Integration und gleichzeitig zur Gestaltung der modernen Welt präsentiert, das den Status und die Lebensmöglichkeiten adeliger wie bürgerlicher Frauen reformiert hatte. Sie hatten adelig-bürgerliche

Begegnungsstätten gebildet, die eine Elitenbildung von Frauen ermöglicht und eine aristokratisch geprägte Formen- und Geselligkeitskultur entwickelt hatte.

Den Reifensteiner Frauen war es nicht möglich, sich bei der Eröffnung einer professionellen Berufsausbildung im ländlich-hauswirtschaftlichen Bereich auf eine Adelstradition zu stützen. Im Unterschied zum Militär als verfassungsrechtlich abgesicherter, im Dienste des Staates stehender Berufsgruppe, dessen adeliger Teil durch das besondere Verhältnis zum Monarchen legitimiert und privilegiert war und sich in dieser Funktion zudem in eine lange Tradition stellen konnte, musste der Reifensteiner Verband erhebliche Energien aufwenden, um als privatrechtlicher Verein, der Defizite des staatlichen Schulwesens kompensierte, den Staat zur finanziellen Förderung seiner Projekte zu bewegen. Hierin lag einer der Gründe dafür, dass das Selbstverständnis, die Nähe oder Distanz zur Monarchie bei Männern und Frauen des Adels differierten. Frauen mussten größere Bereitschaft zeigen, sich von herkömmlichen standesspezifischen Vorstellungen zu distanzieren und diese zu verändern. Der Rekurs auf den Adel als Stand blieb hier aus, Elemente des Leistungs- und des bürgerlichen Rechtsdenkens, vor allem das Einfordern von Frauenrechten gewannen mehr Gewicht bei der Aufgabe, sich verantwortlich und führend in die nationale Gesellschaft zu integrieren. Beim Militär waren die Gepflogenheiten deutlicher ausgeprägt, sich als Stand mit aristokratischem Gepräge von anderen gesellschaftlichen Gruppen abzuheben. Ausdrücklich bezog man sich auf adelige Exklusivität, war eher geneigt, diese zu konservieren, als sie aufzugeben. Sowohl die für die Frauen zuständigen Reifensteiner Schulen als auch die für Männer zuständige Offiziersausbildung in den Kriegsschulen stellten sich dem Leistungs- und Persönlichkeitsgedanken. Allerdings wurden bürgerliche Wissens- und Bildungsvorstellungen mit adeligen Charakter- und Tugendeigenschaften ergänzt und damit korrigiert. Durch die historischen Erfahrungen mit dem persönlichen Dienst am Staat waren Adelige davon überzeugt, Erziehung müsse in erster Linie eine subjektive, emotionale Beteiligung und Überzeugung der Schüler anstreben, was wiederum Folgen für Bildungsideen, Erziehungskonzepte und Erziehungsalltag zeitigte. Es entstand ein Leitbild, in dem heroische Ritterlichkeit und Dienstideal mit wissenschaftlich-fachlichen Notwendigkeiten und Leistungsdenken verschmolzen. Erziehung des Adels zur Nation war erzwungen vom politischen und sozialen Wandel, zugleich der Versuch, seine überlieferten Werte und Werthaltungen in die Gestaltung der modernen Welt einzubringen und wirksam werden zu lassen. Bildung, verstanden als Charakterbildung und Berufsausbildung, erwies sich als Voraussetzung für die Schaffung einer modernen Elite, in der und mit der sich der Adel behaupten konnte. Durch die Beteiligung am Projekt der Nation, gewann er Anschluss an zentrale Tendenzen der Moderne. Die lenken zu wollen, hieß, sich als Teil der Nation zu begreifen.

Bildungsreformerin in der Moderne
Ida von Kortzfleisch (1850 – 1915)

„Auf, auf, eh die Wangen erblassen"

Im Frühjahr 1894 fällte Ida von Kortzfleisch eine Entscheidung, die ihr weiteres Leben prägen sollte. Ihre schon länger angestellten Überlegungen zur Frauenfrage und ihre Idee, wie die damit zusammenhängenden Probleme gelöst werden könnten, schrieb sie nieder in einem Beitrag mit dem Titel „Die allgemeine Dienstpflicht in der wirthschaftlichen Frauenschule". Dieses Mal legte sie ihren Text nicht wieder in die Schublade, sondern entschloss sich, ihn an die Zeitung „Tägliche Rundschau" zu senden. Diese Zeitung, die sich im Untertitel als „Unparteiische Zeitung für nationale Politik. Unterhaltungs-Blatt für die Gebildeten aller Stände" charakterisierte, war tatsächlich an ihrer Abhandlung interessiert, und Ida von Kortzfleisch gab ihre Zustimmung, diese in fünf Fortsetzungen zwischen dem 29. März und dem 6. April 1894 zu veröffentlichen.[1] Dass dieser couragierte Schritt in die Öffentlichkeit der Realisierung einer neuen Schulform den entscheidenden Impuls geben sollte, konnte Ida von Kortzfleisch zu diesem Zeitpunkt nicht ahnen. Dieser neue

---

[1] von Kortzfleisch, Dienstpflicht, in: Tägliche Rundschau.

Schultypus sollten die „Wirtschaftlichen Frauenschulen auf dem Lande" sein, von denen in den folgenden Jahrzehnten zahlreiche entstanden. In ihrem Text hatte Ida von Kortzfleisch die ihr vorschwebende Bildungsstätte noch „Frauen-Hochschule" genannt. Tatsächlich sollte die Gründung eines Vereins, des „Vereins zur Errichtung wirtschaftlicher Frauenschulen auf dem Lande", der in den folgenden Jahrzehnten viele dieser Wirtschaftlichen Frauenschulen als Schulträger ins Leben rufen und außerdem als Dachverband für gleiche Schulen anderer Schulträger fungieren sollte, zum späten Lebenswerk Ida von Kortzfleischs werden.

Ida von Kortzfleischs Traktat über die „allgemeine Dienstpflicht" war einerseits das Ergebnis eines Ärgernisses, denn als regelmäßige Leserin der „Täglichen Rundschau" war sie indigniert gewesen über die zuvor in dieser Zeitung im September und Oktober 1893 ebenfalls in Serie erschienenen Artikel von Otto von Leixner (1847–1907)[2], in denen sich dieser historisch und aktuell mit der Frauenbewegung in Deutschland beschäf-

---

2 Otto von Leixner, auch Otto von Leixner-Grünberg bzw. Otto von Leixner zu Grünberg, geboren auf Schloss Saar in Mähren, war ein deutscher Schriftsteller, Literaturkritiker, Journalist und Historiker. Er studierte in Graz und München Ästhetik und Literaturgeschichte, fand Anschluss an literarische und Künstlerkreise. Seinen Plan, die wissenschaftliche Laufbahn einzuschlagen, gab er auf, wurde Zeitungsmitarbeiter. Er ging 1874 nach Berlin, wo er Kunstreferent der Spenerschen Zeitung und Mitredakteur von Paul Lindaus „Gegenwart" wurde. Seit 1883 redigierte er daneben die von Otto Janke herausgegebene „Deutsche Roman-Zeitung" und wurde Feuilletonredakteur der Berliner Bürger Zeitung. Er trat ein für verinnerlichte Religiosität, sittliche Freiheit, für Verantwortung und Verpflichtung zu sozialer Hilfe. Er forderte ein Deutschtum, das sich von engem Patriotismus abheben sollte. Als Spruchdichter wurde von Leixner sehr bekannt, da seine Redensarten und Weisheiten häufig auf Kalenderblättern abgedruckt wurden. Das Prädikat von Grünberg leitet sich von der Wallfahrtskirche Grünberg in seinem Geburtsort ab.

tigt hatte.[3] Sie fand, dass er sich „reichlich karikiert" und „ohne ausführbaren praktischen Fingerzeig"[4] geäußert hatte.

Andererseits war sie in ihrem Leben an einem Punkt angelangt, der diesen öffentlichkeitswirksamen Schritt geradezu verlangte. Auf diese, ihre subjektive Befindlichkeit in ihrem fünfundvierzigsten Lebensjahr, verweist eines ihrer Gedichte, das den Titel „Weckruf 1894" trägt. Es ist in einem ihrer „Schwarzen Hefte"[5] enthalten, die sie seit ihrer Kindheit führte, um darin eigene Verse oder die anderer Autoren, die sie beeindruckt hatten oder die sie für bedeutsam hielt, zu notieren. Der „Weckruf" thematisiert den Antrieb für ihre Entscheidung, selbst das Ruder in die Hand zu nehmen und ihre bisher passive Beobachtungs- und Erwartungshaltung aufzugeben.

Weckruf 1894

Die da müßig gegangen so manches Jahr,
Die wie Burley gestrählt ihr goldnes Haar,
Die auf dem Felsen gesessen, –
Und herabgeschaut auf das Lebens Meer:
„Ob da nirgend ein Schiffer im Kahne wär?"

---

3   Otto von Leixner, Zur Frauenfrage in Deutschland, in: Tägliche Rundschau 220 (1893), 19. September, S. 874f (Teil I); 226 (1893), 26. September, S. 898f (Teil II); 231 (1893), 2. Oktober, S. 922f (Teil III); 237 (1893), 8. Oktober, S. 946–948 (Teil IV); 238 (1893), 9. Oktober, S. 949f (Schluß Teil IV); 247 (1893), 20. Oktober, S. 986 (Teil V); 248 (1893), 21. Oktober, S. 989–991 (Schluß Teil V).

4   von Kortzfleisch, Das Entstehen, S. 5; auch in: von Kortzfleisch, Maidenbuch, S. 7–13, hier S. 9.

5   Nur ein „Schwarzes Heft" ist erhalten, das sich im Besitz von Dr. Albrecht von Kortzfleisch befindet, das ich dankenswerterweise auswerten durfte. Das Gedicht „Weckruf 1894" ist diesem entnommen. Aus weiteren „Schwarzen Heften" sind einzelne Abschnitte in früheren „Reifensteiner Maidenzeitungen" oder auch im „Maidenblatt" abgedruckt worden.

Auf auf, eh die Kräfte erschlaffen,
Für dich giebts zu tun und zu schaffen!
Die, wie Gretchen geträumt in dem Kämmerlein
Mit des Liebsten Bild in des Herzens Schrein,
Auf auf, eh die Wangen erblassen,
Du kannst dich auf ihn nicht verlassen.
Wohlauf deutsche Maid, eh dich Alter bedroht,
Steig selbst in den Kahn und umschiff die Not.
Laß heiligen Mut dich erfassen!

Wie einschneidend und mit ihren bisherigen Lebensgepflogen-
heiten brechend dieser „mit heiligem Mut" unternommene
journalistische Schritt für die Vierundvierzigjährige gewesen
sein muss, lässt sich daran ablesen, dass ihr Zeitungsartikel aus
Rücksicht auf ihren Vater unter dem Pseudonym „I. Pillau" erschien.[6] Es gehörte sich nicht für eine Offizierstochter aus einer
adeligen Familie, die unverheiratet mit ihren Eltern in Hannover
lebte, sich mit einem so nachhaltig Kontroversen auslösenden
Thema, wie dem der Frauenemanzipation, an die Öffentlichkeit
zu wenden und darüber hinaus in die Debatte mit einem eigenen Vorschlag einzugreifen. Welchen Standpunkt die Eltern
zu diesem Zeitpunkt zur Thematik selbst einnahmen ist nicht
überliefert. Es ist allerdings anzunehmen, dass die Eltern oder
zumindest der Vater die Meinung der Tochter nicht ganz geteilt
haben dürfte. Zumindest waren die früheren Wünsche Idas, eine
berufliche Ausbildung absolvieren zu dürfen, auf seinen Widerspruch gestoßen. Von ihrem Vater heißt es, er sei „ein Muster-
bild altpreußischer Redlichkeit, Gewissenhaftigkeit und vorneh-

---

6   Reifensteiner Maidenzeitung 2 (1905), S. 5.

mer Gesinnung gewesen", ihre Mutter „eine hervorragend kluge, geniale Frau, die die vielseitige Begabung ihrer Tochter verstand und sich frei entwickeln ließ."[7] Das mütterliche Verständnis für die Anliegen der Tochter zeigte sich vor allem in der Zeit, als Mutter und Tochter nach dem Tod des Vaters im Juni 1894 alleine lebten und die aufregende und an den Kräften zehrende Gründungszeit der Schulen begonnen hatte.

Das Echo auf ihre Veröffentlichung war, wenn auch kontrovers, groß. Als das Interesse an ihrer, zunächst als Vision entworfenen Schulsiedlung, nicht nachließ, beschloss Ida von Kortzfleisch nach einem Jahr, sich um eine Realisierung zu bemühen. Ihr, in der Täglichen Rundschau veröffentlichtes Manuskript wurde zur Werbung für die Schulidee in einer Broschüre neu aufgelegt.[8] Diese Publikation erschien nun – nach dem Tod des Vaters – unter ihrem vollen Namen.

Eine Familie im Dienste Preußens

Ida von Kortzfleisch wurde am 10. Oktober 1850 in Pillau, dem Seehafen Königsbergs in Ostpreußen, als erstes Kind von Otto von Kortzfleisch (1814–1894) und seiner Frau Pauline geborene Talatzko von Gestietiz (1818–1900) geboren. Idas Vater war preußischer Offizier und nach Pillau, das 60 Kilometer von Königsberg entfernt und mit diesem durch eine Eisenbahnlinie verbunden war, als Kompagnieführer kommandiert worden.

Wie mehrere seiner Brüder hatte auch Otto von Kortzfleisch die militärische Laufbahn eingeschlagen und war als Dreizehn-

---

7   von Heydekampf (Hg.), Ida von Kortzfleisch, S. 10.
8   von Kortzfleisch, Der freiwillige Dienst.

jähriger in das Kadettenhaus zu Culm aufgenommen worden. Nach zwei Jahren war er in das Kadettenkorps zu Berlin gewechselt und wurde in dieser Zeit Leibpage der Prinzessin Marianne von Preußen (1785–1846), geborene Maria Anna Amalie Landgräfin von Hessen-Homburg, oft auch Prinzessin Wilhelm von Preußen genannt. Sie war die Schwägerin des preußischen Königs Friedrich Wilhelm III. (1770–1840). Nach dem Tod von dessen Frau, Königin Luise (1776–1810), war Prinzessin Marianne als Ehefrau des königlichen Bruders Wilhelm (1783–1851) die erste Rolle am Hof zugekommen. Dies galt auch für die Zeit nach der zweiten Heirat Friedrich Wilhelms III. im Jahr 1824 mit Gräfin Auguste von Harrach (1800–1873), da diese Ehe eine morganatische war. Prinzessin Marianne war die Familie von Kortzfleisch nicht unbekannt, da sie eine gute Verbindung mit einem Familienmitglied, der Schriftstellerin Sophie Eleonore von Kortzfleisch (1749–1823) gepflegt hatte, von der später noch die Rede sein wird. Die erste Station für Otto von Kortzfleisch nach dem Ausscheiden aus dem Kadettenkorps war Königsberg. Hierher kehrte er 1847 als Regimentsadjutant zurück.

Im Jahr 1849 vermählte er sich mit Pauline Viktoria Labellealliance von Talatzko. In der Familie von Kortzfleisch wird überliefert, Pauline habe sieben Heiratsanträge abgewiesen, bevor sie im Alter von 31 Jahren den vier Jahre älteren Premier-Lieutenant heiratete.[9] Ein Jahr vor ihrer Hochzeit entstand von der hüb-

---

9   Zit. aus dem (unveröffentlichten) Lebensbild Ida Ottilie Achatia von Kortzfleischs, das Dr. Albrecht von Kortzfleisch im Jahr 2007 für die Familienchronik erstellte. Im „Taubenhaus" von Erminia von Olfers-Batocki erwähnt Idas namensgleiche Tante, sie habe ihre Schwester Pauline davor gewarnt, „den King zu nehmen – na, und plötzlich hatte ich ihn selbst am Halse! Nun geht jeder seiner Wege, der King dort – ich hier. Vorsicht! Vorsicht!": Erminia von Olfers-Batocki, Das Taubenhaus. 100 Jahre Familiengeschichte in und um Königsberg 1762–1862, als Roman erzählt, Erstausgabe 1968,

schen jungen Frau ein Ölgemälde, das in der Familie erhalten ist.[10] Die Vermählung wurde auf Gr. Rathshof bei Königsberg gefeiert, wo ihre Schwester Ottilie, verheiratete Tortilowicz von Batocki mit ihrer Familie lebte.

Die dienstlichen Verwendungen von Idas Vater änderten sich am Anfang seiner Karriere so häufig, dass die junge Familie mehrfach ihren Wohnort wechselte. Auf Pillau folgte Ragnit und schließlich Graudenz, wo Idas Bruder Gustav (1854–1910) geboren wurde. Die längste Zeit – zehn Jahre, von 1855 bis 1865/66 – verbrachte man in Königsberg, wohin der Vater nach drei Jahren in Graudenz versetzt worden war. Auf Königsberg folgten dann noch Stralsund und schließlich Anklam in Pommern. Im Februar 1867 war Otto von Kortzfleisch auf sein Ersuchen hin zur Disposition gestellt und zum Bezirkskommandeur des Landwehrbezirkes Anklam ernannt worden. Diese Stellung, während der er zum Oberst ernannt wurde, hatte er bis Februar 1872 inne. Danach erfolgte seine Versetzung in den Ruhestand. Die Familie entschied sich, am 1. Oktober 1873 nach Hannover umzuziehen. Nach dem Tod der Mutter im Jahr 1900, der Vater war sechs Jahre zuvor gestorben, entschloss sich Ida von Kortzfleisch nach Reifenstein in Thüringen zu übersiedeln, wo

---

2., verb. Auflg., besorgt von Hedwig von Lölhöffel, Würzburg 1986, S. 407. Sie meinte wohl ihren ersten Ehemann Gustav von der Goltz (gest. 1847), Herr auf Jakunowen und preußischer Leutnant a. D., den sie 1839 geheiratet hatte. Später lebte Tante Ida auf Gut Ratshof, wohin ihre Schwester Ottilie sie zu ihrer Unterstützung gerufen hatte: „Ida, die, einem ungeliebten Gatten fern, bittere Enttäuschung durch emsige Arbeit zu vergessen suchte." (von Olfers-Batocki, Taubenhaus, S. 397). Im Jahr 1849 heiratete sie ein zweites Mal: Eugen von Heyking (gest. 1870) auf Gut Annafeld.

10 Von Pauline von Talatzko ist ein Heft erhalten, das sie im Jahr 1836 begann. Ähnlich wie ihre Tochter in die Schwarzen Hefte, so notierte diese ebenfalls Auszüge aus Werken von Schriftstellern. Meist drehten sich diese Exzerpte um Lebensweisheiten oder beinhalteten moralische Erörterungen.

inzwischen die erste Wirtschaftliche Frauenschule ihr Domizil gefunden hatte.

Der Großvater Idas väterlicherseits, der zum Zeitpunkt der Heirat seines Sohnes Otto nicht mehr lebte, war Friedrich Otto von Kortzfleisch (1758–1836). Dieser war einst Gutsbesitzer zunächst auf Worplack bei Rössel, dann auf Hermenhagen bei Bartenstein, dann auf Krausen bei Bischofsburg und zuletzt auf Polnisch-Görlitz bei Löbau in Westpreußen gewesen. Die Großmutter Idas war Charlotte von Lebbin (1783–1865), die zweite Ehefrau von Friedrich Otto von Kortzfleisch.[11] Den beiden Ehen entstammten sechzehn Kinder.[12]

Mutter Pauline stammte aus dem preußischen Zweig der Familie Talatzko von Gestietitz, ein böhmisches Wladyken-geschlecht, welches sich bis in die erste Hälfte des 15. Jahrhunderts zurückverfolgen lässt. Es war zunächst in Böhmen, dann in Schlesien und ab der zweiten Hälfte des 18. Jahrhunderts in Ostpreußen ansässig. Die ostpreußische Linie war im Unterschied zum katholischen österreichischen Zweig evangelischer Konfession. Die uradelige Familie Talatzko von Gestietitz, die ursprünglich ihren Stammsitz auf Gestietitz im Kreis Königsberg hatte, orientierte sich schon im 15. Jahrhundert nach Böhmen in die Chrudimer Gegend, wo sie Wladyken-Rossitz erwarb.[13] Als Ahnherr der ostpreußischen Linie kommt Wenzel Ignaz Talatzko von Gestietitz in Betracht, der sich 1705 in Schlesien ankaufte. Sein Enkel, Major Anton Franz von Talatzko (1729–1791),

---

11   Die erste Ehefrau war Katharina Barbara Schneider.
12   Dies schreibt Gustav von Kortzfleisch, Geschichte der Familie von Kortzfleisch, Braunschweig 1896, S. 104. Allerdings weist die im Anhang dargestellte Stammliste nur vierzehn Kinder auf.
13   Genealogisches Taschenbuch der Adeligen Häuser 1882, Brünn.

wurde zum ersten Preußen, da er 1742 nach der Übernahme Schlesiens durch Preußen in preußische Dienste trat. Er war es wohl auch, der das Geschlecht um 1775 nach Ostpreußen brachte. Dessen Sohn, der Rittmeister a. D. Johann Anton Franz von Talatzko (1780–1826), Gutsbesitzer auf Pohiebels, Posewangen und Weitzdorf im Kreis Rastenburg, wurde der Großvater Ida von Kortzfleischs. Ähnlich wie in der Familie von Kortzfleisch finden sich in der Familie von Talatzko hauptsächlich Offiziere, Gutsbesitzer oder auch Gutsverwalter und Staatsbeamte.

Die Großeltern von Talatzko erlebten beide nicht die Hochzeit ihrer Tochter Pauline im Jahr 1849. Der Vater war gestorben als Pauline acht Jahre alt war. Paulines Mutter, Wilhelmine Henriette von Fresin aus dem Haus Kolmen (1789–1847), verwitwete von der Heyden zu Nordenburg, stand nach dem Tod ihres zweiten Mannes Johann Anton Franz von Talatzko alleine einer Familie mit sieben heranwachsenden Kindern vor, vier Töchtern und drei Söhnen. Die älteste Tochter war achtzehn Jahre alt, der Jüngste noch ein Kleinkind, als der Vater starb.[14]

---

14 Von den insgesamt neun Kindern waren zwei im Säuglingsalter gestorben. Die Geschwister Paulines: Die Älteste, Friederike (1808–1867), heiratete 1833 den Premierleutnant Wilhelm von Derschau (gest. 1871), als Kapitän a. D. war dieser später Gutsbesitzer auf Raschung und Wilhelmshöhe. Die Zweitälteste, Ottilie (1810–1888), vermählte sich 1835 mit Wilhelm Tortilowicz von Batocki (1806–1853), Landschaftsrath und Gutsbesitzer auf Thierenberg und Gr. Rathshof. Der Bruder Franz (1814–1849) war Gutsbesitzer auf Kolmen und Heinrichshöfen im Kreise Rastenburg, Sardinien im Kreise Preußisch-Eylau, Kapstücken und Schönbruch im Kreise Labiau. Er heiratete 1841 Ida Freiin Schrötter von Stutterheim (1821–1847). Der zweite Bruder Rudolf (1815–1853), Sekondlieutenant a. D. und Gutsbesitzer auf Kraußen, Fabiansfelde und Böttchershöfchen, heiratete 1849 Flora Arendt (1821–1878). Die drittjüngste der Geschwister, Ida (1816–1873), heiratete 1839 in erster Ehe Gustav von der Goltz (gest. 1847), Gutsbesitzer auf Jakunowen und Lieutenant a. D. In zweiter Ehe (1847) war sie verheiratet mit Eugen von Heyking (gest. 1870). Der Jüngste, Louis (1822–1873), Gutsbesitzer auf Klein-Bieland im Kreise Elbing, heiratete 1851 Karoline Groß (1820–1872). Handbuch des Preußischen Adels, Bd. I, Berlin 1892.

Über die Geschichte der Familie von Talatzko wird berichtet in einer romanhaft verfassten und veröffentlichten Familiengeschichte, geschrieben von Erminia von Olfers-Batocki, der Großcousine Idas.[15] Der Roman berichtet von der Geschichte der Familien Bock, Tortilovius (Tortilowicz von Batocki) und von Gramatzki. Hier heißt es, Mitte der 1830er Jahre habe die Witwe des Rittmeisters von Talatzko mit den drei noch ledigen Töchtern Ottilie, Ida und Pauline in Rastenburg gewohnt, wo ihr das schönste Haus der Stadt gehört habe. Als ihre Tochter Ottilie um 1835 Wilhelm Tortilowicz von Batocki heiratete, war zum Polterabend die „ganze Gegend, alles was auf dem Lande rundum Namen hatte"[16] eingeladen. Dies spricht dafür, dass die Witwe von Talatzko mit ihrer Familie angesehen war.

Bedenkt man die Bedeutung von Familiengeschichten für das Selbstverständnis adeliger Familien, dann war das Jahr 1896 ein denkwürdiges Jahr in der Geschichte derer von Kortzfleisch. Wurde doch nach jahrzehntelanger Vorarbeit ihre Familiengeschichte veröffentlicht. Autor war der Bruder Idas, Gustav von Kortzfleisch, Major der preußischen Armee und zu diesem Zeit-

---

15   von Olfers-Batocki, Taubenhaus. Die Autorin Ermina von Olfers-Batocki (1876–1954), eine ostpreußische Mundart-Dichterin, war die Tochter von Ida von Kortzfleischs Cousin, Rudolf Tortilowicz von Batocki (1845–1900), und seiner Frau Paula von Gramatzki (1848–1914). Sie war verheiratet mit dem Finanzpräsidenten Hans von Olfers (gest. 1945). Ihre Tochter Hedwig von Olfers, verheiratete Lölhöffel von Löwensprung (1913–1986), war letzte Besitzerin des mütterlichen Gutes Tharau. Diese publizierte ihre Erinnerungen unter dem Titel „Tharau liegt woanders. Ein Lied, ein Dorf und seine Menschen", Düsseldorf 1987. Außerdem ist sie die Verfasserin der Familiengeschichte Lölhöffel, München o. J. Hedwig von Lölhöffel war im Schuljahr 1930/31 Schülerin der Wirtschaftlichen Frauenschule Kronprinzessin-Cecilien-Schule Metgethen. Auch ihre Großtante, die bekannte Berliner Salonniere, Schriftstellerin und Malerin Marie von Olfers (1826–1924), stand in einer fördernden Beziehung zum Reifensteiner Verband: Sie gehörte dem Verein als Mitglied an.

16   von Olfers-Batocki, Taubenhaus, S. 364.

punkt als Eisenbahn-Linien-Kommissar bei der Reichsbahn in Berlin eingesetzt. Gustav von Kortzfleisch widmete das Werk nicht nur seinem Vater, auf dessen Vorarbeiten zur Familiengeschichte er aufbauen konnte, sondern stellte den Ruf und den Rang der Familie ganz in eine männliche Tradition: „Und so gehe denn dieses Buch seinen Weg und werde von den Familiengenossen um der verdienten Väter willen, von denen es erzählt, hochgehalten. Der Gang der Familiengeschicke […] zeigt uns fast durchweg tüchtige, ehrenhafte Männer, die es verstanden haben, Wohlstand und Ansehen des Geschlechtes im Allgemeinen zu fördern."[17]

Gleichwohl fanden die Frauen der Familie von Kortzfleisch in der Familiengeschichte Erwähnung. Auch bei der Vorstellung seiner Schwester Ida von Kortzfleisch fand der Autor anerkennende Worte für ihre „reiche Begabung auf vielen Gebieten, vor Allem in der Malerei und anderen bildenden Künsten, sowie in der Poesie"[18] und unerwähnt blieb auch nicht ihr jüngstes Engagement in Frauenangelegenheiten: für eine Reform der weiblichen Erziehung und Ausbildung. Aber comme il faut: Die vorgelegte Familiengeschichte folgte dem einer althergebrachten adeligen Familie gemäßen Richtschnur, wonach die Obliegenheit für die Familiengeschicke, die die Familientradition und Familienkontinuität begründeten, weder bei ihr, noch bei anderen Frauen, sondern bei den Männern und verdienten Vätern lag.

Nicht erst die publizierte Familiengeschichte zeigte an, dass Idas Bruder literarisch begabt war. Einige Jahre zuvor hatte sich der Hauptmann und Chef der 5. Kompanie in Braunschweig erste Meriten als Militärhistoriker verdient. Im Jahr 1891 war ein

---

17   Gustav von Kortzfleisch, Geschichte, Vorwort.
18   Gustav von Kortzfleisch, Geschichte, S. 118.

erstes Buch mit dem Titel „Geschichte des Füsilier-Regiments
Gen.-Feldm. Prinz Albrecht von Preußen (Hannov.) Nr. 73" erschienen. Diese Arbeit hatte Gustav von Kortzfleisch noch gemeinsam mit einem Major Breyding erstellt. Schon im Jahr darauf sollte er sein erstes eigenes Buch: „Der Feldzug gegen den
Loir und die Einnahme von Vendôme am 15. und 16. Dezember 1870" veröffentlichen. Auch im Zusammenhang mit seinem
Dienst war er publizistisch an die Öffentlichkeit getreten, hatte
für Kompagniechefs die Broschüre „Die ökonomischen Muster"
geschrieben, die mehrfach aufgelegt werden sollte. Seine militär-
literarischen Fähigkeiten und Ambitionen, die in den kommenden Jahren noch weitere Werke zeitigen sollten, lagen deutlich
zu Tage.

Als Historiograph der Familie stellte er als Basis der Familientradition zwei Charakteristika heraus: zum einen das Selbstverständnis der Familie als eine preußische. Es stützte sich darauf,
dass Angehörige des einstmals aus Westfalen stammenden, im
16. Jahrhundert in das waldreiche Ostpreußen übersiedelte bürgerliche, ratssässige Geschlecht seit zweihundert Jahren kontinuierlich im Dienst Preußens stand, zum anderen der Dienst im
Heer. Dies galt ab dem Zeitpunkt als der Königlich preußische
Oberst Joachim Franz von Kortzfleisch (1681–1742), der als erstes Familienmitglied im Jahr 1701 den Waffenrock des Königs
angezogen hatte, vom preußischen König Friedrich I. im Jahr
1731 für seine Verdienste in den erblichen Adelsstand erhoben
worden war. In den nachfolgenden Generationen fühlten sich
zahlreiche Familienmitglieder dem Militärdienst verpflichtet
und wählten die Offizierslaufbahn.

Das Wappen der Familie von Kortzfleisch illustrierte die
Zugehörigkeit zum preußischen Militäradel, zugleich Demons-

tration und Verpflichtung. Der obere Teil des Wappenschildes zeigt zwei Adler, die gemeinsam einen Lorbeerkranz in den Schnäbeln tragen, der untere Teil je zwei Heerpauken und preußische Armeetrommeln. Hinter dem Schild befinden sich zwei preußische Standarten, die rechte blau, die linke grün.[19]

Der Übertritt zur protestantischen Lehre war noch im Jahr 1523 im westfälischen Herford erfolgt. In Ostpreußen erwarb die Familie im 17. und 18. Jahrhundert ein namhaftes Vermögen und vereinigte einen beträchtlichen Grundbesitz in ihren Händen. Die aus dem aktiven Militärdienst ausscheidenden Familienmitglieder wurden entweder Staatsbeamte oder sie wurden Gutsbesitzer. In der Familiengeschichte wird vermerkt, dass alle Söhne verheiratet waren, meist hatten sie sich mit Töchtern aus adeligen Häusern verbunden. Im 18. Jahrhundert teilte sich die Familie in fünf Stämme auf. Die zahlreichste Linie des Gesamthauses war der so genannte Ottostamm, dem auch der Familienchronist angehörte. Seit Mitte des 19. Jahrhunderts bestanden nur noch zwei Linien, von denen eine an den Rhein übersiedelte und katholisch wurde.

Offensichtlich ging der Wohlstand des Ottostammes in der Zeit des napoleonischen Krieges gegen Preußen und Russen verloren: „Der Krieg brachte sehr trübe Zeiten: im Januar und Februar 1807 wurde die Bartensteiner Gegend furchtbar von den Franzosen gebrandschatzt; preußische, russische und französische Truppendurchzüge hörten bis zum Juni nicht auf. V. Kortzfleisch büßte dabei zwei Drittel seines Vermögens ein, gerieth in Schulden, musste Hermenhagen im Februar 1809

---

19 Gothaisches adeliges Taschenbuch B 1907, Stammreihe und ältere Genealogie, und 1939.

verkaufen […]."²⁰ Ein Zeichen dieses Vermögensverlustes war, dass der Dienst in der teuren Kavallerie durch den Dienst in der günstigeren Infanterie ersetzt werden musste. Ende des 19. Jahrhunderts besaß die Familie keinen Grundbesitz mehr.

Ida von Kortzfleisch wuchs in dieser auf ihr Preußentum stolzen Familie auf. Man schätzte die protestantisch geprägten preußischen Tugenden, gehörte zum gesellschaftlich anerkannten Militäradel, der der Krone ein loyales Offizierskorps stellte und pflegte nicht erst seit dem durch den Sieg im Deutsch-Französischen Krieg entstandenen deutschen Nationalstaat einen lebhaften Patriotismus. Ida von Kortzfleisch identifizierte sich mit dieser Familientradition, ihr Weltbild war von ihrem adeligen Elternhaus geformt. Ihre Ideen einer Bildungsreform für Frauen sollten in zentralen Aspekten daran anknüpfen. In einer Hinsicht aber zeigte Ida von Kortzfleisch im Laufe der Jahre eine immer stärker sich artikulierende, von der Familien- und Standessicht abweichende Einstellung: Sie haderte mit ihrer Existenz als Haustochter, wünschte sich eine Aufgabe, eine nutzbringende, „berufsmäßige Arbeit"²¹, für die sie sich eine Ausbildung erhoffte. Sie wurde aufmerksam auf die Auftritte der Frauenbewegung und sensibel für die Frauenfrage – ein Interesse, das sie zunächst vor ihren Kreisen verdecken musste. In ihrem Artikel in der „Täglichen Rundschau" artikulierte sie dann öffentlich, dass sie die Zurückstellung der Töchter ablehne und wehrte sich gegen die Vorrangstellung der Söhne. Für sie sollten weitere, über die bisher bestehenden hinausgehende, differenziertere Frauenbildungsangebote, die sowohl eine persönlichkeitsfördernde als auch eine soziale und gesellschaftspolitische Erziehung der

---

20 Gustav von Kortzfleisch, Geschichte, S. 104.
21 von Kortzfleisch, Das Entstehen, S. 4.

Frauen einbegreifen sollten, zentral für die Lösung der Frauenfrage werden.

Der weibliche Blick auf die Familiengeschichte

Die wenigen erhaltenen Aufzeichnungen Ida von Kortzfleischs
aus den Jahren vor ihrer Frauenschulinitiative – es sind Geschichten, Märchen, Texte für lebende Bilder und zahlreiche
Gedichte, die meist aus einem festlichen Anlass (Geburtstag,
Verlobung, Hochzeit, Gestaltung eines Gästebuches) entstanden
– zeigen, dass sie selbstbewusst und dem Anlass entsprechend
humoristisch den Blick auf die Rolle der Frauen und ihre Leistungen richtete.

Auch die eigene Familiengeschichte nahm sie aus dieser
Perspektive in Augenschein. Im Grunde forderte eine der zentralen historischen Begebenheiten der Familiengeschichte geradezu heraus, die Frauentradition zu profilieren, war doch der
erste Kortzfleisch im Jahr 1657 nur daher in den Dienst der
preußischen Rentkammer des kurbrandenburgischen Staates
getreten, weil seine Frau Anna, geb. Moritz, Amme des späteren
König Friedrichs I. geworden war. Es ist kaum verwunderlich,
dass Ida von Kortzfleisch diese weibliche Besonderheit in lau-
niger Weise in einem Gedicht prononciert herausstellte.[22] Dieses
widmete sie ihrem Bruder Gustav 1892 zu seinem Geburtstag,
vier Jahre bevor er die von ihm bearbeitete Familiengeschichte
publizieren sollte. Im Hinblick auf dessen männliche Traditions-
stiftung setzte sie einen deutlich anderen Akzent als er.

---

22 Ida von Kortzfleisch, Zu Gustavs Geburtstag 1892, Handschrift, im Besitz
Dr. Albrecht von Kortzfleischs.

Für Ida von Kortzfleisch war ihre Ahnfrau, die durch ihre Tätigkeit als Amme eine intime Nähe zu dem Herrscher besaß, der das preußische Königtum begründete, eine „Nutria Prussie Fridrice Regis". Am Anfang stand die Leben spendende „Milch", danach folgte der Soldatendienst der Familiensöhne. Für sie war beachtenswert, dass Männer und Frauen im Dienst der preußischen Krone standen:

[...]
Für den Kur-Prinzen fehlt
Der ersten Nahrung Quelle,
Und unsre Ahnfrau tritt Für ihn an Mutterstelle.
Als „Nutria Prussie
Fridrice Regis" mehrt
Sie künft'gen Königs Kraft;
Und ward von ihm geehrt. –
– Zweihundert Jahre sind
Seit jener Zeit entflohn.
Die Treu zum Zollernhaus
Erbt fort vom Ahn zum Sohn.
Vom ersten Tropfen Milch
Den unsre Ahnfrau bot
Zum letzten Tropfen Blut:
Des Enkels Reitertod.
„Le colonel Cortfleisch
En se couvrant de gloire
Perdit dans la bataille
Sa vie", so schrieb fürwahr
Der große König selbst.

Aus der weiblichen Perspektive wurde in Ida von Kortzfleischs Familiengedicht ein weiteres familiengeschichtliches Ereignis angesprochen, das sie nutzte, um dem männlichen Soldatengeist das weibliche Heldenlied zu komplettieren. Auf diese Weise erwies sie einer prominenten Ahnin, der schon erwähnten Sophie Eleonore von Kortzfleisch[23], ihre Referenz und konnte sich ihr in vielen Facetten der Gesinnung und der Betätigung sehr nahe fühlen.

---

23 Weitere Namensformen: Eleonore Wundsch, Eleonore von Wundsch, Wundsch genannt Ratzbar, Wuntsch, Buntsch genannt Ratzbar; Sophie Eleonore Helene von Kortzfleisch, Sophie Eleonore Helene von Titz von Titzenhofer, Sophie Eleonore Helene Titz von Titzenhofer. In den heutigen Bibliothekskatalogen sind ihre Schriften verzeichnet sowohl unter Sophie Eleonore von Kortzfleisch, als auch Sophie Eleonore von Titzenhofer.
Sophie Eleonore von Kortzfleisch, Lausus und Lydie. Ein Drama in drey Aufzügen nach den moralischen Erzählungen des Herrn Marmontel, verfasset von einem adelichen Frauenzimmer in Schlesien, Breslau 1776; dies., Poetische Versuche eines adelichen Frauenzimmers, Breslau, Leipzig 1776; dies., Osman und Bella. Ein Drama in fünf Aufzügen, Breslau 1776; dies., Wilhelm und Hannchen. Eine Operette in 3 Aufzügen, Breslau 1778; dies., Frühere Gedichte, Breslau 1792; dies., Gedichte, Berlin 1792; dies., Vermischte Aufsätze in Poesie und Prosa für Damen, Berlin 1793; dies., Das Landwehr-Kreuz i. d. Schlacht an der Katzbach den 26sten August 1913. Ein Drama. Nebst einigen andern Gedichten. Zum Besten der verwundeten Krieger, o. O. 1813. Weitere Texte: An eine Freundin, Henriette D-t-r-ch, bei Ueberschickung einer Rosenknospe von Kleists Grabe; Am Sarge Friedrichs; An den Kronprinzen von Preussen. Vgl. Allgemeine Deutsche Biographie, 16. Bd., hg. durch die historische Commission bei der Königlichen Akademie der Wissenschaften, Leipzig 1882, S. 733–736; Neue Deutsche Biographie 12/1979, hg. von der Historischen Kommission bei der bayerischen Akademie der Wissenschaften, Berlin 1980, S. 605; für die Onlinefassung des Artikels in der Allgemeinen Deutschen Biographie lautet die URL: http://www.deutsche-biographie.de/artikelADB_pnd104222301.html; Sophie Pataky, Lexikon deutscher Frauen der Feder, Bd. 2, Berlin 1898, S. 372f; Gudrun Loster-Schneider, Gaby Pailer (Hg.), Lexikon deutschsprachiger Epik und Dramatik von Autorinnen (1730–1900), Basel 2006, S. 427f.

Indeßen Männerthat
Manch guten Sieg errang,
Ertönt aus Frauenmund,
Held Friedrich's Lobgesang.
„Sophie Eleonor von Kortzfleisch, Dichterin"
Trägt Lorbeerzweig und Harf'
Zu ihrem König hin.

Die patriotisch-preußisch gesinnte Schriftstellerin und Malerin Sophie Eleonore von Kortzfleisch war eine weitläufige Verwandte, die durch ihre Heirat mit Karl Wilhelm von Kortzfleisch (1731–1805) zum polnischen Zweig der Familie von Kortzfleisch gehörte. Sie war die älteste Tochter des kursächsischen und polnischen Majors Georg Ernst von Wundsch auf Groß-Jännowitz bei Liegnitz in Schlesien und dessen Ehefrau Anna Eleonore geb. Freiin von Seherr und Thoß. Schon in ihrer Jugendzeit zeigte Sophie Eleonore Talent und Neigung zur Poesie. Um ihre Fähigkeiten in der Malerei auszubilden, nahm sie Mal- und Zeichenunterricht. Sie war eine große Verehrerin Friedrich des Großen (1712–1786). Im Jahr 1776 erschien anonym ihre erste Veröffentlichung mit dem Titel „Poetische Versuche eines adelichen Frauenzimmers". Erst 1792 kennzeichnete sie ihre Werke mit ihrem vollen Namen. Ihre schon immer vorhandene begeisterte Vaterlandsliebe, die sich nach dem Beginn des Krieges zwischen Preußen und Franzosen im Jahr 1806 noch verstärkte, führte ihr Feder und Pinsel. Sie mahnte Männer und Frauen in ihren Gedichten und Aufsätzen zur Arbeit für das Vaterland und zur Treue und Liebe zum Königshaus. An jedem Geburtstagsfest der Königin und des Königs widmete sie dem Herrscherhaus Festgedichte. Während der Napoleonischen Kriege war ihr Hauptthema die

Vision eines geeinten Vaterlandes. Diesem Ziel diente ihr ganzes Wirken: „Deutsche Männer, Hand in Hand geschlagen. Lernt das Unglück treu vereint ertragen, so macht deutscher Sinn und deutscher Muth einst auch das vergangne Ungleich gut." Für die Frauen hielt sie die gestorbene Königin Luise als Vorbild bereit. Im Jahr 1810, am Tage des Geburtstages des Königs, erließ sie einen Aufruf an die deutschen Frauen, der Königin Luise und ihrem patriotischen Streben nachzueifern. In den Befreiungskriegen wurde sie aktives Mitglied des preußischen patriotischen Frauenvereins und betätigte sich in der Pflege der Verwundeten. Drei Jahre nach dem Tod ihres ersten Mannes im Jahr 1805 heiratete sie Friedrich Wilhelm von Titzenhofer. 1816 wurde ihr auf Vorschlag der Prinzessin Marianne von Preußen, der Schwägerin des preußischen Königs Friedrich Wilhelm III., von diesem der Luisenorden verliehen.[24]

Nach der Würdigung zweier Frauen in ihrem Festgedicht zollte Ida von Kortzfleisch schließlich doch auch noch der Generation der Elternväter und ihrem Befreiungskampf gegen Napoleon ihren Respekt und zog von dort eine Linie bis zum Krieg 1870/71. In erster Linie gedachte sie hier der militärischen

---

24 Prinzessin Marianne galt als Gönnerin Sophie Eleonore von Kortzfleischs. Mit Königin Luise gehörte Marianne von Preußen der „Kriegspartei" gegen Napoleon an. In ihrer Eigenschaft als erste Dame am Hof nach dem Tod der Königin Luise erließ sie im März 1813 den berühmten „Aufruf der königlichen Prinzessinnen an die Frauen im preußischen Staate" und gründete den preußischen „Vaterländischen Frauenverein". Dadurch wurde sie weit über Berlin hinaus bekannt. Politische Reformer wie Freiherr vom Stein, von Hardenberg und die Brüder Humboldt gehörten zu ihren Korrespondenzpartnern. Sie war mit dem Dichter Friedrich de la Motte Fouqué befreundet und sozial engagiert. Prinzessin Marianne war ebenfalls Vorsitzende des Ordenskapitels des Luisenordens, der die Aufgabe hatte, aus allen preußischen Provinzen Nachrichten über Verdienste des weiblichen Geschlechts zu sammeln, sie zu prüfen und dem König Frauen zur Dekoration vorzuschlagen.

Leistungen zur Erringung der nationalen Einheit – eine Verbeugung nicht zuletzt gegenüber dem eigenen Vater.

Von Augenzeugen hörten wir's berichten
Wie Feindesschaaren durch das Land gebraust
Und wie Napoleon furchtbar hier gehaust
Als blut'ger Dämon, Preußen zu vernichten.

Wie er aus unserm Heimathland entführte
Der Erndte Frucht; – die Knaben eingespannt
In's Joch; – geschleppt zum Tod in's Abendland;
Und wie sich dann die Freiheitstrommel rührte!

Von jenem Kampf zum Krieg, der 70'ger Jahre
Hebt und erneut sich Preußens innere Kraft;
Rastlose Friedensarbeit ward geschafft.
Dabei ergrauten unsrer Väter Haare.

Treu ihrer Pflicht, und treu dem Vaterlande,
So dienten sie dem Heere und dem Staat
Und halfen sä'n der deutschen Einheit Saat,
Im Kugelregen, wie im Heimathlande.

Am Ende formulierte sie, anknüpfend an Johann Wolfgang von Goethe, eine Verpflichtung in Bezug auf das adelige Verständnis und Verhalten, die sie an ihre Neffen – Nichten gab es zu diesem Zeitpunkt noch keine – richtete:

Was wir ererbt von unsern Vätern haben,
Nicht adlig Gut, doch adlig Thun und Sein,
Das sei erworben immerdar von Neu'm,
Das sei ein Erbtheil unsrer jungen Knaben.

Ihre Mahnung lautete: Ein ererbter Geburtsadel muss durch edles Verhalten immer wieder erworben werden. Sie sah es nicht als Verdienst an, dass sie adeliger Herkunft war, sondern war der Überzeugung, dass der Maßstab adeligen Seins für jeden Standesgenossen sein Auftreten und Handeln war. Dabei beinhaltet das von ihr gebrauchte Wort „Gut" auch die Auslegungsmöglichkeit, dass es keines adeligen Landgutes für eine adelige Identität bedürfe.

Diese Auffassung korrespondierte dem Umstand, dass die elterliche Familie kein Landgut besaß und am Endes des 19. Jahrhunderts auch die engere Verwandtschaft derer von Kortzfleisch und derer von Talatzko keine Güter mehr ihr eigen nennen konnten, somit das Gut als Mittelpunkt der Lebenswelt einer adeligen Familie und als Orientierungspunkt für Habitus und Identität wegfiel. Es bedurfte einer identifikatorischen Alternative und so rückte das Sein als ein aktives in der Welt sein und die Maximen des Handelns als Richtschnur adeligen Selbstverständnisses an dessen Stelle.

Kindheit und Jugend in Ostpreußen und Pommern

Die Verwandtschaft der Familien von Kortzfleisch und von Talatzko war weitläufig. Idas Vater und Mutter hatten zahlreiche Geschwister und Stiefgeschwister, Ida und Gustav daher eine Reihe Cousins und Cousinen. Sowohl durch die Heirat einiger weiblicher Familienmitglieder aus der Familie von Kortzfleisch mit Männern bürgerlicher Herkunft als auch durch angeheiratete Frauen gehörten zur engeren Verwandtschaft bürgerliche

Familien wie Schneider, Ulff, Gusowius und Weiß. Verwandte Adelsfamilien waren: von Lebbin, von der Goltz, von Oppermann, von Livonius, von Krogh. Über die mütterliche Linie war Ida von Kortzfleisch verwandt mit den Familien von Fresin, von Derschau, Tortilowicz von Batocki, Freiherren Schrötter von Stutterheim, von der Goltz, von der Heyking, Arendt und Groß.

Einige der Familien bewirtschafteten oder besaßen Güter, so die Familie von Printz auf Lengen, eine Stiefschwester des Vaters. Auch Julius, ein Bruder des Vaters, war Gutsbesitzer auf Poln. Görlitz und Nappern. August von Kortzfleisch, ein weiterer Bruder des Vaters, besaß seit 1867 das Gut Kl. Buchwalde bei Allenstein. Er war verheiratet mit Johanna Gräfin von der Goltz. Eine jüngere Schwester, Antoinette, hatte Leopold Sandes von Hoffmann auf Paustern geheiratet. Der jüngste Bruder Hermann war Pächter von Kl. Kirsteinsdorf bei Hohenstein und Gutsbesitzer auf Wilken in Hohenstein. Letzteres übergab er seiner Tochter Klara, verheiratete Ulff, die ungefähr in gleichem Alter wie ihre Cousine Ida war.

Die Schwester der Mutter Idas, Ottilie, die mit dem königlich preußischen Landschaftsrat Wilhelm Tortilowicz von Batocki verheiratet war, der Gutsherr auf den Gütern Ratshof[25] und Fabiansfelde im Landkreis Königsberg sowie Thierenberg und Waldhausen im Landkreis Fischhausen war, lebte auf Groß-Ratshof. Deren zweitälteste Tochter Olga (1839–1899), die Cousine Idas, war wiederum verheiratet mit dem Gutsbesitzer, preußischen Landrat und Politiker Otto von Gottberg (1831–1913). Gottberg war Fideikommissherr auf den Gütern Groß-Klitten

---

25   Es finden sich auch die Schreibweisen Rathshof oder Ratshoff.

und Woopen, beide im Landkreis Bartenstein gelegen. Ein weiterer Cousin von Ida, Rudolf Tortilowicz von Batocki (1845–1900), der sich mit Paula von Gramatzki (1848–1914) vermählte, war Gutsherr auf Groß-Ratshof und später auch auf Tharau.[26] Er war Schüler der landwirtschaftlichen Akademie in Möglin im Oderbruch im Land Brandenburg gewesen, die in seiner Zeit unter der Leitung von Albrecht Philipp Thaer (1794–1863), dem Sohn des Agrarreformers Albrecht Daniel Thaer (1752–1828), gestanden hatte.

So besaß die Familie von Otto und Pauline von Kortzfleisch zahlreiche Verwandte mit Landgütern, die die Kinder Ida und Gustav gerne besuchten, wie Ida später berichtete: „Am meisten aber liebte ich das mir von Kindheit an vertraute Landleben bei meinen ostpreußischen Verwandten. In Wald, Feld, Schmiede, Ziegelei; Laboratorium und Buchhalterei, in Scheunen und Ställen hörte ich alle Angelegenheiten der Landwirtschaft eingehend besprechen und half in der Hausindustrie meiner Tanten."[27] Am häufigsten waren sie auf dem nordwestlich von Königsberg gelegenen Gut Groß-Ratshof der Tante Ottilie, wo sie viele Sonntage und auch häufig die Ferien mit den zahlreichen Vettern und Cousinen verbrachten.[28]

Die einzelnen Stationen von Idas Erziehung und Ausbildung zeigen, dass die Eltern großen Wert auf eine gute Unterrichtung legten. Zunächst gaben sie sie in Königsberg, wo

---

26 Eine der Töchter aus dieser Ehe war Erminia Tortilowicz von Batocki (1876–1954), verheiratete von Olfers, die Verfasserin der Familiengeschichte „Das Taubenhaus".
27 von Kortzfleisch, Das Entstehen, S. 4.
28 von Olfers-Batocki, Taubenhaus, S. 383–389. Ein Gemälde der vier Ratshöfer Cousinen und des Cousins von Ida von Kortzfleisch, im Hintergrund das Gutshaus Ratshof auf dem früheren Ratshubenhof vor Königsberg Pr., gemalt von Baumann im Jahr 1848, ist abgebildet auf S. 394.

der Vater inzwischen als Kompagniechef tätig war, in die Wilmeitsche Schule.[29] Ab wann dies geschah, ist nicht bekannt, nur, dass sie die Schule bis zu ihrem achten Lebensjahr besuchte. Dies war eine ungewöhnliche Entscheidung, denn in der Regel konzentrierte sich in adeligen Familien die Erziehung, zumal der kleineren Kinder, auf eine Unterweisung durch die Mutter oder durch Hauslehrer und Hauslehrerinnen.

Im Anschluss an die Schulausbildung wurde auch Ida von Kortzfleisch wie viele andere adelige Mädchen bis zur Einsegnung von Privatlehrerinnen unterrichtet. Gemeinsam mit den zwei Töchtern befreundeter Familien, mit Gertrud von Wegnern (1850–1918)[30] und Margarethe von Kamptz (geb. 1850), wurde sie von 1859 an unterrichtet. Der Unterricht wurde im Hause des Oberstaatsanwaltes Rudolf Tortilowicz von Batocki (1809–1898) und seiner Frau Jeanette geborene Biegon von Czudnochowski (1806–1884) erteilt. Tante Jeanette war die Schwester von Gertruds Mutter und Onkel Rudolf war als Schwager der Tante Ottilie auch mit den von Kortzfleischs weitläufig verwandt.

Der Freundinnenkreis mit ihren Familien ist ein Beispiel für das Netzwerk, das Freunde, Bekannte und Verwandte bildeten, das über Jahrzehnte Tragfähigkeit zeigte und bis in die Zeit von Idas Schulinitiative reichte.[31] Sichtbar wird zunächst ein Geflecht von Familien, deren Väter als höhere Staatsbeamte eine angesehene und verantwortliche Berufsstellung innehatten. Der

---

29   Eine Suche nach der Wilmeitschen Schule blieb ohne Ergebnis. Die archivalische Überlieferung der Stadt Königsberg ist seit 1945 verschollen. Auch eine Anfrage im Geheimen Staatsarchiv Preußischer Kulturbesitz, Berlin (Dahlem), war erfolglos lt. Brief v. 15.01.2008.

30   Sie starb am 1. Juli 1918 in Bad Kösen.

31   Das engmaschige und zugleich differenzierte kommunikative Netz beschreibt Anna von Heydekampf in: dies., Ida von Kortzfleisch, S. 16.

Gertrud von Mauntz, geb. von Wegnern, die Jugendfreundin Ida von Kortzfleischs, die die Frauenschulidee von Anfang an tatkräftig unterstützte.

Vater von Gertrud, Anton von Wegnern (1809–1891), stammte aus einer prominenten preußischen Beamtenfamilie, war doch sein Vater Carl (1777–1854) Tribunalspräsident in Königsberg und Kanzler des Königreichs Preußen gewesen. Wie sein Vater war auch Anton von Wegnern Jurist und als Beamter bei der preußischen Regierung tätig. Nach Königsberg war er 1851 als Landrat gekommen, nachdem er zuvor Landrat des Landkreises

Lyck gewesen war. Seine berufliche Laufbahn sollte ihn noch nach Liegnitz, nach Posen und schließlich nach Bromberg führen, wo er von 1873 bis 1881 Regierungspräsident wurde. Als Abgeordneter der Konservativen hatte er von Mai 1848 bis Mai 1849 der Frankfurter Nationalversammlung angehört. Als politische Heimat galten ihm die beiden so genannten Fraktionen Café Milani (auch: Milano) und Casino.[32]

Die Mutter Gertruds war Elma geborene Biegon von Czudnochowski (1818–1900). Gertrud war die zweitälteste von sechs Geschwistern. Als einzige der drei Freundinnen sollte Gertrud von Wegnern heiraten. 1873 vermählte sie sich dreiundzwanzigjährig mit dem preußischen Offizier Alfred von Mauntz (1839–1911).[33] Die Ehe blieb kinderlos.

---

32 Café Milani war die Bezeichnung einer seit dem 4. Juni 1848 bestehenden politischen Fraktion in der Frankfurter Nationalversammlung. Bis Ende September 1848 tagte diese im Steinernen Haus. Wie bei den meisten Fraktionen der Nationalversammlung bezieht sich der Name auf den Versammlungsort der Fraktion in Frankfurt am Main. Im Café Milani trafen sich die konservativen Abgeordneten. Die Fraktion verfolgte die großdeutsche Lösung und vertrat einen föderalen Staat, in dem das Parlament auf Verfassungsfragen beschränkt bleiben sollte und die Reichsregierung nicht kontrollierte. Die Einzelstaaten sollten Monarchien bleiben, eigenständige Heere sowie von der Reichsverfassung abweichende Konstitutionen behalten.
Die Casino-Fraktion war in der Frankfurter Paulskirche die größte und einflussreichste Fraktion. Ihre Vertreter waren im Wesentlichen nationalliberal. Ihre Vertreter leisteten die Vorarbeiten zur Einberufung der Nationalversammlung und beteiligten sich maßgeblich an der Ausarbeitung der Paulskirchenverfassung. Die Mitglieder der Casino-Fraktion wurden auch die Erbkaiserlichen genannt, da sie in einem Bündnis mit der Fraktion Westendhall die Staatsform der konstitutionellen Monarchie für den angestrebten Nationalstaat durchsetzten. Im Casino versammelte sich die politische Prominenz der Frankfurter Nationalversammlung: u.a. Heinrich von Gagern, Eduard Simson (beide Parlamentspräsidenten), Friedrich Daniel Bassermann (Vorsitzender des Verfassungsausschusses).
33 Briefadeliges Taschenbuch 1907, Gotha, S. 511; Handbuch des preußischen Adels, Bd. I, Berlin 1892, S. 386.

Die zweite Schulkameradin, Margarethe von Kamptz, war die zweitjüngste aus einer Geschwisterschar von sechs Kindern. Als sie neun Jahre alt war und gerade ihr schulischer Unterricht begann, starb ihre Mutter Emma geb. von Stempel (1825–1859). Der Vater Margarethes, Major Karl von Kamptz (1819–1886), gehörte zu einem Zweig der von Kamptz'schen Familie, die in Mecklenburg-Strelitz ansässig war. Während sein Vater noch Major in der Großherzoglich mecklenburgisch-strelitzschen Armee gewesen war, diente Karl von Kamptz wie zwei seiner Brüder im preußischen Militär. Es ist anzunehmen, dass sich die Väter der Schulfreundinnen von ihrer militärischen Profession her kannten. Da die Familie von Kamptz zum stiftsfähigen mecklenburgischen Uradel gehörte, war der Vater erfolgreich bei der Beantragung einer Stiftsstelle für Margarethe im adeligen Damenstift im Kloster Dobbertin, wo sie als Expektantin gewählt wurde.[34] Margarethe von Kamptz entschied sich zunächst für eine Tätigkeit als Diakonisse. Sie übernahm in diesem Bereich eine leitende Aufgabe. In den 1880er Jahren wurde sie Vorsteherin der Diakonissenlehranstalt in Bukarest. Offensichtlich hat sie später eine Stiftsstelle im adeligen Stift im Kloster Malchow in Mecklenburg eingenommen, worauf eine Adressenangabe in einer Liste des Reifensteiner Verbandes im Jahre 1917 hinweist.

Die Reifensteiner Schulangelegenheiten, die Ida von Kortzfleisch im späteren Erwachsenenalter intensiv beschäftigen sollten, begleiteten die beiden Freundinnen sehr freundschaftlich. Insbesondere Gertrud griff die Frauenschulidee auf und engagierte sich von Anfang an intensiv für deren Verwirklichung.[35]

---

34   Adeliges Taschenbuch 1900, Gotha, S. 482–485. Genealogisches Handbuch des Adels, Bd. VI; VIII, Limburg 1987, 1997.
35   Vgl. Nachruf, Das Maidenblatt 7 (1918).

Sie war zunächst Werbedame in der Frauen-Bismarck-Spende, die der Gründung einer Wirtschaftlichen Frauenschule den finanziellen Impuls geben sollte. Einige Jahre später wird sie Mitglied im Verbandsausschuss, das heißt sie ist im Gesamtvorstand des Verbandes tätig. Als Leiterin der Sammelstelle Berlin des Verbandes war sie verantwortlich für das Einkassieren der Beiträge für die Vereinsmitgliedschaft. Ihr wurde der Status eines lebenslänglichen Mitglieds zu teil und die Ehrenmitgliedschaft verliehen. Dies könnte darauf zurückgehen, dass sie dem Verband einen größeren Geldbetrag spendete.[36] Die Gästebücher von Nieder-Ofleiden und Reifenstein legen offen, dass sie mehrfach zu Besuch hier weilte und sich den Fortgang der Dinge anschaute.

Gertruds Sympathie für die Sache der Freundin wurde von der von Wegnerschen Familie entschieden und engagiert geteilt. Gertruds Schwager – ihre jüngste Schwester Clara (1856–1922) hatte 1874 den preußischen Offizier Arthur Stieler von Heydekampf geheiratet – sollte später dem Verband ebenfalls in einer verantwortlichen Position zur Verfügung stehen: Er gehörte einige Jahre dem Vorstand des Reifensteiner Verbandes als Schatzmeister an. Deren Tochter Anna (1875–1958) wiederum,

---

36   Im Jahr 1902 ist im „Fünften Bericht des Vereins für wirtschaftliche Frauenschulen auf dem Lande" zum ersten Mal die Rede von einer Ehrenmitgliedschaft: „Die Ehrenmitgliedschaft des Vereins erwarb Frau Geheimrat Henschel-Cassel durch eine hochherzige Spende von 1000 Mk." Erst in einem Beschluss der Mitgliederversammlung vom 29. Juli 1905 ist über die Höhe eines Jahresbeitrags hinaus die Rede von Verdiensten um den Verband, die zur Verleihung der Ehrenmitgliedschaft führte. Im Absatz II, § 7 der Satzung war formuliert: „Personen, Körperschaften oder Vereine, die einen Jahresbeitrag von 100 Mark zahlen oder denen der Verein eine Zuwendung von mindestens 1000 Mark verdankt, ferner Personen, die sich in anderer Weise um den Verein verdient machen, können durch Beschluß der Mitgliederversammlung zu Ehrenmitgliedern ernannt werden." StABü, D 21, Nr. 998.

die Nichte Gertruds, gewann Ida von Kortzfleisch zunächst als Sekretärin. Nach Ida von Kortzfleischs Tod im Jahr 1915 wurde Anna Stieler von Heydekampf auch ihre Nachfolgerin im Amt der Vorsitzenden des Reifensteiner Verbandes für Wirtschaftliche Frauenschulen. In dieser Rolle sicherte sie den Fortbestand der Schulen im Sinne Ida von Kortzfleischs. Im Hinblick hierauf und auf noch weitere von ihr übernommene Verantwortlichkeiten – kommissarische Schulleiterin, Schriftleiterin des Maidenblattes – muss sie zu den Persönlichkeiten gezählt werden, die den Verband und seine Schulen in den ersten Jahrzehnten stark prägten.

Die engmaschigen Beziehungen der Familie von Wegnern zum Verband und seinen Schulen realisierten sich noch an weiteren Orten. Die Schwägerin Gertruds, Fanny geb. Freiin von Stein zu Nord- und Ostheim (1864–1941), die zweite Frau ihres Bruders Martin (1855–1897), der Wirklicher Geheimer Rat und Fürstlich schaumburgisch-lippischer Staatsminister in Bückeburg wurde, trat bei Gründung der Wirtschaftlichen Frauenschule in Obernkirchen im Jahr 1901 in das Schulkuratorium ein.

So war es nur folgerichtig, dass mehrere Nichten Gertrud von Wegnerns Schülerinnen in den Reifensteiner Schulen wurden. Die Nichte Gertrud (1887–1960), verheiratete Eichwede, besuchte in der Schule in Obernkirchen das Maidenjahr 1903/04, absolvierte dann auch das dortige Seminar und anschließend noch die Gewerbeschule. Ihre Cousinen Luise (geb. 1883), verheiratete Freifrau von Erffa, und Anna Margarethe (geb. 1888), verheiratete Freifrau von Werthern, wurden im Jahrgang 1904/05 ebenfalls Maiden in Oberkirchen. Anna Margarethe absolvierte dort auch ihre Ausbildung zur Lehrerin der Hauswirtschafts-

kunde und wurde anschließend Lehrschwester des Johanniter-
ordens im Henriettenstift in Hannover. Ihre jüngere Schwester
Hildegard (geb. 1896), geschiedene Clausen, wiederverheiratete
Pflüger, besuchte im Jahr 1915/16 die Wirtschaftliche Frauenschule in Weilbach.

Unterrichtet wurden die drei Freundinnen Ida von Kortzfleisch, Gertrud von Wegnern und Margarethe von Kamptz sechs
Jahre, bis zum 15. Lebensjahr, von Anna Busch, der Tochter des
früheren Direktors der Sternwarte in Königsberg, Dr. August
Ludwig Busch (1804–1855). Über diese selbst ist wenig bekannt,
außer, dass sie in einem akademisch geprägten und in nationalen
wissenschaftlichen Kreisen angesehenen Elternhaus aufwuchs.
Ihr Vater war Schüler des prominenten Astronoms, Mathemati-
kers und Geodäten Friedrich Wilhelm Bessel (1784–1846). Als
Professor für Astronomie in Königsberg war Bessel einer der
bekanntesten deutschen Wissenschaftler des 19. Jahrhunderts,
der in Königsberg die Sternwarte einrichtete und sich dort der
astronomischen Forschung widmete. Als er starb wurde Busch
sein Nachfolger im Direktorium der Sternwarte. Neben eigenen
Veröffentlichungen – Vorschule der darstellenden Geometrie im
Jahr 1846 – stellte er einen Katalog aller Druckschriften seines
Lehrers Bessel zusammen, der die beeindruckende Zahl von 385
Nummern aufweist.

In der Regel wurde die Schulzeit mit der Einsegnung abgeschlossen. Die Freundinnen erlebten ihre Konfirmation am
10. Juni 1866 zusammen mit einhundert anderen weißgekleide-
ten Konfirmandinnen in der Altroßgärtnerkirche und wurden
durch den Königsberger Superintendenten Kahler eingesegnet.

Eine anspruchsvolle Ausbildung der Haustochter

Eduard von Keyserling hatte in seinem Roman „Abendliche Häuser" Baron von Warthe verkünden lassen, was die konventionelle standesgemäße Regel war: „Unsere Töchter gehören in unser Haus, bis sie ihr eigenes beziehen."[37] Er formulierte, was für Mädchen der gehobenen Schichten in der Regel üblich war: Die Lebensphase zwischen der Beendigung der Schulzeit und der Eheschließung fand zu Hause statt. So hielt es auch die Familie von Kortzfleisch. Daher verbrachte Ida mit den Freundinnen auch nach der Konfirmation noch sehr viel Zeit. Deren Freundschaft festigte sich noch mehr und in jugendlichem Überschwang schlossen die Drei einen „ewigen Freundschaftsbund"[38], der tatsächlich ein Leben lang bestehen sollte.

---

37   von Keyserling, Abendliche Häuser, S. 12. Eduard von Keyserling wurde als zehntes von zwölf Kindern einer adeligen Familie auf Schloss Paddern im heutigen Lettland geboren. Er gilt als ein bedeutender Dramatiker des Impressionismus. Sein erzählerisches Werk ist insbesondere ab 1903 angesiedelt in der Welt des baltisch-kurländischen Landjunkertums der vorletzten Jahrhundertwende, auch wenn er die Schauplätze gelegentlich in die Mark Brandenburg, nach Ostpreußen oder ins Bayerische verlegt. In seinem Erzählgedächtnis rekonstruiert der „baltische Fontane" die Welt eines von protestantischer Pflichtethik geprägten, überfeinerten und kaum mehr lebensfähigen ländlichen Adels, der gesellschaftlich weitgehend funktions- und machtlos geworden ist. Dieser vermag der nachwachsenden Generation nur noch das erstickende Korsett überkommener Konventionen und ständischer Abgrenzung als Lebensinhalt vermitteln. Oft nimmt von Keyserling Erzählperspektiven aus der Sicht weiblicher Figuren ein. Dabei bleibt für ihn charakteristisch, dass die von diesen ersehnte Grenzüberschreitung aus ihrem nur dekorativen Dasein hinaus nicht gelingt: Sie alle scheitern mit ihren Ausbruchsversuchen und resignieren zuletzt. Thomas Manns hymnischer Nachruf auf von Keyserling: „Sein Künstlertum ist die Sublimierung, Übertragung, Vergeistigung adeliger Lebensstimmung, adeliger Leichtigkeit und Verpflichtung, adeliger Diskretion, Haltung, Reinheit, Anmut und Strenge". Zit. n. Tilman Krause, Nachwort, in: Eduard von Keyserling, Im stillen Winkel, Erstausgabe 1918, Zürich 2006, S. 231.
38   von Heydekampf, Ida von Kortzfleisch, S. 9.

Ida von Kortzfleisch als Kind und als Jugendliche, abgebildet in:
Anna von Heydekampf, Ida von Kortzfleisch.

In dieser Lebensphase galt, die Bildung und Erziehung zu einer Dame zu vervollständigen. Dies konnte durch weiteren, oft sporadischen privaten Unterricht in speziellen Feldern geschehen, wie etwa in Sprachen, Geschichte oder Geographie. Von den Eltern wurden oft auch die musikalischen und malerischen Fähigkeiten gefördert. Der Tanzunterricht war in der Regel abgeschlossen. Zahlreiche Familien verabredeten für ihre Töchter einen längeren Aufenthalt in einer befreundeten oder verwandten Familie, wo diese nicht wie ein Dienstmädchen, sondern wie eine Tochter des Hauses in den Haushalt und das familiäre Leben aufgenommen wurde. Wenn das pädagogische Geschick der Hausfrau etwas ausgeprägter war, bekamen diese „Haustöchter" kleinere Aufgaben oder es wurden gelegentlich besondere Unternehmungen für diesen Besuch organisiert. Wenn es die materielle Situation der Familien zuließ, dann unternahm man mit den heranwachsenden Töchtern Reisen in andere Länder, die den kulturellen Horizont erweitern und deren kunsthistorische Kenntnisse vertiefen sollten. Keinesfalls lässt sich behaupten, dass die Mädchen grundsätzlich keine fundierte Erziehung und Bildung genossen hätten, wenn diese auch oftmals unsystematisch und von mehr oder weniger zufälligen Umständen abhängig war.

In der Familie von Kortzfleisch wurde das Ziel einer anspruchsvollen Ausbildung verfolgt. Dies erforderte auch einen Fremdsprachenunterricht. Zur sprachlichen Ausbildung der Mädchen wurden daher die Engländerin Miss Box und die Französin Mademoiselle Richard engagiert. Ein weiterer Hinweis darauf, dass die Ausbildung qualitätvoll sein sollte, gibt die zusätzliche Verpflichtung eines der bedeutendsten Königsberger Pädagogen für weitere Privatstunden. Professor Georg Ellendt (1840–1908)[39] unterrichtete die drei Freundinnen in Geschichte.

---

39   Professor Georg Ellendt betätigte sich auch publizistisch, veröffentlichte Schriften über die Ausstattung von Schulbibliotheken, humanistische und historische Themen: Georg Ellendt, Katalog für die Schüler-Bibliotheken höherer Lehranstalten nach Stufen und nach Wissenschaften geordnet, 2. berichtigte und vermehrte Ausgabe, Halle 1878; ders., Sammlung der Parallelstellen zum ersten Buche der Odyssee, aus dem nachgelassenen Manuscripte des Parallel-Homer von Joh. Ernst Ellendt, Königsberg in Pr. 1871; ders., Lehrer und Abiturienten des Königlichen Friedrichs-Kollegiums zu Königsberg Pr. 1698–1898, Königsberg Pr. 1898, Nachdruck Hamburg 1969 als Sonderschrift Nr. 10 des Vereins für Familienforschung in Ost- und Westpreußen.

Ein weiterer Lehrer, Professor Eduard Kammer (1839–1910)[40], übernahm den Unterricht in Literatur. Die Grundlage für eine Neugier an der Welt und an der Aneignung von Wissen und Künsten war gelegt. Nicht nur die Unterrichtsstunden, sondern auch einen großen Teil ihrer Freizeit verbrachten die drei Mädchen in dieser Zeit im Kreis der Familie von Rudolf und Jeanette Tortilowicz von Batocki.

In vielen Fällen sahen Familien in dieser Lebensphase der Töchter ihre Hauptaufgabe darin, diesen einen Rahmen für Geselligkeit zu ermöglichen, der Zeitvertreib gestattete, aber auch Kontakte, Erfahrungen und Horizonterweiterung anstrebte. Dies geschah etwa durch die Veranstaltung von Tanzgesellschaften oder auch die Abhaltung von Leseabenden.[41] Auch Ida und ihre Freundinnen bildeten wie viele andere Mädchen ihres Alters ein Kränzchen, das sie „Blümchen-Kaffee" nannten. Der Name war aus der sächsischen Mundart entlehnt, in manchen Fällen wurde er auch Blärre oder Blärpe genannt, und bezeichnete scherzhaft einen sehr dünn aufgebrühten Kaffee, der so dünn war, dass eine einzelne Blüte auf dem Tassenboden in der

---

40   Auch Professor Eduard Kammer veröffentlichte zahlreiche Schriften, u. a. Die Einheit der Odyssee nach Widerlegung der Ansichten von Lachmann-Steinthal, Koechly, Hennings und Kirchhoff, Leipzig 1873; ders., Homerische Vers- und Formenlehre zum Gebrauch in Gymnasien, Gotha 1884; ders., Bericht über die Feier des dreihundertjährigen Bestehens des Kgl. Gymnasiums zu Lyck, Königsberg i. Pr. 1888; ders., Ein ästhetischer Kommentar zu Homers Ilias, Paderborn 1889. Er äußerte sich zudem zu schulpolitischen Fragen: ders., Zur Schulreformfrage, Lyck 1890.

41   Die aus dem Baltikum stammende Else Frobenius berichtete in ihren Lebenserinnerungen: „Jedes junge Mädchen in Riga hatte damals seinen Leseabend, der in den Elternhäusern reihum ging und jede Woche stattfand. [...] Wir waren neun Mädchen, die sich die ‚neun Musen' nannten. Nach dem Lesen wurden uns Tee, belegte Brötchen und Obst oder Speisen gereicht. Dann gab es ein großes Schwatzen, zuweilen auch Musik und Tanz." Else Frobenius, Erinnerungen einer Journalistin. Zwischen Kaiserreich und Zweitem Weltkrieg, hg. v. Lora Wildenthal, Köln, Weimar, Wien 2005, S. 71.

Kaffeetasse durchschien. Diese Blüte gehörte zum Dekor „Gestreute Blümchen" des weit verbreiteten Service der Meißner Porzellanmanufaktur.

Das Kränzchen der Königsberger Freundinnen war nicht nur zum geselligen Zeitvertreib eingerichtet, sondern hatte eine Funktion in der familiären und autodidaktischen Weiterbildung der jungen Mädchen. In diesem Kreis übten sie ganz für sich Denken, Dichten, Fabulieren und Kritisieren. Sie folgten in dieser Hinsicht einer Erwartungshaltung ihrer Familien, denn diese gingen davon aus, dass sich die Mädchen auf dem gegebenen Bildungsfundament selbstständig und ambitioniert weiterbilden sollten. Sie trafen sich alle vierzehn Tage und legten ein gemeinsames Thema fest, über das alle Drei in den folgenden zwei Wochen etwas in Poesie oder Prosa zu verfassen hatten. Beim nächsten Treffen wurden die ausgearbeiteten Werke vorgetragen, darüber debattiert und geheim bewertet: Unter die Tasse der jeweiligen Autorin wurde die auf einem zierlichen Zettel notierte Bewertung geschoben. Die Arbeit, die die meisten „Einser" gewann, wurde als preisgekrönt angesehen, in Schönschrift umgesetzt und einem selbst hergestellten Folianten beigegeben. Auf diesem Weg entstand ein Prachtband, den diejenige erhalten sollte, die zuerst „den Myrtenkranz" tragen würde. Die Freundin Gertrud von Wegnern erhielt schließlich das Buch, als sie im Jahr 1873 in Berlin Alfred von Mauntz heiratete.

An ihrer eigenen ansehnlichen Arbeitsmappe der in diesem Kränzchen entstandenen Werke, die Ida von Kortzfleisch bis zu ihrem Tod aufbewahrte, lässt sich ablesen, dass die Mädchen eifrig und produktiv bei der Sache waren. Einige der in dieser Zeit entstandenen Märchen und Gedichte übergab Ida von Kortzfleisch in späteren Jahren der Maidenzeitung zur Veröffentlichung.[42] Schon bei diesen ersten literarischen Versuchen zeigte sich ihre lyrische und schriftstellerische Begabung.

Lebensmaximen einer Heranwachsenden: ein Poesiealbum

In ihrer Jungmädchenzeit führte Ida von Kortzfleisch auch ein Poesiealbum. Dieses zeigt einerseits, dass sie der ernsten Seite zuneigte, eine ihrem Alter und ihrer Umgebung gemäße und angemessene Vorliebe für Literatur und Poesie besaß. Wie intensiv sie die Schriften der von ihr zitierten Schriftsteller gelesen hat, ist allerdings nicht bekannt. Andererseits fällt bei der für ihre Altersgruppe typischen Anlage des Albums auf, dass in den Einträgen besonders häufig Themen angeschnitten sind, die später in ihrer Initiative für eine Bildungsreform und in der daraus entstehenden Schulkonzeption als Konstanten wiederkehren sollten: Religiosität, christliche Werte und Dienst an der nationalen Gesellschaft.[43] Ohne die Notizen und die Zitatensammlung eines eher ernsthaften als leichtlebig veranlagten Mädchens überschätzen zu wollen – dass sie später eine bedeutende Schulgründerin werden sollte, ist hier sicher nicht ablesbar – lässt es doch die ganz persönliche „Komposition" des Buches angebracht erscheinen, den Spuren der Stimmungen, der Interessen und der Fragen nachzugehen, wie sie sich im Poesiealbum eines Backfisches niedergeschlagen haben.

---

42   In der Reifensteiner Maidenzeitung 23 (1916), S. 10–18 wurden veröffentlicht: die Gedichte „Vom Blümchen-Kaffee" und „Durchwachte Nacht"; die Märchen „Regen und Sonnenschein", „Hans Nachtschatten" und „Der Prinz und die verwunschenen Knöchelchen".

43   Das Poesiealbum befindet sich im Besitz von Dr. Albrecht von Kortzfleisch.

Das Album wurde 1866 begonnen, die letzte Eintragung stammt aus dem Jahr 1875, als sie fünfundzwanzig Jahre alt war. Es finden sich darin, ganz im Sinne eines Freundschaftsbuches, in dem sich die besten Freunde verewigen sollten, an erster Stelle Widmungen von den beiden engsten Kränzchenfreundinnen, dann von Marie von Blumenthal, Martha von Wittich und Anna von Sanden. Es folgen die Cousine Erminia, geborene Tortilowicz von Batocki (1841–1904) und deren Mann Ferdinand von Martitz (1839–1921)[44]. Die nächsten Einträge sind von Elisabeth von Kobylinska, geborene von Tresckow, und von Agnes von Kobylinska, geborene von Printz. Letztere titulierte sich als „mütterliche Freundin". Die Familie von Kobylinska war eine in der Nachbarschaft, im Kreis Bartenstein, wohnende Gutsbesitzerfamilie.[45]

---

[44] Der angehende Jurist Ferdinand von Martitz war Nachhilfe- und Musiklehrer im Hause von Pauline Tortilowicz von Batocki gewesen. Er wurde zum Dr. jur. et sc. pol. promoviert, später dann Wirklicher Geheimer Oberregierungsrat und Professor der Rechte an der Universität Berlin. Adeliges Taschenbuch 1930, Gotha.

[45] Das Geschlecht von Kobylinski war ein polnisches Adelsgeschlecht, das um 1500 in Polen urkundlich erscheint, seit Mitte des 18. Jahrhunderts in Ostpreußen auftritt und damit in den preußischen Adel übertritt. Genealogisches Handbuch des Adels Bd. VI, 1987. Agnes von Kobylinska (1810–1886), geborene Freiin von Printz (die Endung „a" des Nachnamens im Album ergibt sich daraus, dass Nachnamen im Polnischen, wie in fast allen anderen slawischen Sprachen, nach dem Geschlecht dekliniert werden und die Nachnamen der Frauen auf „a" enden.) war mit Egbert von Kobylinski (1808–1889), Herr auf Gunten und Wöterkeim mit Pöhnen verheiratet. Die Güter Wöterkeim und Pöhnen lagen im Landkreis Bartenstein (Regierungsbezirk Königsberg). Gut Wöterkeim gehörte von 1820 bis 1945 der Familie von Kobylinski. Es umfasste gegen Ende des 19. Jahrhunderts über 757 ha Land mit 2 Vorwerken. Das Gutshaus war ein repräsentativer Bau aus der zweiten Hälfte des 18. Jahrhunderts. Im ausgedehnten Landschaftspark befanden sich viele Skulpturen und architektonische Blickpunkte. Die im Album aufgeführte Elisabeth von Kobylinska (1842–1911), geborene von Tresckow, war die Schwiegertochter der Agnes von Kobylinska. Adeliges Taschenbuch, Gotha 1930.

Am 29. April 1867 verewigte sich in Anklam die Freundin und Cousine Alma von Kortzfleisch (geb. 1851)[46] im Album. Der nächste Eintrag stammte von deren Bruder, Idas Cousin, Georg von Kortzfleisch, der zu dieser Zeit Portepee-Unteroffizier im Königlichen Kadettencorps in Berlin war.[47] Der Erinnerungs- spruch von Idas fünfzehnjährigem Bruder Gustav vom 27. Juli 1869, der ebenfalls in Berlin Kadett war, geriet – kaum überra- schend – zu einem Hoch auf „alle preußischen Mädchen".[48] Wei- tere Sinnsprüche stammen von Gertrud und Katharina Haack und Paula von Gramatzki (1848–1914)[49], die später die Ehefrau von Idas Cousin Rudolf Tortilowicz von Batocki (1845–1900) werden sollte. Die letzten drei schrieben ihre Widmungen in Englisch, was ein Hinweis darauf sein könnte, dass die Mäd- chen gemeinsam Englischunterricht hatten. Der letzte Eintrag aus dem Jahr 1875 war der Freundin Paula zu Solms vorbehal- ten. Die persönlichen Widmungen im Poesiealbum spiegeln das Umfeld der heranwachsenden Ida. Sie zeigen an, dass sie sich fast ausschließlich in einer adeligen Welt bewegte. Die engsten Freundinnen und Freunde waren häufig zugleich Basen und Vet- tern. Einige der Freundinnen stammten aus Familien, die zum Militäradel gehörten.

---

46   Sie heiratete Friedrich von Krogh, Generalmajor und Kommandeur der 72. Infan- teriebrigade in Deutsch Eylau.

47   Eintrag: Anklam 5.4.1868. Wie Ida von Kortzfleisch war er im Jahr 1850 gebo- ren. In seiner militärischen Laufbahn erreichte er den Rang eines Majors. Er heirate- te Therese von Livonius, mit der er vier Kinder hatte. Auch seine Söhne gingen zum Militär.

48   Anklam, 24. Juli 1869: „Es sollen leben alle preußischen Mädchen, deren Zartheit die weißen Rosen erröthen und deren Anmuth die rothen Rosen erbleichen macht und somit Du, mein liebes Idchen! Dies Hoch bringt Dir aus vollem Herzen aus Dein treuer Bruder Gustav von Kortzfleisch, z. Zt. Cadet in Berlin."

49   Briefadeliges Taschenbuch 1915, Gotha.

Zwischen die Widmungen im Poesiealbum sind richtungweisend Wahlsprüche, sowie Lebensweisheiten und Verse, als auch Zitate aus publizierten Briefen oder auch größere Abschriften aus Werken anderer Autoren gesetzt, die Ida von Kortzfleisch gelesen, die sie ganz offensichtlich geschätzt und beeindruckt hatten. Außerdem waren in das Album lose Blätter eingelegt, auf denen ebenfalls Gedichte oder Sätze aus der Feder anderer, bekannter oder weniger bekannter Verfasser, handschriftlich notiert waren. Diese Auszüge werfen ein Licht auf die Literatur und die Lebensweisheiten, die Ida von Kortzfleisch als Heranwachsende interessierten.

Es finden sich Zitate von dem Maler und Dichter Robert Reinick (1804–1852), der der Düsseldorfer Malerschule nahe stand. Diese Künstlergemeinschaft zeichnete sich in ihren künstlerischen Werken durch nazarenisch-romantische Schwerpunktsetzungen aus. Seine Holzschnitte, Kupferstiche, Radierungen und Zeichnungen publizierte er meist mit erläuternden Texten, Liedern und Gesängen. Als Dichter ist er vor allem durch seine Jugendbücher bekannt geworden, die er selbst mit Illustrationen im Stile Ludwig Richters versah. Er gehörte zu den ersten, die das Niveau der damaligen Jugendliteratur zu heben suchten.[50]

---

50   1844 erschienen Robert Reinicks „Lieder und Fabeln für die Jugend": ders., Lieder und Fabeln für die Jugend, 2., verb. Aufl., Leipzig 1849; 1845 erschien in Leipzig das „ABC-Buch für große und kleine Kinder"; 1837–1844 das „Liederbuch eines Malers mit Randzeichnungen seiner Freunde", Düsseldorf. Zu seinen Märchen zählen z. B. „Prinz Goldfisch und das Fischermädchen", „Rübezahls Mittagstisch" oder „Die Wurzelprinzessin". Auch schrieb er den Text zu Ferdinand Hillers Oper „Konradin, der letzte Hohenstaufe" (1846) und zu Rethels „Totentanz" (1848), war Mitarbeiter und später Herausgeber des „Deutschen Jugendkalenders" und übersetzte Hebels „Alemannische Gedichte". Nach seinem Tode erschienen seine gesammelten Dichtungen für die Jugend unter dem Titel „Robert Reinicks Märchen-, Lieder- und Geschichtenbuch", Bielefeld, Leipzig 1873. Mehr als 100 seiner Lieder sind vertont worden, unter anderem von Robert Schumann und Johannes Brahms.

Noch bevor der Diplomat Philipp Graf zu Eulenburg und Hertefeld (1847–1921)[51] zum engen Vertrauten Kaiser Wilhelms II. nach dessen Regierungsantritt im Jahr 1888 avancierte, wurde Graf Eulenburg als begeisterter Dichter und Komponist berühmt. Vor allem seine „Rosenlieder" und „Skaldengesänge" erfreuten sich großer Popularität. Auch Ida war offensichtlich angetan von dem künstlerisch begabten Diplomaten und notierte Aussprüche von ihm.

In die Gruppe der von ihr aufgenommenen populär-unterhaltsamen und volkstümlichen Literatur gehören auch die „Anstandsregeln beim Feste" aus dem „Tischzuchtreglement" des Märchens „Gockel, Hinkel und Gackeleia" von Clemens Brentano (1778–1842).[52] Stellen aus den Briefen der Gräfin Augusta Louise zu Stolberg-Stolberg (1753–1835) an Johann Wolfgang von Goethe (1749–1832), die als „Goethes Gustchen" in die Literaturgeschichte einging, sind ebenfalls aufgenommen.

Gleichsam programmatisch hatte Ida von Kortzfleisch gleich auf der zweiten Seite des Albums das mit Lebensmaximen bestückte Widmungsblatt „Onkel Rudolf Batocki's" an Martha von Plessen notiert: „Sei und bleibe fest in dem Glauben an Gott, treu in der Liebe zu den Menschen und froh in der Hoffnung auf ein Wiedersehen nach dem Tode! Sorge und mache, daß Deine Gedanken, Deine Vorsätze, Deine Werte u. Deine Handlungen immer mit dem Willen Gottes in Einklang stehen! Schaffe und erhalte Dir einen frischen Geist, ein fröhliches Herz, einen freien Willen und einen fröhlichen Sinn!"

---

51   Seit 1. Januar 1900 Fürst zu Eulenburg und Hertefeld.
52   Clemens Brentano, Gockel, Hinkel, Gackeleia. Mährchen, wieder erzählt von Clemens Brentano, Frankfurt a. M. 1838.

Zwei Themen nehmen in den für das Album ausgewählten Texten einen größeren Raum ein: der Glaube und die patriotisch-nationale Begeisterung. Zur ersten Themengruppe gehören Auszüge aus der Biographie des pietistischen Theologen und Predigers Wilhelm Hofacker (1805–1848)[53], Verse und Sprüche eines Frommel[54] und auch vier von fünf Gedichten einer Pauline Ströbel aus Bayern. Vier von Pauline Ströbels Gedichten können als Stationen eines zunächst unglücklichen, dann aber mit Sinn erfüllten Schicksals einer Frau gelesen werden: Dem ersten Gedicht, einem Liebesgedicht aus dem Jahr 1869, steht ein Gedicht von 1875 gegenüber, in dem der Tod des Geliebten beklagt wird. Das dritte ruft angesichts des Erlittenen die Elternliebe an. Das vierte Gedicht, das mit keiner Jahresangabe versehen ist, ist ein Dankgebet dafür, von Jesus einen Weg aus dem Leiden gewiesen bekommen zu haben. Der durch ihn neu gefundene Lebenssinn besteht darin, mit einem göttlichen Dienst an der Menschheit

---

53 Wilhelm Hofacker wird wie sein Bruder Ludwig als ein bedeutender und wirksamer Prediger des 19. Jahrhunderts bezeichnet. Die von Ida von Kortzfleisch ausgewählten Stellen behandeln Weltanschauungs- und Glaubensfragen: „Wie froh bin ich, daß ich nicht wieder Philosophie studieren muß! Es ist nicht zu sagen, was man sich aus einem Wirrwarr von Gedanken und Ansichten, die einander widersprechen, herauszuarbeiten hat, bis man einen Punkt gewinnt, wo der Fuß ruhen kann. Und oft wird man auch aus einem solchen Plätzchen wieder aufgestört. Wahrheit ist aber nirgends als im Evangelium und in einer einfältigen Auffassungsweise des Worts; Denn Einfalt ist die größte Tiefe, die Herren mögen es anerkennen oder nicht." „Gottlob, daß es einen Fels giebt, wo das Schifflein Ackergrund findet, nämlich Jesum." „Der Grund des Glaubens und der Liebe war gelegt und der Bund Gottes im Herzen des Jünglings aufgerichtet; er blieb es auch; wenn schon sein Glaubensschifflein noch etliche Jahre zwischen den Klippen poetischer Schwärmerei und philosophischer Nüchternheit umherschwankte."
54 Bei diesem handelt es sich wahrscheinlich um Emil Frommel (1828–1896), Theologe und Schriftsteller, der zahlreiche Schriften veröffentlichte. Er gilt als christlicher Volksschriftsteller. Zunächst Pfarrer in verschiedenen Gemeinden Süddeutschlands, dann Garnisonpfarrer in Berlin, 1872 zum Hofprediger ernannt. Ihm wurden von den Zeitgenossen volkstümliches Denken und tiefe Gläubigkeit zugesprochen.

betraut worden zu sein: dem Dienst, das Leben von Geisteskranken zu teilen und für sie zu sorgen.

Das fünfte Gedicht Pauline Ströbels stammt aus dem Jahr 1871 und ist eine patriotisch begeisterte Hymne auf den Sieg 1870/71 und die errungene nationale Einheit. Ida von Kortzfleisch notierte dieses Gedicht in Grundlach in Bayern, und es schien ihr bemerkenswert, dass dies Verse einer „Baierin" und keiner Preußin seien:

Frohlocke Herz! Das deutsche Volk erwacht,
Der goldene Traum von Freiheit wird erfüllt. […]
„Ein einges Deutschland" – wird mit Flammenworten
    der Weltgeschichte eingereicht.
Der Feind, der ehrlos uns den Krieg gebracht,
Sieht, wie vereint – ein unbesiegbar Volk
Vor dem erschrocknen Blick sich kühn erhebt. […]

Der Heldenkaiser führt von Sieg zu Sieg
Die tapfern Söhne seines treuen Volks.
Bis milde Friedenskunde zu uns dringt,
Die sieggekrönten Streiter heimwärts ziehen.
Der Alpen Freudenfeuer weiterhin glühn –
Und Nord und Süd im Jubel klingt.

Die ihr umsonst geharrt im heißen Weh
Auf des geliebten Kriegers Wiederkehr
Beweinet nicht sein herrlich Heldenlos. […]
Deutschland ist einig, frei und groß!

Von patriotisch-monarchischem Enthusiasmus sind wiederum die von Ida von Kortzfleisch notierten Verse des Hofpredigers Adolf Stoecker (1835–1909) geprägt, die er anlässlich der Ein-

weihung des Königin-Luisen-Denkmals am 10. März 1880 verfasste.[55] Dieses Denkmal, gestaltet von dem Bildhauer Erdmann
Encke (1843–1896), war eine im Tiergarten in Berlin aufgestellte
Skulptur auf einem Rundsockel, der mit Reliefs verziert war und
eine schlichte, nachdenklich blickende Luise im Empirekleid
mit Spitzenschleier zeigte. Finanziert wurde dieses Denkmal
durch eine Spendensammlung, die am 100. Geburtstag Luises
im Jahr 1876 begonnen hatte. So einfach in diesem Fall die Figur
gearbeitet war, so groß war der Pomp, mit der das Denkmal
eingeweiht wurde: Anwesend waren der Kaiser, zahlreiche Mili-
tärs, Minister, Künstler und Schriftsteller. Adolf Stoecker erweist
sich mit seinem Gedicht als Mitgestalter der Luisen-Verehrung,
die mit Beginn des Deutschen Reiches 1871 mit dem Hohenzol-
lernkaiser an der Spitze – Königin Luises Sohn – eine Blütezeit
erfuhr. Der Luisen-Kult stilisierte die Königin zur „preußischen
Madonna"[56] und zu einem Engel und Schutzgeist der Deutschen.
Er verankerte in ihrer Person eine Art Ursprungsmythos für das
Deutsche Reich und die nationale Stimmung. Adolf Stoecker

---

55   Ida von Kortzfleisch, Poesiealbum, im Besitz von Dr. Albrecht von Kortzfleisch:
*Aus großer Zeit, ein herrliches Vermächtniß / Der Leidentage köstlicher Gewinn. / So feiert
Preußens Treue des Gedächtniß / Der unvergesslich theuren Königin. / Ein Bild der Hoffnung
in den Freiheitskriegen. / [...] / Aus ihres Hauses, ihres Volkes Ruinen, / Entstand vor ihrem
ahnungsvollen Blick / Der Deutschen Nation, der schlachtenkühnen / Und siegesfrohen, noch,
ein neues Glück / Wie träumend, wand sie künft'ge Lorbeerreiser, / Zu einer Krone für die
neue Zeit / Sie gab dem Deutschen Volke seinen Kaiser / Das Kreuz von Eisen, als Symbol
zum Streit / Was sie von Gott erbat, war nicht nur Eisen / Es war des Glaubens Kraft, der
Sitten Reinheit. / Vollendet ist das Eine, was sie glaubte / Ihr heiß geliebtes Volk, ist groß u.
frei – / Die Dornenkrone auf Luisens Haupte / Ist nun erblüht in Rosen – mancherlei / Doch
unentfaltet blieb die schönste Blume / Die Gottesrose, aus dem stillen Thal / Und mahnend
ruft vom oberen Heiligthum / Die Königin „Blüh' endlich doch einmal! / Auf dann mein Volk,
zieh Deinem Gott entgegen / Erringe Dir Luisens besten Segen!" / [...]*
56   Günter de Bruyn, Preußens Luise. Vom Entstehen und Vergehen einer Legende,
Berlin 2001, S. 71.

hatte schon seit dem Jahr 1863 Artikel mit patriotischem Tenor in der Neuen Evangelischen Kirchenzeitung geschrieben. Seit dem Jahr 1874 zunächst als vierter Hof- und Domprediger in Berlin tätig, hatte er 1877 die Leitung der Berliner Stadtmission übernommen, die durch soziales Engagement die Abkehr von der Religion aufhalten und der Kirche wieder zu besserem öffentlichen Ansehen verhelfen wollte.[57] Im kirchlichen Bereich und in der gemeindlichen Arbeit war der Hofprediger zunächst sehr angesehen und auch populär: Seine so genannten Pfennigpredigten, die er vervielfältigen ließ, erreichten zeitweise eine Auflage von 130.000.

Besonders häufig nahm Ida von Kortzfleisch Texte von Felix Dahn (1834–1912) in ihr Album auf. Dazu gehört das Gedicht Felix Dahns „An die Deutschen – 3. Juni 1878"[58], das dieser unter

57   Stoeckers Weltanschauung verband christlich-sozialreformerische mit antisozialdemokratischen und antisemitischen Überzeugungen. 1878 gründete er die Christlich-Soziale Arbeiterpartei (ab: 1881 Christlich-Soziale Partei), und war fast drei Jahrzehnte als Mitglied des Preußischen Abgeordnetenhauses und des Reichstags (bis 1896 für die Deutschkonservative Partei, der sich die Christlich-Sozialen angeschlossen hatten), parlamentarisch tätig. Auseinandersetzungen mit Reichskanzler Fürst Otto von Bismarck führten schließlich zu seiner Abberufung als Hofprediger. 1890 gründete Stoecker den Evangelisch-sozialen Kongress zur Erforschung der sozialen Frage, trat aus diesem aus, als die Liberalen in diesem die Mehrheit einnahmen. Als Alternative gründete er die Freie kirchlich-soziale Konferenz. Stoecker kann als Wegbereiter des Antisemitismus gelten, für ihn waren Antisemitismus und christliche Sozialreform keine Gegensätze. Er trug maßgeblich zur Verbreitung des Antisemitismus im Protestantismus und in den konservativen Parteien bei. Vgl. Ulrich Friedrich Opfermann, „Im Volksleib schlimmer als der Tuberkulosen-Bazillus". Zu Verbreitung und Rezeption des christlich-sozialen Antisemitismus, 1881–1914, in: Siegener Beiträge. Jahrbuch für regionale Geschichte 11/2006, S. 109–146. Auch: Günter Brakelmann, Martin Greschat, Werner Jochmann: Protestantismus und Politik. Werk und Wirkung Adolf Stoeckers (Hamburger Beiträge zur Sozial- und Zeitgeschichte, Bd. XVII), Hamburg 1982.
58   *An die Deutschen – 3. Juni 1878 / Senket von Sedan die Siegesfahnen, / Senket die Häupter in Scham, Germanen! / / „Treue der Deutschen": – ein Wort der Schande! / Unsere Schmach*

dem Eindruck des zweiten Attentats innerhalb eines Monats auf Kaiser Wilhelm I. verfasst hatte. Dieser war durch zwei Schüsse schwer verwundet worden. Die Empörung über die Attentate war groß in der Bevölkerung.[59]

Zwei weitere Gedichte Dahns, u. a. „Das Weltgesetz", das Ida von Kortzfleisch als dessen Glaubensbekenntnis bezeichnet, platzierte sie zwischen die persönlichen Widmungen im Poesiealbum. Felix Dahn war in Idas Jugend ein populärer historischer Schriftsteller. Als Professor für Rechtswissenschaften war er zunächst an der Universität Würzburg, dann in Königsberg und schließlich in München tätig. Als Schriftsteller und Historiker war er Verfasser zahlreicher wissenschaftlicher Werke, vieler Gedichte – sowohl Balladen als auch patriotischer Versdichtungen – und voluminöser historischer Romane. Seine Popularität gründete sich auf seine Mitarbeit an der Zeitschrift „Gartenlaube" und hauptsächlich auf seinen Roman „Der Kampf um

---

schreit über die Lande! / Nimmer des Lorbeers, des Ölbaums Reiser / Schirmen das teuere Haupt dem Kaiser! / Heilig dem Fremden dies Angesicht: – / Aber dem Wahn der Deutschen nicht! – / [...] / Wahrlich, ihr deckt mit dem Kaiser zugleich / Nicht nur die Ehre, den Ruhm und das Reich – / Alles, was heilig und edel und teuer: / Bildung und Zucht und des Herdes Feuer! / Laßt, ihr verblendeten Brüder, das Zanken! / Fühlt ihr den Boden des Hauses nicht wanken? / Tretet sie aus, die aufzüngelnden Flammen: – / Krachend sonst brechen die Balken zusammen.
Abgedruckt in: Felix Dahn, Gesammelte Werke. Band 5: Gedichte und Balladen, Leipzig 1912, S. 600–601.

59 Dies zeigte auch eine Sammlung im Deutschen Reich, die „Kaiser-Wilhelms-Spende", die als Dank dafür, dass Kaiser Wilhelm I. überlebt hatte, zustande kam. Sie erbrachte 1,8 Millionen Mark von 12 Millionen Spendern, die dem Kronprinzen Friedrich Wilhelm zur Verwendung zu wohltätigen Zwecken übergeben wurde. Er bestimmte die Summe als Kapitalgrundlage einer Altersrenten- und Kapitalversicherung für die gering bemittelten Klassen, für Arbeiter, Handwerker und kleinere Beamten. Sie erhielt die Form einer Lebensversicherung durch eine einmalige Einlage von 5 Mark auf Rente oder auf Kapital.

Rom", den er 1876 veröffentlichte, in dem er in das historische Geschehen um den Untergang des Ostgotenreiches zahlreiche tagesaktuelle deutsche Bezüge einflocht. Er verfolgte mit dieser Publikation historische Sinnstiftung, die sich dem nationalliberalen Gedankengut der Gründerzeit verpflichtet fühlte und erreichte mit ihr große Breitenwirkung.

Im Poesiealbum schlagen sich auch Spuren von emotionaler Bedrängnis der Heranwachsenden und von Reflexionen über den Sinn ihres Lebens in Versform nieder. Wir erfahren von ihren Ängsten und Nöten. Im Gedicht „Nach der Krankheit" bekennt Ida ihren unbändigen Drang zum Schaffen und Wirken und verwirft in existenzieller Manier jeglichen Müßiggang. Mit adoleszentem Impetus verfasst, macht das Gedicht deutlich, dass sie sich Lebensziele setzt, sich gegen Tatenlosigkeit und Trägheit zu stemmen gedenkt. Ihre Motivation, eine sinnvolle Leistung zu erbringen, bricht sich Bahn. Ihr gereimtes Bekenntnis mutet wie ein Vorgriff auf das von ihr viele Jahre später für die Wirtschaftlichen Frauenschulen gewählte Motto an: „Schaffen und Streben ist Gottes Gebot, Arbeit ist Leben, Nichtstun der Tod."

Nach der Krankheit

Ich hab, als ich in Ohnmacht lag gebunden
Des Schaffens Drang, wie nie zuvor gespürt
Ich weiß nun: aller Müßiggang ist Tod
Das kraftgespannte Wirken nur ist Leben
Des Menschen ärgste Sünde heißt Erschlaffen;
Ich will des Lebens Schätze goldig roth
Aus jeder flüchtigen Sekunde heben,
Als sollt ins Grab mich schon die nächste raffen.

Direkt an dieses Gedicht schließt sich ein weiteres, in ähnlicher Verve vorgetragenes an, das den Weg anzeigt, für den sie sich in ihrem Wunsch, etwas schaffen zu wollen, entschieden hat: Sie will sich der Kunst zuwenden, sich auf eine künstlerische Betätigung konzentrieren, und in dieser gestalterisch wirken.

An die Verächter der Form in der Dichtung.

Beruft euch nur auf eure innere Gluth- und
*   Schöpferkraft, die sich nicht fassen kann:*
der Muse Heerd brennt nicht in Lavaglut und wo
*   die Schönheit kommt geht Maß voran.*
Ihr wollt der Brandung Gischt,
wie es im Tanz der Wellen funkelt
als ein flücht'ger Dunst,
Ich aber will den Regenbogenglanz,
der in den ew'gen Perlen strahlt der Kunst.

Der „Duft der Frauenarbeit" und der Entschluss, keine „privilegierte Bettlerin" sein zu wollen

Tatsächlich wendete sie sich in den nächsten Jahren intensiv der Kunst zu. Mit 18 Jahren schrieb Ida von Kortzfleisch in ihr Tagebuch: „Ein gewöhnlicher Tag, ich malte, schrieb, las vor. […] Den Vormittag schrieb ich einen zehn Seiten langen Brief, nachmittags malte ich an einer venezianischen Landschaft und abends las ich (aus einer Erbauungsschrift) vor."[60] Malen, Schreiben, Lesen – ein wenig aufregender und offensichtlich er-

---

60   Zit. n. Heimpel-Michel, Ida von Kortzfleisch, S. 8.

eignisloser Tageslauf. Ein Tag wie viele andere für die Tochter aus gutem Haus. Der gelassene Ton verdeckt jedoch einerseits den Ehrgeiz und den Fleiß, mit dem die produktive Kreativität, die im Dienste des häuslichen und freundschaftlich-geselligen Lebens stand, geübt und ausgebildet wurde. Andererseits täuscht er leicht darüber hinweg, dass unter dem Gleichmaß doch Unzufriedenheit brodelte.

Dieses Unbehagen kam nach 1871 drängend zum Vorschein. Ida von Kortzfleisch hatte im Deutsch-Französischen Krieg 1870/71 in Bluthslust bei Anklam ein Lazarett eingerichtet und fünf Monate lang geleitet.[61] Sie empfand diesen Einsatz als „große Tätigkeit", die sie „unbeschreiblich beglückt und befriedigt hatte."[62] Für ihren Einsatz erhält sie das Verdienstkreuz für Frauen und Jungfrauen verliehen. Nach dieser Erfahrung wird offenkundig, dass sie sich nach einer Aufgabe außerhalb der Familie sehnte, die ihr Leben ausfüllen würde: „Das Leben der Haustochter mit seinem unbestimmten, für meine Kräfte unzureichenden Pflichtenkreis wollte nach jener großen Tätigkeit nicht recht schmecken [...]."[63] Sich in der Krankenpflege weiter auszubilden, war ihr großer Wunsch. Aber schon der Wunsch nach einer gründlicheren Ausbildung, nach einer Aufgabe stieß auf Skepsis insbesondere des Vaters, machte der Wunsch doch möglicherweise die Option auf, auf diesem Fundament beruflich tätig werden zu wollen. Idas Vater begründete seinen Widerstand mit der Befürchtung, sie könnte einen Krankenpflegeberuf ergreifen wollen. Er lehnte „als alter Offizier eine berufsmäßige Arbeit seiner Tochter überhaupt" ab, ganz im Sinne

---

61   Gustav von Kortzfleisch, Geschichte, S. 118; von Kortzfleisch, Das Entstehen, S. 4.
62   Ebd., S. 4.
63   Ebd.

des Keyserlingschen Baron von Warthe, der in Ablehnung der modernen Wünsche der adeligen Töchter nach einer außerhäusigen beruflichen Beanspruchung der festen Überzeugung war: „Tochter eines adeligen Hauses zu sein ist ein Beruf, der ebenso wichtig ist wie jeder andre Beruf.“[64]

Schließlich gestattete der Vater lediglich, dass Ida nach dem Umzug der Familie nach Hannover im dortigen Klementinenhaus einen Krankenpflegekurs absolvierte. Danach, so scheint es, schickte sie sich wieder still in den Alltag im Elternhaus mit seinem Besuche machen und Besuche empfangen, mit kleinen und großen Bällen und mit der Beteiligung an Bazaren. Das Streben nach einer sinnvollen Tätigkeit ließ sie dennoch im Grunde nicht los. Es fand teilweise Erfüllung in dem Rahmen, die der Familienstatus ihr als standesgemäß bot: Sie praktizierte christliche Nächstenliebe durch regelmäßige ehrenamtliche Hilfe in Krankenhäusern: „[ich] ging viel in Krankenhäusern aus und ein“. Sie schätzte an dieser Betätigung nicht nur die direkt ausgeübte Caritas, sondern ebenso die Befriedigung, die ihr diese Tätigkeit brachte: „Wie ich diesen Karbolgeruch in den Krankenhäusern liebte – er hatte den Duft der Frauenarbeit!“

Ihr karitatives Engagement hielt wiederum ihre Sehnsucht wach. Dass ihr eine solche Frauenarbeit nicht gestattet wurde, machte sie unglücklich und unzufrieden. Wie tief bedrohlich und existenziell diese Erfahrung gewesen sein muss, wird an einer späteren Beschreibung deutlich. Sie bezeichnete ihr damaliges Leben als „ein gedrücktes Leben“, das christlicher Predigten bedurfte, die sie trösteten und dieses Leben „erträglich machen und verklären.“ Ohne konkreter zu werden, sprach sie von einem

---

64 von Keyserling, Abendliche Häuser S. 12.

Dasein, das von „Erhebungen und Niederlagen" geprägt gewesen sei. Sie habe sich „grenzenlos unglücklich" gefühlt. Ihre Selbstbeschreibung als „unruhiger Geist", der „sich daheim manchmal unbequem beschwerlich gemacht"[65] habe, deutet darauf hin, dass sie nicht nur still, charmant und gehorsam war, sondern ihre Unzufriedenheit auch thematisierte: „Man erwartete zuhause, daß ich alles praktisch von selbst können und wissen müsse, man nahm an, dass ich in Künsten und Wissenschaften mich selbst fortbilden würde. Da ein unbezähmbarer Bildungstrieb und bedeutende körperliche und geistige Kräfte mir innewohnten, denen nicht im mindesten die entsprechende Arbeit geboten wurde, so fühlte ich mich grenzenlos unglücklich. Ich ahnte bis dahin nichts von einer allgemeinen Frauenfrage. Ich wußte nur, wie grausam die liebevollsten Eltern mein Recht an Bildung und Arbeit kürzten, indem sie mich daheim sitzen ließen, bis etwas käme und mich mitnähme."[66]

Die Eltern reagierten offensichtlich auf ihre Unzufriedenheit, schickten das „große Kind" auf Reisen in den Süden, die insbesondere das kunsthistorische Wissen und Interesse vertiefen und die künstlerischen Ambitionen der Tochter unterstützen sollten. Ihr Reisetagebuch[67], das sie von unterwegs nach Hause sandte, illustriert sowohl ihre genaue Beobachtungsgabe und Begeisterungsfähigkeit, als es auch ihre Empfindsamkeit für einschränkende Bedingungen zeigt: „Wer ist frei von äußeren Fesseln u. baut sich nicht hier ein kleines Nest am Fuße des Mont heureux, wo die Orange blüht u. wo die Traube glüht?"

---

65   Heimpel-Michel, Ida von Kortzfleisch, S. 11.
66   von Heydekampf, Ida von Kortzfleisch, S. 11.
67   Das Reisetagebuch (etwa von 1875) befindet sich im Besitz der Familie von Kortzfleisch.

Ihre Notizen geben auch Kostproben ihres Humors, wenn sie – scheinbar kein bisschen heimatverpflichtet – erwähnt, dass ihr die Weinberge in Sachsen eigentlich immer wie Kartoffelfelder erschienen seien. Dabei wusste sie um die Brisanz solcher lästerlich-distanzierenden Bemerkungen, hatte sie sich doch schon mit einer launigen Bemerkung über die ständelose Gesellschaft am Ferienort, den Unmut der Angehörigen des Offizierstandes zu Hause zugezogen. Ihr Reisetagebuch hatte sie mit der Feststellung begonnen: „Hier, wo doch alle Stände egal sind, außer etwa dem Barometer- u. Thermometer-Stand!" Als Wiedergutmachung zur Auflösung der familiären Verstimmung formulierte sie eine Eloge auf den Offizierstand: „Lieber Offizierstand, sei jenen Worten nicht böse! Nur meine Lust zu Wortspielen konnte mich dazu verleiten; Du weißt, mit Dir kann ich es nicht schlecht meinen, denn Du bist mir Vater u. Bruder u. Onkel und mancher Vetter u. lieber Bekannter u. ich halte Dich werth wie solche Alle; Du bist die Stärke meines deutschen Vaterlandes – Hermann der Cherusker – Wilhelm der Eroberer! Verachtet sei der deutsche Zivilist, der nicht in seinem Herzen ein deutscher Soldat ist! Hurrah, es lebe unsre herrliche Armee, unser unübertroffener Offizierstand! So, nun sind wir wieder versöhnt u. keiner zürnt mehr, daß ich den Weinberg ein Kartoffelfeld genannt habe?"

Nach der Rückkehr wandte sich Ida mit besonderer Energie und Schaffenskraft dem Zeichnen und Malen zu, diesem „Fluchtgebiet vieler Frauen jener Generation als dem Ausdruck für ein sinnvolleres und gehobenes Dasein"[68]. Um das Elternhaus herum hatte sich in Hannover eine vielseitige und um-

---

68 Heimpel-Michel, Ida von Kortzfleisch, S. 10.

fangreiche Geselligkeit entwickelt, die ihr viel Originalität und Anregung bot. Aber unter der Oberfläche rumorte ständig der Wunsch nach einer gründlicheren Ausbildung weiter, gebändigt vorerst durch die Rücksichtnahme auf die „liebevollsten" Eltern, die mit eigensinnigen Wünschen nicht verletzt werden durften und sollten.

„Die Arena der Arbeit auch für uns und unsere Schwestern" – Kontakt mit der Frauenbewegung

Einen Hinweis auf die nicht eingestellten Orientierungsbewegungen der inzwischen 27-jährigen außerhalb der Konventionen ihrer Kreise stellte ihr Besuch einer Veranstaltung der Frauenbewegung dar. In Hannover fand vom 27. bis 29. September 1877 der Frauentag des Allgemeinen Deutschen Frauenvereins, seine 9. Generalversammlung seit seiner Gründung, statt.[69] Es ist nicht überliefert, welche Motive Ida von Kortzfleisch bewegten, an dieser Veranstaltung teilzunehmen: Neugier, Interesse, Seelenverwandtschaft? Es war zumindest höchst ungewöhnlich, denn „in unseren Umgangskreisen" wurde dieser Frauentag „für ein unpassendes Unternehmen" gehalten, notierte sie später. Die Zeitungen, die ihre Familie las, lehnten die Veranstaltung ab. Ihre Bekannten zeigten Befremden, dass ihr – einer jungen Frau – erlaubt wurde, „weibliche Redner en masse zu hören."[70] Es wirft ein Licht auf Idas Gebundenheit, dass sie sich für ihre

---

69   Neue Bahnen, Organ des allgemeinen deutschen Frauenvereins, 18, 21/1877.
70   Alle folgenden Zitate stammen aus einem Manuskript für einen Vortrag, den Ida von Kortzfleisch 1897 in Leipzig hielt. Zit. n. Heimpel-Michel, Ida von Kortzfleisch, S. 10f.

Teilnahme die Erlaubnis der Eltern geben lassen musste. Dabei ging aus der Berichterstattung der Presse über das Ereignis hervor, dass die Beteiligung der interessierten Hannoveraner Bürger und Bürgerinnen unerwartet groß war. Der Vertreter der Stadt Hannover, Senator Schläger, gab bekannt, dass die Veranstaltungen wegen des Andranges in „Rudolphs Gesellschaftshaus" in die Aula der vereinigten Real- und Gymnasialschule verlegt werden müsse.

Im Gegensatz zur Auffassung ihrer Umgebung wurde für Ida diese Veranstaltung der Frauenbewegung „ein Lebensereignis". Sie war „elektrisiert", bezeichnete später diese Erfahrung als einen ersten Funken für ihr eigenes bildungsreformerisches Frauenengagement. Ihrer originellen literarischen Ader entsprechend charakterisierte sie diese elektrisierende Erfahrung, die vorerst noch ohne sichtbare Konsequenzen blieb, mit einem poetischen Bild: „Freilich fiel er [der Funke, O. W.-H.] bei mir nicht in ein Pulverfaß, vielmehr unter die bewahrende Asche des Schweigens. Jahrelang sah und hörte ich nichts derartiges." Insbesondere beeindruckte sie Auguste Schmidt und deren Vortrag über die Stellung der Frau zur Kunst.

Die Begrüßung am ersten öffentlichen Abend übernahm Auguste Schmidt (1833–1902), die stellvertretende Vorsitzende des Allgemeinen Deutschen Frauenvereins. Den einleitenden Vortrag danach hielt Henriette Goldschmidt (1825–1920): „Die Frauenfrage eine Culturfrage". Nach der Eröffnung des Frauentages am folgenden Tag durch die Vorsitzende Louise Otto-Peters (1819–1895) wurden Berichte aus den Zweigvereinen vorgetragen. Danach folgte ein Vortrag von Auguste Aßmann mit dem Titel: „Die Nothwendigkeit beruflicher Ausbildung von Frauen." Noch zu weiteren zentralen Vorträgen von prominenten Frauen waren die Delegierten, aber auch „alle Bewohner Hannover's"[71] eingeladen: „Die häusliche Erziehung unserer Töchter" (Lina Morgenstern [1830–1909]), „Mädchenbildung" (Marie Calm [1831–1887]), „Altes im neuen Gewandte" (Anny Albers) und „Die Stellung der Frauen zur Kunst" (Auguste Schmidt).

In ihrer Begrüßungsansprache bekannte Auguste Schmidt als Ziel des jährlichen Frauentages: Man wolle Samen ausstreuen, der schließlich auch Früchte tragen solle. Und sie thematisierte schon eingangs sowohl die Verpflichtung als auch das Recht der Frauen zur Arbeit: „Ihr Streben ginge dahin, die Frauen zu über-zeugen, daß sie die Verpflichtung zur Arbeit hätten und densel-ben auch die Berechtigung dazu zu verschaffen, soweit Anlage und Wissen sie befähigten und dieselbe dem weiblichen Wesen nicht widerstrebte."[72] In die gleiche Richtung argumentierte Henriette Goldschmidt, als sie in den Raum stellte, dass der An-spruch nicht mehr zeitgemäß sei, die Frauen sollten ihren Beruf als Gattin und Mutter erfüllen. Dies erfordere schon der bedeu-tende Überfluss an weiblicher Bevölkerung. Auch sie hob darauf ab, dass Frauen Fähigkeit zur Arbeit erwerben können sollten. Bemerkenswert war die direkte und moralische Ansprache der Frauen, in dem sie diese vor Schlaffheit und Trägheit warnte, die oft als „ächte Weiblichkeit" angesehen würde. Arbeit dagegen, die keinen praktischen Zweck noch Nutzen hätte, sei nutzlos; Gleichgültigkeit sei ein Haupthindernis jeder segensreichen Tätigkeit.

Aus späteren Darlegungen geht hervor, dass Ida von Kortz-fleisch bis dahin weder die Frauenfrage als gesellschaftliches, noch die Frauenbewegung als politisches Phänomen beschäftigt

---

71 Neue Bahnen 21/1877.
72 Ebd.

hatte. Ihre „Elektrisierung" weckte ihren alten, notdürftig verdrängten Wunsch, eine spezielle, professionelle Ausbildung zu erhalten. Da Ida von Kortzfleisch in dieser Zeit sehr viel malte und zeichnete, wie sie berichtete, und ihre Ambitionen seit Jahren auf eine künstlerische Tätigkeit gerichtet waren, traf insbesondere der Vortrag von Auguste Schmidt bei ihr ins Schwarze. Die Mitbegründerin des Allgemeinen Deutschen Frauenvereins beschrieb in ihrem Vortrag über die Stellung der Frau zur Kunst deren Dilettantismus. Ihr zentrales Anliegen war, dass sie den Frauen ihre Situation eindringlich vor Augen hielt und diese zu Veränderungen aufforderte. Ernste Arbeit auf allen Gebieten sei von den Frauen gefordert und müsse von diesen geleistet werden. Dem Handeln der Frauen einen Impuls zu geben, war immer schon ein Charakteristikum der Reden Auguste Schmidts gewesen. Bei der Gründungsversammlung des Allgemeinen Deutschen Frauenvereins im Oktober 1865 in Leipzig hatte sie in ihrer Ansprache die Auffassung vertreten, die Frauenbewegung müsse weniger den Widerstand egoistischer Männer als vielmehr die Teilnahmslosigkeit der Frauen fürchten, die sich in dem Zustand ewiger Kindheit und Unterordnung glücklich und zufrieden fühlten. Sie hatte damals ausgeführt, dass das Problem der Frauen vor allem im Nichterkennen der eigenen Situation läge.

Da die charismatische Rednerin des Frauenvereins Ida von Kortzfleisch enorm beeindruckte und sich später wesentliche Übereinstimmung in den Überzeugungen und Zielsetzungen der beiden Frauen zeigen sollten, soll hier die Frauenpolitikerin Auguste Schmidt eingehender vorgestellt werden. Sie stammte wie Ida von Kortzfleisch aus einer Militärfamilie: Sie wurde als Tochter eines preußischen Hauptmanns in Breslau geboren. Im

Unterschied aber zur Kortzfleisch'schen Familie wurde den drei Töchtern der Familie Schmidt eine berufliche Ausbildung als Sängerin und als Lehrerinnen ermöglicht.[73] Die Töchter sollten in der Lage sein, ihr Leben unabhängig von einer Verheiratung gestalten zu können. Erst 17-jährig absolvierte die junge Auguste ihr Lehrerinnenexamen, kurze Zeit später auch ihr Schulvorsteherinnenexamen, übte in Breslau ihren Beruf als Lehrerin aus und übernahm die Leitung einer höheren Mädchenschule.[74] Im Jahr 1861 übersiedelte sie nach Leipzig und wurde Lehrerin am Steyberschen Institut, einer privaten höheren Töchterschule, die 1848 von Ottilie von Steyber (1804–1870) gegründet worden war.[75] Nach deren Tod übernahm sie die Leitung dieser Schule für zweiundzwanzig Jahre, bis 1892.

In Leipzig begann auch das frauenpolitische Engagement von Auguste Schmidt, wo sie mit Louise Otto-Peters (1819–1845) und Ottilie von Steyber im März 1865 den Leipziger Frauenbildungsverein gründete. Der nächste Schritt war die Gründungskonferenz des Allgemeinen deutschen Frauenvereins im Oktober 1865 – die Geburtsstunde einer gesamtnationalen Frauenorganisation. Der Öffentlichkeit war Auguste Schmidt als versierte Pädagogin, als Bildungsreformerin, aber auch als Publizistin bekannt. Sie engagierte sich insbesondere für eine Reform der

---

73   Vgl. Johanna Ludwig, Ilse Nagelschmidt, Susanne Schötz (Hg.), Leben ist Streben. Das erste Auguste-Schmidt-Buch. Reden, Vorträge und Dokumente der Ehrungen zum 100. Todestag der Pädagogin, Publizistin und Frauenrechtlerin Auguste Schmidt am 10./11. Juni 2002 in Leipzig, Leipzig 2003.

74   Astrid Franzke, Auguste Schmidt (1833–1902) – ein Leben für Frauenbildung und Frauenrechte, in: Ludwig, Nagelschmidt, Schötz, Leben ist Streben, S. 45–69.

75   Vgl. Astrid Franzke, Ottilie von Steyber (1804–1870). Eine der Gründungsmütter des Allgemeinen deutschen Frauenvereins, in: Irina Hundt, Ilse Kischlat (Hg.), Zwischen Tradition und Moderne. Frauenverbände in der geschichtlichen Kontinuität und im europäischen Diskurs heute, Berlin 2002, S. 24–31.

Mädchenbildung und -erziehung, für die Zulassung der Mädchen zum Universitätsstudium und für eine Professionalisierung der Lehrerinnenausbildung. Am Herzen lagen ihr die Verbesserung der Möglichkeiten für eine Berufsausbildung für Mädchen und Frauen und die Beseitigung der Hindernisse, die deren Zugang zum Erwerbsleben verstellten.

Eine auffällige Affinität scheint in Bezug auf ein Motto von Auguste Schmidt und Ida von Kortzfleisch auf. Letztere sollte in Reimform als Leitlinie der Reifensteiner Schulen und der in ihnen intendierten Erziehung entwickeln: „Schaffen und Streben ist Gottes Gebot, Arbeit ist Leben, Nichtstun der Tod." Der erste bedeutende Vortrag, den Auguste Schmidt bei der Gründungsveranstaltung des Leipziger Frauenbildungsvereins am 7. März 1865 hielt, trug den Titel: „Leben ist Streben". Ihr Schlusswort lautete: „Wir verlangen nur, daß die Arena der Arbeit auch für uns und unsere Schwestern geöffnet werde."[76]

So tief in die „Asche des Schweigens" fielen Auguste Schmidts Ausführungen nun doch nicht bei Ida von Kortzfleisch: Sie brachten ihren schon so lange glimmenden Wunsch nach einer gründlichen Ausbildung wieder zum Flackern. Auf der Basis, dass „der Weg der Kunst [...] des Lebens Lösung" scheine, ersehnte sie sich ein ernsthaftes Kunststudium und erreichte endlich im Jahr 1880 – wenn auch widerwillig – die Erlaubnis der Eltern zu einem mehrmonatigen Studienaufenthalt im Malatelier von Professor Karl Gussow (1843–1907) in Berlin. Ihr Zeichen- und Mallehrer in Hannover, dessen Name wir nicht kennen, hatte sie hierbei unterstützt, in dem er über ihr Talent den Eltern die Bewertung abgegeben hatte: „Es lohnt."

---

76 Anna Plothow, Die Begründerinnen der deutschen Frauenbewegung. Mit 24 Illustrationen, Leipzig 1910, S. 43.

Diese vermittelten ihrer Tochter allerdings, dass die Erfüllung ihres Wunsches für sie ein großes Opfer darstelle: „Der Vater gibt mit bitterer Miene 300 Mark, die Mutter steckt 100 dazu: liebes Kind, dafür lasse dich ausbilden." Ida war angesichts der Erfüllung ihres Wunsches schuldbewusst und dankbar zugleich: „Ich empfinde es tief, denn der Bruder braucht Zulage und für mich – wie sparen sie, diese treuen Menschen, um mir einen Notgroschen zu hinterlassen."

Das Geld reichte nur für einige Monate. Nach Hause zurückgekehrt, musste Ida äußerlich den bisherigen Familienalltag wieder aufnehmen. Aber die Erfahrungen dieses Aufenthaltes in Berlin wurden von ihr enthusiastisch positiv verbucht, waren sie doch für ihre Persönlichkeit, für ihre Selbstreflexion und ihren weiteren Lebensweg ganz entscheidend: „Aber schön war es doch, nahe den 30er Jahren seine Ausbildung beginnen zu dürfen, ganz hingegeben einem Zweck, dabei frei auf sich selbst gestellt, ein unbeschreibliches Vergnügen, sich als individueller Mensch zu fühlen, für sich selbst verantwortlich."

Aber sie zog eine noch weiter gehende Erkenntnis. Sie war anschließend sicher, dass sie trotz Talent, Ambitionen und Übungen keine Künstlerin war. Angesichts dieser doch eher beklemmenden Einsicht, die nicht nur den bisherigen enthusiastisch eingeschlagenen Weg als Sackgasse erwies und die Zukunft zunächst ohne Perspektive erscheinen ließ, kam Ida von Kortzfleisch dennoch zu einem für sie positiven Resümee. Sie fühlte sich als „eine frohe, befreite Seele, die ausprobiert hat, daß sie sich in der Fremde zurechtfinden kann, ja auch durch eigene Leistung etwas bedeuten könnte und sich nicht schämen darf, auf dieser arbeitsvollen Welt zu sein, um nur von der Barmherzigkeit Gottes und der Menschen abzuhängen – eine privilegierte Bettlerin."

Die „Johannesjahre des Bewußtwerdens einer großen Aufgabe"[77]

Durch Kindheit, Erziehung und Jugend und ihre ersten Jahre als junge Frau war die Persönlichkeit Ida von Kortzfleischs geformt. Ihr Entschluss, als Künstlerin nicht tätig sein zu wollen, warf Fragen nach neuen Perspektiven auf. Trotzdem wurde sie vorerst eingebunden in die Haushaltsführung des elterlichen Haushalts, die Mutter übertrug ihr die „Wirtschaftskasse nebst häuslicher Regentschaft [...] So konnte ich Leute anlernen, Geld verwalten, Kochrezepte ausprobieren, und bei angenehmem täglichen Leben soviel erübrigen, daß eine rege Geselligkeit mit verhältnismäßig geringem Aufwand, aber mit Heiterkeit und künstlerischem Anstrich sich in unserem Hause entwickelte."[78]

Bei befreundeten Familien reüssierte sie bei Familienfeiern mit dem Vortrag von eigenen Gedichten, der Gestaltung von Gästebüchern und Aufführungen, für die sie Texte lieferte und deren Ausstattung und Leitung sie übernahm. Obwohl sie sich davon verabschiedet hatte, Künstlerin werden zu wollen, pflegte sie weiterhin intensiv ihre Talente. Überliefert ist eine Publikation russischer Sagen, die in freier Nachdichtung von Bernhardine Schulze-Smidt (1846–1920)[79] vorgelegt

---

77 von Heydekampf, Ida von Kortzfleisch, S. 13.
78 von Kortzfleisch, Das Maidenbuch, S. 8.
79 Bernhardine Schulze-Smidt, eine vielseitig tätige Schriftstellerin, wurde als Bernhardine Smidt geboren. Sie war die Tochter eines hohen Beamten und erhielt ihre Erziehung in Bremen. 1869 heiratete sie in Münster den Regierungsrat Schulze, der 1887 starb. Schon während ihrer Ehe schrieb Bernhardine Schulze-Smidt Romane – zuerst unter dem Pseudonym Ernst Oswald und später unter ihrem eigenen Namen. Verwitwet lebte sie zuerst in München und später wieder in Bremen. Ihre Übersetzungen belegen, dass Bernhardine Schulze-Smidt die türkische Sprache beherrschte. Zudem unternahm sie mehrere Orientreisen, die sie zu Reiseberichten und einer Zusammenarbeit mit tür-

wurde, die Ida von Kortzfleisch mit Illustrationen großzügig ausstattete.[80]

Deutlich tritt hervor, dass sie in Gelegenheitsgedichten die Geschichte der jeweiligen adeligen Geschlechter als Verpflichtung für nachfolgende Generationen überlieferte. Sie formulierte in diesem Zusammenhang einen adeligen Pflichtenkanon und zeigte zugleich, dass sie die Traditionswahrung und -weitergabe in den Mittelpunkt stellte, wie bei der Hochzeit des Generalmajors Hans von Knobelsdorff mit Margarethe von Hirschfeld.[81]

Die in dieser Zeit bei Festlichkeiten häufig gestalteten Lebenden Bilder wurden von Ida von Kortzfleisch in ihre Arbeit in der Stadtmission Hannover[82], in der sie den Divisionspfarrer Kurt Delbrück (geb. 1859)[83] unterstützte, aufgenommen. Mit der

---

kischen Sängern inspirierte. Hierzu: Monika Bösel, Annette Deeken, „An den süßen Wassern Asiens". Frauenreisen in den Orient, Frankfurt a. M., New York 1996.

80   Russische Sagen. In freier Nachdichtung von Bernhardine Schulze-Smidt (E[rnst] Oswald). Zeichnungen von I. v. Kortzfleisch, Gotha 1885.

81   In der Aufführung tritt als Ritter Hans Udo von Alvensleben auf:
Wie ich als Marschall einst / Für Herzogs Heinrichs Sohn / Hab väterlich gesorgt / So lehrt von Gen'ration / Zu Gen'ration mein Geist / Die Söhne des Geschlechts; / Führt sie den Weg der Pflicht, / Der Ehre und des Rechts. / Umschließt den ganzen Stamm, / Der meinen Namen trägt / Mit starkem Einheitsband, / Und jedes Glied bewegt. / Sich stolzer, da er weiß: / „Ich dien" – dem Wohl des Ganzen! / Wer schlechten Dienst erweist, / Der hat's zu thun mit Hans'en! / Und wer sich uns vermählt / Aus deutschem Adelshaus, – / Der messe sich mit mir! / Ich fordre ihn heraus.
Danach tritt ein Mitglied der Familie von Hirschfeld auf:
‚Ich dien', heißt die Devise auch bei mir / Brach schon bei Ascalon die Lanzensplitter / [...] Ich bin nicht dein Vasall! / Ich diene Gott, dem Fürst, dem Vaterland!
Schwarzes Heft Ida von Kortzfleischs, im Besitz Dr. Albrecht von Kortzfleischs.

82   Innere Mission bezeichnet eine Initiative zur Mission innerhalb der evangelischen Kirche, die in erster Linie auf Johann Hinrich Wichern zurückgeht und als kirchliche Antwort auf die Soziale Frage im 19. Jahrhundert zu verstehen ist. In großen Städten wurden die umfassenden Aktivitäten und zahlreichen Einrichtungen der Inneren Mission in so genannten Stadtmissionen zusammengefasst.

83   Kurt Delbrück war seit 1886 Divisionspfarrer in Hannover, was im Landeskirch-

Pfarrersfamilie Delbrück pflegte sie freundschaftlichen Umgang, wie Widmungen an Familienmitglieder belegen.[84] Für die stadtmissionarische Arbeit im Arbeiterverein gestaltete sie fünf Lebende Bilder mit den Titeln: Der barmherzige Ritter, Der reiche Mann und der arme Lazarus, Der Zöllner und der Pharisäer, Der verlorne Sohn, Die klugen und die thörichten Jungfrauen. Pfarrer Delbrück schickte Ida von Kortzfleisch als Dank und zum Andenken an diese Tableaux vivants zwei Arbeiterfiguren, Blumen tragend, wiederum auch begleitet von einem Gedicht. So entwickelte sie sich für viele Jahre zur „unentbehrliche[n] künstlerische[n] Stütze bei den Volksunterhaltungsabenden, die Pfarrer Delbrück in Hannover eingerichtet hatte."[85]

---

lichen Archiv in Hannover, Bestand E 8 (Garnisonkirche Hannover) festgestellt werden konnte. Wie lange er in Hannover blieb, ist nicht bekannt. Lt. Stadtarchiv Hannover ist er in den Adressbüchern der Stadt von 1887 bis 1904 aufgeführt. Delbrück war Autor zahlreicher Volksschauspiele, einiger Romane und Erzählungen, u. a.: ders., Festspiel zum Gedächtniß Kaiser Wilhelm des Grossen. Sechs Scenen mit lebenden Bildern und verbindendem Text. Von dem allgemeinen Fest-Comitee der Stadt Hannover zur Aufführung bestimmt, Hannover 1897. Sowohl Delbrück wie auch die spätere Schatzmeisterin des Reifensteiner Verbandes, Frau Oberst Jenny Grupe, setzten sich beide für die Mädchenbildung ein. Sie unterzeichneten 1899 einen Aufruf, der auf Initiative der Frauenbildungspolitikerin Hedwig Kettler – Gründerin des Vereins „Frauenbildungs-Reform" – entstand, und die Gründung eines Mädchengymnasiums in Hannover zum Ziel hatte. Delbrück korrespondierte mit Hedwig Kettler im Jahr 1900 und 1901: Stadtarchiv Hannover, Nachlass Kettler, Nr. 354, 355.

84 Spruch für Marie Delbrück:
Mich dünkt, – dir fehlte allenfalls / Ein Löffelchen fürs Fass vom Salz / Drum schick ich's hier u. grüß viel – malls! / O Reim, – zerbrich dir nicht den Hals!
Und:
Ich gesteh's zu meiner Schande / Ein Gedicht auf unsre Delbrücks / Bring ich heute nicht zustande! / Doch ein Glas, gefüllt zum Rausche / Trinken „Hell-Blicks"/ Wir auf „Schnell-Glücks", – / Und auf treue Freundschaftsbande!
Schwarzes Heft Ida von Kortzfleischs, im Besitz Dr. Albrecht von Kortzfleischs.
85 von Heydekampf, Ida von Kortzfleisch, S. 13.

Im Jahr 1885 veröffentlichte die Schriftstellerin Bernhardine Schulze-Smidt ein Buch mit russischen Sagen, das Ida von Kortzfleisch mit Zeichnungen illustrierte.

In dieser Zeit fand man sie auch bei einer „Wohlthätigkeits-Vorstellung zum Besten des Clementinen-Hauses zu Hannover" an prominenter Stelle beteiligt. Auch hier wurden zehn Lebende Bilder aufgeführt, die Ida von Kortzfleisch gemeinsam mit Auguste und Amalie Bock, einer Dame von Mertens und den Kunstmalern Hermanns und Mittag entworfen hatte. Beteiligt an der Aufführung waren „Damen und Herren aus allen hiesigen Kreisen. Unter Beteiligung der Königl. Hofschauspielerin Frl. Giers, des Königl. Hofschauspielers Herrn Holthaus und des Königl. Kammer-Virtuosen Herrn Vitzthum, der Königl. Solotänzerin a. D. Frl. de Miorini, sowie des Königl. Dom-Chors unter Leitung des Königl. Musikdirectors Herrn A. Bünte und des Musikcorps des Füsilier-Regiments General-Feldmarschall Prinz Albrecht v. Preussen, unter Leitung des Königl. Musik-Dirigenten Herrn Meisel."[86]

Für die Verlobung der Freundin Hyma von Krosigk Anfang der 1890er Jahre dichtete Ida von Kortzfleisch ein Spottgedicht auf die Ehe und unterstrich damit selbstbewusst ihren ledigen Stand. Die ersten beiden Strophen ihres Textes waren einem Gedicht des österreichischen Schriftstellers Moritz Gottlieb Saphir (1795–1858) entlehnt.

Was glaubt man? Ich soll heiraten?
Davor bewahr mich Gott in Gnaden!
Soll ich mich im Hause plagen?
Böser Männer Launen tragen?

Nur wer ledig ist, kann lachen!
Frei sein Whist und Boston machen!
Ja, o ja, man amüsiert sich
Auch mit vierzig, – auch mit vierzig.

Die Fortsetzung Ida von Kortzfleischs wurde vom Schauspieler Holthaus gesprochen:

---

86 Gedruckte Ankündigung ohne Datum, Schwarzes Heft Ida von Kortzfleischs, im Besitz Dr. Albrecht von Kortzfleischs.

Ja mit vierzig! Ja mit vierzig!
In der That man amüsiert sich!
Denn der Mann, er conservirt sich
Immer gut! Das weiß ein Jeder,
Ob er Schwert führt oder Feder!

Während unsere armen Frauen
Ängstlich in den Spiegel schauen
Und mit Trauer und mit Schrecken
Sich als Dreißiger entdecken,
Fängt für einen vierz'ger Mann
Erst das Hauptvergnügen an!
[...]
Und man wird doch auch mal siebzig! –
Jeder tücht'ge Mann, er liebt sich
Auch einmal zurückzuziehen
Wo ihm „häuslich" Freuden blühen. –
Und er darf sich Ruhe gönnen,
Da so viele Herzen brennen
Dieses Glück mit ihm zu theilen!
Drum will man sich nun beeilen,
Will der hohlen Welt entsagen
Und ein junges Mädchen fragen!
O, wie wird sie doch beglückt sein!
O, wie wird sie doch entzückt sein!
Denn mit siebzig, ja mit 70, –
Wie so stark und feurig liebt's sich.

Und mit achtzig, ja mit 80
Lebt es dann in voller Pracht sich, –
Mit der Gattin, die uns pflegt,

Die uns hätschelt, die uns hegt,
Die uns sachte führt durch's Städtchen,
Die uns bratet weiche Brät'chen;
Kissen in den Rücken stopft
Und uns auf die Wange klopft!
Ja mit achtzig, o mit achtzig
Lebt es dann in voller Pracht sich
Bis zum Schluß der Lebensfrist, –
„Wenn man nicht gestorben ist." [87]

Trotz ihrer guten Einbindung in eine anspruchsvolle Gesellschaft in Hannover, auch durch ihre musisch inspirierten originellen Beiträge, keimten in ihr Ideen, die zu den Wirtschaftlichen Frauenschulen und zum Reifensteiner Verband führen
sollten. Provoziert sah sie sich durch Äußerungen, die Otto von
Leixner in der „Täglichen Rundschau" in Artikeln zur Frauenfrage in Deutschland im Jahr 1893 veröffentlicht hatte [88] und die
sie als „reichlich karikiert" ansah. Obwohl er konstatieren musste, dass die Erziehung vieler Mädchen verfehlt sei, fiel er bei
seinen Forderungen zur Lösung dieser Fragen in herkömmliche,
unreflektierte Rollenbilder zurück. Besonders musste sie die Behauptung Otto von Leixners, Frauen seien zu patriotischer Gesinnung nicht fähig, herausfordern: „Zuletzt aber ist eins, was
den Kampf nöthig macht: Unter den modernen Weibern greift
der Geist der Vaterlandslosigkeit immer mehr um sich. Nichts
gelten ihnen die Leitbilder, für die wir heute eintreten müssen in
Wort und That, mit Geist und Herz, im Nothfall mit Gut und

---

87   Schwarzes Heft Ida von Kortzfleischs, im Besitz Dr. Albrecht von Kortzfleischs.
88   von Leixner, Frauenfrage; ders., Laienpredigten für das deutsche Haus. Ungehaltene Reden eines Ungehaltenen, Berlin 1894, insbesondere: Zweiter Abschnitt: Sechs Predigten für Frauen und Mädchen.

Blut. Es ist nöthig, die deutsche Frau auch in den Dienst des deutschen Gedankens zu stellen. Diesem aber widerspricht wie der falsche Bildungsbegriff, so auch die politische Streberei der Weiberrechtlerinnen."[89] Ihre Reaktion auf diese Polemik führte zum ersten öffentlichen Auftritt von Ida von Kortzfleisch in der „Täglichen Rundschau" mit ihrem Artikel unter dem Titel „Die allgemeine Dienstpflicht in der wirthschaftlichen Frauen-Hochschule". Damit war das Tor aufgestoßen zu dem großen Bildungsreformprojekt, das der Reifensteiner Verband mit seinen Schulen repräsentieren sollte.

Vom „fliegenden Büro" zur Fachschule für das ländlich-hauswirtschaftliche Schulwesen

Mit vollem Einsatz widmete sie sich den Frauenschulen. Der Verbandsvorsitz brachte es mit sich, dass sie ständig auf Reisen durch Deutschland war, entweder um Schulen aufzusuchen, an Kongressen teilzunehmen und Vorträge zu halten, Gespräche mit Ministerien in Berlin zu führen oder auch die Gründung neuer Schulen zu betreiben. Sie beriet andere, warb sowohl für selbstbewusste Frauenpräsenz in der Gesellschaft als auch für die notwendig erachteten Bildungseinrichtungen. Ihre Kritik galt Veranstaltungen, in denen sie nicht erkennen konnte, dass Frauen ihre Angelegenheiten selbst in die Hand nahmen. So beanstandete sie, dass auf der Gründungsversammlung des Deutsch-Evangelischen Frauenbundes vom 5. bis 7. Juni 1899 in Kassel Pfarrer Ludwig Weber (1846–1922) – eine der markantesten Ge-

---

89   von Leixner, Frauenfrage, S. 991

stalten der Diakonie und der Inneren Mission in Deutschland
– die Kongressleitung dominiert hatte. Sie wusste sich hier einig
mit Gertrud Knutzen (1841–1906), die die erste Vorsitzende
des Deutsch-Evangelischen Frauenbundes werden sollte, deren
Eingreifen der Frauenbund seine autonome Organisationsstruk-
tur verdanken sollte, und mit Elisabeth Gnauck-Kühne, der sie
schrieb: „Ich war in Cassel. Zuerst war es recht unerquicklich.
Entsetzlich enge Menschen dabei!" Pfarrer Webers Distanz zur
Frauenbewegung beklagend fuhr sie fort: „Es war überhaupt ein
,Weber-Tag' – er führte meist allein das Präsidium – Fräulein
Knutzen krank, Frau (Pfarrer) Schrader vor Angst abschnap-
pend."[90] Sie bat Elisabeth Gnauck-Kühne, die Wahl in den Vorstand des Deutsch-Evangelischen Frauenbundes anzunehmen,
von der diese nicht unterrichtet worden war, und begründete
dies damit, dass die Frauen aus Kassel mit der Leitung der Versammlung überfordert gewesen wären.

Obwohl die zu bewältigenden Aufgaben für Ida von Kortzfleisch immer umfangreicher wurden, suchte sie immer Zeit zu
finden, Freunden und Verwandten, insbesondere der Familie ihres Bruders Gustav, Besuche abzustatten, auch wenn ihre Schwägerin Elsbeth von Kortzfleisch diese einmal als „sternschnup-
penartiges Erscheinen"[91] charakterisierte. Mit ihren Neffen und
ihrer Nichte war sie bestrebt, zumindest in regelmäßigem Brief-
kontakt zu bleiben. Häufig besuchten diese ihre Tante auch in
der Frauenschule Reifenstein. Sowohl in ihrem engeren als auch
im weiteren Verwandten- und Freundeskreis suchte sie immer
wieder um Unterstützung nach. In einem Brief an die Schwester

---

90 Baumann, Protestantismus, S. 306f.
91 Brief Elsbeth von Kortzfleischs v. 19.3.1909, im Besitz Dr. Albrecht von Kortzfleischs.

ihrer Schwägerin Elsbeth, Anna von Scheele, schrieb sie 1912:
„Wenn mir aber Kraft gewünscht wird und Gesundheit und
keine Hetze, so kann dies Wünschen sich nur erfüllen, wenn
Andere mit eintreten, um die Kraft zu stützen u. die Hetze zu
mindern, – und so zu verteilen, was für Einen zu schwer ist."[92]
Ganz konkret bat sie sie dann, ihr beizustehen und eines ihrer
Arbeitsfelder, die Verwaltung der Mitgliedsbeiträge, übernehmen. An Briefen dieser Art wird nicht nur deutlich, dass Ida von
Kortzfleisch ein großes Arbeitspensum mit ganz unterschiedlichen Anforderungen zu erledigen hatte, sondern auch, dass sie
in ihrem Tun „ihre Lebensarbeit" sah, und „daß ein Segen von
dieser nach Gottes des Herrn Willen von mir begonnenen u.
betriebenen Arbeit ausgeht"[93] – womit sie zugleich an das christliche Gewissen ihrer Briefempfänger appellierte.

Sie spannte ihre Verwandtschafts- und Freundschaftskreise
ein, bereicherte diese wiederum durch anfordernde Anregungen
und gewann aus den Reihen der Töchter Mitarbeiterinnen. So
geschah es auch mit ihrer ersten Sekretärin Anna Stieler von
Heydekampf, die dann vom Verband als Geschäftsführerin angestellt und nach Ida von Kortzfleischs Tod ihre Nachfolgerin
als Verbandsvorsitzende wurde. Vor der Einrichtung einer Geschäftsstelle arbeitete Anna von Heydekampf für den Verband
von zu Hause in Bad Kösen aus. Eine dichte atmosphärische
Beschreibung dieser „familiären" Berufsarbeit überlieferte sie im
Jahr 1924, in der auch deutlich wird, welche Chancen sich für
die jungen Frauen in diesem Zusammenhang auftaten: „Mein
Schlafzimmerfenster ging nach dem Garten hinaus und un-

---

92   Brief Ida von Kortzfleischs an Anna von Scheele v. 17.10.1912, im Besitz von Dr.
Albrecht von Kortzfleisch.
93   Ebd.

Ida von Korztfleisch, 1915.

terhalb führte von der Veranda eine Holztreppe in diesen. Am Fenster stand mein kleiner ‚Geschäftsschreibtisch', an dem ich zwischen Mittag und Kaffee ‚arbeitete', d. h. Stellenvermittlung und andere Vereinssachen [gemeint ist der spätere Reifensteiner Verband, O. W.-H.] erledigte. Da geschah es manchesmal, daß ich schwere Schritte auf der Treppe hörte, dann sahen ein Paar freundliche blaue Augen durch die Geranientöpfe suchend ins Zimmer und – in ihren alten, sehr weiten Reisemantel gehüllt, mit der schwarzen Umhängetasche am langen Riemen und in der Hand die beneidenswert schöne braune Ledertasche, voller Schriftstücke – das fliegende Büro – stand Tante Ida vor mir. Nun ging ein Wirbelsturm durch das Haus! Plötzlich war alles ‚Verein‘. Haus und Menschen! Mein Vater, leicht entsetzt über manche ungeschäftsmäßige Behandlung, aber immer zu Rat und Tat bereit – er war einige Zeit Schatzmeister des Vereins gewesen; meine Mutter überlegend, welches der ostpreußischen Lieblingsgerichte sie kochen sollte: Rote Rübensuppe, Birnensuppe, Königsberger Klopse usw. usw., und ich, tief beseligt, einmal wieder [...] zu den Füßen der Meisterin sitzen zu dürfen. Einer von uns, einschließlich das Mädchen, war immer im Trab nach dem Briefkasten oder nach der Post. Aber zwischen allem Geschäftlichen und Inanspruchnehmen immer wieder die liebe Herzlichkeit, ein Scherz, eine geistreiche Erzählung.“[94] Während der Landwirtschaftlichen Woche in Berlin im Februar 1909 hatten zwei große Werbeveranstaltungen für den „Verein für Wirtschaftliche Frauenschulen“ stattgefunden. In der Vorbereitung darauf hatte Anna von Heydekampf ein erstes Mal mitgeholfen: „Nun wurde im Mai in Kösen ein in Berlin flüchtig hingeworfener Gedanke beschlossene Sache, daß ich im Herbst zu Tante Ida als Sekretärin nach Reifenstein kommen sollte. Dies war die entscheidende Stunde, die mein Leben unlöslich mit ihr und ihrem Werk verband.“[95] Für ihr pädagogisches Werk wurde Ida von Kortzfleisch im Jahr 1907 von Kaiser Wilhelm II. der preußische Luisenorden[96] verliehen.

---

94 von Heydekampf, Persönliche Erinnerung, S. 290.
95 Ebd., S. 291.
96 Reifensteiner Maidenzeitung 7/1908, S. 54. Der Königlich Preußische Louisenorden (auch Luisenorden genannt) war der höchste Damenorden des Königreiches Preußen. Der Orden wurde am 3. August 1814 während der Freiheitskriege gegen Napoleon I. von König Friedrich Wilhelm III. als Andenken an seine 1810 verstorbene Gattin Königin

In der Schilderung Anna von Heydekampfs ist angeführt, dass sie für die Stellenvermittlung des Verbandes arbeitete. Eine „Stellenvermittlung und Auskunfterteilung" wurde nach längerem, provisorischem Vorlauf am 1. November 1909 geregelt begonnen, indem sie der Geschäftsstelle in Reifenstein angeschlossen wurde.[97] Erste Diskussionen über die Einrichtung einer Stellenvermittlung finden ihren Niederschlag schon in der Reifensteiner Maidenzeitung vom April und Oktober 1907. Von Anfang an war an eine Kooperation mit anderen, schon bestehenden Vermittlungen gedacht. Bei der offiziellen Einrichtung der Stellenvermittlung des Verbandes wurde bekannt gegeben, dass man mit der „Zentrale der Stellenvermittlung für gebildete Frauen" des Deutsch-Evangelischen Frauenbundes in Hannover zusammenarbeite. Die Reifensteiner Stellenvermittlung stand Mitgliedern des Verbandes, Maiden, Seminaristinnen und Lehrerinnen, sowie den Schülerinnen und Lehrkräften der dem Verband verwandten Anstalten offen. Aber auch Frauen, die schon andernorts praktisch gearbeitet hatten, konnten mit ihrer Hilfe eine Stellung suchen. Die Vermittlungsstelle bot an, Kreis-, Gemeinde- und Gutsvorstände, landwirtschaftliche Genossenschaften, wirtschaftliche und soziale Lehranstalten, Sanatorien, sowie die dem Verband kooperativ angeschlossenen und seinen Frauenschulen ähnliche Schulen, Unternehmen und Vereinigungen zu beraten, wenn diese Absolventinnen von Wirtschaftlichen Frauenschulen anzustellen gedachten. Die Auskunfterteilung erstreckte sich auch auf Stipendienangelegenheiten. Ab diesem Zeitpunkt wurden in regelmäßigen Abständen die ange-

---

Luise gestiftet. Ursprünglich war der Luisenorden einklassig. Am 30. Oktober 1865 schuf König Wilhelm I. die zweite Abteilung des Ordens, die in zwei Klassen geteilt war.
97   Reifensteiner Maidenzeitung 11/1910, S. 51

botenen und die nachgefragten Stellen veröffentlicht. Eine statistische Auswertung für das Geschäftsjahr 1915/16 ergab, dass 175 Stellenangebote eingegangen waren, denen 205 Stellengesuche gegenübergestanden hatten. Erfolgreich waren 181 Stellen vermittelt worden.[98] Angesichts des Umstandes, dass die erste selbständige Behörde in Deutschland, die sich mit Arbeitsvermittlung, Berufsberatung und Arbeitslosenversicherung beschäftigte – die Reichsanstalt für Arbeitsvermittlung und Arbeitslosenversicherung – erst im Jahr 1927 gegründet wurde, zeigt die Einrichtung einer Stellenvermittlung des Reifensteiner Verbandes, dass dieser sich früh als Sachwalter der weiblichen Berufsinteressen verstand und hierfür in Selbsthilfe Organisationsstrukturen schuf.

Am 7. Oktober 1915 starb Ida von Kortzfleisch auf dem Weg nach Kloster Grafschaft im Kreis Meschede in Westfalen. Sie hatte gehofft, dort den ersten „Frauendienstplatz" einrichten zu können. Diesem Plan, den sie unabhängig von den Wirtschaftlichen Frauenschulen verfolgte, denn der Vorstand des Reifensteiner Verbandes hatte ein Engagement in dieser Sache abgelehnt, lag noch immer ihr ganz persönlicher Wunsch zu Grunde, für Frauen ein Frauendienstjahr einzurichten. Die Frauenschulen waren spätestens seit ihrer staatlichen Anerkennung im Jahr 1909 in ein staatliches gelenktes Schulsystem eingebunden, in dem der Charakter der Schulen als Fachschulen für das ländlich-hauswirtschaftliche Schulsystem und nicht für eine nationalpolitische Maßnahme festgelegt war.

In Bezug auf diese Entwicklung nahm Ida von Kortzfleisch eine ambivalente Haltung ein. Einerseits fand sie sie notwen-

---

98 Das Maidenblatt 10/1916, S. 158f.

dig und richtig, war stolz auf die staatliche Unterstützung und Anerkennung, andererseits litt sie unter Aspekten, die diesen Prozess begleiteten. Beim Aufbau und der Stabilisierung der Wirtschaftlichen Frauenschulen in den ersten Jahren hatten mit Ida von Kortzfleisch fast nur Frauen zusammengearbeitet, mit dem regulierenden Einfluss des Staates griffen mehr Männer in das Geschehen ein: Beamte des Landwirtschaftsministeriums, Vertreter der Provinzial- und Kommunalbehörden, Landräte. Diese Herren wurden zu Beratern, Förderern und übernahmen teilweise Funktionen im Verband. In den Jahren 1909 bis 1913 wurden die Ausbildungs- und Prüfungsvorschriften für die ländlich-hauswirtschaftliche Lehrerin differenziert ausgearbeitet. Die Ausbildung von geeigneten Lehrkräften für das ländliche Bildungswesen, das sich auf die Wirtschaftlichen Frauenschulen stützen konnte, lag ganz sicher auch in Ida von Kortzfleischs Interesse. Aber sie sah sich im „Kampf", sah sich als getriebener „Droschkengaul" und vergoss über die Zumutungen und Entwicklungen bittere Tränen: „Ich bin aufgerieben von den zwei Jahren der ‚Konstitution'. Es ist ein ständiges Bürsten gegen den Strich. Jede Post zwingt das Denken und Wollen von der Richtung ab, die es nehmen will und einschlagen muß, um seiner Eigenart gerecht zu werden. Wie ein abgetriebener Droschkengaul, der immerzu mit der Peitsche eins übergehauen kriegt und dann zu galoppieren anfängt, aber nur zehn Schritte weit."[99]

Sie vermisste in diesem Prozess der Professionalisierung einer Fachschule etwas, was sie das „Künstlerische" nannte: „Es mangelt diesem Geschäftsstil so gänzlich des künstlerischen Elementes. [...] Die Gesetze des Schönen und Natürlichen schei-

---

99 Ida von Kortzfleisch, zit. n. von Heydekampf, Ida von Kortzfleisch, S. 22f.

nen mir zu grausam in die Ecke gedrückt. Man ist eben noch ein bißchen Künstlerin geblieben." Die „Eigenart" und Originalität behielt sie sich aber für ihre Person, in ihrem Auftreten und in ihren Lebensgewohnheiten bis zu ihrem Tod. In dieser Weise wirkte sie auf die jüngere Schülerinnengeneration so seltsam wie zugleich anziehend und begeisternd: „Wenn sie mit ihrer hohen, kräftigen Gestalt, in einer Kleidung, die immer ein wenig verflossener Königspracht an sich hatte, rasch und freundlich lächelnd in den Speisesaal trat – oder wenn sie bei Tische aufstand, um von ihrer Anwesenheit an der zuletzt gegründeten Frauenschulen zu berichten. Dabei kam eine leidenschaftliche Bewegung in ihr großes Gesicht, während die Worte so gewinnend liebevoll und echt weiblich klangen … das war alles so ungewohnt und unherkömmlich, daß es einem jungen Mädchen wohl gar ‚komisch' scheinen konnte. Wer sie und die Bedeutung ihrer Person wirklich kannte – mochte wohl auch einmal lächeln, wenn der Federhut durchaus nicht gerade und fest auf dem Kopfe sitzen wollte, der eher für einen Helm gemacht schien, oder irgend ein anderes Kleidungsstück ihre Geduld auf die Probe stellte. Aber dieses Lächeln galt doch der Geringfügigkeit dieser äußeren Dinge, die sich erdreisteten, einem bedeutenden Menschen wie Dorfköter kläffend in den Weg zu laufen."[100]

---

100   **von** Koschützki, Ida von Kortzfleisch, S. 137.

Der Weg zur Wissenschaft
der Landfrau
Elly Gans Edle Herrin zu Putlitz
(1869 – 1924)

Elly zu Putlitz gehörte zu den ersten Maiden, die eine Wirtschaftliche Frauenschule besuchten. Sie war Maid im zweiten Jahrgang, der in Nieder-Ofleiden ausgebildet wurde. Mit acht weiteren Mitschülerinnen trat sie im Jahre 1898 ein. Sie war die unverheiratete Tochter eines wohlhabenden Rittergutsbesitzers aus der Westprignitz in der Mark Brandenburg, der zu diesem Zeitpunkt schon gestorben war. Aufgewachsen war sie mit zwei älteren Schwestern und dem vier Jahre jüngeren Bruder Walter. Wie für die meisten ersten Frauenschülerinnen typisch, war sie mit neunundzwanzig Jahren schon älter, als sie sich für diese Ausbildung entschied. Es ist weder bekannt, wie sie auf die neue Schule aufmerksam wurde, noch welche Überlegungen sie zu dieser Entscheidung bewogen haben. Ihr weiterer Lebensweg und ihre späteren Unternehmungen geben jedoch Aufschluss über ihre Entwicklung, ihre Anschauungen und ihr Handeln.

Elly zu Putlitz besuchte die Frauenschule mindestens ein und ein halbes Jahr. Generell wurde in den frühen Jahren der Wirtschaftlichen Frauenschule empfohlen, sich eineinhalb bis zwei Jahre ausbilden zu lassen. In die Entscheidung der Schülerinnen war gelegt, ob sie eine Prüfung ablegen wollten. Es ist nicht erwiesen, ob Elly zu Putlitz dieses Angebot annahm. Bedenkt man, dass in den ersten Jahrgängen kürzere Schulzeiten und auch Fluktuation an der Tagesordnung waren, spricht ihr langer Verbleib für ein ernsthaftes Interesse an dieser neuen Schulform und auch dafür, dass die noch mit zahlreichen Mängeln behaftete Schulrealität dennoch für sie attraktiv war. Gleichwohl benannte Elly zu Putlitz die Unzulänglichkeiten der in statu nascendi befindlichen Frauenschule Nieder-Ofleiden deutlich. Im Briefwechsel der Schulgründerinnen, in dem diese sich über die Probleme in Nieder-Ofleiden austauschten, wird berichtet: „Suchen Sie den Dingen in Ofl. auf d. Grund zu kommen. Putlitz spricht zu viel u. ist nicht liebenswürdig, aber ihr Urteil enthält leider nur zu viel Wahres."[1] Diese kritischen Äußerungen Auguste Försters verhinderten aber nicht, dass, den Zielen der Schulkonzeption folgend, eine Schulgemeinschaft entstand, in die auch Elly zu Putlitz einbezogen war und die Bestand über ihre Schulzeit hinaus hatte. Nach ihrer Ausbildung besuchte sie Auguste Förster in Kassel, in ihrer Begleitung ein Fräulein von Zedlitz, eine Diakonisse aus Bielefeld, die sich mit der Kasseler Pädagogin die Schulanstalten des Frauenbildungsvereins ansah. Auguste Förster berichtete von ihrem guten Eindruck an Ida von Kortzfleisch und zog Fräulein von Zedlitz als Schulleiterin für die geplante Wirtschaftliche Frauenschule in Obernkirchen in Erwägung. Diese Option kam wohl nicht für Elly zu Putlitz infrage, denn sie zog der Besichtigung das „Radellernen"[2] vor.

---

1   Brief Auguste Förster an Ida von Kortzfleisch v. 17.8.1899.
2   Brief Auguste Förster an Ida von Kortzfleisch v. 19.5.1900.

Das Jahr ihres Eintritts in die Frauenschule war für sie ein lebensgeschichtlicher Einschnitt gewesen. In diesem Jahr 1898 heiratete ihr Bruder Walter (1873–1937) Adelheid Freiin Hofer von Lobenstein und übernahm das elterliche Gut Laaske. Elly zu Putlitz übersiedelte aus diesem Grund mit ihrer Mutter Sophie (1841–1902), geb. von Rohr aus dem Hause Dannenwalde, auf den der Familie ebenfalls gehörenden Burghof in Putlitz, wo der Mutter ein villenartiges Wohnhaus als Witwensitz errichtet worden war. Der Vater Eugen (1832–1893), ein passionierter und erfolgreicher Landwirt, der die Güter Laaske, Mansfeld und Putlitz-Burgdorf besaß und das ursprüngliche Nebengut Laaske „zu großer Blüte"[3] und damit der Familie Wohlstand gebracht hatte, war fünf Jahre zuvor gestorben. Es ist gut denkbar, dass Elly mit der Übersiedlung anstelle der Mutter die Leitung des gemeinsamen Haushaltes übernehmen sollte und sich hierfür durch eine fundierte Ausbildung das nötige Rüstzeug holen wollte, warb doch die Frauenschule dafür, dass jede Arbeit in Haus und Hof „von der Pike an" von allen Schülerinnen selbst gemacht werden sollte, „denn nur, wer den Dienst selbst verrichtet hat, vermag ihn hernach recht zu leiten."[4] Eine Jahrgangsmitschülerin, Lilli von Boltenstern, die ihre Prüfung im März 1900 ablegte, nahm Elly mit nach Burghof Putlitz, wo diese eine Stelle im Gutsbetrieb übernahm. Von Elly zu Putlitz selbst ist bekannt, dass sie sich in den Jahren nach ihrer Ausbildung in der Wirtschaftlichen Frauenschule schriftstellerisch betätigte. Sie veröf-

---

3   Gisa und Bernhard von Barsewisch, Bei den ‚Edlen Gänsen' zu Tisch. Vom Kochen und Leben in märkischen Gutshäusern. Ein Zeitbild mit alten Rezepten, Berlin 2008, S. 73.

4   Erster Jahresbericht über die Wirtschaftliche Frauenschule zu Nieder-Ofleiden vom April 1897 bis März 1898, Hannover 1898, S. 5, StABü, D 21, Nr. 992.

fentlichte Gedichte, Prosa sowie programmatische Schriften, in denen sie sich mit der Rolle der Frau in der Gesellschaft und den Verhältnissen der Geschlechter beschäftigte.[5] Außergewöhnlich war dann ihre Entscheidung für die Wissenschaft. Sie suchte nach Wegen, ihrem wissenschaftlichen Interesse, das sich auf die Verhältnisse auf dem Land und der hier notwendigen Reformen richtete, folgen zu können und entschloss sich, Vorlesungen an der Berliner Universität zu besuchen. Ihre Aufmerksamkeit richtete sich auf die Nationalökonomie, und zwar auf die Vertreter der jüngeren historischen Schule, in erster Linie Gustav Schmoller (1838–1917), die einem empirieorientierten Wissenschaftsverständnis folgten. Dessen Grundgedanke war, dass es für Menschen nur dort strenges Wissen gäbe, wo den gedanklichen Annahmen über die Wirklichkeit die sinnliche Anschauung der Wirklichkeit gegenübergestellt werde. Seiner Zielsetzung, die Nationalökonomie zur Gesellschaftslehre zu entwickeln, war parallel die Gründung des Vereins für Sozialpolitik im Jahr 1872 gefolgt, in dessen Rahmen zahlreiche Enquêten und Erhebungen über die soziale Lage der unteren Schichten erstellt wurden. Diese Untersuchungen gelten bis heute als Beginn der institutionalisierten Sozialforschung. Eine solche Ausrichtung des Faches auf sozialpolitische Fragestellungen weckte das Interesse gebildeter, an einer Lösung der sozialen Frage interessierter Frauen, zu denen auch Elly zu Putlitz gehörte. Sie fand Anschluss an ein wissenschaftliches Netzwerk und arbeitete schließlich mehrere Jahre in einem Forschungsprojekt mit. In

---

5   Elly zu Putlitz, Über Frauenherzen, Großlichterfelde 1909; dies., Ihr laßt den Armen schuldig werden, Berlin 1909; dies., Mütterlichkeit. Erzählungen, Hamburg 1912; Gedichte von Elly zu Putlitz, Putlitz 1924 (posthum herausgegeben und mit einem Vorwort versehen von ihrer Cousine Freiin Lita zu Putlitz-Retzin).

diesem Zusammenhang war sie maßgeblich an der ersten empirisch-wissenschaftlichen Studie über die Lage der Frauen auf dem Land beteiligt, die in Deutschland erstellt wurde.

Eine märkische Landadelsfamilie befasst mit Philosophie, Wissenschaft, Kunst und Literatur

Die Familie zu Putlitz, die aus der Altmark stammte, kam mit dem Wendenkreuzzug 1147 in die Prignitz.[6] Seit dem 17. Jahrhundert bildeten sich aus der alten Herrschaft Putlitz mit zahlreichen verstreuten Herrschaftsrechten drei Gutsbezirke mit den Zentren Putlitz, Wolfshagen und Nettelbeck. Es gelang nicht nur die Umgestaltung zu Gutswirtschaften, sondern es konnten auch neue Güter oder Vorwerke begründet oder erworben werden. Im 18. und 19. Jahrhundert kamen Groß Pankow, Laaske, Retzin, Hellburg, Rohlsdorf, Klein-Langerwisch, Horst, Dannhof und Groß-Langerwisch hinzu.[7] Bei ihrer Vertreibung im Jahr 1945 waren noch sieben Güter im Besitz der Familie.

Die Familie besaß seit dem Mittelalter eine herausragende und einflussreiche Stellung im märkischen Adel, was sich daran ablesen lässt, dass sie über mehr als 500 Jahre das Erb-

---

6 Zur Geschichte der Familie siehe das Vorwort von Bernhard von Barsewisch in: Gustav zu Putlitz, Mein Heim: Erinnerungen aus Kindheit und Jugend, Berlin 1885. Neu herausgegeben und mit einem Anhang versehen von Bernhard von Barsewisch, Berlin 2002, S. 6–14. Dort auch die Angabe von grundlegender Lektüre zur Geschichte der Familie und ihrer Güter. Außerdem: Torsten Foelsch, Adel, Schlösser und Herrenhäuser in der Prignitz. Ein Beitrag zur Kunst- und Kulturgeschichte einer märkischen Landschaft, Perleberg 1997; ders., Die Gans Edlen Herren zu Putlitz. Mosaiksteine aus ihrer Familiengeschichte. Vgl. http://www.grosspankow.de/texte/seite.php?id=6150
7 Bernhard von Barsewisch, Torsten Foelsch, Sieben Parks in der Prignitz. Geschichte und Zustand der Gutsparks der Gans Edlen Herren zu Putlitz, Berlin 2004, S. 21–24.

marschallamt zunächst bei den Markgrafen von Brandenburg, dann bei den Kurfürsten von Brandenburg und später dann bei den Königen von Preußen innehatte. Dieses Hofamt war eines der vier respektive fünf Hofämter: Kämmerer, Marschall, Truchsess, Mundschenk und später noch Kanzler. Waren die Hofämter zumeist von Adeligen wahrgenommene Aufgaben, die ursprünglich das Funktionieren des fürstlichen Haushalts zu gewährleisten hatten, wandelte sich der Charakter dieser Ämter im Laufe der Jahrhunderte vom Dienstamt zum Ehrenamt. Fast immer wurde es an hochrangige Adelige vergeben. Ab Mitte des 19. Jahrhunderts erhielt dieses Amt mit zeremonieller Bedeutung auch politische Geltung, in dem mit ihm ein ständiger Sitz im preußischen Herrenhaus verbunden wurde. Auch Elly zu Putlitz' Vater Eugen (1832–1893) erhielt nach dem Tod seines Bruders Gustav das Amt des Erbmarschalls der Kurmark Brandenburg für drei Jahre bis zu seinem Tod 1893.[8] Bis zum Ende der preußischen Monarchie 1918 hatte die Familie dieses Amt inne. Sowohl durch dieses Amt als auch weitere Verbindungen bestand eine intensive Beziehung zum preußischen Hof. In der Zeit, in der Gustav zu Putlitz (1821–1890) einige Jahre Hofmarschall des preußischen Kronprinzen Friedrich Wilhelm (späterer Kaiser Friedrich III.) war, gehörten seine Söhne Stephan (1854–1883) und Konrad (1855–1924) zu den Spielkameraden des fast gleichaltrigen Kronprinzensohns Wilhelm (1859–1941). Als Kaiser Wilhelm II. ernannte dieser Konrad im Jahr 1901 zum

---

8 Abdruck des Lehnbriefs in: Torsten Foelsch, Bernhard von Barsewisch, „Lächelnde Blumen des Friedens". Der spätromantische Schriftsteller Gustav zu Putlitz und sein Gut Retzin in der Prignitz als ländlicher Musenhof der Mark. Katalog zur Ausstellung im Schloß-Museum Wolfshagen vom 8. September bis 31. Dezember 2002, hg. v. Förderverein Schloßmuseum Wolfshagen, S. 97.

königlich-preußischen Kammerherrn. Zum engeren Umkreis des Kaisers gehörend, nahm Konrad zu Putlitz auch an einer der kaiserlichen Nordlandfahrten teil.[9] Angehörige der Familie zu Putlitz besaßen im 19. und 20. Jahrhundert auch enge Beziehungen zu anderen deutschen Fürstenhöfen und zum schwedischen Königshaus.

Einige männliche Familienmitglieder aus verschiedenen Generationen sahen sich neben ihrer Tätigkeit in der Gutswirtschaft intensiv zur Gelehrsamkeit, zur Wissenschaft und zur Literatur hingezogen und erlangten in dieser Hinsicht große Bekanntheit. Das ist überraschend, weil nicht üblich für eine märkische Landadelsfamilie. Mit dieser Neigung beriefen sie sich vor allem auf einen Ahnen, der sein Gutshaus in Pankow auch als „Musentempel" für „den gebildetsten Cirkel der Residenz"[10] gestaltete. Der gelehrte, juristisch ausgebildete Gutsbesitzer, der einige Jahre am königlichen Kammergericht in Berlin zugebracht hatte, war Gebhard Gans Edler Herr zu Putlitz (1742–1826), der die Güter Pankow, Retzin und Laaske besaß. Ein Nachruf überliefert, dass er – ohne die Gutsverwaltung ganz aus den Augen zu verlieren – „hauptsächlich für sich, für sein inneres Leben, ein Denker, ein Gelehrter, ein Philosoph war."[11]

---

9   Ebd., S. 99.
10   Stephan Schütze, Gans Edler Herr zu Putlitz auf Pankow in der Prignitz, in: Neuer Nekrolog der Deutschen, Jg. 4, Berlin 1826, zit. n. Gustav zu Putlitz, Mein Heim, S. 29. Gebhard zu Putlitz, durch einen Unfall klein und verwachsen geblieben, konzentrierte sich mit viel Ehrgeiz und Talent auf seine geistige Ausbildung. Er besuchte das Alumnat im Kloster Berge bei Magdeburg, studierte auf den Universitäten Helmstedt, Göttingen und Halle und legte in Halle seine in Latein abgefasste juristische Dissertation vor. In Berlin verkehrte er mit Hauptvertretern der Berliner Aufklärung, dem Schriftsteller Friedrich Nicolai (1733–1811), dem Dichter Ephraim Lessing (1729–1781) und dem Wegbereiter der jüdischen Aufklärung, dem Philosophen Moses Mendelssohn (1729–1786).
11   Schütze, Gans Edler Herr zu Putlitz, zit. n. Gustav zu Putlitz, Mein Heim, S. 28.

Und die Familiengeschichte notiert, dass sein Beispiel und seine Erziehung den Sinn für Wissenschaft und Poesie auf Kind und Kindeskinder weitervererbt hätten. In die Fußstapfen ihres Urgroßvaters Gebhard sollte auch Elly zu Putlitz treten.

Ein weiteres bekanntes, im musischen Feld tätiges Familienmitglied war der schon genannte Onkel Gustav zu Putlitz, der in der zweiten Hälfte des 19. Jahrhunderts ein viel gelesener Schriftsteller war. In seiner engeren Familie fand Elly für einige Jahre ein zweites Zuhause. Seine Märchenstücke erlebten teilweise über fünfzig Auflagen.[12] Er trat zunächst neben der Bewirtschaftung des väterlichen Gutes Retzin als Dichter und Schriftsteller in Erscheinung, bis er schließlich im Hauptberuf eine Theaterlaufbahn einschlug. Fünf Jahre war er Generalintendant am großherzoglichen Theater in Schwerin, übernahm dann auf Wunsch des Kronprinzen Friedrich Wilhelm von Preußen (1831–1888) das Amt des Hofmarschalls am kronprinzlichen Hof in Potsdam, leitete anschließend für längere Zeit die Redaktion der Spenerschen Zeitung in Berlin, bevor er schließlich 1873 auf Wunsch des Großherzogs Friedrich I. von Baden (1826–1907) für sechzehn Jahre die Leitung des Karlsruher Hoftheaters übernahm.[13] Wie das Gut Pankow seines Großvaters Gebhard entwickelte sich unter Gustav zu Putlitz das Herrenhaus in Retzin als Musenhof zu einem Treffpunkt bekannter Künstler.[14]

Gustavs Onkel Carl Theodor (1816–1859) trat ebenfalls als Autor unterschiedlicher Themen publizistisch in Erscheinung,

---

12   Bernhard von Barsewisch, Vorwort, in: Gustav zu Putlitz, Mein Heim, S. 6; Foelsch, von Barsewisch, „Lächelnde Blumen des Friedens".
13   Vgl. Elisabeth zu Putlitz, geb. Gräfin Königsmarck, Gustav zu Putlitz. Ein Lebensbild. Aus Briefen zusammengestellt und ergänzt, 3 Bände, Berlin 1894.
14   Vgl. Foelsch, von Barsewisch, „Lächelnde Blumen des Friedens".

veröffentlichte Schriften über Patronatsrecht, Schafzucht, den Nationalcharakter der Deutschen und das Trauerspiel „Sapphira". Aber auch weibliche Familienmitglieder zeigten das in der Familie gepflegte und geschätzte schriftstellerische Talent. Elisabeth, die Frau des Theaterintendanten Gustav zu Putlitz, eine geborene Gräfin Königsmarck (1825–1901), Tante von Elly zu Putlitz, veröffentlichte eine dreibändige Biographie über ihren Mann nach dessen Tod.[15] Deren jüngste Tochter Lita (1862–1931) publizierte Prosa und Theaterstücke, gab nachgelassene Schriften ihres Vaters heraus, schrieb ein Erinnerungsbuch über ihre Mutter und verfasste schließlich im Jahr 1931 eine Autobiographie.[16] In dieser berichtete sie auch von einigen Reisen, die sie mit ihrer Mutter und ihrer Cousine Elly unternommen hatte.[17] Freundschaft verband sie mit Elly, seit diese während ihrer Schulzeit in Karlsruhe längere Zeit in ihrer Familie aufgenommen worden war. Im Jahr 1914 verfassten beide zusammen ein Weihnachtsmärchen, das auch publiziert wurde.[18] Diese enge Verbindung der beiden Cousinen veranlasste Lita zu Putlitz auch, Gedichte von Elly posthum zu veröffentlichen. Diese Publikation versah sie mit einem Leben, Persönlichkeit und Werk charakterisierenden Begleittext. Auch in ihrer Autobiographie widmete sie ihrer Cousine einen längeren Abschnitt.[19]

War Gustav zu Putlitz hauptsächlich im künstlerischen und weniger im landwirtschaftlichen Bereich engagiert, so erlebte Elly

---

15 Elisabeth zu Putlitz, Gustav zu Putlitz.

16 Lita zu Putlitz, Aus dem Bildersaal meines Lebens 1862–1931, Leipzig 1931.

17 Anfang 1891, nach dem Tod Gustav von Putlitz', unternahmen sie eine Reise in den Süden: Lita zu Putlitz, Bildersaal, S. 58–60, hier S. 78, 93, 96.

18 Elli und Lita zu Putlitz, Die verschneite Glocke. Ein Weihnachtsmärchen, Berlin 1914.

19 Lita zu Putlitz, Aus dem Bildersaal S. 78, 93 ff.

zu Putlitz in ihrem Vater Eugen einen leidenschaftlichen und fähigen Landwirt, der in einem Nachruf „Vater der Prignitz"[20] genannt wurde. Ihr Großvater hatte ihm das Gut Laaske bei Putlitz 1859 übergeben. Im Jahre 1861 hatte er Sophie von Rohr geheiratet. Im Interesse der Landwirtschaft war Eugen zu Putlitz intensiv verbandspolitisch tätig. Er war Mitglied im Verwaltungsrat der Landwirtschaftlichen Vereinsbank für die Prignitz e. G. in Pritzwalk, Vorstandsmitglied des Landwirtschaftsvereins Pritzwalk und im politischen Amt Kreisdeputierter. In diesem Zusammenhang vertrat er auch gelegentlich den amtierenden Landrat der Ostprignitz. Mit seinem Neffen Konrad zu Putlitz setzte er sich zu Beginn der 1880er Jahre sehr engagiert für den Bau und die Finanzierung der Eisenbahnlinie Perleberg-Wittstock ein, die bis 1885 auch realisiert werden konnte.

Musisch anregende Schulzeit in Karlsruhe

Elly zu Putlitz wurde im Jahr 1869 als drittes Kind ihrer Eltern auf Gut Laaske geboren. Im ersten Abschnitt ihrer schulischen Ausbildung erhielt sie zunächst Unterricht bei Hauslehrern, für den zweiten Teil wurde sie auf das prominente Pensionat der Gräfin Lilla Rehbinder (1847–1918) nach Karlsruhe geschickt, wo auch schon ihre Schwester Armgard (1865–1887) und viele ihrer Cousinen unterrichtet worden waren. In dieser Zeit bot ihr die Familie des Onkels Gustav sehr viel künstlerische Anregung

---

20   Kreisblatt für die Westprignitz Nr. 18 v. 31.1.1893, zit. n. Torsten Foelsch, Die Gans Edlen Herren zu Putlitz. Mosaiksteine aus ihrer Familiengeschichte. Vgl. http://www. amtgrosspankow-prignitz.de/Gemeinden/Gross_Pankow/info_gpankow/edlegans/ edlegans.html

in Wort und Musik. Gustav zu Putlitz war – wie schon erwähnt – zu dieser Zeit Generalintendant des Hoftheaters. Cousine Lita, die ebenfalls das Institut der Gräfin Rehbinder besucht hatte, überliefert in ihren Memoiren, diese habe einen „großen Einfluß"[21] in ihrer Jugend auf sie gehabt. Neben Lita und Elly wurden noch zahlreiche weitere Kinder aus der Putlitzschen Verwandtschaft sowie von vielen Freunden bei Gräfin Rehbinder erzogen, so etwa die Cousinen Malita, Germa und Ehrengard von Klitzing und Marie Agnes von Zedlitz, Tochter des Oberpräsidenten von Schlesien, Dr. h. c. Dr. Ing. Karl Eduard Robert Graf von Zedlitz und Trützschler (1837–1914)[22]. Graf von Zedlitz und Trützschler sollte sich in seiner Zeit als Oberpräsident der Provinz Hessen-Nassau bei Kaiser Wilhelm II. für die Erarbeitung der Ordre einsetzen, die dem Reifensteiner Verband die Anmietung der Räume im Stift Obernkirchen für die dritte Wirtschaftliche Frauenschule ermöglichte. Elly gehörte als Pensionatsschülerin zu den so genannten „Rebhühnern" – so nannten die Karlsruher Studenten die Schülerinnen des privaten Pensionats mit angeschlossener höherer Töchterschule der Gräfin Reh-

---

21 Lita zu Putlitz, Aus dem Bildersaal, S. 58–60, hier S. 58.

22 Karl Eduard Robert Graf von Zedlitz und Trützschler war preußischer Beamter und im Jahr 1891/1892 Kultusminister. Graf Zedlitz war zunächst zwischen 1856 und 1862 Offizier im preußischen Militär und übernahm nach seinem Ausscheiden das Familiengut Nieder-Großenbohrau in Schlesien. Zwischen 1879 und 1881 war er Vorsitzender des Provinzialausschusses in Schlesien. Danach war er Regierungspräsident in Oppeln und seit 1884 Mitglied des Staatsrates. Im Jahr 1886 wurde er Oberpräsident der Provinz Posen. Außerdem war er Vorsitzender der Ansiedlungskommission für die Provinzen Posen und Westpreußen. Im Jahr 1898 wurde Graf Zedlitz Oberpräsident der Provinz Hessen-Nassau und von 1903 bis 1909 Oberpräsident von Schlesien. Seit 1909 war er Mitglied der Immediatkommission zur Verwaltungsreform. Im Jahr 1913 wurde er deren stellvertretender Vorsitzender. Seit 1910 gehörte er dem preußischen Herrenhaus an. Vgl. Klaus Schwabe (Hg.), Die preußischen Oberpräsidenten 1815–1945, Boppard am Rhein 1985, S. 306.

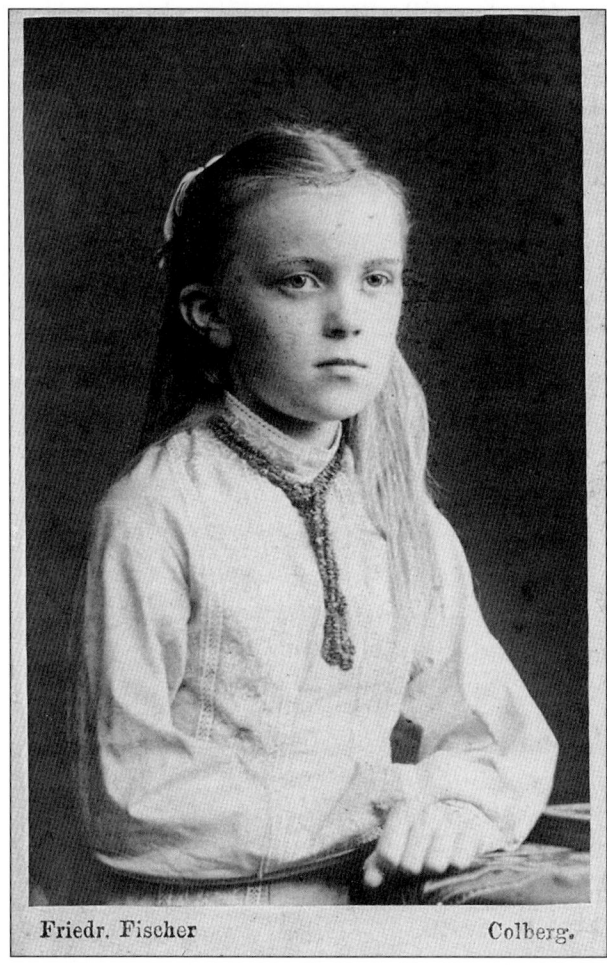

Friedr. Fischer   Colberg.

Elly zu Putlitz.

binder, die ihnen manchmal auf Spaziergängen begegneten. Elly zu Putlitz erlebte in diesem Institut eine Schulgemeinschaft, die bewusst sozial heterogen war. Ihre Cousine Lita, die ein Leben lang mit ihrer alten Lehrerin und später auch mit deren Tochter Julie, genannt Lala, befreundet war, berichtet, die Schulkinder hätten an der Gräfin mit schwärmerischer Liebe gehangen.

Elly zu Putlitz im Pensionat der Gräfin Lilla Rehbinder (1847–1918) in Karlsruhe

Die vielfältigen Optionen der Mädchen- und Frauenbildung, die sich in der Zeit der Gründung des Reifensteiner Verbandes am Ende des 19. Jahrhunderts anboten, hatten ihre Vorläufer in zahlreichen privaten Instituten. Angesichts der Erfahrungen einiger Mädchen aus der von Putlitzschen Familie, ist es angebracht, eine dieser Bildungsanstalten, das Pensionat der Gräfin Rehbinder, die in der zweiten Hälfte des 19. Jahrhunderts eine prominente Stellung erreichte, an dieser Stelle vorzustellen.

Die in Reval geborene und in Hapsal, einer kleinen baltischen Stadt, aufgewachsene Gräfin Rehbinder, später verheiratete Schlosser[23], stammte aus einer alten adeligen Familie aus

---

23 Mit etwa 40 Jahren heiratete sie den knapp sechzigjährigen Pfarrer Gustav Schlosser (1826–1890), ein Witwer mit sechs Kindern. Zu diesem Zeitpunkt war Schlosser erster ständiger Geistlicher der Inneren Mission in Frankfurt a. M., seelsorgerisch verantwortlich für Jungarbeiter, Dienstbotinnen, Obdachlose und Prostituierte, auch in den stationären Einrichtungen. Schlosser war bekannt als Pionier der Diakonie. 1871 lehnte er einen Ruf nach Bethel ab, wo statt ihm dann sein Freund Friedrich von Bodelschwingh die Leitung übernahm. Schlosser, bekenntnistreuer Lutheraner und scharfer Kritiker am bürokratischen Kirchenregiment und dem theologischen Liberalismus im Großherzogtum Hessen-Darmstadt, galt als volkstümlich und ideenreich darum bemüht, soziale Verantwortung im christlichen Bürgertum zu wecken. In diesem Sinne hielt er viele Festpredigten und Vorträge im ganzen deutschen Reich. Er setzte sich sowohl für die Gründung landwirtschaftlicher Arbeitskolonien zur Wiedereingliederung bettelnder Obdachloser ein, was ihm dem Spitznamen „Reichsvagabund" einbrachte, als auch für die Einrichtung von „Magdalenen-Asylen" für Prostituierte. Mit Gräfin Rehbinder hatte Schlosser ein Kind: Julie, die später Lehrerin wurde und nach dem Tod ihrer Mutter eine Biographie über diese schrieb, die hohe Auflagenzahlen erreichte: Julie Schlosser, Aus dem Leben meiner Mutter, Berlin 1923. Zu Gustav Schlosser: Biographisch-Bibliographisches Kirchenlexikon, Bd. IX, Herzberg 1995, Spalte 303f; Otto Kraus, Gustav Schlosser, Ein Lebensbild. Zeitfragen des christlichen Volkslebens Bd. XVII, Heft 2 u. 3, Stuttgart 1892; Hans Gustav Treplin (Hg.), Evangelischer Verein für Innere Mission in Frankfurt a. M. 1850–1990, Frankfurt a. M. 1991, S. 27–32.

Livland. Sie gehörte zur gleichen Generation wie Ida von Kortzfleisch – nur vier Jahre war sie älter. Obwohl ihre Lebenswege
sehr unterschiedliche Voraussetzungen hatten und auch ganz
anders verliefen, zeigen sich in ihren Anschauungen etwa in
Hinsicht auf die Rolle der Frau und die Notwendigkeit einer
verbesserten Frauenbildung verwandte Tendenzen. Gräfin Rehbinder war als Gründerin eines Pensionates mit angeschlossener
höherer Mädchenschule in Karlsruhe, das große Bekanntheit
in Deutschland und auch im Ausland erlangen sollte, im letzten Viertel des 19. Jahrhunderts eine wichtige Schrittmache-
rin auf dem Gebiet einer anspruchsvolleren Mädchenbildung
und eine Impulsgeberin für ein entsprechendes Umdenken
in ihrem Stand. Gräfin Rehbinder kam in Karlsruhe in gesellschaftliche Kreise, von denen sich einige jüngere Mitglieder
später im Umfeld des Reifensteiner Verbandes wiederfinden
sollten.

Erst neunundzwanzig Jahre alt war Gräfin Rehbinder, als
sie ihr Institut im September 1876 in Karlsruhe gründete. Es
war nicht ihre erste Schulgründung. 1872 hatte sie in Mitau, der
Hauptstadt von Kurland, etwa 50 km südwestlich von Riga gelegen, ihre erste Mädchenschule eingerichtet. Zwei Freundinnen
hatten ihr hierfür 800 Mark geliehen, wofür sie vier Zimmer
mietete: „Es fing alles klein und aufs bescheidenste an."[24] Anfangs war auch kein Geld für Dienstboten da, so dass sie alles
alleine machen musste: Öfen heizen, unterrichten, kochen. Die
Schule war sehr schnell gewachsen. Mit 18 Schülerinnen hatte
sie angefangen, vier Monate später zählte sie schon 80, darunter
zwölf Interne. Mit ihren fünfundzwanzig Jahren war nicht nur

---

24 Schlosser, Aus dem Leben, S. 84.

die Vorsteherin jung, dies galt auch für die Lehrerinnen und die Lehrer, die sie sich suchte.

Das Jahr vor der Schulgründung war sie Gesellschafterin in einem wohlhabenden Mitauer Haus gewesen. Sie erlebte dort Theateraufführungen, Bälle, Konzerte, gesellige Schlittenfahrten und auch ihre erste Reise nach Deutschland. In Pommern machte sie Bekanntschaft mit dem typisch norddeutschen Gutsleben. Sie gab zu, dass dort reiche Gastfreundschaft, nette Geselligkeit, viele Ausfahrten, Picknicks, Krocketpartien, höflichste Formen, feste Traditionen und zu verehrende alte Damen kennen gelernt werden konnten. Aber dennoch langweilte sie dies Leben, sie stellte sich oft die Frage: Wozu? Trotz aller Attraktion, die dieses Gesellschaftsleben bot, entstand bei Gräfin Rehbinder die Gewissheit: „Alles lieber, alles lieber, als so eine Vergnügungsmaschine sein. Schornsteine fegen ist viel besser."[25] Es war der Zeitpunkt gekommen, wo sie endlich eine Arbeit haben wollte, die wirklich zu ihr passte, der sie sich mit aller Kraft widmen konnte.

Der Anstoß zur Gründung einer eigenen Mädchenschule kam von Oberlehrer Seesemann, dem Ehemann ihrer früheren, von ihr sehr verehrten Priorin im Stift Finn, Minna von Ungern-Sternberg. Er riet bei der Aufstellung der Lehrpläne und der Stundenverteilung. Er gab auch den Religionsunterricht. Geschichte lehrte der in Mitau geborene, aus einer deutschbaltischen Familie stammende junge Historiker und Archivar Theodor Schiemann (1847–1921), der später Professor für Osteuropäische Geschichte in Berlin, politischer Schriftsteller und Begründer der Osteuropaforschung in Deutschland werden sollte. Es waren in erster

---

25 Ebd., S. 78.

Linie drei Aspekte, die eine vertrauensvolle, gute kollegiale und auch effektive Zusammenarbeit ermöglichten. Wie Gräfin Rehbinder besaß auch Theodor Schiemann eine hohe Affinität zum Deutschtum, man bewunderte nicht nur Deutschland, sondern fühlte sich ihm kulturell zugehörig. Theodor Schiemann war mit deutschnationaler Überzeugung erzogen worden und vom protestantischen Glauben geprägt: „Was ich ins bürgerliche Leben mitnahm, war ein festes deutschnationales Bewusstsein, und der Entschluss, mein Leben der deutschen Sache in den Ostseeprovinzen zu widmen."[26] Gräfin Rehbinder gab in der neuen Schule alle französischen Stunden. Sie hatte ihr Metier jetzt gefunden und schrieb an ihren Vater: „[...] innerlich ist solch ein Leben mit Kindern ein so reich bewegtes, wie kaum ein anderes, ein immerwährendes Wachsen, Arbeiten, Kämpfen, ein stetes Wechseln von Schmerz und Freude, ein Leben, wie ich's mit keinem anderen vertauschen möchte, denn gerade in seiner Mühe und Arbeit besteht seine Köstlichkeit."[27]

Sie selbst hatte mit dem Stift Finn eine Erziehungsanstalt für adelige Mädchen erlebt.[28] In ihrer Schule in Mitau war

---

26   Zit. n. Klaus Meyer, Osteuropäische Geschichte, in: Reimer Hansen (Hrsg.), Geschichtswissenschaft in Berlin im 19. und 20. Jahrhundert. Persönlichkeiten und Institutionen, Berlin 1992, S. 553–570, hier S. 556.

27   Schlosser, Aus dem Leben, S. 85.

28   Das adelige Fräuleinstift „Stift Finn" war eine Stiftung des Ritters Johann Diedrich Edler von Rennenkampff und seiner Frau Jakoba Charlotta geb. Baronin von Tiesenhausen. Die entsprechende Urkunde wurde am 23. Januar 1775 erstellt. General von Rennenkampff starb im Jahre 1783 und bestimmte Gut Finn testamentarisch zum Unterhalt eines Damenstiftes, das den Namen Johann Diedrichstein tragen sollte. Das Stift sollte jungen bedürftigen Damen des estländischen Adels zum Unterhalt und zur Erziehung dienen. Die Stiftung sollte nach dem Tod der beiden Stifter in Kraft treten. Als Zweck war formuliert: Erstens „jungen und unvermählten Frauenzimmern adeligen Standes, sie mögen Waisen sein oder Eltern haben oder nicht, und wenn dann eigenes Vermögen zu einer ihrem Stande gemässen Erziehung und Lebensart nicht hinreicht, solche unentgeld-

dies nun anders, hier wurden adelige und bürgerliche aufgenommen, auch drei jüdische Mädchen waren dabei. Die Vorsteherin Gräfin Rehbinder stellte nur die Bedingung, dass sie sich in den Rahmen des Hauses einfügen müssten, also auch an den Morgenandachten teilnehmen sollten.[29] In der Mitauer Zeit erreichte sie dann ein Ruf aus dem Großherzogtum Baden. Großherzogin Luise (1856–1923), Tochter Kaiser Wilhelms I., suchte für das Mädcheninternat in Mannheim, das unter ihrer Schirmherrschaft stand, eine Leiterin. Der Chef des Geheimen Kabinetts, August Freiherr von Ungern-Sternberg (1817–1895), ein Vetter von Minna Seesemann, geborene von Ungern-Sternberg, bot Gräfin Rehbinder diese Stelle an. Wahrscheinlich hatte ihre frühere Priorin im Stift Finn, Minna von Ungern-Stern-

---

lich in dieser Stiftung zu verschaffen. Zweitens: überhaupt einem jeden unverheirateten Frauenzimmer adeligen Standes, welche die Vorteile und Bequemlichkeiten einer solchen Stiftung und eines nicht geräuschlichen Lebens zu geniessen wünscht, diese Vorteile gegen eine mässige an das Stift zu zahlende Summe zu gewähren."

Die ersten Zöglinge wurden im Jahre 1793 aufgenommen. Vgl. Brief v. 1.10.2007 an die Autorin vom Estländischen Historischen Archiv, Tartu. Das Damenstift wurde 1806 in eine Erziehungsanstalt für junge Mädchen umgewandelt. Diese Hinweise verdanke ich freundlicherweise Herrn Lutz v. Rennenkampff.

Wegen der Russifizierung des Baltikums wurde die Schule des Stifts Finn 1892 geschlossen. Nachdem 1906 den Baltischen Provinzen vom russischen Staat die deutsche Sprache wieder zugestanden worden war, wurde auch die Finnsche Anstalt wieder als deutschsprachige Mädchenschule mit vier Klassen eröffnet. Wegen des Ausbruchs eines Feuers im Jahr 1915 wurde die Schule wieder geschlossen. Nach dem Ersten Weltkrieg wurde die Anstalt als deutschsprachige Haushaltsschule wieder eröffnet. Im Jahr 1922 wurde die Schule zur Wirtschaftlichen Frauenschule Stift Finn umorganisiert und 1926 dem Reifensteiner Verband angeschlossen, um 1939 wegen der Umsiedlung der Deutschen aus dem Baltikum in den Warthegau endgültig geschlossen zu werden. Vgl. Brief v. 1.10.2007 an die Autorin vom Estländischen Historischen Archiv, Tartu. Auch: Wörner-Heil, Frauenschulen, S. 205 f.

29 Die Tochter der Gräfin kommentierte später, ihre Mutter habe weder Antisemitismus gekannt, noch habe sie an ein Bekehren gedacht, zu dem sie sich nicht berufen gefühlt habe.

berg, inzwischen eine ihrer besten Freundinnen, die Gräfin empfohlen.

Nicht ohne Einfluss auf dieses Angebot dürfte auch gewesen sein, dass Freiherr von Ungern-Sternberg mit einer Frau verheiratet war, die aus einer Familie kam, die auf Bildung, auch auf die Bildung der Mädchen, großen Wert legte: Er war verheiratet mit der Tochter Theodora des preußischen Diplomaten Christian Karl Josias Bunsen (1791–1860) – mit dem Freiherrenstand geadelt wurde Bunsen im Jahr 1858 – und der Frances Bunsen, geb. Waddington (1791–1876). In der streng protestantischen Bunsenschen Familie war Theodora und ihren Schwestern eine besonders intensive Ausbildung zuteil geworden. Die Enkelin Marie von Bunsen (1860–1941) berichtet von den Eindrücken des Historikers Reinhold Pauli (1823–1882), die er während seines Londonaufenthaltes im Hause Bunsen gesammelt hatte: „Vor den Bunsen'schen Mädchen aber allen Respect. Die haben was gelernt [...] Erst nach und nach habe ich erfahren, wie unterrichtet sie sind: die eine ist neben ihren brillanten historischen Kenntnissen und neben ihrer Festigkeit in den neueren Sprachen im Stande Homer und Tacitus im Original zu lesen. Freilich, beide Eltern sind so sehr bedeutend, beide sind die Hauslehrer ihrer Kinder gewesen."[30] Der Vater, Christian Karl Josias Bunsen,

---

30   Zit. n. Marie von Bunsen, Georg von Bunsen, ein Charakterbild aus dem Lager der Besiegten gezeichnet von seiner Tochter Marie von Bunsen, Berlin 1900, S. 94 f. Die Schriftstellerin, Malerin und Salonnière Marie von Bunsen war Mitglied im Reifensteiner Verband: Mitgliederliste 1913, 1917, StABü, D 21, Nr. 1425.
Marie von Bunsen wuchs in einem liberalen Umfeld auf. Ihr Vater Georg von Bunsen (1824–1896) war liberaler Parlamentarier, Mitglied des Preußischen Abgeordnetenhauses von 1862–1879 und gehörte zunächst der nationalliberalen, dann der Deutschen Freisinnigen Partei an. Ihre Mutter Emma (1829–1899), geb. Birkbeck von Keswick Old Hall, Norfolk, entstammte einer wohlhabenden englischen Quäkerfamilie. Als junge Frau wuchs Marie von Bunsen in die Berliner Hof-, Diplomaten-, Parlamentarier- und

machte sich neben seiner Diplomatentätigkeit einen Namen als Ägyptologe. In Karlsruhe sollte später eine lebenslange Freundschaft zwischen Gräfin Rehbinder, der Familie von Bunsen und der Familie zu Putlitz entstehen, wobei alle wiederum in engerer Beziehung zum großherzoglichen Haus standen.

Das Mannheimer Mädchenpensionat war lange Zeit von einer ehemaligen Hofdame – einem Fräulein von Pallaus – geleitet worden. Gräfin Rehbinder war die Aufgabe zugedacht, die

---

Gelehrtenkreise hinein. Sie selbst stand dem preußischen Kronprinzenpaar, dem späteren Kaiser Friedrich III. (1831–1888) und der Kaiserin Victoria (1840–1901) nahe. Letztere schätzte Marie von Bunsen sehr, bat oft um ihren Besuch und ihre Begleitung auf Reisen. Marie von Bunsen war Vorstandsmitglied im 1905 gegründeten Deutschen Lyceum-Club, ein kulturell und sozial engagierter Frauenclub nach englischem Vorbild, dessen Vorsitzende die Frauenrechtlerin und Expertin für Hauswirtschaftsausbildungen Hedwig Heyl (1850–1934) war. Marie von Bunsen unternahm vor dem Ersten Weltkrieg alleine Reisen nach Kaschmir, China, Japan und Kambodscha. In Deutschland ruderte sie – wiederum alleine – weite Strecken von Flüssen ab. Nach 1918 trat sie der Deutschen Demokratischen Partei bei. Ihre zahlreichen Publikationen beschäftigten sich mit Themen der Geselligkeit und mit der Geschichte der Salons. Später schrieb sie eine Biographie über ihren Vater und Kaiserin Augusta und dokumentierte ihre Reisen. War sie zunächst durch Elternhaus und Erbschaft finanziell abgesichert und unabhängig, konnte sie nach der Inflation 1923 ihren Lebensunterhalt mit ihren Einnahmen aus Buchveröffentlichungen und mit dem Verkauf von Gemälden sichern.

Einige ausgewählte Publikationen: Marie von Bunsen, Gegen den Strom. ein Stimmungsbild aus dem neuen Berlin, Berlin1893. (In Englisch: dies., A Winter in Berlin. Translated by Mrs. Dugdale, London 1899); dies., Zur Erinnerung an Frau Anna von Helmholtz, Berlin 1899; dies., Georg Bunsen. Ein Charakterbild aus dem Lager der Besiegten gezeichnet von seiner Tochter. Mit Illustration der Autorin, Berlin 1900; dies., John Ruskin. Sein Leben und sein Wirken. Eine kritische Studie, Leipzig 1903; dies., Sizilien. Geschichte, Kunst, Kultur. Ein Begleitbuch, Berlin 1910; dies., Im Ruderboot durch Deutschland, Berlin 1914; dies., Die Frau und die Geselligkeit, Leipzig 1916; dies., Die Welt in der ich lebte, 1860–1912, Biberach a. d. Riss 1959 (unveränderte Neuaufl. von 1929. (In Englisch: The World I Used to Know. 1860–1912. Edited and translated by Oakley Williams, London 1930); dies., Im fernen Osten. Eindrücke und Bilder aus Japan, Korea, China, Ceylon, Java, Siam, Kambodscha, Birma und Indien. Mit zahlr. farb. Abb. nach Aquarellen der Verfasserin, Leipzig 1934; dies., Kaiserin Augusta, Berlin 1940.

Schule zu reformieren. Ihre Erneuerungen[31] sollten auf großes Verständnis des Verwaltungsrates der Einrichtung, dagegen auf hartnäckigen Widerstand des Lehrerkollegiums stoßen. Nach mehreren Verleumdungskampagnen trat sie von ihrem Posten zurück, wurde dann aber von den Eltern der Schülerinnen und dem Großherzogspaar bedrängt, eine neue Schule zu gründen. Um diesem Wunsch Nachdruck zu verleihen, meldeten die Eltern in Mannheim ihre Kinder ab, bewirkten so die Auflösung der Einrichtung, und der Vater einer Schülerin, ein Herr von Stumm[32], bot ihr das für eine neue Gründung notwendige Kapital an. Die Gräfin ließ sich schließlich von ihm und der Großherzogin zu einer Neugründung überreden.

In Karlsruhe setzte Gräfin Rehbinder von Anfang an ihre Ansprüche an eine systematische und geordnete Erziehung und Bildung um. Schon vor der Gründung der Einrichtung hatte sie sich gegen „jede Tändelei", für einen durchdachten Lehrplan und ein „tüchtiges" Lehrerkollegium ausgesprochen.[33] Ihre Unabhängigkeit demonstrierte sie dadurch, dass sie für ihr Institut das Protektorat der Großherzogin Luise ablehnte. Sie argumentierte, die Schule müsse von jeder äußeren Einflussnahme frei bleiben.[34] Die Schülerinnen waren zwischen dreizehn und sechzehn Jahre alt und wurden in drei Klassen unterrichtet. Da ihre Vorbildung in den einzelnen Fächern sehr ungleich war, wurden

---

31 Gräfin Rehbinder in einem Brief, zit. n. Schlosser, Aus dem Leben, S. 99f: „Ich kann Euch nicht sagen, wie unbeschreiblich geistlos alles hier getrieben worden ist, die Losung ist ‚Tradition', die Parole ‚Tradition' […] in allem geniale Unordnung!"

32 Es ist nicht unwahrscheinlich, dass es sich bei diesem um Carl Ferdinand Freiherr von Stumm-Halberg (1836–1901), bis 1888: Carl Ferdinand Stumm, den Montanindustriellen, freikonservativen Politiker und Reichstagsabgeordneten handelte.

33 Schlosser, Aus dem Leben, 98–102, 136.

34 Ebd., S. 125.

sie für verschiedene Fächer in unterschiedlichen Klassen zusammengeführt. Daher musste jedes der etwa 70 Kinder seinen
eigenen Schulplan bekommen, was ein intensives Kümmern
der Schulvorsteherin um jedes einzelne Mädchen voraussetzte.
Darüber hinaus hielt Gräfin Rehbinder engen persönlichen und
brieflichen Kontakt mit den Eltern.

Auch wenn das pädagogische Konzept noch genauer erforscht werden muss, lassen sich auf Grund der vorliegenden
Biographie der Schulgründerin einige Leitlinien erkennen. Es
heißt dort, die große Kraft ihres Lebens und ihr Fundament sei
ihr Glaube gewesen.[35] Aus ihm habe sie die Normen für ihr Handeln geschöpft. Es ist daher nur folgerichtig, dass sie auch für
die Erziehung ihrer Zöglinge das Christentum als den „höchs-
ten Erziehungsfaktor" ansah. Jeden Morgen begann die Schule
daher mit einer Andacht, die die Vorsteherin sorgsam vorbereitete. Strengste Wahrhaftigkeit, Entwicklung eines Ehrgefühls,
Entstehung eines Sinnes für Pflicht statt Ehrgeiz – dies waren
Maximen ihrer pädagogischen Zielsetzung.

Die „Rebhühner" trugen eine „Uniform": Im Winter hatten sie blaue Kleider, im Sommer rosafarbene an. Die Schulvorsteherin hatte es so gewollt, um die „äußeren" Unterschiede
einzuschränken. Denn wie Mitau war auch die Karlsruher Einrichtung keine Anstalt nur für Adelstöchter: Das Rehbindersche
Institut nahm Kinder aus verschiedenen Ständen, Konfessionen
und unterschiedlichen Nationalitäten auf. Dies entsprach dem
ständeübergreifenden Selbstverständnis der Gräfin, das sich auch
auf die Konzeption ihrer pädagogischen Anstalt auswirkte. Es
lag in ihrer Absicht, Kinder verschiedenster Lebenskreise zusam-

---

35 Ebd., S. 186.

menzubringen, da sie einem guten Zusammenleben und dem Entstehen einer Gemeinschaft erzieherisch große Bedeutung zumaß.[36] In ihrem Institut saßen Mädchen aus dem altpreußischen Adel neben Pfälzer Weinbauerntöchtern, Gräfinnen mit schönen Namen gingen neben Frinchen Morgenrock, deren beste Freundin Alwine Buttersack hieß. In der Schulgemeinschaft befanden sich Land- neben Stadtkindern sowohl aus dem Norden wie dem Süden kommend und immer auch einige Ausländerinnen, insbesondere englische Mädchen. Es wurden Protestanten und Katholiken aufgenommen. Die Grundlage für eine solche, den Standesdünkel zurückweisende Einstellung war schon in ihrer Jugend durch ihren Vater gelegt und später dann durch ihre eigenen Lebensumstände verstärkt worden.

Gräfin Rehbinder wird als beeindruckende Persönlichkeit und kluge Pädagogin geschildert. Sie sei geliebt und von ihrer ganzen Umgebung vergöttert worden, übermittelt die baltische Schriftstellerin Monika Hunnius, die als junge Frau als Pensionärin in der Familie Schlosser lebte.[37] Ganz ähnliche Beschreibungen finden sich bei Lita zu Putlitz[38]. Nach ihrer Heirat mit Pastor Schlosser gab Gräfin Rehbinder die Leitung der Karls-

---

36   Ebd., S. 133.

37   Monika Hunnius, Mein Weg zur Kunst, Heilbronn 1925. Monika Hunnius (1858–1934) wuchs in Riga auf und war mit Hermann Hesse verwandt, der sie zu einem ihrer ersten Werke „Mein Onkel Hermann" anregte. Nach einer Gesangsausbildung in Riga und in Frankfurt a. M. bei Julius Stockhausen gab sie selbst in Riga Unterricht in Gesang und Deklamation. Sie war mit bekannten Musikern, u. a. mit Johannes Brahms und Clara Schumann, befreundet. Zur Zeit der Bolschewikenherrschaft floh sie in den Westen Deutschlands und kehrte erst 1924 ins Baltikum zurück.
Die Schriftstellerin Erika von Watzdorf-Bachoff spricht in ihrer Autobiographie von Gräfin Rebinder als „hochbedeutender Frau": Erika von Watzdorff-Bachoff, Im Wandel und in der Verwandlung der Zeit. Ein Leben von 1878 bis 1963, Stuttgart 1997, S. 270.

38   Lita zu Putlitz, Aus dem Bildersaal, S. 58–60.

ruher Einrichtung ab und zog nach Frankfurt am Main. Die gemeinsame Tochter Julie wurde geboren. Als diese später eine Stelle als Lehrerin an der Privatschule Seeberg-Cachin annahm, zog die inzwischen verwitwete Mutter mit ihr nach Altenburg in Thüringen, wo sie Ende 1918 starb.

Sicher hat Monika Hunnius Recht, wenn sie urteilt, die Aristokratin habe sich mit ihrer Heirat für einen Wechsel der sozialen Welten entschieden, war doch ein Leben als Pfarrersfrau in ein anderes Milieu eingebettet als das einer berühmten Schulunternehmerin mit Kontakten zu mehreren fürstlichen Höfen und Familien des Adels und gehobener Schichten. Dessen ungeachtet ist jedoch an ihrem Lebensweg und an ihren Anschauungen abzulesen, dass Gräfin Rehbinder schon seit Jahrzehnten eine soziale Grenzgängerin war. Ihre Tochter und spätere Biographin vermutet als Grund, dass sie wegen ihrer Lebensvoraussetzungen eigentlich nie in die Gesellschaft ihrer Kreise fest eingefügt gewesen und darin eingeengt worden wäre. Ihre Mutter habe früh gelernt, Welt und Menschen sehr anders anzusehen, als ihre Standesgenossen es taten.[39] Sie sei von vornherein und ohne, dass sie es selber recht bemerkt hätte, in einen Gegensatz zu ihrer Umwelt und zu ihrer Zeit gestellt gewesen. Julie Schlosser führt dies darauf zurück, dass ihre Mutter ganz gegen die Konventionen ihres Standes gezwungen war, einen Erwerbsberuf einzuschlagen, um die Familie finanziell zu unterstützen. Der Grund waren jahrzehntelange krasse Geldsorgen der Familie, obwohl diese einstmals zu den wohlhabendsten des estländischen Adels gehört hatte. Den Reichtum der Familie vernichtete Gräfin Rehbinders Großvater väterlicherseits durch einen

---

39 Schlosser, Aus dem Leben, S. 19.

leichtsinnigen Lebenswandel: „Die ganze Kindheit und Jugend meiner Mutter stellte sie Aug' in Auge mit einer Tatsache, die den Menschen ihres Standes sonst so weltfern und fremd bleibt, dass sie sie kaum jemals wirklich verstehen lernen, wenn sie ihr bei anderen begegnen: mit der furchtbaren, feindseligen, ganz und gar unschönen Tatsache der Armut, Armut ohne jede Romantik und begleitet von endloser Sorge des Alltags."[40] Schon in frühester Jugend sei das Gefühl gewachsen, für die Familienexistenz verantwortlich zu sein: Die „unheimliche Begleiterin, die Jahre und Jahre lang nicht aus ihrem jungen Leben weichen sollte und deren lastende Gegenwart schon die Welt des Kindes in Nebel hüllte: die Sorge um das tägliche Brot. Lilla Rehbinder war noch nicht elf Jahre alt, da überlegte sie schon, wie sie selbständig werden und durch eine eigene Arbeit ihren Eltern helfen könnte."[41] Einerseits gab es den Zwang, erwerben und arbeiten zu müssen – dass dieser einem jungen Mädchen aus dem Hochadel abverlangt werden musste, war schon eine große Seltenheit[42] – andererseits barg diese Zwangssituation ganz offensichtlich auch Chancen. Im Widerspruch zu den vornehmen Hohenloheschen Verwandten, die in dieser Situation es als standesgemäß nur ansahen, wenn Lilla als Hofdame oder Erzieherin in den Dienst einer russischen oder deutschen Fürstlichkeit treten würde, wählte Lillas Vater für sie die noch für Frauen ihrer Kreise ungewöhnliche Ausbildung zu einer Lehrerin. Dies basierte einerseits darauf, dass er Bildung sehr hoch schätzte – und in dieser Hinsicht war er ein scharfer Kritiker seines Standes –,

---

40 Ebd., S. 14.
41 Ebd., S. 9.
42 Auch die Mutter von Gräfin Lilla Rehbinder musste durch Heimarbeit, Stricken und Nähen Geld verdienen.

andererseits war er der Meinung, die sich schon zeigenden speziellen Interessen und Talente des kleinen Mädchens würden diese Entscheidung nahe legen. Mit zehn Jahren schickten die Eltern[43] ihre Tochter Lilla in die Erziehungsanstalt Stift Finn. Sie sollte nicht nur deren beste Schülerin werden, sondern auch die erste, die auf eine viertägige externe Prüfung in Reval vorbereitet wurde, um dort die Befähigung als Lehrerin zu erlangen.[44] Mit achtzehneinhalb Jahren trat sie ihre erste Stelle als Lehrerin in der Familie eines Regimentskommandeurs an. Von ihrem ersten Gehalt, das sie erst nach einem halben Jahr erhielt, konnte sie ihrer Mutter eine Nähmaschine kaufen.

In den folgenden Jahren erzwang die finanzielle Notlage der Familie, auch Stellen in Häusern anzunehmen, die nach gesellschaftlichen Begriffen nicht standesgemäß waren. Das galt zum Beispiel für eine Hauslehrerinnenstelle in einer Pastorenfamilie, wo zwei neunjährige Kindern unterrichtet werden sollten. Gräfin Rehbinder kannte diese Ansichten, ihr waren auch die Unterschiede zwischen dieser und ihrer eigenen Familie in Bezug auf Bildung und Umgangsformen bewusst. Sie selbst empfand ihre adelige Herkunft per se aber nicht als etwas Trennendes von anderen Schichten. Wenn sie einen Standeshochmut gepflegt hätte, wäre sie nicht in der Lage gewesen, ein Jahr in dieser Familie zu bleiben und sich dazu noch wohl zu fühlen. Ihre Tochter berichtete später, ihre Mutter habe in

---

43 Graf Nicolai Rehbinder (1823–1876) und Gräfin Gabriele (1826–1909), geb. Freiin von Brinkmann. Der Vater, der Kaiserlich-russischer Marineleutnant a. D. und später Zollbeamter war, wurde erzogen durch Hauslehrer und absolvierte dann die Ritter- und Domschule zu Reval. Kurz nach seinem Tod wurde er in einem Dichterlexikon als „Kämpfer für Licht, Wahrheit und Recht" bezeichnet. Er habe den Kampf gegen alles Feudale und Ultramontane bei seinen Standesgenossen geführt, in: Franz Brümmer, Deutsches Dichterlexikon, Bd. 2, 1877, zit. n. Allgemeine Deutsche Biographie, Bd. 27, S. 587.
44 Schlosser, Aus dem Leben, S. 40.

ihrem Leben den Unterschied zwischen vornehm und unvornehm nicht selten bis zur Qual empfunden, sie hätte Menschen aber immer als Individuen angesehen. Der Stand habe sie dabei nie interessiert.[45] Auch wenn man bei dieser Behauptung in Rechnung stellt, dass sie in den 1920er Jahren niedergeschrieben wurde und zudem eine subjektive Sympathie die Feder geführt haben mag, so erhält sie einiges Gewicht, wenn man alleine die engen Freundschaften berücksichtigt, die Gräfin Rehbinder mit Personen außerhalb ihres Standes pflegte. Dazu gehörte auch Anna Grünwald, eine ehemalige Schülerin aus Estland, die sie als Lehrerin nach Deutschland an ihr Institut holte, später wurde diese auf ihre Empfehlung hin Leiterin des Kaiserin-Augusta-Stiftes in Potsdam[46]. Oder auch die Oberin der so genannten „Blödenanstalt in Neuendettelsau", Doris Braun, wo Thesi, die an Epilepsie leidende Schwester der Gräfin, untergebracht war.[47]

Besonders prägend für Gräfin Rehbinder war ihr Anschluss an die altlutherische Gemeinde in Ispringen, einem kleinen ba-

---

45   Ebd., S. 66.

46   Das Kaiserin-Augusta-Stift ist ein schlossartiger Gebäudekomplex der ehemaligen „Kaiserin-Augusta-Stiftung", das sich in der Potsdamer Nauener Vorstadt befindet. Die Stiftung wurde auf Anregung von Kaiserin Augusta 1872 errichtet, zunächst „als ein Heim zur Erziehung hilfsbedürftiger Töchter von auf dem Felde der Ehre gebliebenen oder infolge des Krieges von 1870/71 gestorbenen deutschen Offizieren, Militärbeamten, Geistlichen und Ärzten". Daraus entwickelte sich eine Mädchenschule, in der man nach 1900 auch das Abitur ablegen konnte.

47   Am 9. Mai 1854 rief Pfarrer Wilhelm Löhe in Neuendettelsau die erste bayerische Diakonissenanstalt ins Leben: „Die Diaconissenanstalt zu Neuendettelsau ist ihrem Zwecke nach eine Bildungsanstalt des weiblichen Geschlechts zum Dienste der Unmündigen und Leidenden." Mit seinem Konzept ging Pfarrer Löhe einen Schritt weiter als die bisher bestehenden Mutterhausgründungen in Deutschland, in denen vor allem Krankenpflegerinnen ausgebildet wurden, indem er in Neuendettelsau Bildungsmöglichkeiten auch für Frauen, welche nicht das Berufsziel der Diakonisse verfolgten, anbot. 1854 wurde die erste so genannte „Blödenanstalt" für Kranke, Alte und Sieche errichtet.

dischen Dorf, und ihre freundschaftlich enge Verbindung mit deren Pfarrer Max Frommel (1830–1890), der hier ein gastfreundliches Pfarrhaus führte. Max Frommel war nicht so sehr für seine volkstümlichen Predigten bekannt, wie sein älterer Bruder, der Hofprediger Emil Frommel (1828–1896) in Berlin. Er schrieb eher gelehrte theologische Abhandlungen, scheint aber durch Gastfreundlichkeit, Herzlichkeit und eine durch zahlreiche Feste entstehende Geselligkeit einen großen Kreis beeindruckt zu haben. Max Frommel gilt als ein Kirchenvater der 1865 gegründeten Evangelisch-Lutherischen Kirche in Baden. 1880 wurde er Generalsuperintendent und Konsistorialrat der Evangelisch-Lutherischen Landeskirche Hannovers in Celle. Gräfin Rehbinder wurde mehr und mehr bekannt mit der Welt evangelischer Theologen: „Es war ein ganz und gar orthodoxes Christentum, das sie umgab und dem sie damals noch selber angehörte. Aber sie empfand keine Engigkeit unter solchen Freunden, nur die gewaltige geschlossene Kraft, die in ihnen lebendig ist, welche irgendwie fest in Gott eingewurzelt sind."[48] In dieser Welt sollte sie auch ihren späteren Mann kennen lernen.

Seit ihrer Kindheit hatte sich Lilla Rehbinder stark zum Religiösen hingezogen gefühlt, obwohl in ihrem Elternhaus kein religiöses Leben geführt wurde, im Gegenteil: Ihr Vater bekämpfte jahrelang die Religiosität seiner Tochter.[49] Ihr Bedürfnis danach fand dann aber Bestätigung und Erfüllung im Stift Finn, hauptsächlich durch dessen Priorin, Minna von Ungern-Sternberg. In ihr begegnete ihr zum ersten Mal ein intensiv gläubiger Mensch, der sie als Kind beeindruckte und den sie nach eigener Aussage grenzenlos verehrte.

---

48   Schlosser, Aus dem Leben, S. 168.
49   Ebd., S. 46.

Das Institut der Gräfin Lilla Rehbinder in Karlsruhe schuf neben dem Elternhaus und der großen musisch orientierten Familie des Onkels Gustav einen weiteren Bildungshintergrund für Elly zu Putlitz. An glückliche Jugendjahre schlossen sich für sie traurige Zeiten an. Ihre ältere Schwester Armgard, die 1886 Eberhard von Faber Du Faur geheiratete hatte, starb bei der Geburt ihres ersten Kindes im Jahr 1887. Nur fünf Jahre später traf das gleiche Schicksal ihre zweite Schwester Helene (1866–1892). Sie hatte im Jahr 1889 Rudolf von Katte geheiratet. Und nur ein Jahr später starb der Vater. Diese Erfahrungen hätten ihrer Jugend viel Schwermut gegeben und ihrem Leben den Frohsinn genommen, glaubte ihre Cousine Lita. So heißt es in Elly zu Putlitz' Gedicht „Lebensweg": „Und darum zittert jedes Herz und bangt, / Das seiner dunklen Einsamkeit verfällt, / Weil jedes heiß ein Schwesternherz verlangt, / Ach, mehr als jedes andre Gut der Welt!"[50] Nur vier Jahre lebte sie mit ihrer Mutter im Burghof, den sie nach deren Tod im Jahre 1902 bis zu ihrem Tod 1924 alleine bewohnte.

Die menschlichen Verluste haben Elly von Putlitz' Leben beschwert, sind wohl auch mit dafür verantwortlich, dass sie eine Mentalität der Ernsthaftigkeit intensiv ausprägte, bei der sie selbst „oft die leichten Schwingen des Humors"[51] vermisste. Dennoch war sie in der Lage viel Kraft und Einsatz für die Ziele zu entwickeln, die durchzusetzen sie als notwendig erkannte. Mit Intensität und „glühendem Idealismus" steckte die „Lebenskämpferin"[52] sich und anderen höchste Ziele. Ihre Texte lassen aufscheinen, was die Cousine über ihre charakteristischen Eigenheiten be-

---

50 Gedichte von Elly zu Putlitz, S. 12.
51 Ebd., S. 4.
52 Ebd.

schrieb: Mit ihr habe man herrlich streiten und disputieren
können, sie habe des Geistes Waffen scharf und leidenschaftlich
schwingen können, auch wenn sie immer eine „Suchende" gewesen sei, habe sie mit ihrer Klarheit Licht in die Wirrnisse der
Freunde gebracht.[53] Und es entspricht herkömmlichen sprachlichen Geschlechtsstereotypen, dass diese Fähigkeit als „begabt
mit fast männlichem Verstand und weichem, gütigen weiblichen
Herzen" benannt wird.[54] Ihrer Forschernatur entsprach, dass sie
sich die Ergründung der Wahrheit und die Verpflichtung zur
Objektivität auferlegt hatte. In ihren Schriften brachte sie ihre
Anschauungen, ihre Überzeugungen in ein argumentatives System. Sie arbeitete das ihrer Meinung nach Grundsätzliche heraus,
reflektierte einzelne Aspekte und goss ihre Überzeugung in prä-
zise und nicht selten zugespitzte Formulierungen.

Eine „Forschernatur" und ihr Anschluss an die christliche Frauenbewegung

Es passt noch in das Bild der weiblichen Konvention, dass Elly
zu Putlitz sich in den Jahren nach ihrer Ausbildung als Schriftstellerin betätigte und Gedichte und Prosa veröffentlichte. Sie
legte aber keine geselligen Gelegenheitsgedichte vor, sondern

---

53 Vgl. das Gedicht von Elly zu Putlitz:
*Irrende Sterne / Ja, und die Menschen die Gott geführt, wandern / Licht sucht und Wärme
auch einer beim andern, / Kindlich vertrauend, so zieh'n sie hinaus. / Aber darunter sind
glühende Seelen, / Die sich am Rätsel des Lebens zerquälen, / Nirgendwo heimisch, bei niemand
zu Haus. / Rastlos verlandend nach wechselnder Ferne – / Friedlose Pilgrime – irrende Sterne.*
Gedichte von Elly zu Putlitz, S. 22.
54 Lita zu Putlitz-Retzin, Dem Andenken Elly zu Putlitz, in: Gedichte von Elly zu
Putlitz, S.7.

wählte für ihre Schriften die Form des Essays und behandelte immer wiederkehrende Themen aus verschiedenen Perspektiven. Ihre Texte waren bewusst subjektiv, knapp und anspruchsvoll. Es wird an ihnen sichtbar, dass Elly zu Putlitz sich der Frauenfrage zugewandt hatte. Sie thematisierte Fragen der Geschlechter, ihre Wesenseigenheiten, ihre Rechte, Pflichten und ihr Verhältnis zueinander. Sie zog aus ihren Erörterungen Konsequenzen für die Jugenderziehung, diskutierte kritisch die zeitgenössischen Gegebenheiten in Hinblick auf die gesellschaftlich fixierte Geschlechterordnung und forderte Veränderungen. Ihrer Forschernatur eingeschrieben war ein Widerspruchsgeist. Gleich zu Beginn des jeweiligen Essays griff sie entweder eine kontrovers diskutierte Ansicht auf oder setzte an den Ausgangspunkt ihrer Überlegungen eine Gefahr, die sie einhergehen sah mit veränderten Sichtweisen. Ihre Schriften verstanden sich als Denkanstöße im Zusammenhang mit dem innerhalb der Frauenbewegung kontrovers diskutierten Frauenbild.

Erste aufschlussreiche Hinweise für Elly von Putlitz' ideelliche und soziale Verortung ergaben sich bei dem Blick auf die Verlage ihrer ersten Publikationen. Im Jahr 1907 erschien im Edwin Runge Verlag von ihr „Über Frauenherzen". Eine Liste von Publikationen des Verlages, die dieser am Ende ihrer ersten Veröffentlichung als Verlagsangebote abdruckte, verweist darauf, dass der Runge-Verlag als eine seiner Leserinnengruppen die Gruppe der evangelischen, gebildeten Frau, die dem Deutsch-Evangelischen Frauenbund nahe stand, ansah. Die Liste enthält die Publikation eines Vortrages der Vorsitzenden des 1899 gegründeten Deutsch-Evangelischen Frauenbundes, Paula Müller (1865–1946), mit dem Titel „Einsame Frauen". Der Verlag bewarb außerdem die Frauenkalender der Jahrgänge 1907 und

1908 dieses Bundes mit Hinweisen auf eine tabellarische Übersicht über Frauenberufe unter Angabe der nötigen Vorbildung, Bildungsanstalten, Kosten und Dauer der Ausbildung in den betreffenden Berufen und einer Zusammenstellung von Heimen und Stiften für gebildete Frauen. Mit der Autorin Adelheid von Bennigsen (1861–1938)[55] war ein weiteres führendes Mitglied

---

55 Adelheids Vater war der bekannte Politiker Rudolf von Bennigsen (1824–1902), ihre Mutter Anne eine geborene von Reden-Hastenbeck. Adelheid war das fünfte von insgesamt neun Kindern. Die Familie von Bennigsen gehörte dem niedersächsischen ritterschaftlichen Adel an und war reich begütert. Rudolf von Bennigsen hatte in der zweiten Hälfte des 19. Jahrhunderts zahlreiche politische Ämter inne, war Mitbegründer des Nationalvereins und der Nationalliberalen Partei, Mitglied des Preußischen Abgeordnetenhauses und des Deutschen Reichstages und wurde preußischer Oberpräsident der Provinz Hannover von 1888 bis 1897. Bis zu ihrem 30. Lebensjahr führte Adelheid das Leben einer Tochter höherer Kreise. Sie reiste viel, unterstützte zu Hause die Mutter in der Führung des großen Haushalts, unterrichtete ihre jüngste Schwester Hedwig sowie ihre vielen Nichten und Neffen. Dies änderte sich entscheidend, als Anfang der 1890er Jahre enge Beziehungen der inzwischen Dreißigjährigen zu Paula Müller (nach 1918 Müller-Otfried), von 1901 bis 1934 erste Vorsitzende des Deutsch-Evangelischen Frauenbundes, zu Magda von Hindersin, zu Agnes und Gertrud von Reden sowie Selma Gräfin von der Gröben entstand. Die Frauen engagierten sich zunächst im Provinzialverband der Evangelischen Frauenhilfe Hannovers, dessen Ziel die geistige, geistliche, sittliche, soziale und wirtschaftliche Hebung der evangelischen Frauenwelt und Jugend war. Eine gewisse Sympathie mit aber auch Scheu vor der Frauenbewegung fand für sie eine erlösende Erfüllung in der Gründung des Deutsch-Evangelischen Frauenbundes im Jahr 1899. Ein Arbeiten mit allen Seelen- und Geisteskräften war ihrer Meinung nach nur möglich „in unserer evangelischen, deutschen Gesinnungsgemeinschaft, in der evangelischen Frauenbewegung". (Adelheid von Bennigsen, Wie ich zum Deutsch-Evangelischen Frauenbund kam und was er mir für mein Leben geworden ist, in: Paula Müller-Otfried (Hg.), 25 Jahre Deutsch-Evangelischer Frauenbund, o. O. 1924, S. 16). Mit ihrer im Runge-Verlag erscheinenden Broschüre „Sexuelle Pädagogik in Haus und Schule" beteiligte sich Adelheid von Bennigsen an der Diskussion um „das wichtige, sehr komplizierte Gebiet der Sittlichkeitsfrage" (Selma von der Gröben, Unser Kampf um sittliche Reinheit, in: Paula Müller-Otfried (Hg.), 30 Jahre Deutsch-Evangelischer Frauenbund, Hannover 1919, 24–29, hier S. 26). Eine weitere Zielsetzung ihrer Tätigkeit war, „in den heranwachsenden gebildeten Mädchen das Bewußtsein ihrer Pflicht zur sozialen Hilfsarbeit zu wecken" (Adelheid von Bennigsen, Der Soziale Frauenberuf, Berlin-Lichterfelde 1914, S. 3).

des Deutsch-Evangelischen Frauenbundes als Autorin vertreten.
Diese hatte mit Paula Müller das Christlich-Soziale Frauenseminar des Deutsch-Evangelischen Frauenbundes in Hannover im
Jahr 1905 unter dem Namen Christlich-soziale Frauenschule für
Frauen und Mädchen der gebildeten Stände gegründet, wurde
dessen Leiterin und gilt als eine der Wegbereiterinnen des sozialen
Frauenberufs. Von Adelheid von Bennigsen publizierte der Verlag die Schrift „Sexuelle Pädagogik in Haus und Schule". Darin
entwarf diese den Unterrichtsplan für eine sexuelle Aufklärung
in der Höheren Mädchenschule. Sie verknüpfte hier die von
der Frauenbewegung seit Jahrzehnten thematisierte Sittlichkeitsfrage mit einem Konzept von sexueller Aufklärungspädagogik
für Mädchen. Die Sittlichkeitsfrage zielte auf den Schutz vor
Missbrauch, vor unehelicher Schwangerschaft und gesellschaftlicher Ächtung der betroffenen Mädchen und Frauen. Wie andere Vertreterinnen der Sittlichkeitsbewegung, forderte auch
Adelheid von Bennigsen die sittliche Autonomie der Frau, bekämpfte die den Männern zugestandene doppelte Moral und
die staatliche Reglementierung der Prostitution. Im Zusammenhang mit dem Ziel des moralischen Schutzes der Jugend entstanden zahlreiche populärwissenschaftliche Erziehungsratgeber.
Die Schrift von Elly zu Putlitz „Ihr lasst den Armen schuldig
werden" erschien 1909 im Verlag der Geschäftsstelle des Deutschen Sittlichkeitsvereins und gibt Hinweis darauf, dass sie sich
der Sittlichkeitsbewegung angeschlossen hatte. Ihre Schrift

Im Zusammenhang mit der Gründung des Christlich-Sozialen Frauenseminars tauschte
sie sich intensiv mit Bertha von Kröcher und Johannes Burckhard aus. Diese beiden
hatten bereits in Berlin einen Kursus zur Ausbildung junger Mädchen und Frauen für
christliche Liebestätigkeit im Kapellenverein errichtet und unterstützten ihr Engagement
zur Gründung einer sozialen Schule für Frauen.

„Mütterlichkeit" von 1912 erschien im Verlag „Agentur des Rauhen Hauses", einer Einrichtung der Diakonie.

Ein Charakteristikum ihrer Schriften ist, dass Elly zu Putlitz ihre Überlegungen insbesondere für ihre Kreise formulierte, an die sie Anforderungen richtete. Ihr Selbstverständnis bezog sich – wie bei Ida von Kortzfleisch – nicht auf die Adelsherkunft, sondern auf die Zugehörigkeit zu dem gebildeten Stand, dem besondere gesellschaftliche Aufgaben im Rahmen einer sozialen Reform zufallen sollte. Ihre Appelle ziehen sich wie ein roter Faden durch ihre Schriften. Ausgehend von einer Kritik der gesellschaftlichen Konventionen mit ihren für Männer und Frauen unterschiedlichen Gesetzen und Freibriefen, entwickelte sie ihr Ideal eines „geistigen Austauschs der Geschlechter"[56], die sich ergänzen sollten. Weder Koketterie, noch Geschlechterkampf sollten Bestand haben, dagegen hielt sie das Prinzip Partnerschaft und Verantwortung füreinander. Dieses sei nur möglich zu erreichen, wenn die Jugend der gebildeten Stände daran mitarbeite. Im Gegenzug kritisierte sie die Erziehung der Mädchen ihrer Kreise, für die eine repräsentierende Rolle an der Seite eines Mannes vorgesehen sei. Und es missfiel ihr, dass es dabei weniger auf den inneren Wert ankäme, sondern zuerst nach Schönheit, Rang und Besitz gefragt würde. Auf der Jagd nach einem Mann, der sie versorgen könne, würden die Mädchen in eine selbstsüchtige und berechnende Stellung gedrängt. Das einzige Examen wäre im Ballsaal abzulegen: „Das gesunde Gegengewicht, das Arbeit und Verantwortungsgefühl dem gesellschaftlichen Leben bieten würde, fehlt dem jungen Mädchen."[57] Sie befürwortete einen freieren und ungezwungeneren Umgang der Jugendlichen

---

56 Elly zu Putlitz, Ihr lasst den Armen schuldig werden, S. 11.
57 Ebd., S. 7.

untereinander. Verlobungen sollten vor der Öffentlichkeit zunächst verborgen bleiben, um sie ohne Gesichtsverlust wieder lösen zu können. Für eine Entwürdigung hielt sie es, eine Ehe aus anderen Gründen als aus Neigung einzugehen. Sie ging so weit, energisch eine neue Gesellschaftsordnung einzufordern, die die Neigungsehe ermögliche.

Für die grundlegende Lösung der zeitgenössischen Kulturaufgaben setzte sie auf den Einfluss der Frauen und ihre Fähigkeit zur Mütterlichkeit, „verstanden als die Liebe für alle Fürsorge-Bedürftigen"[58]. Sie zeigte sich überzeugt, jede Frau könne sich unabhängig von ihrer Lebensform ganz entfalten an ihrer Mütterlichkeit, an der helfenden Liebe. Auch die „vereinsamste" Frau könne, wenn sie ernstlich will, Wege finden, um ihre Mütterlichkeit zu betätigen, und dies solle auch ihr erklärter Wille sein.[59] Originell war ihr Gedanke, dass sie die Mutter in der Erziehung der Knaben in der Phase des Heranwachsens des jungen Erwachsenen für unabdingbar notwendig hielt, denn sein Gemüt müsse ohne Fraueneinfluss verkümmern. Sie zeigte sich überzeugt, dass jeder Mann im Grunde innerlich hilflos sei, bis ein weibliches Verständnis ihn lehre, sich in sich selbst zurechtzufinden. Kein Mann könne ohne Frauenhilfe leben, und damit meinte sie nicht nur Kleidungs- und Ernährungshilfe. Der moderne Gedanke der Erziehung der Jungen im Hinblick auf ein neues, den geistigen Austausch und die Partnerschaft pflegendes Geschlechterverhältnis war für sie eine Notwendigkeit für die Genesung der Menschheit, war für sie eine Existenzfrage der Kultur in Deutschland. Mit ihren Gedanken zur Erziehung der Jungen präzisierte sie das Programm der bürgerlichen Frau-

---

58 Elly zu Putlitz, Frauenherzen, S. 15.
59 Ebd., S. 21.

enbewegung, die das Konzept der geistigen Mütterlichkeit im Sinne einer kulturellen Mission von Frauen, neben einer größeren öffentlichen Verantwortung für Frauen, hauptsächlich für die Mädchenausbildung einforderte.

Ganz ungeschminkt und unbeschönigt schilderte sie das Problem der allein stehenden Frau als eine existenzielle Herausforderung. Ihr Gedicht „Lebensweg" beginnt mit den Zeilen: „Der Weg ist einsam, der durchs Leben geht, / Nur selten wandelt ihn der Mensch zu zwei'n."[60] Wenn sie auch zugestand, dass das Gespenst der alten Jungfer „ein wenig von seinem Schrecken eingebüßt"[61] habe und es inzwischen viele zufriedene unverheiratete Frauen gäbe, die sich hätten entfalten können, so hielt sie nicht hinter dem Berg mit den Erschwernissen: „Die Gefahr des innerlichen Vereinsamens, das Entbehren des natürlichen geistigen Austausches, des familienhaften Anschlusses, die Notwendigkeit, sein Leben äußerlich und innerlich für sich selbständig führen zu müssen, kurz, die Einsamkeit und das Alleinsein, sie machen das Leben der unverheirateten Frau schwer, ja zuweilen grausam hart."[62] Die unverheiratete Frau empfände es besonders schwer, aus Schicklichkeitsgründen von jedem geistigen Verkehr mit Männern ausgeschlossen zu bleiben. Elly zu Putlitz sprach über den Preis, den viele junge Frauen für ihren Mut zahlten, sich mit Frauenfragen zu befassen. Im Grunde bedeutete er nicht nur, mit gesellschaftlicher Ächtung, mit der Missbilligung der Familie und auch mit öffentlichen Angriffen rechnen zu müssen. Es bedeutete vor allem auch, mit großer Wahrscheinlichkeit keinen Lebenspartner in seinen angestammten Kreisen zu finden. Denn

---

60 Gedichte von Elly zu Putlitz, S. 12.
61 Elly zu Putlitz, Frauenherzen, S. 17.
62 Ebd., S. 16.

welcher Landrat, welcher Offizier und welcher Beamte konnte es sich im Hinblick auf seine Karriere und die Erwartungen seiner Dienstherren im besten Fall nach Neutralität leisten, eine Ehefrau zu haben, die den Kampf gegen die Doppelmoral führte, die für mehr Bildung und Berufe für Frauen eintrat, eventuell auf Frauenkongressen auftrat oder gar für das Stimmrecht arbeitete. Zahlreiche, in diesem Sinne überzeugte junge Frauen wussten, dass sie auf diese Weise mit aller Wahrscheinlichkeit auf Eheglück würden verzichten müssen. Elly zu Putlitz machte aufmerksam darauf, dass der Verzicht darauf nicht in jedem Fall mit dem Rückhalt unter Gleichgesinnten und mit einem heroisch-leidenschaftlichen Engagement in der Bewegung ausgeglichen werden könnte.

Die erste wissenschaftliche Studie über die Situation von Frauen auf dem Land

Elly zu Putlitz wollte sich nicht damit begnügen, ein verwöhntes Leben zu führen. Ihre Wissbegier hatte das Ziel, Kenntnisse zu erwerben, die den Wunsch, für notwendige gesellschaftliche Reformen insbesondere auf dem Land wirken zu wollen, realisieren und präzisieren halfen. Dies war das Fundament ihres akademischen Interesses und beförderte ihre wissenschaftlichen Ambitionen. In einer Zeit, in der nur etwa acht Prozent aller Studierenden weiblichen Geschlechts waren – in Preußen wurde das Frauenstudium erst 1908 allgemein erlaubt – ist dieser Weg noch als ungewöhnlich und aus dem Rahmen fallend zu kennzeichnen. Gleichwohl gab es schon Frauen, die diesen Weg geebnet hatten. Seit etwa zwei Jahrzehnten hatten einzelne als Autodidaktinnen

auf individuell unorthodoxen Wegen bestimmte Wissenschafts-
felder wie die Medizin oder auch die Rechtswissenschaft erobert.
Teilweise waren sie zum Studium in das Ausland gegangen, teilweise erreichten sie durch Privatgenehmigungen die Erlaubnis,
als Gasthörerinnen an Vorlesungen teilzunehmen. Auf solchen
Wegen war auch die Entwicklung der sozialen Arbeit und deren
Professionalisierung in die Hände von Frauen gelangt. Von weit
reichender Bedeutung war, dass auch das Fundament für eine
empirische Sozialforschung durch Frauen gelegt wurde. Diese
Pionierinnen der empirischen Sozialforschung setzten wichtige
Impulse zur Konstituierung des Faches Soziologie in einer Zeit,
in der Frauen der Zugang zu akademischen Institutionen generell noch verwehrt wurde. Als gebildete Außenseiterinnen, interessiert an Wissenschaft sowie an einer Klassen versöhnenden
Sozialreform und Sozialpolitik, bauten einige dieser frühen So-
zialforscherinnen ihre Studien sowohl auf Befragungen, Erhebung und Auswertung von statistischem Material, hauptsächlich aber auf der teilnehmenden Beobachtung auf. In manchen
Fällen wurden die Untersuchungen, deren Ergebnisse veröffentlicht wurden, verdeckt vorgenommen. Dieses Vorgehen sollte
zu einer wichtigen Methode der empirischen Sozialforschung
werden.

Elly zu Putlitz erhielt Kontakt zu diesen wissenschaftlich
tätigen Frauenkreisen, in denen sich eine enge Verbindung zwischen der sich etablierenden Soziologie, der Sozialreform und
der Frauenbewegung manifestierte. Zu diesen ersten wissenschaftlichen Pionierinnen, die geschlechtsspezifische Studien
durchführten, gehörte als Älteste, die mit Ida von Kortzfleisch
in Kontakt stehende, Elisabeth Gnauck-Kühne (1850–1917). Die
etwas Jüngeren waren Gertrud Dyhrenfurth (1862–1946) und

Elly zu Putlitz.

Rosa Kempf (1874–1948).[63] Elisabeth Gnauck-Kühne war eine der ersten, die in Berlin studierte, zunächst privat bei dem schon genannten Nationalökonom Gustav Schmoller. Ab 1895 erhielt sie eine ministerielle Sondergenehmigung für das Studium an

---

63   Es gab um 1900 noch eine ganze Reihe weiterer Frauen, die empirisch und auch theoretisch über soziale Fragen arbeiteten und von Nationalökonomen gefördert und anerkannt wurden: Minna Wettstein-Adelt, Beatrice Webb, Helene Simon, Oda Olberg, Ina Britschgi-Schimmer, Marie Bernays, Maria Bidlingmeier, Dora Landé, Elisabeth Hell, Elisabeth Altmann-Gottheiner.

der Universität. Zur gleichen Zeit ging sie als Arbeiterin in eine Kartonagefabrik, um die Situation vor Ort zu studieren. Ihr Bericht 1896 fand weite Beachtung.[64] Elisabeth Gnauck-Kühne war neben ihrer religiösen Gestimmtheit von sozialen Reformideen und von der Frauenbewegung beeinflusst. Wie für Ida von Kortzfleisch, so war sie für einzelne Frauen und deren Lebensweg sehr bedeutsam. Zugleich prägte sie die Frauenbewegung entscheidend mit. Ihr Wirkungskreis lag an der Schnittstelle von sozialer Arbeit, Wissenschaft und Frauenemanzipation.

Eine Freundin und Studienkollegin von Elisabeth Gnauck-Kühne war Gertrud Dyrenfurth, die dem Kreis um den Theologen und liberalen Politiker Friedrich Naumann (1860–1919) nahe stand. Friedrich Naumann war der Mittelpunkt eines großen schichtenübergreifenden Gesinnungs- und Freundeskreises. Die soziale Frage wollte er durch ein Bündnis von Liberalismus und Protestantismus lösen. Dieses Netzwerk war aus Teilen des Evangelisch-Sozialen Kongresses hervorgegangen. Zum Naumann-Kreis gehörten damals auch Max Weber, Lujo Brentano, Hellmut von Gerlach, Theodor Heuss und dessen Ehefrau Elly Knapp sowie Gustav Stresemann. Auch Gertrud Dyrenfurth zählte zu den Autodidaktinnen im wissenschaftlichen Feld, die von außerhalb der Universität kamen, und zu den Begründerinnen der empirischen Sozialforschung zu rechnen sind. 1896 führte Dyhrenfurth eine erste Studie über Frauen in der Berliner Heimindustrie durch.[65] Es folgten zahlreiche weitere Studien, etwa über die Doppelbelastung von Frauen durch

---

64 Elisabeth Gnauck-Kühne, Die Lage der Arbeiterinnen in der Berliner Papierwaren-Industrie, Schmollers Jahrbuch N. F. Band XX, 2. Heft, Leipzig 1896.
65 Gertrud Dyhrenfurth, Die hausindustriellen Arbeiterinnen in der Berliner Blusen-, Unterrock-, Schürzen- und Tricotkonfektion, Leipzig 1898.

Arbeit und Familie oder über die Frauen in der Landwirtschaft. Letztere führte sie als Mitglied des Ständigen Ausschusses zur Förderung der Arbeiterinnen-Interessen durch. Als dieser Ausschuss 1910 eine Untersuchung über die Lebensverhältnisse der ländlichen Arbeiterinnen beschloss und hierfür eine „Landkommission" bildete, übernahm Gertrud Dyhrenfurth die Kommissions- und Projektleitung. Es entstand die erste grundlegende Untersuchung über die Frau in der Landwirtschaft, die ein Standardwerk werden sollte. Gertrud Dyhrenfurth war somit eine der ersten Frauen, welche die landwirtschaftliche Arbeit unter wissenschaftlichen Gesichtspunkten betrachtete. Ihr besonderes Engagement in diesem Bereich hing mit ihrem Herkommen zusammen. Sie besaß gemeinsam mit ihrem Bruder das Gut Jacobsdorf in Schlesien. Der mit den landwirtschaftlichen Verhältnissen befasste Nationalökonom Max Sering (1857–1939) wurde ihr Lehrer.[66] Zunächst hatte sich Gertrud Dyhrenfurth dem Gebiet der Heimarbeit und dann der ländlichen Arbeiterfrage zugewandt. Eine Monographie über das Gut Jacobsdorf, die sie 1906 veröffentlichte[67], machte sie in Fachkreisen bekannt. Auch Gertrud Dyhrenfurth verfolgte mit ihren Arbeiten eine Fundierung sozialpolitischer Zielsetzungen, insbesondere für das Land, die sie auf ihrem Gut zu realisieren suchte. Es war ihrer Initiative

---

66   Max Sering ging 1883 im Auftrag der preußischen Regierung nach Nordamerika zum Studium der dortigen Landwirtschaft. Nach seiner Rückkehr habilitierte er sich an der Universität Bonn und wurde 1885 außerordentlicher Professor. 1889 wurde er an die landwirtschaftliche Hochschule in Berlin berufen und erhielt eine Professur an der Humboldt-Universität zu Berlin. Er war Mitglied des deutschen Landwirtschaftsrates und des preußischen Landesökonomiekollegiums. 1912 gründete er zusammen mit dem Regierungspräsidenten in Oppeln, Friedrich Ernst von Schwerin (1863–1936), die Gesellschaft zur Förderung der inneren Kolonisation.

67   Gertrud Dyhrenfurth, Ein schlesisches Dorf und Rittergut. Geschichte und soziale Verfassung, Leipzig 1906.

zu verdanken, dass im Gutsbezirk ein Haus hergerichtet wurde, in dem nicht nur die Gemeindeschwester wohnte, sondern in dem auch Koch- und andere Kurse abgehalten wurden und zudem viele Dorffestlichkeiten stattfanden. Anregungen in dieser Richtung kamen auch vom Deutschen Verein für ländliche Wohlfahrtspflege, der 1896 von Heinrich Sohnrey (1859–1948) gegründet worden war. Viel Wert wurde dabei auf die berufliche, soziale und kulturelle Aufklärung der Landbevölkerung gelegt, um die Abwanderung vom Land einzudämmen. Der schulischen Ausbildung und auch der Erwachsenenausbildung kam große Bedeutung zu. Nach ihren eigenen Aussagen zählte Gertrud Dyhrenfurth den Lehrer im Dorf zu ihrem engsten Gehilfen bei ihren Intentionen. Ihr Interesse und ihre Mitarbeit an der Entwicklung eines weiblich-ländlichen Bildungswesens führte sie zur Mitarbeit an der Studie über die Arbeits- und Lebensverhältnisse der Frauen in der Landwirtschaft, an der auch Elly zu Putlitz beteiligt sein sollte.[68]

Im Jahr 1911 publizierte Rosa Kempf die Ergebnisse einer groß angelegten Befragung von 270 Personen, die sie im Rahmen eines Seminars bei dem Nationalökonomen Lujo Brentano (1844–1931) durchgeführt hatte. Mit dieser Arbeit wurde sie promoviert.[69] Rosa Kempf war Mitglied des Vorstandes des Allgemeinen Deutschen Frauenvereins – Deutscher Staatsbür-

---

68 Gertrud Dyhrenfurth unterstützte von Anfang an auch das Projekt der Mädchen- und Frauengruppen für soziale Hilfsarbeit in Berlin, in der sich junge Frauen für die Ausübung sozialer Arbeit ausbilden ließen.

69 Rosa Kempf, Das Leben der jungen Fabrikmädchen in München. Die soziale und wirtschaftliche Lage ihrer Familien, ihr Berufsleben und ihre persönlichen Verhältnisse, Schriften des Vereins für Sozialpolitik, Band 135, 2. Teil, Untersuchungen über Auslese und Anpassung (Berufswahl und Berufsschicksal) der Arbeiter in verschiedenen Zweigen der Großindustrie, Leipzig 1911.

gerinnenverband und Mitglied des Ständigen Ausschusses zur Förderung der Arbeiterinneninteressen. Auch sie nahm an der Untersuchung über die Arbeits- und Lebensverhältnisse der Frauen in der Landwirtschaft teil und übernahm die Bearbeitung der Region Bayern. Im Jahr 1918 veröffentlichte sie ihre Ergebnisse.[70]

Vom 19. bis 21. Februar 1914 fand in Berlin die Dritte Konferenz des „Ständigen Ausschuß zur Förderung der Arbeiterinnen-Interessen" statt. Neben Vertretern und Vertreterinnen aus der Wissenschaft (Gertrud Dyrenfurth, Agrarwissenschaftler Professor Dr. Otto Auhagen) und verschiedenen Frauenverbänden (Dr. Rosa Kempf, Elisabeth Boehm-Lamgarben, Elisabeth Bernhard, Dr. Elisabeth Altmann-Gottheiner, Dr. Marie Elisabeth Lüders-Grunewald), war auch Elly zu Putlitz mit einem Vortrag beteiligt. Ihr Referat trug den Titel: „Der Einfluß der Gebildeten auf dem Lande". Die Konferenz war einberufen worden, um der Öffentlichkeit die Ergebnisse der mehrjährigen Land-Studie vorzulegen. Wie schon erwähnt, hatte vier Jahre zuvor, im Herbst 1910, der im Jahr 1906 gegründete „Ständige Ausschuß zur Förderung der Arbeiterinnen-Interessen"[71] beschlossen, eine Untersuchung über die Lebensverhältnisse der ländlichen Arbeiterinnen zu beginnen. Die Ausschussmitglieder hatten bemängelt,

---

70   Rosa Kempf, Arbeits- und Lebensverhältnisse der Frauen in der Landwirtschaft Bayerns, Jena 1918.

71   Vorsitzende des Ständigen Ausschusses war Margarete Friedenthal (1871–1957). Es heißt, dass sie sein spiritus rector und für seine Unternehmungen auch seine Mäzenin gewesen sein soll. Die Schriftstellerin, Frauenrechtlerin und spätere Vorsitzende des Deutschen Staatsbürgerinnenbundes Dorothee von Velsen (1883–1970), die auch Schriftführerin der Landkommission und intensiv an der Bearbeitung der Studie beteiligt war, überliefert, dass das Haus der aus einer wohlhabenden Familie stammenden Margarete Friedenthal der Frauenbewegung „ein angenehmes Hauptquartier" war. Vgl. von Velsen, Im Alter, S. 114.

dass eine wissenschaftlich fundierte empirische Erhebung über die ländliche Frauenarbeit fehlte. Erst eine solche könnte eine solide Grundlage für die Erfassung der Probleme und die daraus abzuleitenden sozialpolitischen Maßnahmen abgeben. Aus der Debatte folgte, dass die Studie nicht nur die wirtschaftliche Situation eruieren, sondern umfassender nach der Vielgestaltigkeit der Lebensverhältnisse der Frauen fragen sollte. Außerdem verständigte man sich darauf, sich nicht darauf zu beschränken, nur die Lage der Frauen im Lohnarbeitsverhältnis zu untersuchen. Aus diesen Festlegungen ergab sich, dass aus einer projektierten Studie über die Arbeiterin auf dem Land eine Untersuchung über die Arbeits- und Lebensverhältnisse der Frauen in der Landwirtschaft entstanden war.

Das Projekt wurde in zehn Provinzen (Brandenburg, Mecklenburg, Pommern, Schlesien, Ostpreußen, Westpreußen und Posen, Westfalen, Rheinland, Südwest-Deutschland, Bayern) durchgeführt. Vier dieser Provinzen wurden von Frauen bearbeitet: Brandenburg (Elly zu Putlitz), Schlesien (Gertrud Dyrenfurth), Rheinland (Dr. Ida Kisker) und Bayern (Dr. Rosa Kempf). Für die Erhebung wurden zwei Arten von Fragebögen entwickelt. Der eine Typ richtete sich an „ländliche Auskunftspersonen", damit waren etwa Gutsfrauen, Stiftsdamen, Gemeindeschwestern, Lehrerinnen, Pfarrfrauen, Inspektoren, Landwirte, Gärtner, Vereinsvorsitzende gemeint, die über die Situation auf dem Land und speziell die Lage der Frauen in der jeweiligen Gemeinde oder dem Bezirk detailliert berichten sollten. Der andere war ein Fragebogen, der sich an die einzelnen Frauen richtete und in Berufsgruppen unterteilt war: kontraktlich gebundene Arbeiterin, freie Tagelöhnerin mit und ohne Besitz, Magd auf Guts- und Bauernhof, Wanderarbeiterin und die Frau oder

Tochter des bäuerlichen Besitzers, soweit sie körperliche Arbeitet mitleistete. Man ging davon aus, dass man „Auskunftspersonen" brauche, da viele „einfache" Frauen mit der Beantwortung des großen Fragenkomplexes, der auch die komplizierten Einkommensberechnungen ermitteln wollte, sicher überfordert seien. Andererseits wollte man bewusst den Berichten der Auskunftspersonen die Ansichten der Betroffenen gegenüberstellen, die sie selbst über ihre Verhältnisse hegten. Schließlich waren so genannte „Vertrauenspersonen" vonnöten, die die Auskunftspersonen gewinnen und das Material versenden mussten: „Diese haben durch ihre Beziehungen in der Provinz geeignete Menschen und Organisationen zur Mitarbeit herangezogen und auf Grund ihrer Landeskenntnisse gewußt, wohin die Bogen gesandt werden mussten, um typische Verhältnisse zu erfassen."[72]

Insgesamt wurden 4000 Fragebögen ausgegeben, davon wurden 850 Berichte und 2200 Einzelfragebögen beantwortet. Außerdem wurden „Haushaltsbücher" ausgearbeitet, die an Arbeiter- und kleinbäuerliche Familien ausgegeben wurden, und von diesen ein Jahr lang mit Begleitung der Auskunftspersonen geführt wurden. Im zweiten Teil der Studie wurde das Material einem „Bearbeiter" oder einer „Bearbeiterin" zur Auswertung und Beurteilung übergeben. Von diesen erwartete man auch Vorschläge zur Gestaltung der Verhältnisse in der Zukunft. Um eine gewisse Einheitlichkeit zu wahren und die Teilstudien vergleichbar zu machen, wurde den Bearbeiterinnen eine Syste-

---

72   Gertrud Dyrenfurth, Ergebnisse einer Untersuchung über die Arbeits- und Lebensverhältnisse der Frauen in der Landwirtschaft. Erster Teil: Einwirkung der wirtschaftlich-sozialen Verhältnisse auf das Frauenleben. Auf Grund einer vom ständigen Ausschuß z. F. d. A.-I. veranstalteten Erhebung, mit Beiträgen von Freiin Elly zu Putlitz, Dr. Rosa Kempf und Elisabeth Boehm-Lamgarben, Jena 1916, S. 14.

matik für die Ordnung des Materials vorgegeben. Stolz waren
die Projektmitarbeiter, dass man aus den Eintragungen in den
Einzelbögen „zum ersten Male Stimmen aus einer Frauenschicht
[hören konnte], die bisher nie vernommen wurden."[73] Die
schließlich insgesamt abgegebenen Berichte der Auskunftspersonen erschienen den wissenschaftlichen Mitarbeitern in vielen
Fällen als „abgerundete Kulturstudien"[74].

Zum Zeitpunkt der Konferenz lagen erst die Arbeiten über
Brandenburg, Mecklenburg und Südwest-Deutschland vor.
Doch war die Verarbeitung des übrigen Materials hinreichend
weit gediehen, um den Referenten die Unterlage für ihre Berichterstattung zu geben. Die Drucklegung der auf der Konferenz gehaltenen Vorträge sollte im Herbst 1914 erfolgen. Dieser
Plan wurde durch den Beginn des Ersten Weltkrieges vereitelt,
denn drei der männlichen Mitarbeiter wurden zum Militär ein-
gezogen. So entschlossen sich die Frauen, einen Band mit den
Referaten der weiblichen Kongressteilnehmer zu veröffentlichen,
der noch im Jahr 1916 erschien.

Elly zu Putlitz war in die Untersuchung über die Lebensverhältnisse der Frauen auf dem Lande in der Provinz Brandenburg
auf zwei Ebenen verantwortlich einbezogen. Zunächst war sie
eine der so genannten „Auskunftspersonen", die einen Bericht
verfassten und die Einzelbefragungen durchführten. Sie übernahm anschließend auch die Funktion der „Bearbeiterin", die
die Unterlagen aus- und bewerten sollte. Ihre Ausarbeitung,
die 1914 gedruckt vorlag, begann im ersten Kapitel mit einer
Charakterisierung der Provinz Brandenburg und seiner 31 länd-

---

73 Ebd., S. 12.
74 Ebd., S. 14.

lichen Kreise.[75] Elly zu Putlitz beschrieb Anbau und Betriebsver-
hältnisse, die Einflüsse der Industrie, Grundbesitzverhältnisse,
Erbgang und Eherecht sowie die Arbeitsverhältnisse und ihre
Entwicklung. Es folgten elf weitere Kapitel, die sich mit den
Landarbeiterinnen, dem Leben der Frau und Mutter, der Frau
in der Hauswirtschaft, der Frau als landwirtschaftliche Berufs-
arbeiterin, der allgemeinen Lebensführung, dem Einfluss der
modernen Verkehrsverhältnisse, der Abwanderung vom Lande,
den Möglichkeiten des Emporsteigens der Arbeiter- und klein-
bäuerlichen Familien, den Leistungen seitens der Gemeinde,
Kreis und Gesellschaft sowie den Beziehungen der Stände untereinander beschäftigten. Im Schlussteil trug sie ihre Reform-
vorschläge vor. Diese bezogen sich auf die Notwendigkeit der
Verbesserung der Lebens- und Arbeitsverhältnisse, auf die materielle Besserstellung und auf auszuweitende Bildungsangebote
für die weibliche Jugend sowie auf die Sicherung einer sittlichen
Lebensführung älterer Mädchen und selbständiger Landarbeiterinnen. Auf ihre eigenen Kreise richtete sie ihre Hoffnungen:
„Gelingt es uns Gebildeten, uns zurückzufinden zu einer idealen,
die ethischen Werte über alles stellende Lebensauffassung, von
neuem Gottsucher und Ewigkeitsmenschen zu werden, dann
wird auch die Zeit kommen, wo dem einfachen Volk die Augen aufgehen für die unendlichen Schätze von Gemüt und Seele,
von Leben bereichernden Eindrücken, die keinerlei städtisches
Getriebe ihnen zu bieten vermag, sondern nur allein ihre ländliche Heimat!"[76]

---

75 Elly zu Putlitz, Arbeits- und Lebensverhältnisse der Frauen in der Landwirtschaft
in Brandenburg. Auf Grund einer vom ständigen Ausschuß z. F. d. A.-I. veranstalteten
Erhebung dargestellt, Jena 1914.
76 Elly zu Putlitz, Arbeits- und Lebensverhältnisse, S. 162.

Mit dieser Erwartung richtete sich Elly zu Putlitz auch in ihrem Vortrag auf der Konferenz an die Grundbesitzer und allgemein die Gebildeten auf dem Land und forderte, dass sie ihre Verantwortung wahrnehmen und durch ihr Vorbild indirekten Einfluss auf das Landvolk ausüben sollten. Sie verlangte Sensibilität und Takt, um sich in die „Empfindungen des Volkes hineinzufühlen": „Wir müssen es lernen, vor der Frau im schlichten Arbeitskleid und Kopftuch den Hut nicht weniger tief zu ziehen, als vor der eleganten Dame mit dem Federhut."[77] Im Zentrum ihrer Forderung stand „ein Leben gewordenes Christentum", das „wir Gebildeten auf dem Lande brauchen, wenn von uns ein segensvoller Einfluß ausgehen soll auf das uns umgebende Landvolk"[78].

Für Elly zu Putlitz' Denken und Handeln war der christliche Glaube Ausgangspunkt und Leitschnur. Den menschlichen Wunsch nach Freiheit verwies sie poetisch auf die Liebe zu den göttlichen Gesetzen:

Ihn lieben gibt Freiheit
Und das Leben, das er verleiht,
Und die Gesetze in seinen Werken,
Sie lieben, das heißt sich stärken,
Das heißt sich erheben
Zu kühnfreiem Streben.

---

77 Elly zu Putlitz, Der Einfluß der Gebildeten auf dem Lande, in: Gertrud Dyrenfurth, Ergebnisse einer Untersuchung über die Arbeits- und Lebensverhältnisse der Frauen in der Landwirtschaft. Erster Teil: Einwirkung der wirtschaftlich-sozialen Verhältnisse auf das Frauenleben. Auf Grund einer vom ständigen Ausschuß z. F. d. A.-I. veranstalteten Erhebung, mit Beiträgen von Freiin Elly zu Putlitz, Dr. Rosa Kempf und Elisabeth Boehm-Lamgarben, Jena 1916, S. 72–76, hier S. 74 f.
78 Elly zu Putlitz, Einfluß, S. 76.

Eins sich fühlen mit ihm, was immer sein Wille sei,
Und seine Kinder lieben, das einzig macht frei.[79]

Die christliche Zielsetzung vermittelte ihr einen Lebenssinn
– auch für ihre Verbindung mit der Frauenbewegung. Deren
Ideen und Überzeugungen verband sie mit Gedanken der protestantischen Ethik. Ihr Engagement galt sozialen Reformen,
deren Ausgangspunkt die religiöse Verpflichtung war.

---

79   Gedichte von Elly zu Putlitz, S. 19.

Schriften des ständigen Ausschusses zur
Förderung der Arbeiterinnen-Interessen

Heft 5

Arbeits- und Lebensverhältnisse der Frauen in der Landwirtschaft

in

Brandenburg.

Auf Grund einer vom ständigen Ausschuß z. F. d. A.-J.
veranstalteten Erhebung dargestellt

von

Elly zu Putlitz

Mit 4 Abbildungen und 16 Tabellen

Jena

Verlag von Gustav Fischer

1914

*Titelseite der wissenschaftlichen Studie, die Elly zu Putlitz über die Lage der Frauen
im ländlichen Brandenburg 1914 veröffentlichte.*

Gründerin der Landfrauenbewegung in Württemberg Ruth von Kalckreuth verheiratete Steiner (1879 – 1955)

Der Reifensteiner Verband, der seine auf die ländliche Hauswirtschaft gerichtete Ausbildung im Jahr 1897 begonnen hatte, konnte 1901 auf Grund der gesammelten Erfahrungen, zunehmender Professionalisierung und stetiger Nachfrage von Schülerinnen seine zweite Wirtschaftliche Frauenschule im Ost- und Südflügel des ehemaligen Klosters Reifenstein im Eichsfeld im damaligen Regierungsbezirk Erfurt der preußischen Provinz Sachsen eröffnen. Am zweiten Jahrgang nahm eine adelige Offizierstochter teil, die konsequent die angebotenen Ausbildungsgänge durchlief, um sich auf eine selbstständige Existenz auf der Grundlage einer Berufsausübung vorzubereiten. Ihr außergewöhnlicher Lebensweg als Gutsfrau, landwirtschaftliche Unternehmerin und Vorsitzende des Landwirtschaftlichen Hausfrauenverbandes Württemberg zeigt die Bedeutung des Reifensteiner Verbandes für die Förderung einer Frauenelite auf dem Land, die wirtschaftlich, kulturell und sozial aktiv wurde und die ländlichen Verhältnisse entscheidend gestaltete.

Eine preußische „Offiziersdame" wird Gutsfrau in Württemberg

Ruth von Kalckreuth wurde am 22. September 1879 in Neisse in Schlesien geboren. Sie entstammte dem Geschlecht derer von Kalckreuth, einer weit verzweigten und in vielen Landesteilen verbreiteten Familie des Uradels. Ursprünglich war dieses Geschlecht fränkischer Herkunft, dessen erste urkundliche Erwähnung auf das Jahr 1284 datiert wird. In den folgenden Jahrhunderten wurden Teile dieser Familie in der Lausitz, in Mecklenburg, in Posen, in Vorarlberg, in Böhmen, in Brandenburg und vor allem auch in Schlesien ansässig. Wie in vielen Adelsfamilien waren bis Ende des 19. Jahrhunderts auch in der Familie von Kalckreuth zahlreiche Mitglieder Landwirte, Offiziere und Staatsbeamte.

Ruth von Kalckreuth entstammte dem Zweig „Hohenwalde" dieser Familie. Seinen Namen erhielt dieser Zweig vom Rittergut Hohenwalde in der Neumark, auf dem er ab Mitte des 19. Jahrhunderts beheimatet war. Auf dem fast 1000 Hektar großen Gut, zu dem Äcker, Wiesen, Buchen- und Kiefernwälder gehörten, wuchs auch Ruths Vater Siegfried (1851–1901) auf. Sein Vater hatte Gut Hohenwalde übernommen, als er acht Jahre alt war. Die Familiengeschichte berichtet, dass sich im heimatlichen Wald „im frühen Knabenalter die Jagdpassion entwickelte, die seinem ganzen Leben den Stempel"[1] aufdrücken sollte. Seine schulische Ausbildung und Erziehung erhielt Vater Siegfried zunächst im traditionsreichen Internat und Gymnasium Schulpforta und

---

1 Wilhelm von Kalckreuth, Historisch-genealogische Beiträge zur Geschichte der Herren, Freiherren und Grafen von Kalckreuth. Ergänzungsband, Typoskript, Laupheim o. J., S. 90.

später auf einem Gymnasium in Berlin. Mit 19 Jahren trat er in das Garde-Füsilierregiment ein, um aktiver Offizier zu werden. Mitte der 1870er Jahre ließ er sich à la suite seines Regiments stellen und unternahm mehrere Reisen, die ihn nach Afrika und in den Orient führten. 1874 bereiste er Tunis, 1876 schloss er sich für zwei Jahre einer Expedition nach Ostafrika an und fuhr danach weiter nach Indien. Über seine Reise- und Jagderlebnisse schrieb er ein Reisetagebuch und auch Artikel, die u. a. in der Kreuz-Zeitung veröffentlicht wurden. Nach seiner Rückkehr wurde er wieder als Premierleutnant im Infanterieregiment Nr. 23 in Neisse eingestellt, sehr bald aber zur Kriegsakademie nach Berlin kommandiert. Seine Offizierslaufbahn führte ihn dann nach Oels, von dort nach Ratzeburg, anschließend nach Königsberg i. Pr. und dann wieder nach Neisse zurück. Im Jahr 1896 erhielt er als Kommandeur das Jägerbataillon Nr. 6 in Oels, was – nach Aussagen der Familie – ein sehnlicher Wunsch von ihm gewesen war. In dieser Stellung wurde er noch zum Oberstleutnant befördert. Siegfried von Kalckreuth hatte genug Gelegenheit, seinem „geliebten Waidwerk" nachzugehen: „Weit und breit war er in den gesegneten Jagdgründen um Oels als waidgerechter Jäger bekannt und beliebt. Überall auf den um Oels liegenden Gütern war er als Jagdgast gern gesehen […]."[2]

Im Jahr 1877 hatte er Marie von Kriiger (1854–1882) geheiratet, Tochter des Landgerichtspräsidenten Ferdinand von Kriiger und der Bertha, geb. Jentsch. Zum Zeitpunkt von Ruths Geburt wohnte die Familie noch in Neisse. Der Lebensstil, der zur adeligen Jagdpassion gehörte, eine Portion Abenteuer-, Reise- und Expeditionslust und zugleich eine ausgeprägte Gesel-

---

2 Wilhelm von Kalckreuth, Historisch-genealogische Beiträge, S. 91.

ligkeit prägte das Elternhaus, das die Heranwachsende in Oels, wo der Vater inzwischen Kommandeur war, erlebte. Das gesellschaftliche Leben dieser Stadt in Niederschlesien war davon geprägt, dass der preußische Kronprinz Wilhelm – der spätere Kaiser Wilhelm II. – sich hier häufig aufhielt, denn seit 1884 war das ehemalige Herzogtum Oels aufgelöst worden, als Lehen an Preußen zurückgefallen und in ein Thronlehen umgewandelt worden, dessen Besitzer der jeweilige preußische Kronprinz war. Die Familiengeschichte von Kalckreuth hebt die „viele unbeschwerte Geselligkeit"[3] hervor, die Ruth in ihrer Jugend hier erlebte, was sie selbst auch so empfand: „Die schönste, sorgloseste Zeit meines Lebens hab ich hier verlebt."[4].

Ihr familiäres Umfeld sozialisierte die junge Ruth – wie sie selbst befand – zur „Offiziersdame". In einem Brief an ihren späteren Verlobten beschreibt sie die prägende Erfahrung: „Ich glaube, manchmal wird es mir noch komisch vorkommen, dass ich nicht mehr Offiziersdame bin – wenn man so in dieser Luft groß geworden ist. Du kannst Dir das gar nicht so denken, aber es sind so tausend Kleinigkeiten mit denen man so verwachsen ist. Ich glaube man wird in gewisser Weise als Offiziersdame sehr verwöhnt durch – ja, ich weiß selbst nicht was es ist – vielleicht durch die elegante Ritterhaftigkeit mit der jeder Herr des Regiments einem begegnet. Das sind ja natürlich alles nur Äußerlichkeiten – aber die Luft, die wir seit unserer Kinderzeit eingeatmet haben, beeinflusst uns doch mehr als wir denken."[5]

---

3   Ebd., S. 92.
4   Ruth von Kalckreuth an Mut Steiner v. 13.9.1904, Briefsammlung Irmela Prinzessin von Ratibor und Corvey. Ihr sei dafür, dass sie die Briefe zur Verfügung stellte und für großzügige Gastfreundschaft herzlich gedankt.
5   Ruth von Kalckreuth an Mut Steiner v. 24.7.1904, Briefsammlung Irmela Prinzessin von Ratibor und Corvey.

Ruth war die älteste von insgesamt sieben Geschwistern aus drei Ehen. Sie war zweieinhalb Jahre alt gewesen, als ihre Mutter kurz nach der Geburt des dritten Kindes starb. Ihre zwei weiteren Stiefmütter waren Agnes Freiin von Reibnitz (1863–1894) und Marie Freiin von Reibnitz (1870–1948). Die zweite, mit der sich Ruth besonders gut verstand, war nur neun Jahre älter als sie. Diese starb, als Ruth fünfzehn Jahre alt war. Die familiäre Unbeschwertheit brach jäh zusammen, als der Vater nur 49-jährig im Jahre 1901 starb. Er hinterließ eine junge Witwe mit sieben Kindern, die älteste Tochter Ruth war 22, der jüngste Sohn Wilhelm fünf Jahre alt. Die Rente einer Kommandeurswitwe bettete eine so große Familie finanziell nicht auf Rosen. Zu diesem Zeitpunkt traf Ruth eine für ihre Kreise durchaus ungewöhnliche und für viele nicht standesgemäße Entscheidung. Sie entschloss sich zu einer Ausbildung in den erst kürzlich gegründeten Wirtschaftlichen Frauenschulen des Reifensteiner Verbandes, um Lehrerin der ländlichen Hauswirtschaftskunde zu werden. Noch Jahre später wurde sie von Freundinnen wegen ihrer Entscheidung bedauert: „Da waren einige Mädel, die seit den 4 Jahren wo ich von Oels fort bin – nur immer so weiter im oberflächlichen Nichtstun gelebt haben. Schrecklich! Und dabei bedauerten mich noch die meisten Menschen, daß ich armes Mädel unter fremden Leuten arbeiten müsse! Ich möchte ja die Jahre, in denen ich das Glück ernster Arbeit kennen gelernt habe, nicht um die Welt hergeben!"[6] Ihre Bilanz sah ganz anders aus als die ihrer Jugendfreundinnen: „Gott sei Dank, daß ich hier [in Neisse, O.W.-H.] nicht immer leben muß, es wäre mein geistiger Tod. Da war das frische, fröh-

---

6 Ruth von Kalckreuth an Mut Steiner v. 18. 9. 1904, Briefesammlung Irmela Prinzessin von Ratibor und Corvey.

liche anregende Leben in den Frauenschulen bei fester Arbeit doch eine andere Sache."[7]

Ruth von Kalckreuth war nach dem Tod des Vaters bewusst, dass sie sich um ihre Zukunft und als Älteste auch um die Zukunft der Geschwister zu sorgen hatte. Ihre Entscheidung folgte aber nicht nur wirtschaftlichen Erwägungen, sondern, wie ihre Bemerkung über die Freundinnen zeigt, war ihr eine Alternative zu „oberflächlichem Nichtstun" wichtig. Vom 16. April 1901 bis zum 22. März 1902 besuchte sie in einem ersten Ausbildungsabschnitt die Frauenschule in Reifenstein, wo sie zu den wenigen von insgesamt 44 Schülerinnen ihres Jahreskurses gehörte, die den vollen Kurs absolvierten. Ihre Motivation für eine gründliche Ausbildung zeigte sich daran, dass sie sich mit einer kleineren Gruppe von 13 Schülerinnen einer Prüfung, die unter der Leitung von Auguste Förster stand, unterzog, um die Voraussetzung für eine berufliche Qualifizierung zu schaffen. Danach wechselte Ruth von Kalckreuth zur Seminarausbildung in die Frauenschule in Obernkirchen und legte dort 1904 die Prüfung zur Lehrerin ab. Direkt nach ihrem Abschluss bot ihr die Schulleiterin eine Stelle als Molkereilehrerin an. Zur Vorbereitung auf ihre neue Stelle entschloss sie sich, ein Praktikum auf dem weithin bekannten landwirtschaftlichen Musterbetrieb des Schlossgutes Groß-Laupheim in Württemberg, das Adolf Wohlgemuth Steiner (1876–1957) gehörte, zu absolvieren, um ihre Kenntnisse in der Milchverwertung zu vertiefen.

Die Bekanntschaft mit dem Schlossgutsbesitzer Adolf Wohlgemuth Steiner, genannt Mut, während ihres Praktikums veränderte ihre Lebenspläne. Mut Steiner lernte Ruth von

---

7 Ruth von Kalckreuth an Mut Steiner v. 5. 10. 1904, Briefsammlung Irmela Prinzessin von Ratibor und Corvey.

Kalckreuth schätzen und machte ihr einen Heiratsantrag. Bevor sie einwilligte, hatten die Liebenden einiges grundsätzlich zu erörtern, waren ihre Herkunft und ihre Lebensvoraussetzungen doch sehr unterschiedlich. In mehrfacher Hinsicht waren durch die Konvention aufgerichtete soziale Schranken zu überwinden. Ruth von Kalckreuth stammte aus einer alten märkischen Adelsfamilie, Mut Steiner gehörte zu einer prominenten Familie des Wirtschaftsbürgertums in Württemberg. Ihre Familie war nicht wohlhabend, die Steinersche Familie dagegen verfügte über ein beachtliches Vermögen. Der Biograph von Kilian Steiner, Otto K. Deutelmoser, schildert diesen als Multimillionär.[8] Sie kam aus einem protestantischen Elternhaus, Mut Steiners Familie stammte aus der jüdischen Gemeinde des oberschwäbischen Ortes Laupheim. Auch wenn Mut und seine Geschwister immer den protestantischen Religionsunterricht in der Schule in Stuttgart besucht hatten und er und sein Bruder sich hatten taufen lassen, so war ihr Vater doch immer Mitglied der israelitischen Glaubensgemeinschaft geblieben.

Als Ruth von Kalckreuth in die Molkerei des Schlossgutes kam, war Mut Steiners Vater gerade ein Jahr zuvor gestorben. Er war ein einflussreicher Unternehmer und ein ungewöhnlich vielseitiger, erfolgreicher Bankier gewesen, der zu den führenden Finanzmännern im Deutschen Reich gezählt hatte. Als Justitiar, Vorstandsmitglied, Aufsichtsratsvorsitzender mehrerer Unternehmen und Großbanken hatte er eine bedeutende Rolle im Wirtschaftsleben Württembergs zwischen 1870 und 1900 gespielt. Er war Mitbegründer und Direktor der 1867 staatlich genehmigten, 1869 eröffneten Württembergischen Vereinsbank,

---

8 Vgl. Otto K. Deutelmoser, Kilian von Steiner und die Württembergische Vereinsbank, Ostfildern 2003, S. 97–100.

einer zentralen Anlaufstelle für Industriefinanzierungen in Süd-
westdeutschland.

Mut Steiners Vater war der Geheime Kommerzienrat
Dr. Kilian von Steiner (1833–1903)[9], seine Mutter Clothilde
(1833–1917) eine geborene Bacher. Kilian von Steiner wurde 1895
durch den württembergischen Kronorden mit dem persönlichen
Adel ausgezeichnet. Als Mitbegründer der Deutschen Partei in
Württemberg hatte er sich als Nationalliberaler auch politisch
betätigt. Als großzügiger Mäzen war er bei der Gründung des
Schiller-Archivs und Schiller-Museums in Marbach in Erschei-
nung getreten. Als junger Advokat hatte er sich zunächst in
Heilbronn niedergelassen und war dann von politischen Freunden in die Landeshauptstadt Stuttgart geholt worden. Es war der
Beginn einer erfolgreichen Karriere.

1894 war er nach Laupheim zurückgekehrt und hatte von
seinem Bruder das Schlossgut mit Brauerei gekauft. In den folgenden Jahren hatte Kilian Steiner das Schloss umgebaut, ei-

---

9   Vgl. Gustav Schmoller, Charakterbilder, München, Leipzig 1913, S. 235; Georg
Schenk, Kilian Steiner. Jurist, Finanzmann, Landwirt, Mitbegründer von Schillerver-
ein und Schiller-Nationalmuseum, in: Lebensbilder aus Schwaben und Franken, hg. v.
Max Miller und Robert Uhland, Bd. 11, Stuttgart 1969, S. 312–326; Paul Sauer, Jüdische
Industriepioniere und Sozialreformer. Hervorragende Leistungen für die Wirtschaftsentwicklung Stuttgarts zur Gründerzeit, in: Beiträge zur Landeskunde 6/1989, hg. v. Staatsanzeiger für Baden-Württemberg GmbH im Auftrag der Landesregierung, Stuttgart 1989,
S. 1–9; Ernst Schäll, Kilian von Steiner. Bankier und Industrieller, Mäzen und Humanist, in: Schwäbische Heimat 44/1993, H. 1, S. 4–11; Otto K. Deutelmoser, Kilian Steiner
1833–1903, in: Große Stuttgarter, Gestalten aus fünf Jahrhunderten, hg. v. Erwin Teufel,
Stuttgart 1996, S. 137–144; ders., Ein Bankier der Gründerzeit, Kilian Steiner, in: Marbach. Rückblicke auf ein Jahrhundert 1895–1995, Marbacher Schriften 43, Marbach a. N.
1996, S. 81–101; Benigna Schönhagen, „Ja es ist ein weiter Weg von der Judenschule bis
hierher ….". Kilian von Steiner und Laupheim, Spuren 42, Deutsche Schillergesellschaft
Marbach am Neckar, hg. v. Ulrich Ott, Friedrich Pfäfflin, Thomas Scheuffelen, Marbach
am Neckar 1998.

nen Landschaftsgarten im englischen Stil sowie einen barocken Rosengarten angelegt. Für die Brauerei waren ein vierstöckiger Ziegelbau der Mälzerei und ein neues Kesselhaus entstanden und komplettiert worden durch den Zukauf der Gastwirtschaft „Zum Hirschen". Seine unternehmerischen Ambitionen hatte er aber auch auf den Aufbau einer Landwirtschaft gerichtet, für die er die früher zum Schlossgut gehörenden Ländereien aufkaufte. Auch wenn es heißt, diese Landwirtschaft habe er für seinen Sohn Mut geschaffen, so zeigt eine Schilderung seines „ältesten" Freundes und „Gesinnungsgenossens"[10], Professor der National-ökonomie Gustav Schmoller, dass auch der Vater sich mit Vergnügen und mit Ambitionen der ländlichen Wirtschaft gewidmet hatte: „Seine Käse- und Butterproduktion machte ihm hier nun soviel Freude, wie vorher die großen Kartellgründungen. Er brachte es in wenigen Jahren so weit, daß angesehenste Landwirte aus nah und fern nach Schloß Laupheim wallfahrteten, um die Geheimnisse dieses technisch vollendeten, trotz der landwirtschaftlichen Not lukrativen Betriebs zu ergründen."[11]

Das erste Mitglied der Familie Steiner war erst im 18. Jahrhundert als Zuwanderer in die jüdische Gemeinde in Laupheim aufgenommen worden. Schon nach zwei Generationen sollte der Familie ein beachtlicher sozialer Aufstieg gelingen. Drei Enkel des ersten Steiner bildeten wirtschaftlich erfolgreiche Familienzweige, darunter war Kilian Steiners Vater Victor. Er war der Stammvater der „Schloßsteiner", da er das Schloss Groß Laup-

---

10 Gustav Schmoller, Zum Gedächtnis an Dr. Kilian v. Steiner. Worte der Erinnerung, gesprochen im Krematorium in Heidelberg, 27. September 1903, o. S., o. O., [Privatdruck Waldshut 1903]

11 Gustav Schmoller, Worte der Erinnerung, Stuttgart 1903, S. 8, zit. n. Schönhagen, „Ja es ist ein weiter Weg", S. 12.

heim erwarb. Der zweite Enkel Heinrich wurde Hopfenhändler und legte den Grundstein für einen weltweiten Hopfenhandel. Der dritte Enkel Joseph legte mit einer Firma zur Herstellung von Holzwerkzeugen den Grundstein für eine Werkzeugfabrik.

Als Ruth von Kalckreuth das Schlossgut kennen lernte, gehörten die Landwirtschaft, die Molkerei, die Gärtnerei, die Brauerei und eine Geflügelhaltung dazu. Hier und im Haus waren etwa 15 Mitarbeiter beschäftigt, hinzukamen die notwendigen Saisonkräfte. Mut Steiner war auf der Landwirtschaftlichen Hochschule Hohenheim zum Diplom-Landwirt ausgebildet worden und hatte nach dem Tode seines Vaters 1903 das Schlossgut übernommen. Sein betriebliches Hauptinteresse galt dem Aufbau der Laupheimer Braunviehzucht und der Züchtung des roten Laupheimer Dinkels.[12] Das Saatgut wurde als „Steinerscher roter Dinkel" verkauft. Außerdem war er in diversen öffentlichen Vertretungen und verschiedenen landwirtschaftlichen Berufsverbänden auf örtlicher und auf Landesebene engagiert: Im Braunviehzuchtverein, dessen Laupheimer Ortsverein er als Vorsitzender vorstand, im landwirtschaftlichen Bezirksverein als stellvertretender Vorsitzender und Mitglied im Ausschuss des Gauverbandes sowie in der Generalversammlung der landwirtschaftlichen Berufsgenossenschaft.[13]

Auf den schriftlich vorgetragenen Heiratsantrag Mut Steiners folgte ein Briefwechsel zwischen den beiden, von dem nur die Briefe erhalten sind, die Ruth von Kalckreuth schrieb.[14] Aus dem ersten Brief geht hervor, dass sie sich bestehender Unterschiede

---

12 Brief v. 21. 11. 1935 an den Landrat des Kreises Biberach, Kopie im Museum für Juden und Christen, Laupheim.

13 Laupheimer Verkündiger 1. 11. 1914.

14 Briefesammlung Irmela Prinzessin von Ratibor und Corvey.

in den Lebensverhältnissen beider sehr bewusst war. Zwei Dinge schienen ihrer Meinung nach die Entscheidung füreinander zu erschweren: seine „Abstammung" und ihre „Armut".[15] Wie kompliziert diese Wanderung zwischen den sozialen Welten schien, welche Empfindlichkeiten auftraten, wie das Selbstverständnis neu formuliert werden und welche Konventionen berücksichtigt werden mussten, damit der Prozess der angebahnten Eheschließung erfolgreich eingeleitet werden konnte, geht aus den ersten Briefen Ruths an ihren späteren Verlobten hervor. Ihre Formulierungen waren eindeutig, analytisch und sehr selbstbewusst. Im ersten der erhaltenen Briefe, in dem sie den Unterschied des Standes und der Herkunft ansprach, wies sie auch deutlich darauf hin, dass sie über eine ihre Existenz sichernde Berufsausbildung und eine Anstellung bereits verfügte. Diese von ihr vertretene Eindeutigkeit hat die Verständigung der beiden schnell vorangetrieben, so dass bereits wenige Wochen nach diesem Brief allein von Laupheim aus 700 Verlobungsanzeigen versendet wurden.

Laupheim d. 11. Juni 04

Sehr geehrter Herr Steiner,

heute kann ich Ihnen noch keine entscheidende Antwort geben. Ich habe meinem Onkel in Heiligengrabe, der seit Vaters Tode mir sehr nahe steht, versprochen, ihn in allen wichtigen Lebensfragen, um Rat zu bitten. So muß ich es erst mit ihm besprechen.

---

15   Ruth von Kalckreuth an Mut Steiner v. 11. 6. 1904, Briefesammlung Irmela Prinzessin von Ratibor und Corvey.

Ich habe Sie in diesen Tagen sehr schätzen und hochachten gelernt, Herr Steiner, Sie sind mir in all Ihren Ansichten sympathisch wie wenig Menschen sonst – aber es giebt zwei Dinge, die uns trennen: Ihre Abstammung und meine Armut. Deshalb weiß ich nicht, ob ich Ihnen das Glück werde geben können, dass Sie von Ihrer zukünftigen Frau erwarten können und müssen. Ich spreche ganz offen, wie Sie es gewollt haben. Gerade so schwer wie meinen Verwandten Ihre Abstammung sein wird – auf die Sie mit Recht stolz sein können – so schwer werden Sie sich in die Lebensverhältnisse u. Anschauungen meiner Verwandten finden. Sie werden Ihnen in jeder Beziehung eng, kleinlich und rückständig vorkommen. Und wenn Sie das je unangenehm empfinden würden – das könnte ich nicht ertragen. Denn ich bin auch stolz auf die Familie, auf den Kreis, aus dem ich komme. Und wenn ich auch nur ein armes Mädel bin – meine Stellung im Leben, die mich befriedigt und in der ich etwas leisten kann, habe ich. Ich weiß nicht, ob Sie mich verstehen werden. Ich drücke mich sicher nicht klar genug aus – aber ich muß erst wieder ruhiger werden und denken. Ich danke Ihnen aber sehr, sehr für Ihren Brief.

Ruth von Kalckreuth

Die Konventionen der Familie von Kalckreuth wurden strikt eingehalten und von Mut Steiner auch akzeptiert, so dass später zur Hochzeit nach Berlin eingeladen werden konnte. Die Verlobungsanzeige wurde auf ausdrücklichen Wunsch von Ruths Onkel Walter von Kalckreuth auch in die Kreuzzeitung eingerückt, was belegt, dass sich die Familie zu der Verbindung Ruths mit Mut Steiner bekannte.

Ruth von Kalckreuth,
Lehrerin in der
Wirtschaftlichen Frauenschule
Obernkirchen 1904.

Heiligengrabe bei Techow, Prignitz d. 20. 6. 04

Lieber Herr Steiner, nachdem ich mit meinem Onkel alles durchge-
sprochen habe, komme ich zu Ihnen mit der herzlichsten Bitte, dass
Sie am Donnerstag hierher kommen möchten, damit Sie und meine
Familie sich kennen lernen können. Onkel Walter, der mich ganz
wie seine Tochter betrachtet, verlangt dies.

Er meint, ein Treffen in Berlin wäre zwecklos, da könne man
sich doch kein richtiges Urteil bilden. Ich kenne Sie nun in Ihrer
Familie, nun möchte ich, dass Sie mich in meiner sehen, damit Sie
beurteilen können, ob das Menschen sind, die Ihnen sympathisch

sind. Ach, ich wollte, ich könnte Sie sprechen, schreiben lässt sich dies alles so schwer und vielleicht verstehen Sie mich nicht. Sehen Sie, ich finde, wenn sich zwei Menschen für's Leben binden, so ist das ein so ernster verantwortungsvoller Schritt – das ist ja auch Ihre Ansicht. Deshalb müssen Sie mich noch einmal hier – in meinem zu Hause (denn das ist das Haus meines Onkels seit Vaters Tode beinah für mich) sehen. Vielleicht halten Sie dies alles für äußerliche Gründe und Rücksichten – aber was von uns ist innerlich so frei, dass er sich nicht davon beeinflussen ließe. Ich kann mir denken, dass es für Sie schrecklich sein muß, hierher zu kommen, aber es handelt sich doch nur um höchstens zwei, drei Tage bis wir beide – Sie und ich – sehen, wofür wir uns entscheiden. Sie können das auch meinem Onkel nicht übel nehmen, dass er den Mann erst kennen lernen möchte, dem er das Mädchen, für dessen Leben er eine gewisse Verantwortung übernommen hat, zur Frau geben will. Im letzten Grunde habe natürlich nur ich über mich zu entscheiden. Und Sie wissen ja, dass Sie mir überaus sympathisch sind, dass Sie meine Gedanken genug ausfüllen. Aber ich möchte Sie gern einmal bei uns sehen, unter so ganz andern Menschen und Verhältnissen. Wenn Sie mich wirklich lieb haben, dann kommen Sie bitte, bitte, bitte. Onkel Walter schickt Ihnen morgen eine telegrafische Einladung. Sie werden hier alles sehr eng und beschränkt finden, äußerlich und innerlich. Ob Sie mich so lieb haben, dass Ihnen das nicht unangenehm ist? Ich hoffe es. Es wird ja nicht nur für Sie unangenehm sein – für mich auch. Sie schreiben, Sie haben nicht lange Zeit, ich auch nicht. Am 30. Juni muß ich wieder in Obernkirchen sein. Ich hoffe, Sie bleiben bis zu dem Tage auch hier! Nach Laupheim kann ich für's erste nicht wieder kommen. Lieber Herr Steiner, werden Sie mich denn auch richtig verstehen? Sehen Sie, ich liebe Klarheit und Wahrheit über alles. Wenn ich Ihre Frau werden soll, müssen

Sie vorher auch all meine Verhältnisse aus eigner Anschauung ken-
nen und finden wir dann beide, dass wir zusammen passen – ich
meine, dann werden wir auch glücklich. Wenn ich Ihnen gehöre,
werde ich jedenfalls alles daran setzen – Ihnen das Leben zu einem
glücklichen zu machen, soweit ich es vermag. Ich glaube, Sie sind
viel zu gut für mich.

Grüßen Sie Ihre Frau Mutter herzlich, hoffentlich ist sie nicht
zu unzufrieden, dass ihr Sohn sich ein ganz armes Mädel zur Frau
nehmen will! Ich habe Sie in den wenigen Tagen sehr lieb gewonnen
und ich wäre froh, wenn Sie mich auch ein wenig leiden möchte.

Grüßen Sie auch Frl. Sturm bitte. Ich weiß, Sie wird unzu-
frieden mit mir sein, aber ich kann nur tun, was ich für das Rechte
halte und bei einigem Nachdenken wird Sie wohl auch finden, dass
es in diesem Fall das richtige ist. Also auf Wiedersehen. Bitte, bitte
kommen Sie.

Ihre Ruth Kalckreuth

Vor ihrer Heirat im Oktober 1904 bestand Ruth von Kalckreuth
darauf, die von ihr zugesagte Stelle als Molkereilehrerin in der
Frauenschule, zumindest für einige Wochen bis eine Nachfolge-
lösung gefunden war, anzutreten und kehrte nach Obernkirchen
zurück. Sie versuchte ihren in diesem Punkt widerstrebenden
Verlobten, der sie bat, nach Laupheim zu kommen, zu über-
zeugen und setzte seinem zunehmenden Drängen Widerstand
entgegen: „Bitte lache nicht – denn ich weiß, das tust Du jetzt
– aber es ist mein vollständiger Ernst bis Ende Aug. in Obernk.
zu bleiben.“[16] Und: „Mut, ich kann nicht kommen vor dem

---

16   Ruth von Kalckreuth an Mut Steiner v. 29. 6. 1904, Briefesammlung Irmela Prinzessin von Ratibor und Corvey.

15. Aug. frühestens. Ich hab's mit Frl. Morgenbesser wieder und wieder überlegt, es geht nicht […] es ist mir nur unmöglich am 1. Aug. hier abzugehen. Warum hast Du die Unvorsichtigkeit begangen, Dir eine Molkereilehrerin zur Frau auszusuchen! Und vergiß nicht, dass wir hier an einer geordneten Schule sind, nicht in einem Privathaushalt, wo man beliebig Änderungen treffen kann!"[17]

In ihren Argumenten verwies sie erneut darauf, wie sehr ihr Selbstverständnis von ihrer Ausbildung geprägt worden war. Sie war sich bewusst, dass die Erfahrungen der Selbständigkeit ihre Persönlichkeit verändert hatten, und dies verpflichtete sie: „Ich soll Dir mitteilen, was ich an Deinem letzten Brief nicht nett gefunden habe? Ja, siehst Du, dass Du meine Pflichten, die ich gegen die Schule habe, so absolut gar nicht respektierst. Der Schule gehöre ich eher an wie Dir, folglich hat sie ältere Rechte an mich wie Du. Und ein wenig falsch beurteilst Du Frl. Morgenbesser auch, darüber reden wir noch. Sie ist schließlich auch dem Kuratorium Rechenschaft schuldig."[18] Und: „Und außerdem habe ich nicht Lust, von der Schule u. speziell Frl. Morgenbesser mit einer Verstimmung oder Gereiztheit zu scheiden – dazu ist mir die Zeit hier zu lieb gewesen. Ich glaube, hierin verstehst Du mich nicht ganz. Erzwingen könnte ich es selbstverständlich leicht, dass Frl. Morgenbesser mich früher gehen lässt – aber das will ich nicht. Ich will hier von meiner liebgewordenen Arbeit, von meinen lieben Mädels und Lehrerinnen in vollstem Frieden scheiden – ohne die kleinste Verstim-

---

17   Ruth von Kalckreuth an Mut Steiner v. 4.7.1904, Briefsammlung Irmela Prinzessin von Ratibor und Corvey.
18   Ruth von Kalckreuth an Mut Steiner v. 9.7.1904, Briefsammlung Irmela Prinzessin von Ratibor und Corvey.

mung. Meinst Du, es wird mir so leicht, von hier fortzugehen? Und wenn ich's auch manchmal fast nicht mehr erwarten kann bei Dir zu sein, ganz fest in Deinem Arm zu sein – dazwischen kommen auch Momente, wo mir der Gedanke sehr schwer wird, von hier fort zu müssen. Man lässt sich eben nicht so leicht von einem lieben Wirkungskreis, der für mich auch noch das Gefühl freier Selbstständigkeit bedeutete – damit ist es nun auch vorbei. [...] Bekommst Du nicht Angst vor so einer Frau?"[19]

Der Gedanke, sie könne in ihrer Ehe auf Grund der unterschiedlichen Voraussetzungen vollständig abhängig sein, beunruhigte sie: „Du weißt ja, ich bin ein ganz armes Mädel und werde später alles, was ich habe, von Dir haben, Dir verdanken. Und siehst Du, das ist es, Du wirst es wieder übertriebene Empfindlichkeit nennen. Vielleicht ist es das auch. Aber siehst Du, bis jetzt war ich äußerlich unabhängig – dank dem glänzenden! Gehalt – aber immerhin, es genügte mir. [...] Du schreibst, in der Ehe beherrschten wir Frauen Euch – innerlich – meistens. Das kann ich nicht glauben. Du brauchst jedenfalls keine Angst zu haben, dass ich es versuchen will. Dazu finde ich einen Pantoffelhelden viel zu jämmerlich und lächerlich. Ich denke, wir werden uns beide unsere volle Gleichberechtigung wahren."[20]

Ruth von Kalckreuth stellte von Beginn an klar, dass sie so sehr Freude an ihrer gelernten Arbeit gefunden hatte, dass sie auch in ihrer Ehe nicht auf einen eigenständig verantworteten Tätigkeitsbereich verzichten wolle. Ihre Passion und Ambition galten dem Ziel, wirtschaftlich tätige Gutsfrau zu sein. Ihr

---

19 Ruth von Kalckreuth an Mut Steiner v. 27.7.1904, Briefesammlung Irmela Prinzessin von Ratibor und Corvey.
20 Ruth von Kalckreuth an Mut Steiner v. 30.7.1904, Briefesammlung Irmela Prinzessin von Ratibor und Corvey.

Ruth Steiner, geborene
von Kalckreuth,
mit ihrer Tochter
Marie-Luise, 1905.

Wunsch hatte zur Folge, dass ihr Betriebsteile der Gutswirtschaft zur Leitung überlassen wurden: „Denkst Du, wenn ich Deine Frau bin, hab ich mich so geändert, daß ich mich auf einmal nur noch amüsieren will? Ich hoffe sehr, eine reiche Tätigkeit zu haben, darauf freue ich mich schon sehr."[21]

Nach ihrer Heirat wird Ruth Steiner einem großen Landhaushalt vorstehen, der zudem sehr gastfreundlich war – ein gastfreies Haus nicht nur für Bekannte, Berufskollegen und Freunde, sondern auch für die Familien Steiner und von Kalckreuth. In

---

21   Ruth von Kalckreuth an Mut Steiner v. 1. 8. 1904, Briefesammlung Irmela Prinzessin von Ratibor und Corvey.

einem Artikel für die Reifensteiner Zeitung charakterisierte sie ihren Haushalt als ein „gutgehendes Sommerhotel": „Denn so kann man unser Haus wirklich mit einiger Berechtigung nennen. Seit vier Monaten waren wir noch keinen Tag ohne Gäste, und das wird in den nächsten zwei Monaten wohl auch so bleiben. Platz ist ja genug in dem alten Schloß, das weit hinaus in die Schwabenlande schaut."[22] Damit wurde die „vornehme und behagliche"[23] Gastfreundschaft und Geselligkeit weiter gepflegt, die nach Aussagen von Gustav Schmoller schon das Haus Kilian von Steiners und seiner Frau ausgezeichnet hatten. Inzwischen hatte Ruth Steiner auch mütterliche Pflichten. Im Jahr 1905 war die Tochter Marie-Luise geboren (gest. 1980), drei Jahre später sollte der Sohn Ulrich (1908–1961)[24] auf die Welt kommen.

Zusätzlich zu ihrem häuslichen Wirkungskreis übernahm sie die Leitung der Molkerei. Ihre, in diesem Zusammenhang gemachten Erfahrungen veranlassten sie zu einer kritischen Bemerkung über die Ausbildung der Frauenschulen. Man lerne dort zu „spielerig arbeiten": „Für alle die, welche nach Haus zurückkehren, ist das ja nicht so schlimm, aber ein großer Teil geht doch – ohne Vermögen – hinaus in die Welt, um sich sein Brot zu verdienen. Und da tritt dann dieser Mangel sehr deutlich zutage."[25] Sie habe dies deutlich in ihrer Molkerei feststellen können. Es sei ein großer Unterschied, ob man diese als Geschäft betreibe. Zwei Blickrichtungen zeichnen diese Stellungnahme aus: einmal eine ökonomische, denn Ruth Steiner interessierte

---

22 Reifensteiner Maidenzeitung 4/1906, S. 22.
23 Schmoller, Charakterbilder, S. 235.
24 Frank Häußler, Ulrich Steiner und der Laupheimer Kreis: ein konservatives Randphänomen in der Frühzeit der Bundesrepublik Deutschland, in: Historisch-politische Mitteilungen hg. v. der Konrad-Adenauer-Stiftung, Köln 6/1999, S. 189–205.
25 Reifensteiner Maidenzeitung 4/1906, S. 23.

ein rentabel arbeitendes landwirtschaftliches Unternehmen. Die andere Perspektive galt den Frauen, die einen Existenz sichernden Beruf ergreifen wollten oder mussten.

Die Molkerei des Schlossgutes Groß-Laupheim war für ihre ganz speziellen Produkte bekannt, etwa die Vorzugsmilch, die offen abgegeben wurde. Alte Laupheimer erinnern sich, dass insbesondere für Schwangere, stillende Mütter, kleine Kinder und Kranke diese Milch vom Schloss geholt wurde. Die Kinder der auf dem Gut wohnenden Mitarbeiter entsinnen sich noch heute, dass sie vor Ruth Steiner „gehörigen Respekt" gehabt hätten, sie „war eben die Herrschaft". Man habe selbstverständlich „Händle geben, Knicksle und Verbeugung mache müsse". Die Bewertungsskala der „Gutskinder" reichte von „beliebt" bis „gefürchtet". Ruth Steiner sei „sehr energisch, aber korrekt" und „mehr Chef als ihr Mann" gewesen.[26]

Mitherausgeberin der Zeitschrift „Die Gutsfrau"

Als engagierte Gutsfrau ließ sich Ruth Steiner als Förderin und Patin einer neuen Zeitschrift gewinnen, die 1912 gegründet wurde: Sie wurde ab der ersten Ausgabe mit 23 anderen aus dem öffentlichen Leben bekannten Frauen als Mitherausgeberin

---

26 Gespräch mit Herrn Johannes Münst und seiner Nichte, Frau Ege, Laupheim, am 13.1.2002. Der Vater von Johannes Münst war Gutsverwalter auf dem Schloss seit 1905. Die Familie wohnte hier mit ihren sieben Kindern. Johannes Münst selbst war ab 1932 Gärtnerlehrling und arbeitete anschließend in den 30er Jahren mit Unterbrechung mehrfach auch in anderen Bereichen der Gutswirtschaft. Frau Ege wurde 1947 im Schloss geboren, wo ihre Mutter als Tochter von Vater Münst schon seit 1911 lebte. Ihr Vater wiederum wurde nach dem Zweiten Weltkrieg ebenfalls Gutsverwalter des Schlosses bis zum Jahre 1973.

genannt. Hauptherausgeberin war die Geologin Dr. Elisabeth Munzinger. Die Zeitschrift nannte sich „Die Gutsfrau" und verstand sich als „Fachorgan für die gebildete Frau auf dem Land". Der Herausgeberinnenkreis umfasste Frauen, die seit Jahren Interessen der Frauen auf dem Land vertraten, sich entweder in der katholischen oder evangelischen Frauenbewegung engagierten oder der Bewegung für ländliche Wohlfahrts- und Heimatpflege angehörten. Auch Frauen aus großindustriellen Kreisen waren genannt. Zu den Mitherausgeberinnen gehörten auch die Gründerin des Reifensteiner Verbandes, Ida von Kortzfleisch, und die Gründerin des ersten Landwirtschaftlichen Hausfrauenvereins Elisabet Boehm (1859–1943).

Als Ausgangspunkt für das Konzept der Zeitschrift werden die sozialen und wirtschaftlichen Umwälzungen der Zeit angegeben, die auch das Land bis in die entlegensten Orte ergriffen habe. Es sei Hauptanliegen, den Landfrauen Mittel und Wege zu zeigen, damit diese sich auf die neuen sozialen und wirtschaftlichen Probleme erfolgreich einstellen könnten: „Die Blätter möchten der Landfrau in ihrem sozialen Pflichtenkreis dienen, so wie er sich durch die Bedürfnisse der neuen Zeit gestaltet hat. […] Mehr noch als bisher muß es uns gelingen, die deutsche Landfrau, die auf verantwortungsvollstem und einflussreichstem Posten steht, für diese Aufgabe zu gewinnen." Die Zeitschrift intendiert, über die Angelegenheiten der ländlichen Vereinsarbeit und der von Frauen geleiteten Organisationen zu berichten. Obwohl „Die Gutsfrau" in erster Linie die Frauen einbeziehen wollte, die „durch den Besitz die größte Verantwortung tragen", so wurde doch betont, alle gebildeten Frauen auf dem Land ansprechen zu wollen, hätten sie auf dem Gut, in der ländlichen Fabrik oder im Landratshaus ihren Platz, seien sie Pfarrer-, Lehrer- oder Arztfrauen. Die Zeitschrift bot neben allgemein interessierenden Themen fachlichen Austausch, verbandspolitische Informationen, warb dafür, sich zu organisieren und war bestrebt, den Leserinnen das Selbstverständnis zu vermitteln, dass ihnen eine führende Rolle zukäme. Sie ermutigte, diese Herausforderung anzunehmen.

Ganz besonders konnte sich Ruth Steiner von der Überzeugung angesprochen fühlen, der Einfluss der Gutsfrau hinge von ihrem vorbildhaften wirtschaftlichen Schaffen, von der sicheren Führung ihres eigenen Betriebes ab, der zugleich fortgeschrittene Technik aufweisen müsse. Ruth Steiner blieb Förderin und Mitherausgeberin bis 1922, bis die Zeitschrift in der Inflationszeit ihr Erscheinen einstellen musste.

Aufbau der Muster-Geflügelzucht

Sehr bald nach ihrer Heirat muss Ruth Steiner mit dem Ausbau des Geflügelhofes zu einer Muster-Geflügelzucht begonnen haben. Es passte in das schon immer vorhandene ambitionierte Konzept, vorbildliche Betriebsteile zu schaffen. Der Sohn des langjährigen Verwalters, Herr Münst, überliefert, dass die Geflügelzucht die „Leidenschaft" der gnädigen Frau gewesen sei. Dabei hätte sie sich „nicht gescheut, sich schmutzig zu machen und dem Geflügelmeister zur Hand zu gehen." Das hatte sie in ihrer Reifensteiner Ausbildung gelernt: „Früher in der Molkerei oder im Hühnerstall hab ich mit Wonne gescheuert u. die gröbste Arbeit getan – das machte mir nichts."[27]

27 Ruth von Kalckreuth an Mut Steiner v. 1. 10. 1904, Briefesammlung Irmela Prinzessin von Ratibor und Corvey.

Fotografien aus den zwanziger Jahren, die in der Zeitschrift „Land und Frau. Illustrierte Wochenschrift für Deutsche Frauenarbeit" – zugleich Organ des Reichsverbandes Landwirtschaftlicher Hausfrauen-Vereine – erschienen, zeigen, was Ruth Steiner innerhalb von 20 Jahren aufgebaut hatte.[28] Ihre Geflügelzucht wurde hier als „Leistungszuchtstation der Württembergischen Landwirtschaftskammer" bezeichnet. Der erläuternde Artikel betont, die Besitzerin der Nutzgeflügelzucht verwirkliche und verwerte hier seit 20 Jahren das „einstmals in den Frauenschulen Reifenstein und Obernkirchen Erlernte". Unterstützt würde sie hierbei von ihrer Tochter, die seit kurzem ebenfalls Reifensteiner Altmaid sei, und den Sommer über außerdem von einer Praktikantin.

Der Artikel stellte als zentrale Ziele Ruth Steiners heraus, keine Sportgeflügelzucht und auch keine Massenfabrikation von Eintagsküken und Geflügel betreiben zu wollen, sondern eine „landwirtschaftliche Nutzgeflügelzucht". In diesem Rahmen sollten „leistungsfähige, kräftige Tiere" gezüchtet werden, „die sowohl in Eierertrag wie als Tafelgeflügel befriedigen". Gehalten würden weiße amerikanische Leghorns, Lachshühner, pommersche Gänse, Cayuga-Enten und virginische Schneeputen. Der Steinersche Hühnerhof verstände sich außerdem als Brutzentrale, aus „der sich besonders auch die Bäuerinnen des Bezirks, speziell diejenigen des Laupheimer Landwirtschaftlichen Hausfrauenvereins, ihren Bedarf an Bruteiern, Kücken und Junggeflügel holen können, was auch seit Jahren geschieht." Außerdem wird die mustergültige Ausstattung betont: Die Zucht- und Legestämme seien in einem großen doppelwandigen Holzgebäude untergebracht, das auch im strengen Winter warm bleibe. Das mit 16

---

28 Land und Frau 24/1925, S. 279–282.

Kükenheimen mit je 50 Küken ausgestattete Aufzuchthaus sei mit Zentralheizung versehen und habe einen eigenen grasbewachsenen Auslauf. Gebrütet werde mit elektrischen und mit Petroleumapparaten. Die Futtermittel kämen hauptsächlich aus dem eigenen Gutsbetrieb. Da diesem auch eine Brauerei angehöre, könne auch frischer Biertreber und im Winter Schwemmgerste verfüttert werden. Fischmehl und Mais würde dazugekauft. An eine automatische Trockenfütterung sei in Zukunft gedacht, da ein entsprechender Versuch zufriedenstellend verlaufen sei.

Wohlüberlegt wurden auch ostfriesische Milchschafe gehalten. Diese fänden genug Weide in den etwa vier Morgen großen mit Obstbäumen bestandenen Hühnerausläufen. Ihre Milch würde für die Kükenaufzucht verwendet, die Wolle der Schafe würde im Haus versponnen und zu verschiedenen Stoffen verwebt.

Ein erstes öffentliches Amt im Roten Kreuz

Zwischen 1912 und 1916 verstärkte sich die Präsenz Ruth Steiners in der Öffentlichkeit Laupheims. Einen Hinweis darauf gibt die Einweihung der ersten Kleinkinderschule in Laupheim am 9. August 1914. Eine solche war vom Oberamtmann schon um die Jahrhundertwende angeregt worden. Eine langjährige Spendensammlung ermöglichte dann 1913 den Beschluss, für die Kleinkinderschule ein Haus in der Schmidstrasse, Ecke Radstrasse zu bauen. Ein namhafter Betrag war nicht nur von der Schwiegermutter Ruth Steiners, sondern auch von ihr selbst gestiftet worden.[29]

---

29 Land und Frau 22.8.1914.

Ohne Zweifel erhielt Ruth Steiners Bereitschaft, sich gesellschaftlich zu engagieren, einen Schub im Zusammenhang mit der erst drohenden und dann eintretenden Kriegssituation. Schon einige Zeit vor dem Ersten Weltkrieg hatte sie den Vorsitz der Depot- und Helferinnenabteilung des Roten Kreuzes in Laupheim übernommen. In ihre Verantwortung fielen die drei Betätigungsfelder: Einrichtung und Verwaltung eines Depots, Veranstaltung von Sammlungen und Ausbildung von Helferinnen. Planungen für einen eventuellen Kriegsfall sollten getroffen werden. Als Lazarett des Roten Kreuzes wurde das Bezirkskrankenhaus vorgesehen, das im Ernstfall 80 bis 100 Verwundete aufnehmen können sollte. Die Depot- und Helferinnenabteilung sollte dafür verantwortlich sein, einen Vorrat von Bett- und Leibwäsche für diese Größenordnung zu schaffen. Außerdem wurde festgelegt, dass zur Unterstützung der katholischen Krankenschwestern Helferinnen für die Krankenpflege ausgebildet werden sollten. Ruth Steiner berichtete in der Reifensteiner Maidenzeitung: „Der Wäsche-Vorrat beschränkte sich allerdings nur auf die Bedürfnisse von etwa 10 Mann – trotz meiner Bestrebungen ihn zu vergrößern, aber da bekanntlich kein Mensch ernstlich an Krieg dachte, fanden es die Laupheimer unnötig, Geld für größere Anschaffungen zu sammeln."[30]

Es mehrten sich dann aber die Anzeichen einer bevorstehenden Krise. Im Mai 1914 erschien in allen Zeitungen ein Aufruf des Württembergischen Landesvereins vom Roten Kreuz, unterschrieben von der Herzogin Maria Immaculata von Württemberg (1878–1968), und weiteren Angehörigen des Hofes, der die Verstärkung und Unterstützung des Roten Kreuzes als vater-

---

30 Ruth Steiner, Etwas über württembergische Helferinnen vom Roten Kreuz, in: Reifensteiner Zeitung, Kriegsnummer, 21/1915, S. 70–73, hier S. 70.

ländische Pflicht dringend anmahnte: „Zum Schutze des Vaterlandes musste die deutsche Wehrmacht in außergewöhnlichem Maße verstärkt werden. [...] Ungesäumt soll daher begonnen werden, den Mehrbedarf an männlichem und weiblichem Personal sowie an Material für Transport, Aufnahme und Pflege der Verwundeten und Erkrankten zu decken."[31] Dieser Aufruf wurde auch in allen Kirchen verlesen und in den folgenden Wochen noch mehrfach in den Zeitungen wiederholt.[32] In Laupheim reagierte das Rote Kreuz auf diese Aufforderung mit einem Lehrgang in Krankenpflege, der im Frühjahr 1914 stattfand. Er wurde von dem für das Rote Kreuz zuständigen Arzt Dr. Franz Bullinger durchgeführt. Der Kurs, an dem 65 Frauen teilnahmen, umfasste elf Abende.[33]

Am 1. August 1914 trat Deutschland in den Ersten Weltkrieg ein. Die Kriegsverhältnisse verlangten eine umfassende Mobilisierung der Bürger. Die Anforderungen an das Rote Kreuz wuchsen: Bestehende Ausschüsse wurden verstärkt und

---

31 Laupheimer Verkündiger 14. 5. 1914.
32 Laupheimer Verkündiger 4. 8. 1914. In Württemberg gehörten die Rot-Kreuz-Vereine dem „Württembergischen Wohltätigkeitsverein, Zentralleitung Stuttgart" an, der unter dem Protektorat der Königin Charlotte von Württemberg stand. Auf Grund seiner Tradition – gegründet war er 1816 – war dieser Verein etwas anders strukturiert als die preußischen Vaterländischen Frauenvereine vom Roten Kreuz. Bei seiner Installierung war grundlegend gewesen, dass er mit den gesetzlichen Organen der Armenpflege verknüpft und ihm daher ein amtlicher, nicht privater Charakter verliehen worden war. Von Anfang an hatten sich ihm viele wohlfahrtspflegerische staatliche Aufgaben gestellt. Die spezielle Rot-Kreuz-Aufgabe – etwa Ausbildung von Krankenschwestern und -pflegerinnen, Unterstützung der Verwundetenversorgung – waren nur ein Teilgebiet seiner vielfältigen Betätigungsfelder. Siehe hierzu: Ober-Regierungsrat von Falch, Centralleitung des Württembergischen Wohltätigkeitsvereins, in: Ludwig Kimmle (Hg.), Das Deutsche Rote Kreuz. Entstehung, Entwicklung und Leistungen der Vereinsorganisation seit Abschluss der Genfer Konvention i. J. 1864, Berlin 1910, S. 650–664.
33 Laupheimer Verkündiger 12. 5. 1914.

für spezielle Aufgaben andere neugegründet. Insbesondere an Frauen richteten sich die Aufrufe. Sie wurden zum einen in großer Zahl für die Verwaltung der Depots zur Einrichtung und Ausstattungen der Lazarette gebraucht. Sie sollten zum anderen „Liebesgaben" für das Heer herstellen und sammeln, aber auch die Truppentransporte auf den Bahnhöfen versorgen und die Betreuung der Verwundeten in den durchfahrenden Lazarettzügen übernehmen. Dass Frauen nun in geschäftsführende Ausschüsse aufgenommen wurden, muss ein so bedeutender Umstand gewesen sein, dass die Tagespresse ihn besonders herausstellte.[34] Der bis zum Ausbruch des Krieges etwas zögerliche Laupheimer Depotausschuss reagierte nun „in größter Schnelligkeit": „Alles gab Geld, half einkaufen, zuschneiden, anfertigen, waschen und bügeln, und am 20. Mobilmachungstag konnten wir vorschriftsmäßig alles ans Lazarett abliefern"[35], berichtet Ruth Steiner, in deren Händen ein Großteil der notwendigen Arbeiten lag.

Es war wiederum in erster Linie der Frauenverein vom Roten Kreuz angesprochen, als im Winter 1915 das dringende Ersuchen veröffentlicht wurde, die Feldlazarette mit Marmeladen, Fruchtsäften, Honig und gedörrtem Obst zu versorgen. Über das Bezirksschulamt wurden die Schüler und ihre Lehrer zum Sammeln des Obstes mobilisiert, und nun kochten und dörrten die „Damen des Roten Kreuzes" drei Wochen lang. Anschließend wurden die Produkte noch verpackt. Das Ergebnis in Laupheim bestand in 18 Kisten Dörrobst, 20 Kisten Frischobst, je zwei Kisten Honig, Marmelade und Säfte.[36]

---

34 Laupheimer Verkündiger 10.12.1914.
35 Ruth Steiner, Etwas über württembergische Helferinnen, S. 70.
36 Laupheimer Verkündiger 18.12.1915.

Mit der Ausbildung der Helferinnen vom Roten Kreuz wiederum hatte es in Württemberg seine besondere Bewandtnis. Man unterschied sich hier in manchem von den preußischen Verhältnissen. Die Helferinnen, die eine spezielle Kleidung mit Hauben und eine bestimmte Brosche trugen, bildeten einen festgefügten Verband mit Regeln und Verpflichtungen. Ihre Zentralleitung, die von der Hofdame Gräfin Olga von Üxküll-Gyllenband (1852–1935) und Baronin Gültlingen geleitet wurde, befand sich in Stuttgart und war eine eigene Abteilung des Württembergischen Landesvereins vom Roten Kreuz. Die Vorsitzenden der Helferinnenabteilungen in den jeweiligen Orten hatten weitgehende Anordnungsbefugnisse gegenüber den Helferinnen, waren für ihre Ausbildung, ihre Entwicklung und ihre Arbeit verantwortlich. Die Ausbildung umfasste einen theoretischen Teil von 20 – 24 Doppelstunden und einen praktischen Teil von drei mal sechs Wochen Einsatz in einem Krankenhaus. Die Vorsitzenden waren angewiesen, nach strengen Kriterien die Bewerberinnen auszusuchen. Während der Ausbildung hatten sie die Leistungen anhand von Ausweisbüchern und eigenen Anschauungen zu überwachen und zu beurteilen. Deren Einsatz musste mit den Oberschwestern abgesprochen werden. Gleichzeitig waren sie verpflichtet, mündlich und schriftlich der Zentralleitung über die Entwicklung der einzelnen Helferinnen zu berichten.[37] Die verhaltensprägende und einflussreiche Position der Vorsitzenden wurde dadurch unterstrichen, dass sie die Brosche als Ehrenzeichen für treue Arbeit und Pflichterfüllung

---

37   Vgl. Birgit Panke-Kochinke (Hg.), Zur Geschichte der Krankenpflege und zur Debatte über die richtige Auswahl der Pflegerinnen. Die Geschichte der Krankenpflege (1679–2000). Ein Quellenbuch, Frankfurt a. M. 2001, insbesondere die einflussreiche Position Rudolf Virchows S. 28.

zu verleihen hatte. Die nächste Stufe war die Beförderung zur „Hilfsschwester".

In ganz Württemberg standen Ende Oktober 1914 über 900 Frauen als Helferinnen in Lazaretten zur Verfügung.[38] Es passt zu Ruth Steiners zupackender Mentalität, dass sie sich mit der Rolle der führenden Vorsitzenden nicht zufrieden gab, sondern selbst Helferin wurde.

Am 1. September 1914 erreichte der erste Transport mit 39 Verwundeten Laupheim.[39] Die Verwundeten wurden am Stadtbahnhof von der Frauenabteilung und der Sanitätskolonne in Empfang genommen, mit einer Erfrischung begrüßt und dann in das Bezirkskrankenhaus transportiert. Der zweite Transport erreichte Laupheim schon acht Tage später.[40] Dieses Mal waren es 62 Verwundete mit Arm- und Beinverletzungen leichterer Art. Zu diesem Zeitpunkt entschloss sich Ruth Steiner im zweiten Stock des Schlosses ein Lazarett einzurichten. Es verstand sich als Zweigstation des Vereinslazarettes des Roten Kreuzes.

Mit dieser Entscheidung befand sie sich in guter Gesellschaft: Nicht nur im Ersten Stock des Alten Schlosses in Stuttgart wurde eine Pflegestätte für hauptsächlich unverheiratete verwundete Unterbeamte und Arbeiter des Königlichen Hofes eingerichtet[41], sondern in der Nachbarschaft stellte auch Gräfin Fugger-Kirchberg-Weißenhorn dem Roten Kreuz das Schloss in Oberdischingen als Lazarett zur Verfügung.[42] Die geforderte und geteilte vaterländische Verpflichtung bewirkte, dass am Anfang des Ersten Weltkrieges

---

38 Laupheimer Verkündiger 31. 10. 1914.
39 Laupheimer Verkündiger 3. 9. 1914.
40 Laupheimer Verkündiger 10. 9. 1914.
41 Laupheimer Verkündiger 31. 10. 1914.
42 Laupheimer Verkündiger 22. 9. 1914.

nicht nur Lazarette und Genesungsheime des Roten Kreuzes, sondern auch zahlreiche Privatpflegestätten eingerichtet wurden. Später sollten die kleinen Privat-Lazarette aufgegeben werden.

Gleich vom ersten Transport, der von den Vogesenkämpfen
kam, wurden Ruth Steiners Schlosslazarett 12 Leichtverwundete
zugewiesen. Sie nahm eine Helferin in ihr Lazarett auf, der sie
bei der Versorgung der Kranken zur Hand ging. Es verdross
Ruth Steiner allerdings, dass sie dabei nur „mindere" Handrei-
chungen machen konnte. Deshalb beantragte sie bei der Stuttgarter Zentralleitung, ihr die praktische Ausbildung zu gestatten. Das wurde ihr genehmigt und nachdem ihre Verwundeten
entlassen werden konnten, ging Ruth Steiner ein erstes Mal für
sechs Wochen täglich zur Ausbildung ins Bezirkskrankenhaus,
das in der Nähe lag, nur durch den Park vom Schloss getrennt.
Dort arbeitete Ruth Steiner im Operationszimmer. Beim nächsten Transport, der dieses Mal aus Flandern kam, nahm sie in ihr
Haus wieder acht Verletzte auf. Dieses Mal versorgte, verband
und pflegte sie diese selbst. Ihre Aufzeichnungen vermerken für
Januar einen dritten Lazarettzug mit zum Teil Schwerverwunde-
ten. Alle wurden im Lazarett des Roten Kreuzes untergebracht,
wo Ruth Steiner nun erneut im Operationszimmer arbeitete. Sie
berichtete: „Die Wunden sahen zum Teil böse aus – es waren
schwere Gehirn-, Bauch- und Oberschenkelschüsse dabei [...]",
und es folgt eine Bemerkung, die deutlich macht, dass Ruth
Steiner sich von den belastenden Zeiten und Eindrücken distanzieren und nicht niederdrücken lassen wollte: „Diesmal haben
wir viel Norddeutsche bekommen, auch Schlesier, denen es aber
bei uns im Schwabenland ganz gut gefällt."[43]

---

43   Ruth Steiner, Etwas über württembergische Helferinnen, S. 73.

Dass die Tätigkeit für das Rote Kreuz eine enorme Herausforderung und auch in sozialer Hinsicht für Ruth Steiner Neuland war, mögen zwei Bemerkungen aus ihrem Familienkreis belegen. Angesichts der Verwundetenpflege bemerkte ihr Mann, „[…] sie sei eigentlich durch die Helferinnen-Tätigkeit schon ganz verroht."[44] Diesen Eindruck wies sie mit dem Hinweis zurück, dies sei nicht wahr, „[…] nur hat man sich freilich an manchen traurigen Anblick gewöhnen müssen!" Der kleine Sohn Ulrich wiederum war unzufrieden mit ihrer Helferinnentätigkeit, da sein Ordnungsgefüge ins Wanken kam: „Aber Mutter, eine Vorsitzende kann doch nicht selbst Helferin sein!"[45] Ruth Steiner hingegen betonte ihre „größte Freude und Befriedigung" mit ihrer Tätigkeit.

Mit ihrem Amt war Ruth Steiner zugleich umfangreich in die Aktivierung von „Frauen und Fräuleins" für vielseitige Angelegenheiten eingebunden. Immer öfter tauchte bei öffentlichen Kundgebungen und in der Presse der Name der Frau Schlossgutsbesitzerin Ruth Steiner auf. So wurde im Laupheimer Verkündiger gemeldet, dass der Depotausschuss des Roten Kreuzes „Arbeiten aller Art, die von Frauen und Fräuleins übernommen werden wollen" verteilen würde. Zu diesem Zwecke solle man sich im Gartensaal des Schlosses Großlaupheim einfinden. Auch eine „allgemeine Haussammlung durch Fräuleins" wurde in der Tagespresse angekündigt.[46] Es folgten noch weitere Sammlungen – nicht nur von Geld, Lebensmitteln oder Kleidungsstücken. Im Februar 1915 etwa sammelten Frauen Zigarren für

44 Ebd., S. 71.
45 Ebd., S. 72.
46 Laupheimer Verkündiger 11. 8. 1914.

die im Feld stehenden 500 Soldaten Laupheims.[47] Auch aus dem Ausland erreichten den Frauenverein vom Roten Kreuz Spenden „für die braven Soldaten Laupheims"[48], die von aus Laupheim stammenden Bürger kamen. Schon immer abgehaltene patriotische Feiern, etwa die anlässlich des Geburtstages des württembergischen Königs am 25. Februar, erhielten Kriegscharakter. Sie wurden nun nicht mehr mit Festschoppen in verschiedenen Gasthäusern, aufwendigen Festzügen und Feiergottesdiensten in der evangelischen und katholischen Kirche und in der Synagoge gefeiert[49], sondern fanden für die Verwundeten statt oder dienten der Mobilisierung der Jugendwehr. Bei vielen dieser Veranstaltungen war Ruth Steiner als offizielle Vertreterin anwesend, und sie ergriff auch hin und wieder das Wort zu einer Ansprache.[50] Im Mai 1915 unterzeichnete sie den Aufruf für die „Kaiserspende deutscher Frauen". Dieser richtete sich nicht nur wegen Spenden an die Frauen und Mädchen von Stadt und Bezirk, sondern diese waren auch angesprochen, selbst mit den Sammelbüchsen zu klimpern.[51]

Der Frauenverein war nicht nur mit der Depot- und Lazarettbetreuung sowie der Versorgung der Soldaten beschäftigt, er

---

47 Laupheimer Verkündiger 13. 2. 1915.
48 Laupheimer Verkündiger 23. 1. 1914.
49 Alle Konfessionen Laupheims, die christlichen Kirchen wie auch die jüdische Gemeinde, praktizierten in trauter Zusammenarbeit monarchische Begeisterung. Am Geburtstag seiner Majestät König Wilhelms II. von Württemberg zog traditionell ein stattlicher Festzug erst zum Hochamt in die katholische Stadtpfarrkirche, dann zur Festpredigt in die evangelische Stadtpfarrkirche. Parallel hierzu fand für die israelitischen Bürger ein Festgottesdienst in der Synagoge statt. Die weltliche Feier vereinte anschließend alle mit Festschoppen in verschiedenen Gasthöfen. Das Festmahl fand dann später im Gasthof zur Post statt. Vgl. Laupheimer Verkündiger 28. 2. 1914.
50 Laupheimer Verkündiger 28. 2. 1915.
51 Laupheimer Verkündiger 6. 5. 1915.

hatte zudem soziale Aufgaben in der Gemeinde zu übernehmen, etwa die Beratung und Unterstützung der Kriegerfrauen. Für diese Obliegenheit wurde im Mai 1915 in den Räumen der Kinderschule ein „Kriegerheim" eingerichtet.[52] Vorsteherin auch im diesem Fall: Ruth Steiner. Im Verantwortungsbereich des Frauenvereins lag außerdem die traditionelle „Weihnachtsbescherung für bedürftige Kinder". Auch in diesem Zusammenhang erging von Ruth Steiner ein Appell an „Frauen und Fräuleins", sich recht zahlreich zu den Nähnachmittagen im Kriegerheim einzufinden oder auch Materialien und Geldspenden zu übergeben.[53]

Die Würdigung dieses engagierten Einsatzes Ruth Steiners von höchster Stelle blieb nicht aus: Im September 1916 wurde sie von Kaiser Wilhelm II. mit der Roten-Kreuz-Medaille 3. Klasse ausgezeichnet.[54] Intensiver als in Friedenszeiten gesellschaftliche Verpflichtungen zu übernehmen, teilte auch ihr Mann, Mut Steiner, denn auch er stellte sich dem nationalen Dienst zur Verfügung. Er übernahm Verantwortung in traditionell männlichen Bereichen und wurde Bezirksvorsitzender der Jugendwehren des Oberamtes Laupheim, die er aktiv sowie finanziell unterstützte. Nach Errichtung der kommunalen Wirtschaftsämter wurde er Mitglied des Wirtschaftsamtes Laupheim.[55]

Blickt man auf die Arbeit des Roten Kreuzes so ist sicherlich mit Recht auf die Nationalisierung und auch auf die Militärisierung der nationalen Kriegsgesellschaften, nicht nur in Deutschland, hinzuweisen. Die Grenze zu einer Tätigkeit, die sich der

---

52 Laupheimer Verkündiger 2. 9. 1916.
53 Laupheimer Verkündiger 14. 11. 1916. Mitunterzeichnende waren: Frau Regierungsrat Schall, Frau Stadtpfleger Stuber.
54 Laupheimer Verkündiger 5. 9. 1916.
55 Laupheimer Verkündiger 17. 1. 1915.

Humanität, der Abmilderungen der Kriegsfolgen, der Hilfeleistung für Verwundete und deren Angehörigen verpflichtete, ist allerdings fließend. Für Ruth Steiner war beides selbstverständlich: vaterländische und humanitäre Verpflichtung. Sie nahm diese Verpflichtung mit großem Einsatz an. Nicht zu übersehen ist hierbei, dass sie mit ihren Ämtern nicht nur für sich selbst Neuland betrat, sondern durch ihr öffentliches Auftreten dokumentierte, dass die Gesellschaft der verantwortlichen Mitarbeit der Frauen bedurfte.

Im September 1916 wurde ein weiterer Verein gegründet, dessen Vorsitz ebenfalls Ruth Steiner übernahm: der Verein für Haus- und Säuglingspflege im Oberamtsbezirk Laupheim.[56] Bei seinen weiteren Vorstandsmitgliedern treffen wir auf stadtbekannte Namen: Else Schall (Frau des Oberamtmannes Dr. Wilhelm Schall), Else Bergmann (Frau des Fabrikanten Marco Bergmann), Crescenz Schick (Frau des Stadtschultheißen), Mathilde Esslinger (Frau des Fabrikanten Esslinger), Maria Stuber (Gattin des Stadtpflegers), Martha Funk (Frau des Dr. med. Funk). In einer Annonce in der Tageszeitung im Dezember 1916 bittet der Verein um die Überlassung einer Kinderbettstelle für ein zweijähriges Kriegerkind. An den Eintragungen im Vereinsregister im Laufe der folgenden Jahre fällt auf, dass sich anfangs die Vorstandsmitglieder aus einem kleinen Kreis bekannter Frauen rekrutieren, allmählich aber andere Frauen in den Kreis der Verantwortlichen und Beteiligten gezogen werden. Meist sind es dann immer noch Frauen der wohlhabenden und prominenten Bürgerschicht, oft Frauen von Staats- und Stadtbeamten, aber auch hier differenziert sich das Bild aus. Es sind

---

56 Vereinsregister, Amtsgericht Laupheim, Kopien des Zeitraums 1900–1969, Stadtarchiv Laupheim.

nicht mehr nur Frauen von Fabrikanten und Beamten, sondern nun auch von Lehrern, Apothekern und Ärzten, die sich in die Verantwortung nehmen lassen. Vereinzelt finden sich auch Frauen aus dem Handwerk wie Fanny Volz, die Frau des Sattlermeisters Volz. Ruth Steiner blieb zehn Jahre Vorsitzende dieses Vereins. Im Jahre 1926 übernahm den Vorsitz Anna Rentschler. Die letzte Eintragung im Vereinsregister stammt vom 8. Juli 1931.

Gründung der Landwirtschaftlichen Hausfrauenvereine in Württemberg

Im Winter 1914/1915 mehrten sich die Anzeichen, dass die Versorgung der deutschen Bevölkerung mit Nahrungs- und Lebensmitteln nicht auf Dauer gesichert war. Die Blockade, die England am Anfang des Krieges verhängte, verschärfte die wirtschaftliche Situation erheblich. Es wurde immer offensichtlicher, dass die inländische Lebensmittelerzeugung gesteigert werden musste. Die staatlichen Stellen mussten sich bei der Lösung dieser kriegsbedingten Aufgabe auf Vereine und Verbände stützen.

Im Laupheimer Verkündiger wurde eine Veranstaltung mit dem Titel angekündigt: „Abhaltung eines Vortrages über den vermehrten Anbau von Gemüse"[57]. Die Veranstalter, das Königliche Oberamt, die Vereinigung selbständiger Gärtner Württembergs und ein staatlicher Sachverständiger, setzten damit eine Bekanntmachung der Zentralstelle für die Landwirtschaft Württembergs um, die zusätzliche Vorträge über den zu steigernden Anbau von Gemüse gefordert hatte. In der Veranstaltungsan-

---

57 Laupheimer Verkündiger 23. 1. 1915.

kündigung war die Rede von der „Notwendigkeit einer gesteigerten inländischen Lebensmittelerzeugung", und es wurde „nachdrücklichst" aufmerksam gemacht und unmissverständlich zu „zahlreichem Besuch" aufgefordert.

Es begann die Zeit der Zwangswirtschaft und der Lebensmittelkarten. Eine erste Amtliche Bekanntmachung bezog sich auf die „Regelung des Verkehrs mit Brot, Getreide und Mehl". Dazu gehörten die Beschlagnahme von Vorräten, eine zentrale Abgabe der produzierten Nahrungsmittel an die entsprechenden Behörden und Vorschriften, was und in welcher Menge etwas verarbeitet werden durfte. Nur eine festgelegte, eingeschränkte Menge durfte für den Eigenbedarf behalten werden. Streng untersagt war, Produkte zurückzuhalten oder unter der Hand zu verkaufen. Die Behörden appellierten vorerst an die patriotische Einsicht und die Opferbereitschaft: „Es darf wohl als selbstverständlich angesehen werden, dass jedermann seine Anzeigenpflicht auf das sorgfältigste erfüllt. Wer falsche Angaben macht, versündigt sich gegen sein Volk, macht sich strafbar und schädigt sich selbst [...] Der Ernst der Zeit wird jedermann die unvermeidlichen Einschränkungen willig tragen lassen [...]."[58] Die Menschen reagierten anders als dies der Staat wünschte. Es dauerte keine fünf Tage bis die Tagespresse zu konstatieren hatte: „Trotz der Mahnung, der schärfsten Mahnung [...], können viele es nicht über sich gewinnen, sich den unnötigen Genuß feiner Backwaren zu versagen. Fast überall noch sehen wir namentlich die Erzeugnisse der Kuchenbäckerei durch zahlreiche Liebhaber raschesten Absatz finden. Das ist vom 8. Februar an so wie bisher nicht mehr möglich."[59] Erlaubt war nur noch ein

---

58 Laupheimer Verkündiger 4. 2. 1915.
59 Laupheimer Verkündiger 9. 2. 1915.

„Weizeneinheitsbrot", das ohne Zucker, Butter- und Eier hergestellt wurde. Insbesondere „mit Hefe hergestelltes Gebäck, sowie Wecken, Milchbrot, Hörnchen, Bretzeln" und auch Kuchen
durften nicht mehr hergestellt werden. Erlaubt waren Zwieback
und Kuchen mit Mehlersatz, wie Kartoffelmehl und Maispu-
der. Vorschriften untersagten den Gastwirten und Kaffeeschän-
ken Brot zum freien Gebrauch der Gäste aufzustellen. Ähnliche
Regeln wurden für Obst, Gemüse, Fleisch und Petroleum aufgestellt. Handwerksbetriebe wurden verpflichtet, die Bestände
ihrer Web-, Wirk- und Strickwaren zu melden. Nur noch dem
Bezirks-Obstbau-Verein wurde das Recht zugestanden, Obst
aufzukaufen. Damit wurden die Möglichkeiten und der wirtschaftliche Radius der Händler empfindlich eingeschränkt.[60]

1915 wurden Mehl- und Brotkarten eingeführt. Die gesamte Getreide-, Kartoffel-, Obst-, Hülsen- und Ölfruchternte
wurde anmeldepflichtig, ihre Abgabenmengen festgesetzt. Brot,
Fleisch, Butter, Speiseöl, Fett und Zucker wurden rationiert.
Hausschlachtungen erst anzeigepflichtig, dann ganz verboten,
und jedes Hühnerei wurde wegen des Abgabesolls erfasst.[61] Alle
rüstungswichtigen Rohstoffe wurden für die Kriegswirtschaft
abgabepflichtig. Dazu gehörten auch die Glocken der Kirchen
und des Rathauses.

Immer stärker rückte in den Mittelpunkt, dass zur Bewäl-
tigung der Ernährungssituation die Landwirtschaft eine große
Rolle zu spielen habe, obwohl diese schon sehr durch die Redu-
zierung von eingezogenen Arbeitskräften, durch die Abgabe von
Gespanntieren und durch die Beschlagnahmung von Vorräten
belastet war. Das „nationale Dasein" verlangte eine „lebensfähige

---

60 Laupheimer Verkündiger 2. 9. 1916.
61 Vgl. Josef K. Braun, Alt-Laupheimer Bilderbogen, Weissenhorn 1985.

Landwirtschaft" – die Landwirtschaft wurde als der Hauptkombattant im wirtschaftlichen Krieg angesehen.[62] In dieser Situation war der Staat bereit, das landwirtschaftliche Vereinswesen zu befördern und zu unterstützen.

Neben der Landwirtschaft rückten auch die Frauen in den privaten Haushalten stärker in den Mittelpunkt des öffentlichen Interesses. Dies geschah unter der Devise: „Jeder Haushalt muß in den Kriegszustand versetzt werden" – „Das ist die vaterländische Pflicht der Frauen, durch sparsames Haushalten mitzuhelfen, den Krieg zu gewinnen."[63] Vor dem Landwirtschaftlichen Hausfrauenverein trat in Laupheim eine Ortsgruppe des Nationalen Frauendienstes auf den Plan, die mit den Behörden zusammenarbeitete. Der Nationale Frauendienst war eine Frauenorganisation, die am 31. Juli 1914 in Berlin von Vertreterinnen aus den Reihen der Frauenbewegung gegründet worden war. Staatliche Stellen und Frauendienst veranstalteten in Laupheim gemeinsam Aufklärungsveranstaltungen und Kurse, etwa zur Obstverwertung und Obstküche. Die Themen lauteten: „Alles muß vollwertig erhalten bleiben, jeder Butzen zubereitet werden", „Most- und Weinbereitung", „Neueste Verfahrung zur Trocknung von Obst", „Dörren von Obst als dem älteren Verfahren", „Herstellung von Obst-Paste".[64] In Räumen der Kleinkinderschule in Laupheim wurde im Juli 1915 eine Obstküche eingerichtet.[65]

---

62 Laupheimer Verkündiger 11. 2. 1915.
63 Frauen wurden gedrängt, Aufklärungsvorträge des Nationalen Frauendienstes über Kriegsernährung zu hören. Eine Beratungsstelle für Frauen wurde gegründet, unentgeltliche Kochlehrkurse für Kriegsgerichte eingerichtet. Laupheimer Verkündiger 18. 3. 1915, 7. 4. 1915.
64 Laupheimer Verkündiger 3. 7. 1915.
65 Laupheimer Verkündiger 13. 7. 1915.

In den Chor derjenigen, die die Frauen auf vaterländische Posten beriefen, stimmte auch „Die Gutsfrau" mit mehreren Beiträgen ein. In einem Artikel von Gertrud Dyhrenfurth mit dem Titel „Die Gutsfrau in Kriegszeiten"[66] wurde diese daran erinnert, dass sie mit ihrer Stellung ein „Amt mit heiligen Verpflichtungen gegen die, welche von ihrem Besitz abhängig sind" übernommen habe. In dieser Hinsicht sei sie verpflichtet, soziale und wirtschaftliche Aufgaben zu übernehmen. Daneben habe sie auch die „ernste, hochgemute, opferbereite Stimmung" zu pflegen. Auch die Vorsitzende der Ostpreußischen Landwirtschaftlichen Hausfrauenvereine Elisabet Boehm[67], appellierte an die patriotische Pflicht der Mitglieder, die vor allem die Erzeugung von Lebensmitteln sicherzustellen hätten.[68] Ein Artikel, der über die Bedürfnisse des Roten Kreuzes an weiblichen Hilfskräften aufklärte, wartete mit der Devise auf: „Männerwehr – und Frauenhilfe!".[69] Ferner wurde von den ersten Initiativen zur Einrich-

---

66 Die Gutsfrau 22/1914, S. 362f.

67 Elisabet Boehm hatte 1898 in Rastenburg/Ostpreußen den ersten Landwirtschaftlichen Hausfrauenverein gegründet. 1905 übernahm sie den Vorsitz des ostpreußischen Landesverbandes, 1916 schlossen sich die inzwischen zahlreich entstandenen Vereine im Reichsbund Landwirtschaftlicher Hausfrauenvereine, der Vorläuferorganisation des Deutschen Landfrauenverbandes, zusammen, dessen Vorsitzende Elisabet Boehm bis 1929 war. Zur Geschichte: Christina Schwarz, Die Landfrauenbewegung in Deutschland. Zur Geschichte der Frauenorganisation unter besonderer Berücksichtigung der Jahre 1898 bis 1933, Mainz 1990; Ostpreußisches Landesmuseum (Hg.), Elisabet Boehm und die Landfrauenbewegung. Husum 1998; Beate Krieg, Landfrauenbewegung im Wandel. Ziele, Inhalte, Herausforderungen und Perspektiven, in: Hermann Heidrich (Hg.), Frauenwelten. Arbeit, Leben, Politik und Perspektiven auf dem Land, Bad Windsheim 1999, S. 79–99.

68 Boehm, Elisabet, An die Mitglieder der landwirtschaftlichen Hausfrauenvereine, in: Die Gutsfrau 22/1914, S. 363f., hier S. 364.

69 M. v. Lindow, Schwestern und Helferinnen vom Roten Kreuz, in: Die Gutsfrau 22/1914, S. 369f, hier S. 370.

tung einer weiblichen Kriegshilfsorganisation unter dem Namen Nationaler Frauendienst berichtet. Mit dieser Dachorganisation war beabsichtigt, in jeder Stadt alle Frauenvereine zu vereinen, die sich gemeinsam folgenden Aufgaben stellen sollten: 1. Mitarbeit in der Erhaltung einer gleichmäßigen Lebensmittelversorgung, 2. Familienfürsorge, 3. Arbeitsvermittlung, 4. Auskunftserteilung.

Die Bedeutung der Lebensmittelversorgung im Krieg, die besondere Rolle der Frauen als ländliche Produzentinnen und zugleich als Konsumentinnen in den Privathaushalten bereitete den Boden für die Gründung von Landwirtschaftlichen Hausfrauenvereinen in Württemberg. Den Anstoß gab Fürstin Therese zu Hohenlohe-Waldenburg (1869–1927), die die günstige Situation für eine Erfolg versprechende Initiative erkannte. Während in Preußen schon seit 16 Jahren eine in Vereinen organisierte Landfrauenbewegung bestand, hatte Württemberg in dieser Hinsicht bisher nichts vorzuweisen. Die Zielsetzung der Landwirtschaftlichen Hausfrauenvereine war von Anfang an eine dreifache: erstens, Frauen aus Stadt- und Land zur Erörterung ihrer Interessen in einem Verein zu organisieren; zweitens, Aus- und Weiterbildung für die Frauen auf dem Lande zu schaffen; drittens, Unternehmungen zu gründen, die sowohl für die weiblichen Produzenten vom Land wie auch für die weiblichen Konsumenten in der Stadt Vorteile bieten könnten. Diese Unternehmungen wurden die „Verkaufsstellen". Die Erzeugerinnen lieferten ihre Waren direkt – ohne Zwischenstation des Handels – in diese Läden. Beabsichtigt wurde damit, die wirtschaftliche Selbständigkeit der Landfrauen zu stützen und zugleich den städtischen Frauen frische, qualitativ hochwertige und günstige Waren anzubieten.

Fürstin Therese war eine geborene Gräfin zu Erbach-Fürstenau[70] und gehörte durch ihre Heirat im Jahr 1889 mit Friedrich Karl Fürst zu Hohenlohe-Waldenburg-Schillingsfürst ä. L. (1846–1924) seit mehr als dreißig Jahren dem Haus Hohenlohe-Waldenburg an. Die protestantische Gräfin hatte 1889 den verwitweten, katholischen Fürsten geheiratet. Zum Fideikommiss Hohenlohe-Waldenburg gehörten das Schloss in Waldenburg, Immobilien, Waldbesitz sowie einige Landgüter, auf denen Landwirtschaft betrieben wurde.[71] „Ihre Durchlaucht Fürstin Therese" war verglichen mit ihren hochadeligen Standesgenossinnen in einigen Dingen unkonventionell eingestellt. Sie war eine begeisterte Landwirtin, die selbst Hand mit anlegte. Eine Praktikantin der Schlossgärtnerei berichtet: „An unserer verehrten Fürstin hatte ich die beste Lehrmeisterin in der Gärtnerei. Sie lernte mich pikieren und Stecklinge schneiden."[72] Als wegen des Saatgutmangels zahlreiche Versuche mit Frühkartoffeln gemacht wurden und eines Tages an Kartoffelpflanzen im Treibhaus graue Läuse festgestellt wurden, da setzte sich „die Fürstin mit mir einen ganzen Tag an Waschschüsseln mit Seifenlauge und alle Stecklinge wurden gewaschen und abgepinselt. Es half, und wir waren noch recht stolz auf unsere zerfressenen Hände, ,s ist ja fürs Vaterland', scherzte die Fürstin. Im Frühherbst hat-

---

70 Vater: Graf Raimund Alfred zu Erbach-Fürstenau (1813–1874); Mutter: Gräfin Luise Eleonore, geb. Prinzessin zu Hohenlohe-Ingelfingen (1835–1913).

71 Friedrich Karl Fürst zu Hohenlohe-Waldenburg, Zur Geschichte der Hohenloher Fürstenhäuser. Vortrag anlässlich der Tagung „Hofkunst in Hohenlohe" am 20. Mai 1993 im Kloster Schöntal. Gedrucktes Redemanuskript, das mir der Vortragende freundlicherweise überließ.

72 Dora Gräb-Körner, Waldenburger Erlebnisse, in: Erinnerungen an die erste Landesverbands-Vorsitzende Fürstin Therese zu Hohenlohe-Waldenburg, hg. v. Landesverband landwirtschaftlicher Hausfrauen-Vereine in Württemberg, o. O., o. J. [1928], S. 17–21, hier: S. 18.

ten wir viele, viele Frühkartoffeln für die Stadt aus sehr wenig Saatgut herausgewirtschaftet."[73] Fürstin Therese lag die Förderung der Landfrau am Herzen, vor allem auch deren wirtschaftliche Selbständigkeit und Ausbildung. Sie war volkswirtschaftlich interessiert, und ihre patriotische Einstellung unter Beweis zu stellen, das war für sie im Krieg das Gebot der Stunde. Für ihre Initiative war zentral, dass sie keine Scheu hatte, mit Frauen zusammenzuarbeiten, die nicht ihres Standes waren.

Fürstin Hohenlohe lud im Frühjahr 1916 Elisabet Boehm (1859–1943), die Vorsitzende des ostpreußischen Landesverbandes, auf ihr Schloss ein.[74] Während dieses Aufenthaltes kam es zur Gründung der ersten Württemberger Vereine in Öhringen, Neuenstein und Kupferzell. Für die Realisierung ihres Planes, weitere Orts- und Bezirksvereine zu gründen, suchte sie die Zusammenarbeit mit Ruth Steiner.[75] Die beiden hatten sich im Sommer 1916 bei einer landwirtschaftlichen Versammlung in Tübingen kennen gelernt.[76] Ruth Steiner war nicht nur vom Anliegen, sondern auch von seiner Fürsprecherin tief beeindruckt. Sie sei eine „außerordentliche Persönlichkeit", die „mit hinreißender Frische und Lebendigkeit [...] die Richtlinien und Ziele des Landwirtschaftlichen Hausfrauenvereins"[77]

---

73   Gräb-Körner, Waldenburger Erlebnisse, S. 18. Zur Bewirtschaftung des Laurachhofes vgl. Ortrud Wörner-Heil, Frauenelite und Landfrauenbewegung in Württemberg. Der Landwirtschaftliche Hausfrauenverein als adelig-bürgerlicher Begegnungsraum, in: Jens Flemming, Pauline Puppel, Werner Troßbach, Christina Vanja, Ortrud Wörner-Heil, Lesarten der Geschichte. Ländliche Ordnungen und Geschlechterverhältnisse. Festschrift für Heide Wunder zum 65. Geburtstag, Kassel 2004, S. 418–447, hier S. 430f.
74   Elisabet Boehm, Begegnungen und Begegnungen II. Autobiografische Aufzeichnungen. 2 Bde., Typoskript, Halle 1939, S. 121–129, hier S. 121f.
75   Vgl. Wörner-Heil, Frauenelite, S. 418–447.
76   Ruth Steiner, Therese zu Hohenlohe-Waldenburg, in: Land und Frau 2/1928, S. 27.
77   Ruth Steiner, Was die Fürstin unseren Hausfrauenvereinen war, in: Erinnerungen

entwickelt habe, urteilte sie später. Sie ließ sich von der Begeisterung der Fürstin zur Gründung Landwirtschaftlicher Hausfrauenvereine anstecken und stimmte einer Mitarbeit zu. Diese Entscheidung hatte weit reichende Konsequenzen. Denn die Landwirtschaftlichen Frauenvereine sollten für siebzehn Jahre das gesellschaftliche Arbeitsfeld bleiben, in das Ruth Steiner ihre Ideen, ihre Mittel, ihre Kraft und ihre Autorität investierte.

Sehr schnell folgten auf die ersten Vereine weitere Gründungen. Ein halbes Jahr später, am 6. Dezember 1916, gründete sich als Zusammenschluss der Einzelvereine der Württembergische Landesverband Landwirtschaftlicher Hausfrauenvereine. Fürstin Therese wurde zur Ersten, Ruth Steiner aus Laupheim zur Zweiten Vorsitzenden gewählt. Selbstverständlich versicherte man sich der Unterstützung der Königin Charlotte von Württemberg, Prinzessin zu Schaumburg-Lippe. Wie schon erwähnt, war dieser das Thema Landwirtschaftliche Hauswirtschaft durch die Familie keinesfalls fremd. Die regierende Fürstin Marie Anna zu Schaumburg Lippe, die Ehefrau ihres Cousins Fürst Georg zu Schaumburg-Lippe (1846–1911), hatte 1901 das Protektorat für die Reifensteiner Schule Obernkirchen übernommen. Und die Schwester der Königin Charlotte, Prinzessin Alexandra zu Schaumburg-Lippe, war von 1911 bis 1912 Schülerin der Frauenschule Reifenstein gewesen. In dieser Zeit hatte die Königin Reifenstein besucht. Die Königin nahm das Protektorat an, da sie den Belangen der Frauen schon immer besondere Aufmerksamkeit geschenkt hatte. Sehr häufig hatte sie Bildungseinrich-

an die erste Landesverbands-Vorsitzende Fürstin Therese zu Hohenlohe-Waldenburg, hg. v. Landesverband landwirtschaftlicher Hausfrauen-Vereine in Württemberg, o. O., o. J. [1928], S. 10–12, hier: S. 10.

tungen unterstützt, in denen Mädchen zu selbständiger Berufstätigkeit ausgebildet werden sollten.

Zwischen Ruth Steiner und Fürstin Therese bestand in den Jahren zwischen 1918 und 1927 ein reger Briefwechsel. Leider sind nur die Briefe der Fürstin erhalten. In den Briefen wird die gegenseitige Wertschätzung sehr deutlich. Private und politische Vertraulichkeiten wurden ausgetauscht, die Situation der Vereine besprochen und Perspektiven entwickelt. Es ist die Rede davon, dass Fürstin Therese privates Geld einsetzte, um das Vereinsleben zu unterstützen. Elf Jahre, bis zu ihrem Tod am 21. Dezember 1927, blieb die Fürstin Landesvorsitzende.

Ruth Steiner hatte sich schon als Stellvertreterin im Landesvorsitz, aber auch als Leiterin des großen und aktiven Ortsvereins Laupheim und des mehrere Vereine umfassenden Bezirksvereins Laupheim zu einer zentralen Persönlichkeit im Verband entwickelt. In Phasen, in denen die Fürstin durch die langjährige Krankheit ihres Gemahls[78] und die hierdurch notwendige stärkere Verantwortung für die Leitung des Hauses Hohenlohe-Waldenburg ihren Verbandsvorsitz nicht kontinuierlich wahrnehmen konnte, übernahm Ruth Steiner die Regie im Verband.

In den Jahren nach 1918 sollte Ruth Steiner dann faktisch kontinuierlich den Vorsitz des württembergischen Landesverbandes innehaben. Fürstin Hohelohe hatte sich wegen politischer Anfeindungen für längere Zeit auf ihr bayrisches Landgut Eber-

---

78 Schon in einem Brief im Dezember 1916 erwähnt sie die Belastung durch die Krankheit ihres Mannes: „Ich bin überarbeitet & vergesse zu Vieles. […] Mein Mann wird immer kränker & will gar nicht mehr ohne mich sein. […] Da aber die Krankheit voraussichtlich einen sehr langsamen Verlauf nehmen wird, so möchte ich mir doch die Reise nach Berlin gönnen." Archiv Landfrauenverband, Fürstin Hohenlohe an Boehm v. 26.12.1916.

hardsreuth zurückgezogen. Als stellvertretender Vorsitzender lag nun in ihrer Verantwortung die Organisation von Landfrauentagen, die Vertretung der Württemberger Frauen im Reichsverband und in der Zentrale für die Landfrau in Berlin. Sie hatte Verhandlungen mit staatlichen Behörden und mit Verbänden der Landwirte zu führen. Nach dem Tod der Fürstin wurde Ruth Steiner im Februar 1928 einstimmig als ihre Nachfolgerin zur Landesvorsitzenden gewählt. Von dieser Position trat sie 1933 unter bisher ungeklärten Umständen zurück.[79] Der Grund für ihren Rücktritt darf darin zu erkennen sein, dass ihr Mann einer jüdischen Familie entstammte.

Die Bilanz der beiden Gründungspräsidentinnen konnte sich sehen lassen: Der Landwirtschaftliche Hausfrauenverein Württemberg wurde zu einem Erfolgsmodell. Obwohl im Vergleich zu Preußen sehr spät entstanden, besaß er 1918 schon 50 Ortsvereine[80]. Mit 11.000 Mitgliedern im Jahr 1928 hatte er sich schon zum mitgliederstärksten deutschen Verband entwickelt. Nur ein Jahr später hatte er nochmals 3.000 Mitglieder hinzugewonnen.[81] Noch 1934 konnte er mit diesem Rang aufwarten: Mit 453 Ortsvereinen war er der größte Landesverband innerhalb des Reichsverbandes, der 25 Landes- und Provinzialverbände zusammenfasste.[82] Diese Entwicklung zeigt, dass es den Landfrauen-

---

79 Im Landfrauen-Kalender 77. Jg., 1934, hg. v. Land und Frau, Zweiter Teil. Jahrbuch des Reichsverbandes der L. H. V., Berlin 1934, S. 128–135, wird Frau Gutsbesitzer Elfriede Aldinger, Münchingen, als Erste Vorsitzende des Landesverbandes angegeben. Ruth Steiner wird als Vorsitzende des Bezirksvereins Laupheim und des Ortsvereins Laupheim angeführt.
80 Landwirtschaftlicher Frauenkalender 61. Jg., 1918, Berlin 1918, S. 97–99.
81 Land und Frau 49/1929, S. 934.
82 Landfrauen-Kalender 77. Jg., 1934, S. 86. Im Vergleich hierzu: Der Landesverband Brandenburg besaß 300 und der Ostpreußische Verband 203 Ortsvereine.

vereinen gelungen war, große Teile der weiblichen ländlichen Bevölkerung zu organisieren.

Der Landwirtschaftliche Hausfrauenverein in Laupheim

Nachdem Ruth Steiner ihre Mitarbeit bei der Gründung der Landwirtschaftlichen Hausfrauenvereine zugesagt hatte, bestand ihr erster Schritt darin, einen Bezirksverband in Laupheim ins Leben zu rufen. Dies geschah auf einer Sitzung des von Männern getragenen Landwirtschaftlichen Bezirksvereins, in dem Ruth Steiners Mann verantwortlich tätig war. Diese Versammlung am 1. Oktober 1916 in Laupheim war von 100 Personen besucht, vor allem von Frauen, die aus der Stadt, aber auch vom umliegenden Land kamen. Bei dieser Versammlung waren auch Staatsbeamte aus Stuttgart sowie städtische und Bezirksbeamte anwesend. Ruth Steiner hielt ihren ersten Vortrag über „Zweck und Ziel der Landwirtschaftlichen Hausfrauenvereine" und wurde gelobt: „Die Rednerin verstand es in ausgezeichneter Weise, sich durch die klaren, überzeugenden Ausführungen ihrer gestellten Aufgabe zu entledigen."[83]

An ihren Vortrag schloss sich eine Debatte an, die viel Zustimmung brachte, aber auch Bedenken wurden laut. Welcher Art diese waren, erfahren wir nicht. 59 der anwesenden Frauen traten als Mitglieder ein. Als Erste Vorsitzende wurde Ruth Steiner gewählt, als Zweite Else Schall, ihr Mann Dr. Wilhelm Schall war inzwischen Regierungsrat. Als Kassiererin

---

83 Laupheimer Verkündiger 5.10.1916.

fungierte die verwitwete Elisabeth Bayer und als Schriftführerin wurde die Frau des Arztes Dr. med. Groeschel gewählt.[84] Else Bergmann, Frau des Fabrikanten Marco Bergmann, komplettierte die Vorstandsriege. Alle Vorstandsdamen kamen vorerst aus Laupheim, in den späteren Vorstandsriegen waren auch Frauen aus den umliegenden Gemeinden vertreten. Auffällig ist, dass nur eine landwirtschaftlich Aktive im Vorstand vertreten war.[85]

Den Zielen des Gesamtvereins entsprechend formulierte Ruth Steiner für Laupheim vier Aufgaben: 1. die hauswirtschaftliche und landwirtschaftliche Ausbildung der Hausfrauen zu fördern und damit die Erzeugung von landwirtschaftlichen Produkten zu steigern, 2. den Absatz der landwirtschaftlichen Erzeugnisse zu erleichtern, 3. die Versorgung der Städte mit Lebensmitteln zu verbessern und 4. die Gegensätze zwischen Stadt und Land zu überbrücken. Um diese Ziele zu erreichen, sollten monatliche Versammlungen stattfinden mit der Möglichkeit zum Austausch von Erfahrungen und Kenntnissen. Zur Beratung wollte man Fachleute heranziehen, um zu erreichen, dass die Landfrauen ihre Gärten und ihre Hühnerhöfe auf einen möglichst hohen Stand bringen könnten. Es war an Ausstellungen, an die Durchführung von Kursen und Angebote zur Fachausbildung gedacht. Zur Unterstützung der Landfrau sollten gute Sämereien, Bruteier sowie Zuchtgeflügel beschafft werden. Das ambitionierteste Unterfangen war die Planung, eine Verkaufsstelle einzurichten, um den Absatz aller ländlichen Erzeugnisse

---

84 Ebd.
85 Vereinsregister, Amtsgericht Laupheim, Kopien des Zeitraums 1900 bis 1969 im Stadtarchiv Laupheim.

zu gewährleisten.[86] An Waren sah man vor: Geflügel, Gemüse, Obst, Kartoffeln, Butter, Wild, Fische und Eier. Liefern durften nur Mitglieder, kaufen konnte jedermann. Nur 14 Tage nach der Vereinsgründung wurde im Hause Kapellenstraße 34 eine Verkaufsstelle in Laupheim eingerichtet. Umgehend erhielt der Verein eine staatliche Hoheitsaufgabe: Er wurde zum Bezirksaufkäufer allen Geflügels im Bezirk ernannt. Damit durfte nur er Geflügel aufkaufen, der Handel war ausgeschaltet.

Ruth Steiner versah ihren Vorsitz nicht ausschließlich repräsentativ. Davon legt eine Bemerkung ihrer Tochter Marie-Luise Zeugnis ab: Wenn ich von der Schule kam, saß meine Mutter meistens in der Verkaufsstelle und machte die Abrechnung über all die Erzeugnisse, die Bäuerinnen in der Verkaufsstelle ablieferten.“[87] Außerdem ging sie oft auf Vortragsreise in andere Gemeinden des Bezirks, wo sie die Gründung neuer Vereine unterstützte oder bestehende betreute.[88]

Der Laupheimer Verein stieß auf Zustimmung und hatte mit seinen Unternehmungen Erfolg. Am 14. Februar 1918 kaufte der Landwirtschaftliche Hausfrauenverein das Haus in der Kapellenstrasse 39a und 39b. Es handelte sich dabei um ein Wohnhaus, eine Scheuer, ein Waschhaus nebst Hofraum und einen Gras- und Baumgarten an der Kapellenstrasse. Die bisherige Besitzerin war Rosa Einstein, geb. Regensteiner, Witwe

---

86 Satzung des Landwirtschaftlichen Hausfrauenvereins Laupheim, Eintragung in das Vereinsregister am 22. Februar 1918. Grundakten zum Grundbuch 178, Grundbuchamt Laupheim, vorh. im Stadtarchiv Laupheim.
87 Marie-Luise Gräfin Leutrum, „Wir sind von Anfang an ein selbständiger Verband gewesen“. Interview mit Marie-Luise Gräfin Leutrum vom 5. Oktober 1978. Ein Zeitdokument über die Anfänge des Deutschen Landfrauenverbandes, in: Engagiert auf dem Land, hg. v. Deutschen Landfrauenverband e. V., Bonn 1998, S. 55–58, hier S. 55.
88 Laupheimer Verkündiger 14.10.1916, 21.10.1916.

des Sigmund Einstein, der Kaufmann in Laupheim gewesen war. Der Kaufpreis betrug 28.000 Mark. 19.000 Mark mussten bar bezahlt werden, eine auf dem Haus ruhende Hypothek von 9.000 Mark gegen die Oberamtssparkasse wurde übernommen. Rosa Einstein erhielt das Wohnrecht in der Wohnung im zweiten Stock zwei Jahre unentgeltlich, ab dann zu einer jährlichen Miete von 200 Mark.[89] Außer der Verkaufsstelle, richtete man im Vereinshaus eine Einmach- und Dörrküche ein, ein besonderer Herd und ein Waschkessel wurden aufgestellt, um auch Obstsäfte sterilisieren zu können. Die Küche war auch der Ort von Kochkursen aller Art.

Stolz konnte schon bald vermeldet werden: „Den größten Vorteil von den Verkaufsstellen oder Sammelstellen haben die Frauen von kleinem und kleinstem Landbesitz, die früher ihre Sachen selbst auf den Markt brachten, und die jetzt keine Zeit und auch keine Lust haben, stundenlange Wege mit wenig Waren zu machen oder auf dem Markte damit anzustehen. Alle unsere Mitglieder gerade aus diesen Kreisen haben ihre Werterzeugung verdoppeln und verdreifachen können, seit sie geregelten Absatz hatten, ohne vom Händler abhängig zu sein. Eine ganz neue Erscheinung haben unsere Vereine außerdem ins Leben gerufen: die gebildete selbständige kleine Landwirtin. Mädchen und Frauen der gebildeten Stände, die eine gute Vorbildung in Geflügelzucht und Gartenbau sich aneigneten, haben sich in verschiedenen Gegenden in den Dörfern einen kleinen Besitz gepachtet oder gekauft und betreiben dort ihre kleine Landwirtschaft, ziehen Obst und Gemüse, Geflügel und Eier, Kaninchen, betreiben Ziegenzucht und haben sich ihr eigenes und selbstän-

---

89 Grundakten zum Grundbuch 178, Grundbuchamt Laupheim, Stadtarchiv Laupheim.

diges Leben geschaffen."[90] Im Jahr 1918 machte die Verkaufsstelle einen Umsatz von ca. 500.000 Mark. An Reingewinn blieben für den Verein 6.000 Mark.

Die Zeit nach 1918 gestaltete sich für die Landwirtschaftlichen Hausfrauenvereine schwierig, in Württemberg sank ihre Zahl von 50 auf 38. Umso wichtiger waren Personen, die sich sehr schnell umstellen konnten, zuversichtlich weiterarbeiteten und für die Akzeptanz der neuen Verhältnisse warben. Hierzu gehörte Ruth Steiner. Unter ihrer Führung tagte der Verein in Laupheim schon Anfang Dezember 1918 und sie gab die Devise aus, es sei notwendig, angesichts der Krisensituation die „[…] Frauen aller Stände fest zusammenzuschließen, um ihre Interessen zu wahren. […] Unsere Aufgabe ist es, nicht enttäuschten Hoffnungen nachzutrauern, sondern alles daran zu setzen, unser armes, aus tausend Wunden blutendes Deutschland einer besseren Zukunft entgegenzuführen."[91] Und schließlich forderte sie auf, vom Frauenwahlrecht, das nun eine Frauenwahlpflicht sei, regen Gebrauch zu machen.

Ruth Steiner konnte ihren Verein in dieser krisenhaften Nachkriegszeit zusammenhalten. Die Vorträge griffen weiterhin Themen aus den Arbeitsfeldern der ländlichen Hausfrau auf: aus der Geflügelzucht, der Ziegenzucht sowie der Verarbeitung und dem Gebrauch von Ziegenmilch. Man erörterte die Bedingungen einer zweckmäßigen Milchwirtschaft und Probleme im Beerenobstanbau. Ein Kochkursus für Bauerntöchter fand statt. Ein

---

90   Fürstin Hohenlohe, in: Mitteilungen des Verbands der landwirtschaftlichen Hausfrauenvereine in Württemberg, Jg. I, Nr. 6, 7, 15. März / 1. April 1918.
91   Mitteilungen des Verbands der landwirtschaftlichen Hausfrauenvereine in Württemberg, Jg. I, Nr. 22/24, 30. Dezember 1918, S. 91.

Kükenheim wurde unentgeltlich zur Verfügung gestellt.[92] 1920 begann der Verein unter Ruth Steiners Leitung mit der Planung einer Brutzentrale. In einem ersten Schritt wurde ein Wasserbrüter in der Waschküche des Vereinshauses aufgestellt. In einem zweiten Schritt baute man dieses Projekt zu einem gemeinsamen Vorhaben mit der Schlossgutverwaltung aus und richtete eine mustergültige Brutanstalt nach dem Vorbild der Landwirtschaftlichen Schule in Blaubeuren ein. Die Vereinbarungen mit der Schlossgutverwaltung lauteten: Das Schlossgut stellt dem Verein einen Raum zur Verfügung, in dem ein Brutapparat aufgestellt wird. Der Verein übernimmt die Aufsicht über das Brüten, um an seine Mitglieder Eintagsküken abgeben zu können. Die Kükenaufzucht wiederum war Sache des Schlossgutes. Das Gehalt für die Kraft, die die Leitung der Brutzentrale übernehmen sollte, wollten sich der Landfrauenverein und das Schlossgut teilen.

Weitere Unternehmungen genossenschaftlicher Art wurden begründet wie etwa auch die Einrichtung einer Hausschuhwerkstatt. Der Landwirtschaftliche Hausfrauenverein Laupheim entwickelt sich zu einem der erfolgreichsten und stabilsten in Württemberg: 1919 zählte er 450 Mitglieder, 1920 schon 483.[93] Dazu trug auch bei, dass der Verein die Geselligkeit nicht vernachlässigt. Es wurden Ausflüge, Unterhaltungsnachmittage und -abende gestaltet, immer wieder auch Theaterstücke aufgeführt. „Ich sehe meine Mutter noch in den Versammlungen

---

92 Mitteilungen des Verbands der landwirtschaftlichen Hausfrauenvereine in Württemberg, Jg. II, Nr. 10, 31. Mai 1919, S. 37.
93 Mitteilungen des Verbands der landwirtschaftlichen Hausfrauenvereine in Württemberg, Jg. III, Nr. 6, 31. März 1920, S. 23.

Die Laupheimer Webstube, bekannt unter dem Namen „Handweberei Oberland", die 1924 im Schloss in Laupheim von Ruth Steiner (links im Bild) eingerichtet wurde. In dieser Zeit war Ruth Steiner Zweite Vorsitzende des Landesverbandes Württemberg der Landwirtschaftlichen Hausfrauenvereine, dessen Vorsitzende sie von 1928 bis 1933 wurde.

des Kreises Laupheim, wo wir als Kinder bei den Aufführungen mithalfen."[94] – berichtete die Tochter.

Im Jahr 1924 griff der Landwirtschaftliche Hausfrauenverein eine Anregung von Fürstin Hohelohe auf und richtete neben einer Nähstube auch eine Webstube mit vorerst einem Handwebstuhl ein. Ruth Steiner stellte dafür Räume im Schloss zur Verfügung. Der Zweck der Gründung war, Landfrauen in der schwierigen Wirtschaftslage Zusatzeinkünfte zu verschaffen. Anfangs hieß die Devise des Württemberger Landfrauenvereins,

---

94 Gräfin Leutrum, „Wir sind von Anfang an ein selbständiger Verband gewesen", S. 55.

jeder Haushalt solle wieder einen Webstuhl aufstellen. Aus Artikeln geht jedoch hervor, dass dies die Verantwortlichen der Laupheimer Webstube anders sahen. Sie argumentierten ganz pragmatisch mit der spezifischen württembergischen Situation, die eine generelle Rückkehr zur gewebten Kleidung und deren Produktion im Privathaushalt nicht zuließe. Schon nach kurzer Zeit waren in der Webstube, deren Leitung eine Freundin Ruth Steiners, Hertha Gräfin Vitzthum von Eckstädt, geborene von Ammon (1881–1932)[95], übernahm, fünf Webstühle aufgestellt. Unter ihr entstand aus der Webstube die Handweberei Oberland. Die Werkstatt war bestrebt, handgewebte, einfache, funktionale und dennoch schöne Kleidung herzustellen. Anregungen für diese Zielsetzung hatte sich Hertha Gräfin Vitzthum in Schweden geholt, wo sie sich Webereien angesehen und Modelle mitgebracht hatte.[96] Das Konzept der Laupheimer Webstube sollte noch oft nachgeahmt werden.

Der Ruf der Laupheimer Handweberei Oberland ging weit über Laupheim und Württemberg hinaus. In der Werkstatt wurden an Kinderkleidern die bekannten Spielhöschen, Bubenkittel, Kleidchen und Bauernhemdchen angefertigt. Es wurden auch Berufskleider und Festkleider entworfen, gewebt und genäht. In den zwanziger Jahren waren die „Laupheimer Schürzen" mit ihren charakteristischen Borten bekannt und beliebt. Es wurden auch Vorhänge, Tischdecken, Läufer, leinene Handtücher und Polsterstoffe hergestellt. Ende der zwanziger Jahre wurden „Laup-

---

95   Die Familie von Ammon war ein preußisches Adelsgeschlecht. Hertha von Ammon hatte 1900 den königlich sächsischen Leutnant Alexander Graf Vitzthum (1874–1943) geheiratet. 1921 wurde die Ehe geschieden. Aus dieser Ehe stammte eine Tochter, Elisabeth Hertha Louise Helene (geb. 1901), die später in Politikwissenschaften promovieren und Referentin beim Süddeutschen Rundfunk werden sollte.

96   Gräfin Leutrum, „Wir sind von Anfang an ein selbständiger Verband gewesen", S. 55.

heimer Nachmittagskleider", der „Laupheimer Arbeitsmantel", und als weiteres Arbeitskleid das „Laupheimer Frauenkleid" hergestellt. Ein zum Frauenkleid entsprechendes Gegenstück, das „Laupheimer Mädchenkleid", war im Entstehen.

Aber ganz offensichtlich war die Webstube nicht nur eine „Arbeits"stube, sondern auch die Kommunikation und Geselligkeit kam nicht zu kurz. Die Tochter Ruth Steiners berichtete: „Es war ein sehr lebhaftes Treiben in dieser Webstube. Abends saßen wir alle und spannen und ich habe in meiner Aussteuer noch selbstgesponnene und gewebte Handtücher mitgebracht."[97] Anfang der dreißiger Jahre übernahm Ruth Steiner die Leitung der Webstube, da Gräfin Vitzthum erkrankt war. Im Jahr 1932 übergab sie sie an Elise Esslinger, die Frau des Holzwerkzeug-Fabrikanten Eduard Esslinger. Sie verlegte die Weberei in die damalige israelitische Schule. Nachdem in den dreißiger Jahren eine Krise überwunden werden musste, ging es ab 1935 mit der Handweberei wieder aufwärts. Im Jahre 1938 übergab Elise Esslinger die Werkstatt Frau Strele-Fuchs, die 1927 als erster Lehrling in der Webstube ausgebildet worden war. Tatsächlich konnte sich der Betrieb in den folgenden Jahren ausdehnen, wurde in die Mittelstrasse 29 verlegt und beschäftigte Anfang der fünfziger Jahre etwa 22 Weberinnen. Ein Laden wurden eröffnet. Bis in die sechziger Jahre konnte die Handweberei noch bestehen.

---

97 Ebd.

Vorsitzende des Landesverbandes Württemberg der Landwirtschaftlichen Hausfrauenvereine

Unter Ruth Steiners Vorsitz ab Februar 1928 sollte der Landes-verband Württemberg, der mit großem zeitlich Verzug gegrün-det worden war, zu einem drängenden Modernisierer werden. Es sollte vor allem der württembergische Verband sein, der in den zwanziger Jahren den Landfrauen die Errungenschaften von Technik und Wissenschaft nahe bringen wollte. Unter Ruth Steiners Leitung begann man in Württemberg als erste in Deutschland mit der Einrichtung von genossenschaftlichen Waschküchen. Der nationale Verband warb zu dieser Zeit neben der Verfolgung seiner traditionellen Ziele hauptsächlich für den Einsatz von Maschinen im Haushalt, um die Arbeit zu erleich-tern, effektiver und produktiver zu machen. Es war in Württem-berg, wo zur Umsetzung dieser Zielsetzung die entscheidenden Schritte folgten. Beate Krieg, die heutige Landesgeschäftsführe-rin des Landfrauenverband Württemberg-Baden e. V., urteilte in ihrer wissenschaftlichen Studie: „Die Frauen [...] lösten einen landesweiten Modernisierungsschub in Württemberg aus, der für andere Regionen zum Vorbild wurde. Sie sind daher die In-novatoren der Zwischenkriegszeit."[98]

Die Modernisierung betraf sowohl die Technisierung und Elektrifizierung als auch die Finanzierung der entsprechenden Pläne. Zur Realisierung wurde vor allem die Gründung von Ge-nossenschaften vorgeschlagen. An dieser Stelle kam die lange Erfahrung zum Zuge, die die Vereine, in denen Ruth Steiner

---

98 Beate Krieg, „Landfrau, so geht's leichter!" Modernisierung durch hauswirtschaft-liche Gemeinschaftsanlagen mit Elektrogroßgeräten im deutschen Südwesten von 1930 bis 1970, München 1996, S. 273.

tätig war, auf vielfältige Weise mit der genossenschaftlichen Organisationsform gemacht hatten. Die Einzelschritte, die in Württemberg in dieser Richtung gemacht wurden, wirkten sich auf den Modernisierungsprozess in ganz Deutschland aus und gaben noch den Initiativen in den fünfziger Jahren Impulse.

Auch die Mitgliederzahlen spiegeln eine Erfolgsgeschichte: Bis 1932 entstanden in Württemberg 416 Vereine mit insgesamt 8.000 Mitgliedern. Der Landesverband Württemberg war damit der größte Landesverband im Reichsverband geworden. Dies verwies auf eine hohe Akzeptanz des Verbandes in Frauenkreisen. Sicherlich hatte dies auch mit der besonderen Situation der landwirtschaftlichen Bevölkerung, der Art der landwirtschaftlichen Betriebe, ihrer wirtschaftlichen Lage und der daraus resultierenden Situation der Landfrauen zu tun. Der Anteil der Landwirtschaft an allen Erwerbspersonen lag in Württemberg um 1930 noch bei 32,2 Prozent gegenüber Handwerk und Industrie mit 35,9 Prozent sowie Handel und Verkehr mit 11,3 Prozent. Von den landwirtschaftlichen Betrieben wurden etwa drei Viertel hauptberuflich und nur ein Viertel nebenberuflich betrieben. Strukturveränderungen am Anfang der dreißiger Jahre ließen die Anzahl der klein- und mittelbäuerlichen Betriebe ansteigen. Die Zahl der weiblichen landwirtschaftlichen Betriebsinhaberinnen lag dabei relativ hoch bei 12,2 Prozent. Offensichtlich gelang es dem Verband unter Führung von Ruth Steiner diese Bedingungen und die Interessen der Frauen zu erkennen, zu analysieren und die Vorgehensweise darauf abzustellen. Ruth Steiner war in dieser Zeit viel beschäftigt, respektiert und bewundert und augenscheinlich auch in die Gemeinde Laupheim fest integriert.

Öffentliches Verstummen und Verfolgung
1933 – 1945

Mit dem Jahr 1933 begannen schwere und bedrängende Jahre für die Familie Steiner. Im Frühjahr gab Ruth Steiner das Amt der Landesvorsitzenden ab. Unter welchen Umständen dies geschah, liegt im Dunkeln. Im August 1933 erschien in der Zeitung Land und Frau eine lapidare Notiz, die besagte, dass im Württemberger Landesverband Neuwahlen anstünden. Es wurde dabei kein Wort über den alten Vorstand verloren, geschweige denn ein Dank an Ruth Steiner ausgesprochen. Es wurde noch erwähnt, dass ein Wahlvorschlag vorliege. Wer diesen vorgelegt habe oder wer vorgeschlagen sei, wurde nicht angeführt.

Mit der Ernennung Adolf Hitlers am 30. Januar 1933 zum Reichskanzler übernahmen die Nationalsozialisten die Macht. In deren Kalkül war die Landwirtschaft von erheblicher Bedeutung. Der Reichsnährstand als öffentlich-rechtliche Selbstverwaltungskörperschaft der deutschen Landwirtschaft wurde geschaffen. Er umfasste sämtliche Verbände der Landwirtschaft, einschließlich der Landwirtschaftskammern. Es bestand Zwangsmitgliedschaft. Die Landfrauenorganisation wurde in den Reichsnährstand eingegliedert und die alte Organisation aufgelöst. Unter der Leitung von Elisabet Boehm wurden die Frauen zur aktiven Mitarbeit im Reichsnährstand aufgefordert. Einige taten dies aus pragmatischen Gründen, andere waren überzeugt und begeistert vom neuen System, wieder andere zogen sich aus politischen Gründen aus der Frauenarbeit zurück.

Am 15. Dezember 1933 verfügte der Landesbauernführer Württembergs die Eingliederung des Landesverbandes der Landwirtschaftlichen Hausfrauenvereine in Württemberg in den

Reichsnährstand-Landesbauernschaft Württemberg. Er ordnete an, dass alle Bezirks- und Ortsvereine ohne Rücksicht auf ihre Rechtsform mit sofortiger Wirkung einzugliedern seien. Mit erfolgter Eingliederung seien die entsprechenden Vereine aufgelöst. Die Vorstände von den in das Vereinsregister eingetragenen Bezirks- und Ortshausfrauenvereinen hätten bei dem zuständigen Amtsgericht Antrag auf Löschung der Eintragung zu stellen.[99] Alle Vermögenswerte der Vereine gingen damit an den Reichsnährstand über. So eignete sich der Reichsnährstand auch die Befugnis an, das Haus des Laupheimer Landwirtschaftlichen Hausfrauenvereins zu veräußern. Im März 1936 wurde es an Karl Landthaler, Mechanikermeister in Laupheim, verkauft.

Betroffen war die Familie Steiner auch von den Nürnberger Rassegesetzen. Nach diesen war die Anstellung christlicher Bediener durch Juden in Privathaushalten untersagt. Nur in begründeten Ausnahmefällen war sie möglich. So boten Ruth und Mut Steiner in einem Brief an den Landrat an, das Gut an den Sohn Ulrich zu übergeben. Er wurde nach den Rassegesetzen „nur" als „Halbjude" betrachtet und konnte so vorerst einigen Schikanen entgehen. So musste er als solcher nicht sein Rundfunkgerät abgeben, wozu die Familie verpflichtet gewesen wäre, wäre Mut Steiner Haushaltsvorstand geblieben. Aber auch der Sohn Ulrich gehörte bald zu den Ausgegrenzten und Geächteten, denn er war in der Sprache der Nationalsozialisten „Mischling 1. Klasse". Ihm wurde ein Universitätsabschluss verweigert und vom Wehrdienst wurde er 1940 ausgeschlossen. Die letzten Kriegsmonate durchlitt er in einer Außenstelle des Konzentrationslagers Buchenwald im Harz, wohin er 1944 transportiert

---

99 Grundakten zum Grundbuch 178, Grundbuchamt Laupheim, vorh. im Stadtarchiv Laupheim. Verkaufspreis 1936: 16.500 Reichsmark.

worden war. Der Vater Mut Steiner zog sich vollständig auf sein Gut zurück. Nur eine männliche Hilfe durfte ihn versorgen, der er einmal gestand: „Ich habe Angst."[100] Das Schloss wurde zum unfreiwilligen Gefängnis für die Familie Steiner.

Arbeitserziehungslager Rudersberg

Im Wieslauftal zwischen Schorndorf und Welzheim liegt die kleine Gemeinde Rudersberg. Hier verkehrte seit 1908 die Wieslaufbahn. Seit dem Beginn des Zweiten Weltkrieges transportierte diese Bahn in Lazarettwagen Verwundete zum Lazarett in Welzheim. Seit 1942 beförderte diese Bahn jedoch auch noch andere Insassen: Gefangene in das Arbeitserziehungslager für Frauen.[101] Dieses Lager war im ehemaligen Hotel Ritterburg eingerichtet worden, das die Geheime Staatspolizei 1942 beschlagnahmt und zum Frauenerziehungslager umgebaut hatte. Unter miserablen Lebensbedingungen und Schikanen mussten die Frauen Zwangsarbeit im Holzwerk Rudersberg, bei der Firma Bauknecht in Welzheim und in der Landwirtschaft verrichten. Nach den Bombardierungen der Polizeigefängnisse von Stuttgart war das Lager mit über 200 Personen überbelegt und wurde zuletzt Durchgangsstation für die Deportation in die Vernichtungslager. Vom Schutzhaftlager Welzheim brachte der Zug morgens Häftlinge in grau gestreifter Sträflingskleidung nach Rudersberg. „Abgemagert, trostlos vor sich hinstarrend, mit

---

100   Gespräch mit Herrn Münst im Januar 2002.
101   Julius Schätzle, Stationen zur Hölle. Konzentrationslager in Baden und Württemberg 1933–1945, hg. im Auftrag der Lagergemeinschaft Heuberg – Kuhberg – Welzheim, Frankfurt a. M. 1974. Darin: Frauenarbeitserziehungslager Rudersberg, S. 45–49.

gesenktem Köpfen trotteten sie in Richtung „Ritterburg" und abends wieder zurück zum Zug nach Welzheim."[102]

Ruth Steiner gehörte zu den Gefangenen, die im Lager in Rudersberg inhaftiert waren.[103] Sie war im Juli 1944 nach ihren eigenen Angaben von ihrer Köchin beim Ortsgruppenleiter der Nationalsozialistischen Deutschen Arbeiterpartei Laupheims denunziert worden. Als die Köchin nach der Bekanntgabe des Attentats auf den Führer am 20. Juli 1944 höchst aufgeregt aus der Stadt zurückkam, hatte Ruth Steiner gesagt: „Man muß bedenken, dass Staufenberg und die Generäle glaubten, das Beste für Deutschland zu tun. Sie hofften so eher zum Frieden zu kommen."[104] Diese Äußerung wurde dem Ortsgruppenleiter mitgeteilt und Ruth Steiner wurde am 22. Juli verhaftet. Sie war zu diesem Zeitpunkt 65 Jahre alt. Zur Last wurde ihr „Zersetzung des deutschen Wehrwillens" gelegt. Auf dieser Grundlage war Anklage gegen sie erhoben worden. Das Verfahren wurde an den Volksgerichtshof Berlin übergeben, wo alle Fälle verhandelt wurden, die mit dem 20. Juli 1944 abgeurteilt werden sollten.

---

102   Zit. aus einem Artikel aus der Rems-Murr-Nachrichten vom 11. 07. 1998 zur Publikation von Albrecht Ebinger, Die Wieslaufbahn von Schorndorf nach Welzheim, Stuttgart 1998.

103   Intensiv bemühte ich mich darum, die Haftgründe, die Haftdauer und die Haftumstände genau zu recherchieren. Trotz umfangreicher Korrespondenz und Telefonaten mit mehreren Archiven gelang mir das lange nicht. Der wichtigste Grund lag darin, dass viele Akten, gerade auch die der Lager und Gefängnisse, noch vor der Befreiung vernichtet worden sind. Fündig wurde ich schließlich im Staatsarchiv Sigmaringen, dass die Akten des Landesamtes für Wiedergutmachung Stuttgart, betreffend Regierungsbezirk Tübingen, verwahrt. Akte Entschädigungssache Ruth Steiner, Landesamt für Wiedergutmachung Riedlingen, Bestand Wü 33, Akzessions-Nr. ET 1420, Staatsarchiv Sigmaringen.

104   Teilbescheidsvorschlag vom 3.3.1952, Akte Entschädigungssache Ruth Steiner, Landesamt für Wiedergutmachung Riedlingen, Bestand Wü 33, Akzessions-Nr. ET 1420, Staatsarchiv Sigmaringen.

Für Ruth Steiner folgten mehrere Haftstationen. Als erstes wurde sie in das Gestapogefängnis Ulm gebracht. Dort war sie vier Wochen, vom 22. Juli bis 19. August, inhaftiert. Was in der Zeit zwischen August und November geschah ist unklar. Die Akten weisen aus, dass Ruth Steiner vom November 1944 bis 6. Dezember im Gestapogefängnis in Ulm und im Gestapo- und Zwangsarbeitslager Leonberg arretiert war. Dann erfolgte ein erneuter Transport, der nun in das Lager Rudersberg führte. Dort verbrachte sie zwei Monate: vom 3. Dezember bis 14. Februar 1945. Die Odyssee hatte noch eine vierte Station: das Hausgefängnis der Gestapo in Cannstatt und Stuttgart vom 15. Februar bis 3. April 1945. An diesem Tag erfolgte die Befreiung durch die alliierten Truppen. Zu einer Verurteilung ist es infolge der Befreiung nicht mehr gekommen. Insgesamt befand sich Ruth Steiner mehr als fünf Monate in Haft.

Im April 1949 stellte Ruth Steiner einen Antrag auf Wiedergutmachung. Man darf annehmen, dass ihr weniger an einer materiellen Wiedergutmachung lag. Wichtiger war die seelische Wiedergutmachung, denn tief hatten die Verletzungen und Demütigungen getroffen. Der Entschädigungsbetrag bedeutete eine Geste, ein kleines Zeichen des neuen, demokratischen Rechtsstaates von dem man hoffte, dass er das eigene Bemühen, wieder ins Lot zu kommen, unterstützen würde. In einem „Teilbescheidsvorschlag" wurden als Entschädigung für die erlittene Freiheitsentziehung 750 DM zuerkannt. Eine Entschädigung für die körperlichen und nervlichen Schäden wurde abgelehnt. Auch wenn Ruth Steiner, wie auch ihr Sohn Ulrich, nach Hause zurückkehren konnte, ist festzustellen: „Diese Zeit hat sie nie ganz verwunden, wenngleich ihr vergönnt war, noch einige

Jahre ihrem großen Haushalt und dem Geflügelzuchtbetrieb vorzustehen."[105]

Über ihren Aufenthalt im Lager Rudersberg verfasste Ruth Steiner einen fünfseitigen Text mit dem Titel „Weihnachten 1944 im Gestapolager Rudersberg"[106]. Es ist eine berührende, eindringliche Schilderung der unmenschlichen und würdelosen Umstände im Lager. Und dennoch beeindruckt der Text durch den noch nicht verstellten Blick auch auf menschliche und humane Momente im Grauen. Und er entbehrt auch nicht eines kleinen Anflugs von Humor, der auch in früheren Texten von Ruth Steiner zu entdecken war, wohl weil er zu ihrem Wesen gehörte. Dem Text fehlt jedes Jammern und auch ein ängstlicher Ton, er ist auch keine direkte Anklage. Er ist ein ganz persönliches Dokument, das unfassbare Schicksal wahrzunehmen und zu ergründen, wo Trost liegen könnte. Ruth Steiner fand ihn in der Religion und in der Botschaft der Liebe.

Im Wiedergutmachungsbescheid von 1952 heißt es: „Die Antragstellerin ist nicht vorbestraft [...] und politisch unbelastet." „Es kann keinem Zweifel unterliegen, dass die mit einem Juden verheiratete Antragstellerin die ihr zu Last gelegten Äusserungen mit voller Genugtuung und aus einer gegnerischen Haltung zum Nationalsozialismus heraus getan hat. Sie war damals bereits 66 Jahre alt und es kann im Hinblick auf ihr Alter sich auch nur um eine achtbare Äusserung eines Menschen, der durch eine Ehe mit einem Juden in der damaligen Zeit besonders schweren Schicksalsschlägen ausgesetzt war, gehandelt haben." Und: „Hiernach steht fest, dass die Antragstellerin in der

---

105 Wilhelm von Kalckreuth, Historisch-genealogische Beiträge, S. 92.
106 Ruth Steiner, Weihnachten 1944 im Gestapolager Rudersberg, Typoskript, Stadtarchiv Laupheim.

Zeit vom 30. 1. 1933 bis 8. 5. 1945 wegen ihrer politischen Haltung nationalsozialistischen Verfolgungsmaßnahmen ausgesetzt gewesen ist und hierdurch Schaden erlitten hat."

In welcher Gefahr das Ehepaar schwebte, wird nochmals deutlich, wenn man auf das Schicksal der Laupheimer jüdischen Gemeinde blickt. Von 321 nach 1933 verbliebenen Juden sterben 60, 59 ziehen weg, 135 gelingt die Auswanderung und 60 Personen werden deportiert. Wenn es in der Broschüre „100 Jahre Stadt" im Jahr 1969 in Laupheim heißt „Nur einer bleibt unbehelligt"[107] so ist dies keine angemessene Beschreibung für das Schicksal, dass Mut und Ruth Steiner zu erleiden hatten.

Den Lebensweg, den ihre Tochter Marie-Luise einschlug, die Initiativen, die sie ergriff, die Ämter, die sie vor allem nach 1945 übernahm, waren für Ruth Steiner eine Freude und auch eine Genugtuung. Hier konnte sie eine Fortsetzung ihres eigenen Tun und Wollens erblicken.

Nach dem Abitur hatte sich Marie-Luise Steiner entschlossen, Landwirtschaft zu studieren, „um auch einmal in die Landfrauenarbeit zu gehen"[108]. Zuvor aber hatte sie von April 1924 bis März 1925 ein Maidenjahr in der Wirtschaftlichen Frauenschule in Reifenstein absolviert, 25 Jahre nach ihrer Mutter. Anschließend studierte Marie-Luise Steiner an den Universitäten München und Hohenheim Land- und Volkswirtschaft und schloss mit der „Akademischen Abschlußprüfung für praktische Landwirte" ab. Während des Studiums lernte sie Norwin Hubertus Graf Leutrum kennen, den sie am 30. Dezember 1930 heiratete.

---

107 Erwin Pfirrmann, Laupheim. 100 Jahre Stadt. Festschrift aus Anlass der 100. Wiederkehr der. Erhebung Laupheims zur Stadt, 1869–1969, Laupheim 1969, S. 22.
108 Gräfin Leutrum, „Wir sind von Anfang an ein selbständiger Verband gewesen", S. 56.

Das junge Paar lebte im Schloss zu Unterriexingen und zeitweise auf der Nippenburg bei Schwieberdingen. Die Tochter war früh in die frauenpolitischen Fußstapfen ihrer Mutter getreten. Als diese noch Landesvorsitzende der Landwirtschaftlichen Hausfrauenvereine Württembergs war, hatte Marie-Luise Gräfin Leutrum 1932 in Unterriexingen einen solchen Frauenverein gegründet, der bald 60 Mitglieder umfasste. Als die Nationalsozialisten die landwirtschaftlichen Frauenvereine auflösten, zog sie sich aus der Öffentlichkeit zurück. Nach dem Zweiten Weltkrieg wurde sie von agrarpolitischen Vertretern in Württemberg und von den Alliierten gebeten, sich einer Neugründung der Landfrauenvereine anzunehmen, kannte sie die Landfrauenarbeit doch bestens. Sie griff die Herausforderung auf und konnte am 30. April 1947 den Landfrauenverband Baden-Württemberg aus der Taufe heben, und wurde auch seine erste Vorsitzende. Ein und ein halbes Jahr später folgte die Gründung des Deutschen Landfrauenverbandes, dessen erste Präsidentin ebenfalls Gräfin Leutrum wurde. Bis 1959 blieb sie weiterhin in Württemberg Vorsitzende und mehr als zwanzig Jahre – bis 1970 – wirkte sie als Präsidentin des Deutschen Verbandes. Darüber hinaus engagierte sie sich auf der europäischen und der Weltebene. Im örtlichen Kreis arbeitete sie als Kirchengemeinderätin und später als Kreisrätin in Ludwigsburg. Einige Jahre noch konnte die Mutter am eingeschlagenen Weg der Tochter interessiert teilnehmen, am 7. September 1955 starb Ruth Steiner.

Durch Erziehung und fachliche Ausbildung war in den Frauenschulen die Grundlage für eine Frauentradition gelegt worden, die wirtschaftliche und soziale Kompetenz für sich in Anspruch nahm. Die Ausbildung war von dem roten Faden durchzogen gewesen, dass Frauen gesellschaftliche Verantwortung zu übernehmen hätten und für Fraueninteressen in der Öffentlichkeit einzutreten sei, wobei nicht zuletzt das Erlebnis der Schulgemeinschaft als einer Frauengemeinschaft diese Zielsetzung unterstützte. Ruth von Kalckreuth, verheiratete Steiner, hat oft ihr „warmes Interesse" an den Frauenschulen betont, denn sie habe dort eine für sie sehr nützliche Ausbildung und Erziehung erhalten, die ihr Leben geformt hätte.

„Vorsteherin" der Wirtschaftlichen Frauenschule Obernkirchen Agnes Freiin von Dincklage (1882 – 1962)

Agnes Freiin von Dincklage war über den langen Zeitraum von 31 Jahren, von 1918 bis 1949, Leiterin der Wirtschaftlichen Frauenschule Obernkirchen des Reifensteiner Verbandes.[1] Sie formte nicht nur das Profil der Schule in dieser Zeit, prägte nicht nur ihren Stil, sondern entwickelte sich zu einer der bekanntesten Erzieherinnenpersönlichkeiten des Gesamtverbandes. Unter ihrer Leitung erreichte die Frauenschule in Obernkirchen ein hohes Ansehen, das weit über die Region ausstrahlte. Die Schaumburger Zeitung konnte 1951 schreiben, die Frauenschule habe durch viele Jahre hindurch dafür gesorgt, dass „Obernkirchen heute in ganz Deutschland ein Begriff ist".[2]

Als sie 36-jährig die Schulleitung übernahm, bestand diese Frauenschule bereits 17 Jahre. Die 1936 in Landfrauenschule um-

---

1 Vgl. Wörner-Heil, Agnes Freiin von Dincklage; dies., Artikel zu Agnes Charlotte Elma Jenny Freiin von Dincklage. Zur Wirtschaftlichen Frauenschule Obernkirchen: dies., Frauenschulen, S. 130–134.

2 Schaumburger Zeitung, 29. 9. 1951, Niedersächsisches Staatsarchiv Bückeburg, StABü, D 21, Nr. 1420.

Die Leiterin der Wirtschaftlichen Frauenschule Agnes Freiin von Dincklage im Jahr 1920.

benannte Einrichtung sollte bis 1970 existieren. In den knapp
siebzig Jahren ihres Bestehens sollte sie nur fünf Schulleiterinnen
beanspruchen. Agnes von Dincklage war die dritte mit der längsten Amtszeit. Die Pionierarbeit beim Aufbau der Schule hatte
die erste Vorsteherin, Helene Morgenbesser[3], die noch von Ida
von Kortzfleisch zum Engagement für die jungen Wirtschaftlichen Frauenschulen gewonnen worden war, geleistet. Sie hatte
der Schule von 1901 bis 1915 vorgestanden. Ihre Nachfolgerin,

---

3 Vgl. Wörner-Heil, Artikel zu Helene Morgenbesser.

Margarete von Spies, gab ihr Amt im letzten Kriegsjahr schon nach knapp drei Jahren, entkräftet durch den Kampf gegen den „Mangel an allen Enden"[4] und die prekäre Ernährungslage, auf. Dieser Situation war es auch geschuldet, dass sich das räumliche Bild der Schule in dieser Zeit wenig änderte. Ganz im Gegensatz zur Periode unter Agnes von Dincklage. Ihre Zeit war durch steigende Schülerinnenzahlen und ab der zweiten Hälfte der 1920er Jahre nach außen sichtbar durch enorme bauliche Veränderungen geprägt. Auf Agnes Freiin von Dincklage folgte von 1949 bis 1967 Luise Senff (1904–1980). Die letzte Schulleiterin war bis zur Schließung der Schule Helga Pilger (1914–2007).

Den Bildungs- und Erziehungsauftrag der Schule zu sichern und sie als private, staatlich anerkannte höhere Fachschule für verschiedene Berufe in der ländlichen Hauswirtschaft zu entwickeln, sollte für Agnes von Dincklage zu einer Lebensaufgabe werden. Dieser Aufgabe hatte sie sich in vier unterschiedlichen politischen Systemen, die auf die Lage und die Anforderungen an ein Internat zur Berufsausbildung erheblichen Einfluss hatten, zu stellen.

Zur Stiftsdame bestimmt

Agnes von Dincklage entstammte einer Familie des westfälischen Uradels. Sie wurde am 29. Mai 1882 in Lingen an der Ems geboren, wo ihr Vater Freiherr Ferdinand August Wilhelm Hermann von Dincklage-Campe (1839–1906) als Amtsgerichtsrat tätig war. Er hatte ihre Mutter Amalie (1847–1917), eine geborene Freiin von

---

4 Bericht von Margarete von Spies, StABü, D 21, Nr. 1322.

der Borch, im Jahr 1870 auf dem in Ostwestfalen liegenden Rittergut Holzhausen geheiratet, dem als Fideikommissherr deren Vater, Freiherr Karl von der Borch, vorstand. Wie die Freiherren von Dincklage gehörte auch die Familie von der Borch zu den ältesten Geschlechtern Westfalens. Den Eltern von Agnes wurden zwölf Kinder geboren, von denen neun überlebten: sechs Mädchen und drei Jungen.[5] Agnes kam in dieser Reihe als siebtes Kind zur Welt. Im elterlichen Haushalt lebte auch die Tante der Kinder, Therese von der Borch, Zwillingsschwester der Mutter, die bei der Betreuung der zahlreichen Kinder – sie wurden fast alle im Abstand von einem Jahr geboren – behilflich war.

Kurz nach Agnes Geburt zog die Familie nach Kassel, wohin der Vater als Landgerichtsrat berufen worden war. Obwohl es zu dieser Zeit noch nicht üblich war, Mädchen adeligen Herkommens eine öffentliche Schule besuchen zu lassen, absolvierte Agnes von Dincklage eine zehnjährige Schulzeit an höheren Mädchenschulen. Diese begann in Kassel und endete in Leipzig, wo der Vater inzwischen als Reichsgerichtsrat wirkte. Am Ende ihrer Schulausbildung schloss sich dann eine für ihre Herkunft typische Phase an, denn Agnes von Dincklage ergänzte ihre Schulbildung durch eine praktische Tätigkeit in den großen ländlichen Haushalten der weiten Verwandtschaft. Sie war damit für eine Heirat im eigenen Stand auch als Gutsfrau vorbereitet. Auch Agnes von Dincklage selbst dachte als junge Frau an eine Heirat. Insbesondere die Position einer Gutsherrin, in der sie als Vorsteherin eines größeren landwirtschaftlich geprägten

---

5   Brief von Thora Stupperich, geb. Gräfin von Bernstorff-Gartow, Nichte Agnes von Dincklages, an die Autorin v. 8. Mai 1999. Zu Thora Stupperich, geb. Gräfin von Bernstorff-Gartow (geb. 1915), vgl. auch Conze, Von deutschem Adel, insbesondere S. 287–380.

Haushaltes wirken könnte, schien für sie nahe gelegen zu haben. Die Familie überliefert, dass sie als 19-jährige eine Verlobung mit einem Gutsbesitzer aus Pommern löste, als sich herausstellte, dass dieser noch ein weiteres Eheversprechen gegeben hatte.[6]

Noch während ihrer Kindheit muss sich ihr Vater auch um eine Stiftsstelle für sie im Stift Börstel bemüht haben, um eine spätere Versorgung sicherzustellen. In der Kapitularinnenakte liegt nicht sein Antrag, aber die Exspektanzzusage des Stifts an den Vater vor. Im September 1899 teilte ihm der Stiftsamtmann im Auftrag der Äbtissin mit, dass bei der Wahl des Konvents seine Tochter Agnes, die zu diesem Zeitpunkt 17 Jahre alt war, als Exspektantin gewählt worden sei. Die Aushändigung des Exspektanzscheines würde nach Einigung der üblichen Gebühren, „welche 468,25 Mark betragen", erfolgen.[7] Das Kapitel hatte sich unter dem Titel „Wiederverleihung der durch die Einführung der Fräulein Mathilde v. Stoltzenberg erledigten Exspectanz auf Praebende für Damen evangelischer Konfession" für Agnes von Dincklage entschieden. Der Kapitelschluss hatte gelautet: Sechs Stimmen für sie, drei Stimmen für Freiin Elisabeth von dem Busche.[8]

Das heute noch bestehende Stift Börstel ist ein ehemaliges, Mitte des 13. Jahrhunderts gegründetes, Zisterzienserinnenkloster am nördlichen Rand des Landkreises Osnabrück. Es liegt im Wald an der Straße zwischen Berge und Herzlake und gehört heute zum Naturpark Nördlicher Teutoburger Wald – Wiehengebirge. Nach der Reformation hatten sich die Lebensgewohnheiten des Konvents entscheidend verändert. Die bis dahin

---

6 Brief von Thora Stupperich an die Autorin v. 8. Mai 1999.
7 Archiv Stift Börstel, Sign. 1.2.2.106.
8 Archiv Stift Börstel, Sign. 1.4.3.2. Bd. VIII. S. 93 ff (Protokollbuch).

strenge Klausur war aufgehoben und die Nonnen von ihrem Ordensgelübde entbunden worden. Das bisherige ausschließliche Leben in der klösterlichen Gemeinschaft war zugunsten eigenständigen Wohnens aufgehoben worden. Es war nun erlaubt, Besuche von Verwandten und Freunden im Kloster zu empfangen oder auch selbst zu verreisen. Nach dem Dreißigjährigen Krieg erhielt das Kloster nochmals neue Regularien und die Bezeichnung „Freiweltliches Damenstift". Genauer müsste man sagen: Freiweltliches adeliges Damenstift, denn von der Reformation bis Mitte des 20. Jahrhunderts wurden nur adelige Damen in das Stiftskapitel aufgenommen. Eine besondere Bestimmung war, dass von den zehn Kapitelangehörigen acht, darunter die Äbtissin, protestantisch und zwei katholisch sein sollten. An diese Regel, die eine Eigenheit des Stiftes Börstel ausmacht, hält man sich bis heute.

Der Vater von Agnes hatte sich schon für seine zweite Tochter Therese (1873–1947) kurz nach deren Geburt um einen Stiftsplatz beworben. Er argumentierte in seinem Gesuch, er sei nach der Lage seiner Vermögensverhältnisse „darauf angewiesen, den Unterhalt meiner Familie und die Erziehung meiner drei Kinder im Wesentlichen aus den Mitteln meiner dienstlichen Einnahme zu bestreiten, und außer Stande die spätere Zukunft meiner beiden Töchter sicher zu stellen." Er wünschte sich für seine Tochter eine „selbständige Stellung", wie aus seinem Appell an die Erfahrungen der adeligen Äbtissin hervorgeht. „Sie ermessen, meine gnädigste Frau, wie schwer es gerade für Damen unseres Standes ist, sich eine selbständige Stellung zu gründen und welche Beruhigung darin liegen muß, einer Tochter, wenn auch erst für die spätere Lebenszeit das Asyl eines Stiftes, wie Börstel, gesichert zu wissen." Am Ende seines Schreibens bemerkte er, dass, falls es erforderlich wäre, er für seine Tochter den Nachweis von sechzehn Ahnen adeligen Standes erbringen könnte.[9] Schon ein halbes Jahr später, am 10. November 1874, hielt er die Exspektanzzusage für Therese in Händen.

Therese trat mit einundzwanzig Jahren ihre Stiftsstelle im Juli 1895 an und sollte sieben Jahre später Äbtissin werden – eine „sehr fähige Äbtissin", urteilt die Archivarin des Stiftes Börstel[10]. Therese von Dincklage leitete das Stift Börstel als Äbtissin fünfundvierzig Jahre, bis zu ihrem Tod im Jahr 1947. In ihrer Zeit als Äbtissin wurde auch ihre sechsundzwanzigjährige Schwester Agnes im Juni 1908 als Stiftsdame an Stelle der verstorbenen Elisabeth von Bar-Langelage durch die Herren Excellenz Freiherr von Hammerstein-Loxten und Excellenz Freiherr von Rössing auf Lage eingeführt. Voraussetzung war die Zahlung der Statutengelder in Höhe von 1436,50 Mark. Diese zahlte ihre Mutter, da ihr Vater zu diesem Zeitpunkt nicht mehr lebte. Das sich daran anschließende „weiße Jahr" oder auch „Schuljahr", zu dem die Stiftsdamen verpflichtet waren, trat Agnes von Dincklage auch an. Darauf lässt die regelmäßige Anwesenheit bei den Kapitelsitzungen im Verlauf der Jahre 1908/09 schließen. Im weißen Jahr erhielt sie keine Präbende, sondern wurde als „Kostfräulein" bei ihrer Schwester Therese geführt. Ab 1909 wurde sie zur außerhalb des Stifts wohnenden Stiftsdame mit reduzierter Präbende. Sie erhielt 294,64 Mark, eine im Stift haushaltende Dame erhielt 513,11 Mark im Jahr.[11]

Nach ihrem „weißen Jahr" als Stiftsdame entschloss sich Agnes von Dincklage 1909 in einem Alter 27 Jahren zu einer

---

9   Brief v. 1. Juni 1874 an die Äbtissin, Archiv Stift Börstel, Sign. 1.2.2.100.
10   Brief von Renate Oldermann-Meier an die Autorin v. 15.10.1997.
11   Archiv Stift Börstel, Sign. 1.7.1.1.367.

Ausbildung in der Wirtschaftlichen Frauenschule Obernkirchen. Sie legte 1911 die Prüfung zur Lehrerin der landwirtschaftlichen Haushaltungskunde ab, verzichtete aber auf das Probejahr, das zur Erlangung der Lehrbefähigung notwendig war. Stattdessen ging sie zurück zum Stift Börstel und arbeitete dort vier Jahre im landwirtschaftlichen Betrieb und im Garten. Es ist nicht bekannt, aus welchen Gründen sie sich 1915 schließlich doch entschloss, ihr Probejahr zur Erlangung der Lehrbefähigung anzutreten. Es liegt aber nahe, dass sie inzwischen außerhalb des Stifts eine berufliche Tätigkeit anstrebte.

Die Schulleiterin als Pädagogin, Bildungs- und Berufspolitikerin und Unternehmerin

Agnes von Dincklage hatte erst zwei Jahre Lehrerfahrung, als sie vom Verband als Vorsteherin in einer schwierigen Situation im Oktober 1918 berufen wurde. Erst 1915 hatte sie ihre Prüfung als Lehrerin der landwirtschaftlichen Haushaltungskunde abgelegt. Ihre einjährige Probezeit hatte sie anschließend in der ebenfalls dem Reifensteiner Verband angeschlossenen Wirtschaftlichen Frauenschule in Metgethen in Ostpreußen[12] absolviert und hatte damit die Lehrbefähigung erhalten. Direkt im Anschluss war sie in der Frauenschule Obernkirchen als Lehrerin für Geflügel- und Tierzucht sowie Wohlfahrtspflege angestellt worden. Im vierten Kriegsjahr war die Aufrechterhaltung des Schulbetriebes noch immer sehr schwierig. Die Beschaffung von Lebens- und Futtermitteln, von Brenn- und Beleuchtungsstoff war aufwendig und

---

12   Vgl. zur Wirtschaftlichen Frauenschule in Metgethen: Wörner-Heil, Frauenschulen, S. 145–148.

Vorsteherin Agnes Freiin von Dincklage im Kreis von Maiden, Lehrerinnen und wahrscheinlich Geheimrat Dr. Quehl. Er nahm vom 17. bis 19. März 1920 die Prüfung zur Lehrerin der landwirtschaftlichen Haushaltungskunde bei 16 Seminaristinnen ab.

mühsam. Da keine Hilfskräfte zur Verfügung standen, mussten Schülerinnen und Lehrerinnen die Ernte und die Konservierung von Obst und Gemüse alleine bewerkstelligen.[13] Im Herbst 1918 wurde die Schule von der Grippeepidemie erreicht. Gleich zu Beginn von Agnes von Dincklages Tätigkeit als Schulleiterin ordnete der Kreisarzt daher die Schließung der Schule vom 27. Oktober bis 9. November 1918 an. Im Sommer 1919 geriet die Schule schließlich in revolutionäre Wirren. Agnes von Dincklage informierte im Verbandsbericht 1919/20: „Auch in dem bisher so friedlichen Obernkirchen begannen in diesem Sommer die

---

13   Vereinsbericht 1917/18, in: Das Maidenblatt 3/1918, S. 26.

Verhältnisse schwieriger zu werden; eine ‚Lebensmittelkommission' gebildet aus den radikalsten Elementen des Arbeiterrates bereitete uns große Unannehmlichkeiten."[14] Die „Lebensmittelkommission" verlangte die Herausgabe von Lebensmittelvorräten. Die Lage der Schule erforderte von ihr gleich zu Beginn ihrer langjährigen beruflichen Laufbahn, die keineswegs von Anfang an vorgezeichnet war, diplomatisches, organisatorisches und integratives Geschick zur Sicherung der Schule einzusetzen. Von ihren Fähigkeiten waren auch ihre Kolleginnen überzeugt, denn nicht lange nach ihrem Amtsantritt wurde sie als Vertreterin aller Schulleiterinnen in den erweiterten Vorstand des Reifensteiner Verbandes gewählt – eine Funktion, die sie bis zur ihrer Pensionierung 1949 innehatte.

Zwei widersprüchliche Tendenzen kennzeichneten den Beginn der Leitungstätigkeit Agnes von Dincklages im letzten Jahr des Ersten Weltkrieges. Einerseits war mit der Etablierung der Wirtschaftlichen Frauenschulen die Herausbildung des höheren Fachschulwesens weit fortgeschritten. Es kam nun darauf an, es auf stabilere finanzielle Grundlagen zu stellen und gleichzeitig in ein weiter zu entfaltendes differenziertes, staatliches Berufsbildungswesen auf dem Land einzubetten. Andererseits waren die wirtschaftlichen Rahmenbedingungen nach dem Krieg denkbar schlecht für eine anspruchsvoll angelegte private Internatsschule. Agnes von Dincklage übernahm eine weit reichende Verantwortung, die sich auf die Planung und Verwaltung eines Schulkörpers bezog, der gleichzeitig Wirtschaftsunternehmen war. Verlangt waren Personalführung, pädagogische Fähigkeiten und ökonomisches Geschick, aber auch berufspolitischer Einsatz für

---

14 Verbandsbericht 1919/20, in: Das Maidenblatt 2/1920, S. 22.

die Absolventinnen und Interessensvertretung der schon berufstätigen Lehrerinnen. Sie öffnete in den ersten Jahren der Weimarer Republik die Frauenschule mehrfach für Initiativen und
Zusammenkünfte, die sich die Vertretung der berufspolitischen
Interessen der Ausgebildeten zu Eigen machten, insbesondere
für die der Lehrerinnen der Wirtschaftlichen Frauenschulen
und die der außerhalb des Verbandes tätigen landwirtschaftlich-
hauswirtschaftlichen Lehrerinnen. Die Schulleiterin war daher
nicht nur Erzieherin, sondern zugleich Bildungs- und Berufs-
politikerin sowie Unternehmerin. Ihre Tätigkeit erforderte, dass
das Schulunternehmen nicht nur mit modernen Entwicklungen Schritt halten, sondern in mehrfacher Hinsicht Motor und
Impulsgeber für Neuerungen sein musste. Ihre gesellschaftliche
und politische Präsenz flankierte Agnes von Dincklage in der
Weimarer Republik durch ihre Mitgliedschaft in der Adelsgenossenschaft, der seit dem 4. Februar 1921 auch Frauen angehören
konnten, in der Deutschnationalen Volkspartei, im Reichsbund
wirtschaftlicher Lehrerinnen, im Deutsch-Evangelischen Frauenbund sowie im Frauenbund der Deutschen Kolonialgesellschaft.
Darüber hinaus gehörte sie dem Reifensteiner Verband an.[15]

Beeindruckend liest sich die Liste der von ihr verwirklichten Baumaßnahmen, die in den Jahresberichten der Schule
dokumentiert sind. Als die schwierigen wirtschaftlichen Inflationsjahre in der ersten Hälfte der 1920er Jahre vorüber waren, begannen die Modernisierungs- und Umbauarbeiten. 1925 wurde

---

15   Diese Daten wurden entnommen: 1. Angaben Agnes von Dincklages am 29. 2. 1936
im Fragebogen zur Durchführung des Gesetzes zur Wiederherstellung des Berufsbeam-
tentums vom 7. April 1933. 2. Angaben in einer Liste, in der alle Lehrkräfte in der Frauenschule Obernkirchen ihre Zugehörigkeit zur NSDAP, zu politischen Parteien vor dem
30. 1. 1933, zu Vereinen und Klubs angaben und Auskunft über die Ausübung von Ämtern
erteilten, o. J., StABü, D 21, Nr. 190.

das Waschhaus durch einen Anbau vergrößert, um eine elektrische Wäscherei einrichten zu können. In den Jahren danach erhielten Abtei und Propstei Heizung und der Molkereikeller wurde neu gestaltet. Die Fachbibliothek wurde vergrößert und in der Zehntscheune eine Wohnung für einen Arbeiter mit Familie geschaffen. Im Jahr 1927 wurden Haus und Wirtschaftsbetriebe mit Gasanschluss ausgerüstet, wovon die Schulleitung sich Erleichterungen in den Küchen, der Molkerei und im Laboratorium erhoffte. Ein Teil des Südflügels wurde renoviert, unter anderem um Bodenraum zu gewinnen, und im Westflügel wurden im Dachgeschoß Räume eingerichtet. Es entstand ein neues Gewächshaus, ein Legestall für 100 Hühner sowie eine Gasbadeeinrichtung in der Abtei. Zur Gewinnung von zusätzlichen Zimmern wurde in der Haushaltungsschule der Dachboden nutzbar gemacht. Gebäude – „Taubenschlag", „Storchennest" und „Finkenheim" genannt – wurden für Wohnräume und Lehrzwecke durch Neu- oder Umbau erschlossen oder auch von der Stiftsverwaltung gemietet. Es entstanden Lehrsäle im „Taubenschlag" und ein vergrößerter Plättraum. Im alten Weinkeller wurde ein Kühlraum eingebaut. 1932 konnte ein Sportplatz hergerichtet werden. Als die Hausgemeinschaft Mitte der 1930er Jahre etwa 100 Personen umfasste, musste der Esssaal um das Doppelte vergrößert werden. Zu Beginn des Zweiten Weltkrieges kamen die Aus- und Umbauten zum Erliegen.

In der Zeit von Agnes von Dincklage als Schulleiterin stiegen die Schülerinnenzahlen stetig an. Die Zahl der Schülerinnen und Seminaristinnen wuchs von 48 im Schuljahr 1916/17 auf 65 im Schuljahr 1931/32 und auf 83 im Schuljahr 1939/40.[16] Hinzu

---

16 Bis zum Schuljahr 1941/42 liegen Angaben über die Anzahl der Schülerinnen in den Jahresberichten vor. Für die Zeit danach sind die Angaben lückenhaft.

kamen noch Haushaltungsschülerinnen aus der näheren Umgebung, die auch als Übungsklassen für die angehenden Lehrerinnen fungierten. Mitte der 1920er Jahre gehörten zur Schulgemeinschaft auch Lehrlinge. Vom Jahrgang 1916/17 bis zum Jahrgang 1934/35 wurden in der Frauenschule Obernkirchen etwa 200 Lehrerinnen ausgebildet. Am 10. Mai 1935 regelte ein Erlass des Reichs- und Preußischen Ministers für Wissenschaft, Erziehung und Volksbildung die Ausbildung zur landwirtschaftlichen Lehrerin neu, verlegte diese an staatliche Hochschulen und ordnete für die Wirtschaftlichen Frauenschulen den Namen „Bäuerliche Frauenschulen" an. 1936 folgte dann durch Ministerialerlass vom 30. Juli die erneute Umbenennung in „Landfrauenschulen".[17] Der Lehrkörper umfasste in der Regel zehn fest angestellte Lehrkräfte, hinzu kamen freiberufliche Dozentinnen und Dozenten, Angestellte und Hilfskräfte. Verlangt war eine geschickte Personalführung, zumal eine Internatsschule den Lehrkörper besonderen Belastungen aussetzte. Die Wirtschaftlichkeit der privaten Schule musste jedes Jahr erneut durch Schulgelder und Einnahmen sichergestellt werden. Dies konnte nur erfolgreich sein, wenn die Schule in ein weites lokales und überregionales gesellschaftliches Geflecht eingebunden wurde. Dass dies Agnes von Dincklage gelang, belegt nicht nur ein engagiertes Schulkuratorium, das klug zusammengesetzt die ideelle und materielle Unterstützung der Schule gewährleistete. Es gelang ihr auch, die Kooperation mit dem örtlichen Handwerk, dem kaufmännischen Gewerbe und den landwirtschaftlichen Betrieben zu festigen. Die Schule pflegte Verbindungen zu Honoratioren der Stadt Obernkirchen und des Umkreises, dem Fürstenhaus

---

17   Vgl. Wörner-Heil, Frauenschulen, S. 87–96.

in Bückeburg und von Anfang an zu dem größten Industriellen am Ort, dem Glasfabrikanten Theodor Heye (1831–1916) und seiner Frau Catharina Henriette Heye. Catharina Henriette Heye arbeitete für zwei Jahrzehnte verlässlich im Schulkuratorium mit. Auch nach ihrer Zeit war die Familie Heye mit einem Familienmitglied im Kuratorium vertreten.[18] Agnes von Dincklage sorgte für ein stabiles Arrangement mit dem unter einem Dach residierenden Stift – ein Zusammenleben, das vor allem im Zweiten Weltkrieg durch Einquartierungen und Beschlagnahmungen größten Beanspruchungen ausgesetzt war. Sie steigerte das Prestige der Schule in der nationalen Öffentlichkeit, was nicht zuletzt darin abzulesen ist, dass Schülerinnen aus prominenten bürgerlichen Familien und dem Hochadel die Schule besuchten. Dazu zählten Prinzessin Friederike Luise von Hannover, die spätere Königin von Griechenland, von Ostern bis Herbst 1937. Die Töchter Caroline Hermine (1910–1992) und Henriette (1918–1973) der zweiten Frau Kaiser Wilhelms II., Hermine Prinzessin von Preußen (1887–1947), geborene Prinzessin von Reuß ältere Linie, in erster Ehe verheiratet mit Johann Georg Prinz von Schoenaich-Carolath (1873–1920), absolvierten ein Maidenjahr 1932/1933 beziehungsweise 1936/37. Die Enkelin des Komponisten Richard Wagner, Verena Wagner (geb. 1920), war Schülerin im Jahrgang 1936/37.

Angesichts dieses ansehnlichen Programms, das oft genug Problem- und Krisenbewältigung bedeuten musste, äußerten sich zahlreiche Schülerinnen über Agnes von Dincklages Beliebtheit und formulierten ihre Verehrung für sie. Es ist dabei erstaunlicherweise nicht die Rede von Managementtugenden, selten von

---

18 Eine Enkelin sollte überdies Schülerin in der Frauenschule werden.

Friederike Luise Prinzessin von Hannover, die spätere Königin von Griechenland, war zur Vorbereitung auf ihre Rolle als Königin Maid in Obernkirchen von Ostern bis Herbst 1937. Mit einem Blumenstrauß für „Oma Aldag", in deren Haus sie während ihrer Schulzeit ein und aus ging, verabschiedete sich Prinzessin Friederike. Minna Aldag, geb. Niehoff, die in einem der kleinen Fachwerkhäuser am Kirchplatz in Obernkirchen wohnte, stand in einer besonderen Beziehung zur Herzogsfamilie. Ihr Bruder, der Münchener Friseurmeister Niehoff, den Herzog Ernst August zu Braunschweig und Lüneburg (1887–1953) aus seiner Zeit als Soldat gut kannte, war zum herzoglich braunschweigischen Hoflieferanten für Seifen und Toilettenartikel avanciert. Außerdem wurde die Herzogsfamilie nach dem Ersten Weltkrieg auf ihrer Flucht nach Süden eine Woche im Niehoffschen Haus beherbergt, was die fürstliche Familie hoch anrechnete. So kam es, dass Prinzessin Friederike zum Schulbeginn in Obernkirchen mit ihrer Mutter, Herzogin Viktoria Luise (1892–1980), Oma Aldag besuchte. Für viele Obernkirchener war Oma Aldag wegen ihrer naturheilkundlichen Kenntnisse eine wichtige „Institution". Sie kamen zu ihr zum Einrenken heraus gesprungener Gelenke oder ließen sich ihre Warzen besprechen, berichtet der Leiter des Berg- und Stadtmuseums Obernkirchen Rolf-Bernd de Groot.

Strenge oder Gerechtigkeit, sondern vielmehr von Vertrauen, Zuneigung, Herzlichkeit und Liebe. Für viele Schülerinnen war sie „Mitte" der Gemeinschaft, mehr noch „strahlende Mitte"[19]. Sie fragten sich, wie diese Wirkung entstehen konnte: „Daß wir uns geborgen fühlten in der Wärme, die von ihr ausging und in dem riesengroßen Vertrauen, das sie uns entgegenbrachte? Dies Vertrauen, das uns – ihre Schülerinnen und Lehrerinnen – zur Leistung anspornte und ihr [Agnes von Dincklage, O. W.-H.] in verstärktem Maße wieder zuströmte und ihre Arbeit trug? […] Ihre wunderbare Gabe, aus dem Herzen heraus das rechte Wort zur rechten Zeit zu finden? […] Ihre stete Bereitschaft, Sorgen und Nöte, Freude und Leid im Gespräch mit uns zu teilen, zu klären und zu tragen?"[20]

Immer wieder wird von ihrer „Güte" gesprochen.[21] Dies bringt zum Ausdruck, dass das pädagogische Konzept der Schule einem familiären Modell folgte: Die Schule bildet eine Familie und die Schulleiterin tritt in die Aufgaben eines Familienvorstandes ein. Sie garantiert im Besonderen, dass die Eltern die Erziehungsverantwortung vertrauensvoll delegieren können. Spätestens die zentrale Bedeutung von „familiärem" Schulleben, Gemeinschafts- und Gruppenprozessen verweist auf die Verwandtschaft mit der Reformpädagogik, die als „Pädagogische Bewegung" im letzten Drittel des 19. Jahrhunderts in West- und Osteuropa, aber auch in den Vereinigten Staaten entstand. Bei aller Verschiedenheit der darin entstehenden pädagogischen An-

---

19 Gerhild v. Maltzahn, Unsere Tante Lilli, in: Blatt der Altmaiden 25/1951, o. S. Agnes von Dincklage wurde scherzhaft „Tante Lilli" genannt, weil sie in einem Theaterstück einmal die Rolle einer Tante Lilli übernommen hatte.
20 Ebd.
21 Treffen der Altmaiden des Jahrganges 1923/24 in Obernkirchen, in: Blatt der Altmaiden 61/1954, o. S.

sätze und diskutierten Schulmodelle war diesen eine Kritik am Werteverlust in einer „mechanistischen" Industriegesellschaft gemeinsam. Die „neue Schule", die zunächst in privaten Schulgründungen und Landerziehungsheimen, etwa von Hermann Lietz (1868–1919) oder in Praxisversuchen von Georg Kerschensteiner (1854–1932) ihre Erprobung erfuhr, wollte Schule zu einem „Lebensort" für Lehrerinnen, Lehrer, Schülerinnen und Schüler machen. Lernprozess und Unterricht sollten in einer „Lern- und Lebensgemeinschaft" vollzogen werden. Wie die „neue Schule" bedurften auch das Reifensteiner Bildungsverständnis und sein Schulmodell einer besonderen Erzieherpersönlichkeit. Durch ihre Herkunft aus einer alten und weitverzweigten Adelsfamilie, die traditionsbewusst seit Generationen ihren Zusammenhalt pflegte, konnte Agnes von Dincklage sehr selbstverständlich die Schul„familie" herstellen, formen und leiten. Mit diesem Ziel gelang es ihr erfolgreich, traditions- und gemeinschaftsstiftende Zeremonien im Schulleben zu gestalten und für die gleichgestimmte Gemeinschaft zu tiefen Erlebnissen werden zu lassen. Schülerinnen erschien es, als ob es „in Obernkirchen keine Zeit gibt, die nicht mit Vorbereitungen für irgendeine Festlichkeit verschönt ist". Im Stil und im Alltag der Schule lassen sich hierfür vielfältige Belege ausmachen, etwa im Feiern von jährlichen Stiftungsfesten und von Geburtstagen der Schulleiterinnen. Der Geburtstag Agnes von Dincklages am 29. Mai war fester Bestandteil im Ablauf des Schuljahres. Er wurde von der ganzen Schulgemeinde mit Überraschungen, Heimlichkeiten und einer offiziellen Gratulationscour begangen. Zentral für die immer wieder neue Konstituierung einer Schulgemeinschaft, die Erinnerungsgruppe und zugleich aktuell aktive Arbeits- und Lebensgemeinschaft sein wollte, war die Verleihung der Maidenbroschen während einer feierlichen Veranstaltung nach einer gewissen Zeit der „Bewährung" der jungen Maiden. Sie kam einer Initiation in die Traditionsgemeinschaft gleich: „Wie Tante Lilli uns bei der Verteilung der Maidennadeln das Wahrzeichen Obernkirchens, den immergrünen Mistelzweig, als Sinnbild des sich immer erneuernden jungen Lebens zu deuten wusste, so hat sie selbst durch all die vielen Jahre hin mit der ihr anvertrauten jungen Schar ein junges Herz behalten."[22] Heilwig von Raven, geb. von Ditfurth, erinnerte sich: „Ja, warum hängst Du so an Deiner Maidenbrosche, fragte so oft die Jugend. Maid steht darauf; wie wenig ahnte ich, als ich diese Brosche zum erstenmal tragen durfte, wie mich diese Worte: Mut, Ausdauer, Idealismus, Demut einmal durchs Leben tragen würden."[23] Zugleich war es Anspruch der Schulleitung und des Lehrerinnenkollegiums, keine unbewegliche Traditionsgruppe zu sein: „Und umgekehrt strömt uns – und das ist das Schönste – aus dem Widerhall von draußen Kritik und Zustimmung neues Leben zu, das alle Arbeit immer wieder neu durchdenken lässt und so die Gefahr bannt, vor der jungen Generation mit ihren neuen Forderungen in reiner Traditionshaltung die Augen zu schließen."[24]

Nach Aussage vieler Ehemaliger wurden diese Eindrücke prägend für das ganze Leben. Beispielhaft mag hierfür stehen: „Nach dem Abitur hatte ich den dringenden Wunsch, eine ländliche Frauenschule zu besuchen. In den beiden Maidenjahren wuchs meine Achtung vor Obernkirchen und mit ihr die Liebe zu dem schönen alten Kloster auf niedersächsischem Grunde, zu der fröhlichen, gemeinsamen Arbeit in Haus und Stall, in

---

22 Ebd.
23 Heilwig v. Raven, geb. v. Ditfurth, Schuljahrgang 1918, in: ebd.
24 Dr. Frieda Sopp, Was die Altmaid der Schule schenkt, in: ebd.

Garten und Feld, zu Mitmaiden und Lehrerinnen und den Bewohnern des Bückeburger Landes, eine Liebe die feste Wurzeln in mir fasste und sich als unverlierbarer Schatz bewährt hat."[25]

Zahlreiche Schülerinnen gingen von der Frauenschule, ihrem „Eulennest", mit dem Bewusstsein ab, ihrer Leiterin, ihren Lehrerinnen und der Schule auch nach der Ausbildung alle „Ehre" machen zu wollen. In rückschauenden Betrachtungen ist in Verbindung mit emotionalen Empfindungen die Rede von „geformtem Willen", von „Charakterformung" und von der Erziehung zu einer „Lebenshaltung"[26]. Agnes von Dincklage gelang dies, weil ihr die Gratwanderung zwischen völlig selbstverständlicher und legitimierter Autorität und spontaner Zuwendung, kommunikativem Interesse und Fürsorge glückte. Wesentlich durch ihre Impulse wurden die auf allen Beteiligten ruhende Arbeitsbelastung und Verantwortung mit kreativen und musischen Unternehmungen im Schulalltag ausgeglichen. Ganz von ihren Initiativen Beeindruckte meinten sogar, dass sich unter Agnes von Dincklages Leitung die Schule zur „sangesund wanderfreudigsten Schule"[27] des Reifensteiner Verbandes

25 Erdmuthe Koppe, Maid ab 1918, Achtung! Obernkirchen!, in: ebd.
26 Aus Berichten vom 50jährigen Stiftungsfest in Obernkirchen, in: Blatt der Altmaiden 30/1952, o. S.
27 Margitta von Zanthier, Ein halbes Jahrhundert Landfrauenschule Obernkirchen, in: Das Reich der Landfrau 44/1951, S. 345f. Margitta von Zanthier (1892–1964) war Maid in Reifenstein (1912/13), absolvierte ihre Ausbildung zur Lehrerin der landwirtschaftlichen Haushaltungskunde in der Wirtschaftlichen Frauenschule in Bad Weilbach 1920/21. Das Praktikum absolvierte sie auf dem Gut Daskow in Vorpommern, das Probejahr als Lehramtskandidatin an der landwirtschaftlichen Haushaltungsschule in Hademarschen in Holstein. Ab 1923 war sie als Lehrerin an der Wirtschaftlichen Frauenschule Maidhof in Gnadenfrei. Ab Oktober 1927 wurde sie als Seminarleiterin an die Schule in Obernkirchen berufen. Bis zur Auflösung der Seminare und die Verlegung der Lehrerinnenausbildung 1936 leitete sie dort die pädagogisch-methodische Ausbildung. Am 1.4.1936 wurde sie Direktorin der Landfrauenschule in Reifenstein. Das blieb sie bis zum April 1945. Bis

Königin Friederike von Griechenland trifft bei einem Empfang der Regierung in Hannover im September 1956 ihre frühere Schulleiterin Agnes von Dincklage.

entwickelte habe. Sprichwörtlich waren die zahlreichen Ausflüge, Wanderungen und Spaziergänge, die sie mit Schülerinnen und Lehrerinnen unternahm. Als Besonderheit der Obernkirchener Frauenschule in ihrer Ära muss die regelmäßig jährlich stattfindende Singwoche herausgestellt werden, die sie einführte und die 17 Jahre lang von Pfarrer Walter Blankenburg, Singleiter des Kasseler Bärenreiterverlags, veranstaltet werden sollte. Schuldokumente berichten über weitere zahlreiche kleinere oder größere musikalische Unternehmungen, bei denen Agnes von Dincklage, die über eine gute Sopranstimme verfügte, oft selbst

---

zur ihrer Pensionierung 1958 unterrichtete sie anschließend wieder als Lehrkraft in der Landfrauenschule Obernkirchen. Über Margitta von Zanthier hat ihr Neffe Eckhart von Zanthier eine kurze, fünfzehn Seiten umfassende und mit sieben Familienfotografien ergänzte Biographie zusammengestellt und als Typoskript vervielfältigt vorgelegt.

mitwirkte. Im Sommer und bei festlichen Anlässen wurden regelmäßig Theaterstücke aufgeführt, im Winter der Gemeinde das Krippenspiel in der Kirche geboten. Agnes von Dincklage gelang es auf diese Weise, den notwendigen Wechsel von Anstrengung und Entspannung zu gestalten.

Traditions- und Prinzipientreue

Ihre Lebenshaltung und Weltanschauung fanden ihren Rückhalt und ihre Berechtigung in ihrer christlichen Gläubigkeit. Aus ihr zog Agnes von Dincklage die Kraft, diese Frauenausbildungsstätte, die ausdrücklich keine Konfessionsschule sein wollte, zu leiten. Aus der christlichen Religion gewann sie ihre Wertmaßstäbe und Ziele, die sie in der Alltagsarbeit und im Erziehungsalltag zu vermitteln suchte. Dabei gingen bei ihr Frömmigkeit und Arbeitsethos eine enge Verbindung ein. Agnes von Dincklage selbst gestaltete die täglichen und manches Mal auch sonntäglichen Andachten. Christliche Feste waren in den Rhythmus des Schuljahrs aufgenommen. Die Schulklassen lernten durch Veranstaltungen und Vorträge Einrichtungen kirchlicher Gliederungen und Vereine kennen. Agnes von Dincklages christliche Bindung und ihr Einsatz für Frauenrechte und souveränes Frauenleben manifestierten sich in ihrer Mitgliedschaft im Deutsch-Evangelischen Frauenbund. Ihre, in den dreißiger Jahren intensivierte Beteiligung an Veranstaltungen dieses Bundes in Hannover, zeigen, dass sich ihr Interesse nunmehr auf eine Mitarbeit auf dessen Bundesebene ausgeweitet hatte.

Ihre religiöse Einstellung fiel in der Zeit des Nationalsozialismus besonders auf. Als es längst nicht mehr angezeigt war,

Agnes von Dincklage während der Singwoche 1942, kurz vor ihrer Absetzung als Schulleiterin durch die Regierung in Hannover.

sich zu seinen christlichen Bindungen zu bekennen oder sie gar zu pflegen, erklärte sich Agnes von Dincklage weiterhin öffentlich dazu. Dies brachte ihr Misstrauen und Anfeindungen ein. Schließlich war der unmittelbare Anlass für ihre Absetzung als Schulleiterin im Jahre 1942 ihre Ablehnung der Aufnahme einer Schülerin, die von ihrem Vater als „gottgläubig"[28], eine Bezeichnung, die die Nationalsozialisten für ihre Glaubenshaltung

---

28   Zit. n. Artikel „Insel der Seligen", in: Schwarzes Korps v. 16.7.1942. Zur Gottgläubigkeit: vgl. Artikel „Gottgläubig" in: Hilde Kammer, Elisabeth Bartsch, Lexikon Nationalsozialismus. Begriffe, Organisationen und Institutionen, Reinbek bei Hamburg 1999, S. 100f.

in Anspruch nahmen, vorgestellt wurde. Die Absetzung wurde ausgelöst durch einen Artikel in der Zeitung „Das Schwarze Korps. Organ der Reichsführung SS. Zeitung der Schutzstaffeln der NSDAP" vom 16. Juli 1942, in der die Frauenschule Obernkirchen als „Insel der Seligen" scharf angegriffen wurde. Agnes von Dincklage hatte dem Vater empfohlen, seine Tochter besser auf die Landfrauenschule Biendorf in Anhalt zu geben, die 1936 als erste staatliche Landfrauenschule eingerichtet worden war. Sie hatte befunden, dass es für die Tochter doch angenehmer wäre, „wenn sie in einen Kreis von Menschen gleicher Glaubensrichtung kommt" und weiter darauf hingewiesen, dass „in Obernkirchen noch keinerlei Anmeldungen von gottgläubigen Schülerinnen"[29] vorgenommen worden seien. Agnes von Dincklage bekannte mit ihrem Vorgehen, dass sie eine christlich begründete Pädagogik verfolgte, die dem Nationalsozialismus entgegenstand. Obzwar einer Liste, die nach 1935 erstellt wurde, entnommen werden kann, dass Agnes von Dincklage seit April 1934 Mitglied der NSDAP war und der Nationalsozialistischen Frauenschaft sowie der Nationalsozialistischen Volkswohlfahrt angehörte[30], finden sich von ihr in den zugänglichen Archivalien keine Äußerungen, die der nationalsozialistischen Ideologie auch nur wohlwollend begegnen.

Ausgesprochen wurde die Amtsenthebung Agnes von Dincklages durch die Regierung in Hannover durch einen Brief, der am 27. Juli 1942 in der Schule eintraf, in dem es heißt, sie sei

---

29 Zit. n. Schwarzes Korps v. 16. 7. 1942.
30 Angabe in einer Liste, in der alle Lehrkräfte in der Frauenschule Obernkirchen ihre Zugehörigkeit zur NSDAP, zu politischen Parteien vor dem 30. 1. 1933, zu Vereinen und Klubs angaben und Auskunft über die Ausübung von Ämtern erteilten, o. J., StABü, D 21, Nr. 190.

ihrer Dienstgeschäfte enthoben.[31] Es zeigte sich, dass die christliche Prägung der Schule, die von Agnes von Dincklage verantwortet wurde, für das politische System und seine Zielsetzungen ein nicht zu kontrollierender Unsicherheitsfaktor und ein Ärgernis darstellten. Dies war schon 1936 der Grund für die Absetzung der Verbandsvorsitzenden Dr. Käthe Herwarth von Bittenfeld durch den Reichsnährstand gewesen.[32] Im Falle von Agnes von Dincklage begannen von Seiten der Verbandsleitung intensivste Verhandlungen, die von der Fürsprache einzelner Personen begleitet worden sein soll, um sie wieder in ihr Amt einzusetzen. Nach einem halben Jahr, am 13. Dezember 1942, wurde ihre Rückberufung ausgesprochen. Sie erschien in der Obernkirchener Schule ausgerechnet beim Adventskaffee, obwohl die Schulen in einem Brief vom 30. Oktober 1942 von der vom Reichsnährstand eingesetzten Vorsitzenden Gräfin Roedern angewiesen worden waren, „[...] die Zeit vor Weihnachten in derselben Art zu begehen mit Tannenschmuck, Lichtern, Sprüchen und Liedern wie es die NSDAP in ihren Gliederungen anordnet." In diesem Brief an alle Direktorinnen der verbandseigenen Landfrauenschulen wurde ausdrücklich auf den von Agnes von Dincklage ausgelösten Konflikt und auf die Vorkommnisse, „[...] die durch das Schwarze Korps der Öffentlichkeit bekannt

---

31 Tagebuch der Schule Obernkirchen, geführt von der Hausdame, StABü, D 21, Nr. 1382.

32 Absetzung am 31. Juli 1936. Bestellung der Landesabteilungsleiterin I C der Landesbauernschaft Schlesien, Erica Gräfin von Roedern, zur Vorsitzenden des Reifensteiner Verbandes. Erica Gräfin von Roedern geb. Freiin von Langermann und Erlencamp. 1934 zur Abteilungsleiterin I C der Landesbauernschaft Schlesien ernannt. Zur Arbeit von Gräfin Roedern als Vereinsvorsitzender vgl. Wörner-Heil, Frauenschulen, S. 87–100. Zur Person und allgemein zur Landfrauenbewegung im Nationalsozialismus: Sawahn, Die Frauenlobby, S. 678.

gegeben wurden und zu viel Unannehmlichkeiten führten"
hingewiesen. Wie bedrohlich die Lage für das Weiterbestehen
der Reifensteiner Schulen war, belegt der letzte Absatz im Brief
Gräfin Roederns: „Eine Rücksprache im REM [Reichsministe-
rium für Erziehung, Wissenschaft und Volksbildung, O. W.-H.]
wegen Auflösung des Reifensteiner Verbandes ergab, dass z. Zt.
noch nicht gehandelt werden kann, da die Auseinandersetzung
zwischen dem Reichsernährungsminister und dem Reichserzie-
hungsminister noch nicht beendet sind. So können wir Ihnen
noch keine Auskunft geben über die Zukunft der Schulen."[33]

„Jubel und Geschrei waren unbeschreiblich"[34] als Agnes von
Dincklage am 13. Dezember zur versammelten Schulgemeinschaft in den Esssaal trat. Sie war wieder „Vorsteherin", aber eine
Parteigenossin für alle nationalsozialistischen Fragen war ihr ab
diesem Zeitpunkt zur Seite gestellt. In einem Rundbrief kurz
vor der endgültigen kriegsbedingten Schließung der Schule, in
dem sie der Schwere der Zeit gedachte, heißt es: „Jeden Morgen
faltet man dankbar die Hände, d. h. das darf ich nur ganz allein
für mich tun, mit den Maiden darf ich nur ‚Morgenfeiern' halten."[35]

Kurz nach Kriegsende suchten Regierungskommissare aus
Hannover mit Agnes von Dincklage Kontakt aufzunehmen, damit sie die Wiedereröffnung der Schule in die Hände nähme.
Trotz schwierigster Bedingungen gelang ihr dies schon im Oktober 1945. „Wir sammelten die Reste unserer Habe und fingen
im Okt. 45 mit 30 Maiden wieder an, Ostern 46 mit Ober- und

---

33 Brief v. 30. 10. 42, StABü, D 21, Nr. 137.
34 Tagebuch der Schule Obernkirchen, geführt von der Hausdame, StABü, D 21,
Nr. 1382.
35 Rundbrief an die ehemaligen Schülerinnen im letzten Kriegsjahr.

Unterklasse, im ganzen 80 und nun sind wir zu 96 Personen, zusammengedrängt im Haupthaus, denn alle Nebenhäuser sind weiter beschlagnahmt. Die Haushaltungsschule ist Flüchtlingsheim, das Finkenheim Entbindungsheim, das Storchennest mit 3 Familien besetzt, der Kindergarten mit 7 Personen (Flüchtlingen). Es ist ziemlich wieder alles abgetrennt, was in 30 Jahren geschaffen war – manchmal möchte ich klagen – aber im Grunde ist es gut und richtig so, denn man könnte den Flüchtlingsjammer ja nicht mit ansehen, wenn man nicht etwas zur Linderung beigetragen hätte. [...] Es ist im Grunde viel Not unter den Flüchtlingsmaiden, daher auch mein Bitten an die Altmaiden."[36] Agnes von Dincklage übernahm nicht nur die Wiedereröffnung der Landfrauenschule Obernkirchen, sondern Verantwortung für die nach dem Ende des Krieges im Osten Deutschlands gelegenen Schulen. Für die Reifensteiner Schule stellte Obernkirchen die Patenschaft. Lehrerinnen und Schülerinnen wurden versucht, in die Ausbildung und in das Kollegium aufzunehmen. Aus Ostpreußen geflüchteten früheren Kolleginnen suchte man eine Unterkunft und Wohnung auf dem Stiftsgelände zu verschaffen.

So konnte die Verbandsvorsitzende seit 1949, Anne Lore Gräfin Vitzthum von Eckstädt, beim 50-jährigen Stiftsjubiläum in Obernkirchen der Schule einen stolzen Platz unter den verbliebenen verbandseigenen Schulen zuweisen. Nachdem das Erbe des Reifensteiner Verbandes „[...] im Osten verlorenging, ist Obernkirchen zur Traditionsschule des Reifensteiner Verbandes geworden und hütet mit ihm den Schatz, den die schöpferische Frau [Ida von Kortzfleisch, O. W.-H.] ihr einst zu

---

36 Agnes von Dincklage an Frau Ringe, Brief v. 23. 5. 1947.

Verabschiedung der
Schulleiterin Agnes
von Dincklage 1949
aus dem Schuldienst.

treuen Händen übergab."[37] Die daraus erwachsende Verpflichtung gab sie bei ihrer Verabschiedung weiter und bat „[...] die
Altmaiden, Obernkirchen weiterhin die Treue zu halten und wie
bisher immer wieder dorthin zu kommen. Denn gerade die Altmaiden könnten am besten darüber wachen, daß Obernkirchen

---

37 Anne Lore Gräfin Vitzthum, Vorsitzende des Reifensteiner Verbandes, Zum 50jäh-
rigen Stiftungsfest der Landfrauenschule Obernkirchen, in: Blatt der Altmaiden 25/1951,
o. S.

das bliebe, was es einer jeden war, und daß seine Traditionen erhalten werden."[38]

Ein „Mitarbeiter" charakterisierte bei ihrem Abschied im Jahr 1949 ihre Tätigkeit mit den Worten: „Sie regierte königlich und diente demütig."[39] Nach dem Ausscheiden aus dem Schulleben kehrte Agnes von Dincklage als Stiftsdame in das Stift Börstel zurück, wo sie am 17. August 1962 im Alter von 80 Jahren starb.

---

38   Agnes von Dincklage, zit. n. Bericht über das Abschiedsfest von Fräulein von Dincklage, in: Blatt der Altmaiden 3/1949, o. S.

39   Zit. n. Hannoversche Allgemeine Zeitung 2./3. 9. 1962.

Berufswünsche werden verwirklicht
Elsbeth von Oppen (1904 – 1978)

Für die zwanzigjährige Elsbeth von Oppen stellte sich die Frage, wie sich ihr Leben nach der Jungmädchenzeit gestalten sollte und ob sie einen Beruf ergreifen wollte, in den 1920er Jahren unter den neuen sozialen, politischen und kulturellen Bedingungen, die sich dem Adel in der Republik darboten. Für die Familie wurde jetzt, neben anderen Herausforderungen, die Berufswahl der Söhne zum Problem, standen doch nicht mehr wie im Kaiserreich ohne weiteres die beiden zentralen Berufsfelder Armee und Verwaltung für die, die keinen Besitz geerbt hatten, zur Verfügung. Die schlechte Wirtschaftslage sorgte obendrein für krisenhafte Verhältnisse auf dem Arbeitsmarkt in allen Berufssektoren. Die Verschränkung von Staatsdienst und Grundbesitz, die in der Oppenschen Familie Tradition gewesen war, war ebenfalls ins Wanken geraten. Jetzt wurden Familien auch immer öfter gezwungen, sich mit der längst im Raum stehenden Frage einer beruflichen Selbstständigkeit der Frauen auf der Basis einer Berufsausbildung auseinanderzusetzen. Meist forderten dies die jungen Frauen selbst ein. Dies zu akzeptieren, fiel der Familie von Oppen, insbesondere der Mutter Hildegard geborene Edle von der Planitz (1874–1948) schwer, war dies doch für sie ein kaum zu ertragender Bruch mit der Tradition: „Das hatte es früher nicht gegeben; die Töchter blieben im Hause, bis sie heirateten. Allenfalls waren ihnen gewisse soziale und höfische Berufe beschieden"[1], überliefert die Familienchronik.[2]

Mehrfach ist die Rede davon, dass sich die Mutter mit den veränderten Verhältnissen in den zwanziger Jahren nicht in jeder Beziehung hätte anfreunden können. Es sei ihr, die einen starken Sinn für Überlieferung gehabt hätte, schwer gefallen, über viele ihrer lieb gewordenen Vorstellungen hinaus zu kommen, was ihr manche bittere Stunde bereitet hätte. Diese bitteren Stunden entstanden wohl in erster Linie durch Auseinandersetzungen mit den Kindern. Nachdem der Vater, eine „beherrschende Persönlichkeit"[3], dessen Autorität die Kinder widerspruchslos anerkannt hatten, im Jahr 1925 überraschend gestorben war, wurde die Mutter für die Erziehung von acht Kindern, von denen noch keines auf eigenen Füßen stand, der jüngste erst dreizehn Jahre alt, alleine verantwortlich. Die Familienchronik legt nahe, dass in der folgenden Zeit generationenabhängig unterschiedliche Erfahrungen und Erwartungen aufeinander prallten.

Zu den schwierigen Themen gehörte auch die Frage der Berufstätigkeit der Töchter. Der Gedanke an eine Berufsausbildung hatte in der Jugend der Mutter als Tochter eines Soldaten niemals eine Rolle gespielt. In ihrer Erziehung hatte man auf die Vermittlung von hausfraulichen sowie gesellschaftlich-repräsen-

---

1 Dietrich von Oppen, Lebensskizzen aus der Familie von Oppen vornehmlich im 20. Jahrhundert. Ein zeitgeschichtliches Lesebuch, unter Mitwirkung von zahlreichen Verwandten zusammengestellt und bearbeitet, Marburg/Lahn 1985, S. 207.

2 Die in diesem Kapitel geschilderten Lebensverhältnisse der Familie Elsbeth von Oppens stützen sich wesentlich auf die Familienchronik, die von Dietrich von Oppen verfasst wurde, in der außerdem Aufzeichnungen, Lebensbilder, Erfahrungsberichte zahlreicher Familienmitglieder abgedruckt sind.

3 von Oppen, Lebensskizzen, S. 207.

tativen Fähigkeiten geachtet und zur Pflege der sich zeigenden Talente animiert. Deshalb konnte sie gut malen und als Tochter eines Kavalleristen obendrein auch annehmbar reiten, hatte ihr eigener Vater doch ihre Reitfähigkeiten stets begutachtet und häufig ermahnt: „Hildegard, sitz gerade!"[4] Trotz der mütterlichen Irritation wegen beruflicher Wünsche ihrer Töchter, die ihr als Zumutung der neuen Zeit erschienen, setzten sich die Töchter durch. Die wirtschaftlich schwierige Situation des Familiengutes unterstrich sicher das Drängen der Mädchen. Jede ihrer vier Töchter lernte in den zwanziger Jahren einen Beruf, den sie auch ausüben sollte. Elsbeth wurde Lehrerin der ländlichen Hauswirtschaftskunde, ihre zwei Jahre jüngere Schwester Helene (1906–1979) studierte Medizin und wurde praktische Ärztin, von den beiden jüngsten Schwestern, sie waren Zwillinge, wurde Margarethe (1908–1972) an der Staatsbibliothek in Berlin zur Bibliothekarin ausgebildet und Marie-Sophie (1908–1966) wählte wie ihre Schwester Helene das Medizinstudium und arbeitete bis zu ihrem Tod in einer eigenen Praxis.

Die Veränderungen in Bezug auf die Berufsfrage, insbesondere für Frauen, die hier in einer Familie konzentriert deutlich werden, machen die einschneidenden Umbrüche fassbar, die die zwanziger Jahre für die ständische Lebensform bedeuteten. Es war nicht nur das alte, auf persönlicher Treue aufgebaute preußisch-deutsche Staatsverständnis, das die Familie über viele Generationen hinweg gelebt hatte, zerbrochen. Der Verlust der Protektion durch den Monarchen, ergänzt durch die genossene Solidarität von arrivierten Standesgenossen, erforderte jetzt eine gravierende Veränderung des Selbstverständnisses und des Welt-

---

4 Ebd., S. 203.

bildes. Unumgänglich war, solche mentalen Dispositionen zu gewinnen, die neue Handlungsoptionen eröffneten. Das Gefüge der Familie – eine spezifische Familienordnung[5] war bis dahin für Teile des Adels noch immer konstitutiv gewesen – bildete neue Strukturen aus, da sich die Beziehungen untereinander veränderten und der zentral bestimmende Bezug für die persönlichen Entscheidungen nicht mehr hauptsächlich die Familienerwartungen sein konnten. Die Familienordnung basierte auf einer sehr frühen Vermittlung von Familiensinn und der Familienräson. Das Individuum sollte sich ganz mit der Familie identifizieren, persönliche Neigungen und Talente wurden gefördert, sollten sich aber dem Wohl der Familie nicht entgegenstellen. Dafür bot die Familie Protektion für die Zukunft. Ein solcher Familiensinn schloss eine individuelle Selbstverwirklichung, losgelöst von der Familie, meist aus. Das hatte nicht zuletzt für die Mädchen und jungen Frauen gegolten, die nun in der Weimarer Republik entschieden ein Recht auf Selbstständigkeit und eigene Entscheidungen formulierten. Der patriarchalische Zug, der der ständischen Lebensform eigen war, manifestiert in dem Richtmaß, dass die Familie – vertreten durch den Familienvorstand – am besten wusste, was für einen gut war, schwächte sich ab. Dies galt, obwohl die Frage, was es bedeute, „Mensch in der Kette der Generationen"[6] zu sein, Familienmitglieder weiterhin intensiv bestimmte und beschäftigte. Der Familienverbund lockerte sich, denn die möglichen Berufsfelder wurden vielfäl-

---

5   Zur adeligen Familienordnung vgl. Reif, Westfälischer Adel, S. 92–122. Adelige „Familie" und adeliges „Haus" werden im Folgenden synonym für Geschlecht verwendet und sind nicht zu verwechseln mit der bürgerlichen „Familie". Die adelige Familie besaß in der Generationenfolge eine überpersönliche Ehre und einen Rang, die auf die einzelnen Familienmitgliedern überkamen.
6   von Oppen, Lebensskizzen, S. 15.

tiger, die räumlichen Distanzen der Familienzweige größer. Man musste sich den neuen Zeiten stellen, auf die Zeichen der Zeit achten und die Fähigkeit zur Wandlung beweisen, um den Anschluss nicht zu verpassen.

Auf die Zeichen der Zeit zu achten, die Anforderungen der Moderne zu erkennen und sich für entsprechende Veränderungen einzusetzen, das war den meisten männlichen adeligen Funktionsträgern der Familie, die im Kaiserreich im Staatsdienst gestanden hatten, nicht unbekannt gewesen. Auf der Basis von qualifizierten Ausbildungen waren professionelle Leistungen erbracht worden. Aber nach 1918 waren die Voraussetzungen grundsätzlich andere. Dennoch versuchte Familie von Oppen einen Kernbereich der alten ständischen Lebens- und Denkformen auch unter den grundsätzlich veränderten Bedingungen zu erhalten und den äußeren Rahmen dafür zu gewährleisten. Mit der Revolution 1918 verlor die Familie zwei wesentliche Säulen ihres jahrhundertealten Fundamentes, auf dem sie entstanden war: die Monarchie und die Armee. Eine dritte Säule versuchte sie mit aller Kraft zu erhalten: den Grundbesitz, der für die Sicherung der Familientradition und des Familiensinnes noch immer als bedeutsam galt.

Das Familiengut – Zentrum der adeligen Familie

Elsbeth von Oppen stammte aus einer weit verzweigten Familie des obersächsisch-märkischen Uradels, die Grundbesitz in Preußen, in Sachsen, später auch in Anhalt besaß. Im brandenburgisch-preußischen Heeresdienst fanden Familienmitglieder Jahrhunderte lang den Schwerpunkt ihrer beruflichen Tätigkeit.

Ab der Frühen Neuzeit kamen geistliche Stellen (Domherren), der Hofdienst und der staatliche Verwaltungsdienst, wozu auch Forst und Jagen gehörten, hinzu. Diese Traditionen finden sich auch in der großelterlichen und elterlichen Familie Elsbeths. Familie von Oppen mit ihren zahlreichen Zweigen gehörte zu den führenden Familien des märkischen Adels. Elsbeth wuchs in einer Familie auf, die selbstverständlich monarchietreu war, von der sich zahlreiche Mitglieder in hohen verantwortlichen Positionen befanden, die stolz auf ihre Stellung und ihre Tradition war. Man sprach sich selbst eine preußisch-deutsche Staatsgesinnung zu und sah sich über viele Generationen hinweg im Dienst für König, Volk und Vaterland.

Elsbeth wurde im Landratsamt in Freienwalde in Brandenburg geboren, denn ihr Vater Heinrich (1869–1925)[7] war seit 1897 Landrat des Kreises Oberbarnim zu Freienwalde. Die fünf ältesten der später insgesamt acht Geschwister – Karl (1901–1974), Luise (1903–1920), Helene (1906–1979), Ernst (1907–1943), Margarethe (1908–1972), Marie-Sophie (1908–1966), Adolf (1911–1987) – erblickten hier ebenfalls das Licht der Welt. 1909 zog die Familie dann nach Breslau, da Heinrich von Oppen als Polizeipräsident dorthin berufen worden war. Damit kehrte der Vater nicht nur in seine schlesische Geburtsstadt zurück, wo er aufgewachsen war, viele Verwandte, Freunde und Corpsbrüder wohnten, sondern nahm auch eine Stelle ein, mit der er in den Kreis der hohen preußischen Beamten aufstieg. Seine berufliche

---

7   Geboren in Breslau. Dort Schüler des Magdalenen-Gymnasiums, anschließend von 1882–1887 Besuch der Ritterakademie in Brandenburg. Studium der Rechte in Göttingen. 1890 Referendar-Examen. Referendar an den Gerichten zu Freienwalde und Frankfurt a. O., 1893 Regierungsreferendar in Potsdam. 1896 Regierungsassessor. Leutnant im 2. Garde-Landwehr-Regiment.

Laufbahn erreichte 1916 ihren Höhepunkt mit der Ernennung zum Polizeipräsidenten von Berlin. Diese Stelle hatte er bis zum 9. November 1918 inne. Die Mutter Elsbeths stammte aus einer Offiziersfamilie, die zum alten vogtländischen Adel gehörte. Sie war in Schleswig geboren, da ihr Vater damals Rittmeister im Schleswigschen Husaren-Regiment war. Durch Versetzungen in weitere Garnisonen lebte die Familie von der Planitz noch in Karlsruhe, Potsdam und Berlin.

Nach der Novemberrevolution, Elsbeth war vierzehn Jahre alt, verließ die Familie Berlin und siedelte ganz um auf das Familiengut Altfriedland im Oderbruch in der Mark Brandenburg. Dieses Gut, das der Vater 1901 von seinen Eltern geerbt hatte, war das räumliche Zentrum der engeren Familie, auch wenn sie sich bis zum Ausscheiden Heinrich von Oppens aus dem Staatsdienst im Jahre 1918 nur während des Sommers und Weihnachten dort aufhielt, den größten Teil des Jahres aber in den jeweiligen Dienstwohnungen in Freienwalde, Breslau und Berlin verbrachte. Elsbeth genoss durch den Wechsel zwischen den städtischen Domizilen und dem ländlichen Familienwohnsitz eine ländliche und eine städtische Sozialisation. Das Leben auf dem Gut bot als ein in sich ruhender Raum Geborgenheit, stellte aber zugleich auch etwas weitgehend isoliert Abgeschiedenes vom übrigen Leben dar. Diese Seite wurde durch das durch ganz andere Impulse geprägte, umtriebige Leben der Stadt ergänzt. Auch den Vater erlebten sie in ganz unterschiedlicher Weise: als Gutsbesitzer und als Behördenchef des Landratsamtes und der Polizeipräsidien. Die Dienstwohnungen, die immer in den Dienstgebäuden lagen, ermöglichten es, dass die Kinder an seiner Tätigkeit großen Anteil nehmen konnten. Sein Büro grenzte an die Wohnung, und die Kinder konnten ihn in den Amtsräumen oft besuchen. Bei der Ausübung seiner Amtspflichten, auf Fahrten und Gängen begleiteten sie ihn, waren im Gespräch mit ihm: „Er verstand die Kunst, im Erzählen und Plaudern zu erklären, zu belehren, ohne daß man jemals dessen überdrüssig wurde [...] Mit besonderer Freude entsinne ich mich noch der Unterhaltungen am Mittagstisch, wenn er etwa aus der Familiengeschichte erzählte, Anekdoten aus dem Leben seines Vaters und Großvaters, und wir emsig beflissen waren, ihm durch geschickte Fragenstellungen immer neue Historien zu entlocken."[8] Die Mutter versammelte die Kinder jeden Abend zum Singen, Vorlesen, Geschichten erzählen und Rätselraten. In den Berichten über die Kindheit gibt es keine Hinweise auf eine Vernachlässigung der Kinder in der Betreuung, verstärkt durch deren übermäßige Überantwortung an Hauslehrer und Gouvernanten, noch auf eine Distanz zwischen Eltern und Kindern, wie dies in der Literatur von adeligen Eltern als typisch angenommen wird.

Das Haus Altfriedland war kein sehr alter Oppenscher Besitz. Es war erst 1883 durch Erbschaft in die Familie gekommen und blieb es zweiundsechzig Jahre lang: bis zur Enteignung 1945. Friedland war im Mittelalter ein Nonnenkloster des Zisterzienserordens, das um 1230 gegründet worden war. 1540 wurde das Kloster säkularisiert, blieb zunächst aber als adeliges Damenstift bestehen. In den folgenden Jahrhunderten fiel es als Gut an die Familie von Roebel, dann an den Markgrafen Karl zu Brandenburg-Schwedt (1705–1762), Prinz von Preußen. Nach dessen Tod fiel es an die preußische Krone zurück. Friedrich II. schenkte Friedland 1763 dem „Sieger von Torgau", Major Hans Sigismund von Lestwitz (1718–1788). Dieser hatte entscheidend

---

8 von Oppen, Lebensskizzen, S. 212.

in die letzte große Schlacht des Siebenjährigen Krieges am 3. November 1760 eingegriffen, was Preußen und seinem Verbündeten Großbritannien mit Hannover den Sieg über Österreich, Russland und Frankreich gebracht hatte. Über Lestwitz' Urenkel, den Staatsminister und preußischen Minister für Handel, Gewerbe und öffentliche Arbeiten von 1862 bis 1873, Naturwissenschaftler und Juristen Graf Heinrich Friedrich August von Itzenplitz (1799–1883) kam dann die Herrschaft Friedland in die Familie von Oppen. Die aus dessen zweiter Ehe stammende Tochter Luise (1839–1901), die mit dem preußischen Generalleutnant Karl August von Oppen (1824–1896) verheiratet war, erbte 1883 Altfriedland mit Metzdorf. Karl August und Luise von Oppen waren die Großeltern von Elsbeth von Oppen väterlicherseits. Ein Cousin Elsbeths, Konrad (1904–1987), machte in seinen familiengeschichtlichen Aufzeichnungen darauf aufmerksam, dass mit Haus Friedland nicht nur ein Landbesitz in die Familie eingebracht wurde, „sondern auch das (wohl wichtigere) geistige Erbe der Familie Itzenplitz […]: Geschick zur Verwaltungskunst und Liberalität."[9]

Elsbeths Großmutter Luise galt als eindrucksvolle Persönlichkeit. Sie war entscheidend beteiligt an der Gründung und dem Aufbau des Vaterländischen Frauenvereins im Jahre 1866 – es war der Frauenverein des preußischen und später des Deutschen Roten Kreuzes, der großen Umfang und Einfluss erreichen sollte – und wurde seine erste Vorsitzende.[10] Die Initiatorin und

---

9   Ebd., S. 193.
10   Horst-Peter Wolff (Hg.), Biographisches Lexikon zur Pflegegeschichte. "Who was who in nursing history", Band 3, München 2004, S. 217 f. Auch: H. Cramer, Die Vorbereitung der Kriegskrankenpflege der Vaterländischen Frauenvereine, in: Zeitschrift für Krankenpflege 27 (1905), H. 8, S. 289–300. Zur Geschichte des Vaterländischen Frauenvereins: Dieter Riesenberger, Das Deutsche Rote Kreuz. Eine Geschichte 1864–1990,

Protektorin des Vereins, Königin Augusta (1811–1890), hatte sie hierzu ernannt. Nach Luises Heirat im Jahr 1867 übernahm ihre Schwester Gräfin Charlotte von Itzenplitz (1835–1921) den Vorsitz für ein halbes Jahrhundert: bis 1916. Hier lässt sich erkennen, dass auch über weibliche Familienmitglieder die Familien von Itzenplitz und von Oppen in ein kaiser- und staatsnahes Gefüge eingebunden waren.

Altfriedland liegt auf der Landzunge zwischen Klostersee und Kietzer See im Nordosten des heutigen Naturparks Märkische Schweiz. Dieses, ein von Mischwäldern umgebenes seenreiches Gebiet, ist heute als europäisches Vogelschutzgebiet ausgewiesen. Altfriedland ist heute Ortsteil von Neuhardenberg im Landkreis Märkisch-Oderland im Bundesland Brandenburg, etwa siebzig Kilometer von Berlin und dreißig Kilometer von Frankfurt an der Oder entfernt. Auch schon in der Kindheit Elsbeths gab die Einbindung in die Natur und die historische Substanz dem Gutshaus seinen besonderen Reiz. Eine Tante Elsbeths schildert den Stil des Altfriedländer Gutshauses als „herb" und „schlicht", „alt-preußisch in seiner Einfachheit innen und außen". An den Nebengebäuden hätte man die klösterliche Herkunft noch erkennen können. „Ein großer Charme der Landschaft ging von dem wunderbaren Klostersee mit seinem Fischreichtum aus. Er grenzt an den mit hohen Bäumen bestandenen Park und hat eine beträchtliche Ausdehnung. Auf der kleinen Terrasse vor dem Haus sitzend konnte man besonders schön die Sonnenuntergänge hinter dem See beobachten. Auf der anderen Seite des Hauses dehnte sich der Kietzer See, reich mit Schilf bewachsen, in dem viele Wildenten nisteten. [...] Im

Paderborn, München, Wien, Zürich 2002.

Winter wurde bei Frost das üppig wachsende Rohr geerntet, das man noch viel als Dachbelag benutzte."[11]

Diese Naturgegebenheiten nutzten Elsbeth und ihre sieben Geschwister weidlich. Vom Sandhaufen zwischen Haus und Kirche erweiterte sich allmählich der Erkundungsbereich erst in den Garten, dann in den Park und schließlich in den Wirtschaftshof. Wald und Feld wurden zu Fuß und mit der Kutsche erkundet. Die Kinder tummelten sich in Haus und Garten, auf und in den Seen – alle waren gute Schwimmer. Im Sommer gab es Kahnfahrten, im Winter wurde Schlittschuh gelaufen. Elsbeth von Oppen sollte bis in ihr Alter eine besonders gute Sportlerin sein. Es sollten nicht nur die Neffen und Nichten, sondern insbesondere auch die Maiden von der Lust ihrer Lehrerin an Bewegung und sportlicher Betätigung profitieren.

Obwohl das Haus Altfriedland immer wieder wirtschaftlich Sorgen bereitete, weil es wenig ertragreich und zeitweise hoch verschuldet war[12], wurde es von den Familienmitgliedern geliebt. Bei der Herausbildung und Bewahrung des Oppenschen Familiengefüges nahm es eine bedeutsame Rolle ein. Hier trafen sich nicht nur die, die miteinander aufgewachsen waren, hier fanden sich auch weitere Angehörige ein, die den Namen von Oppen trugen oder auch diejenigen, die ihn vor ihrer Heirat getragen hatten. Der Ort diente der Stärkung der familieninternen Bande. Elsbeths Vater soll einen ausgeprägten Familiensinn besessen haben, der sich in der Fürsorge für seine fünf jüngeren Brüder und deren Familien manifestierte. Er habe es sehr gerne gesehen, dass sich die Geschwister in seinem Haus zusammenfanden. Eine Schwägerin bestätigt dies: „Konrad und ich besonders

---

11 von Oppen, Lebensskizzen, S. 199.
12 Ebd., S. 208.

verdanken ihm viel an geschwisterlicher Hilfe, vor allem in den ersten Jahren unserer Ehe, als wir uns finanziell ziemlich durchbeißen mussten [...]."[13]

Altfriedland war auch der geographische Mittelpunkt für die weitere Familie, für die Halbgeschwister aus der ersten Ehe, Cousins und Cousinen, die häufig dort zu Besuch waren. Es kamen auch Freunde und Bekannte, wodurch die Beziehungsnetze der Familie gefestigt und erweitert wurden. Dieser Anspruch, der von Generation zu Generation weitergegeben worden war, war noch für den letzten Eigentümer von Altfriedland, Elsbeths ältesten Bruder Karl, in einer wirtschaftlich schwierigen Situation Leitlinie. Orientiert am Prinzip des Großvaters, ein Grundbesitz sei nicht in erster Linie Vermögensobjekt, sondern „eine Sache des Herzens" und eine Aufgabe, die man nicht im Stich lässt, fand er gemeinsam mit seiner Mutter als Vorerbin des Gutes im Jahr 1926 den Mut, das Gut nicht zu verkaufen, sondern ein wirtschaftliches Risiko einzugehen: „Sie [d. Mutter, O. W.-H.] wusste, was Friedland für Großvater bedeutet hatte, was es auch ihr war und was es für uns und kommende Generationen bedeuten würde [...] So hat sie – gewiß oft zögernd und zweifelnd – aber im Ganzen doch unbeirrbar daran festgehalten, es nicht aufzugeben, und hat tapfer die letzte Verantwortung übernommen für wirtschaftliche Maßnahmen, deren Ausgang bei der Unsicherheit der Verhältnisse oft mehr als zweifelhaft war [...] und es glückte, wenn es auch 10 aufreibende und sorgenvolle Jahre gekostet hat, bis das Ziel der Sanierung erreicht war."[14]

Die Entscheidung, nach des Vaters Tod im Jahr 1925 das Gut trotz wirtschaftlicher Turbulenzen weiterzuführen, zeigt an,

---

13 Ebd., S. 200.
14 Ebd., S. 206, 218.

dass dieser Familiensinn, der immer einen Raum gehabt hatte, auch für den ältesten Sohn eine Handlungsmaxime war. Sie wurde gelenkt von der Überzeugung, dass Grundbesitz einem Adelsgeschlecht die Möglichkeit geben konnte, einen kultivierten Lebensstil auf bewusst historischer Grundlage zu führen und die Familienüberlieferungen zu pflegen. Ein Familiengut stellte nicht nur den Raum für Treffen, sondern an den Wänden hingen seit Generationen die Porträts der Ahnen. Es gab überliefertes Mobiliar und Hausrat, Erzählungen und Anekdoten aus früheren Zeiten des Geschlechts. Man war gleichsam in Historisches eingebettet. Tradition und Geschichte konnten hier lebendig gehalten und „vererbt" werden. Der Wunsch, den Familiensinn zu erhalten, wirkte noch nach dem Verlust des Gutes Altfriedland durch die Enteignung weiter. Zu seiner Umsetzung galt es Strategien, Wege und neue Formen zu finden. Die fand nicht nur Elsbeth, sondern auch ihr Bruder Karl. Ein Neffe bescheinigte ihm: „Und in gewisser Weise hast Du gegen viele zerfledderte und auseinandergelaufene Familien den Beweis angetreten, daß es auch ohne das Herrenhaus geht, wenn es gehen muß. Auch ein Fernerstehender muß merken, wie viel Friedland Du mitzunehmen vermocht hast, und, auf welche Art auch immer: Davon profitieren viele."[15]

Auch Elsbeth von Oppen blieb ihrer Herkunftsfamilie trotz Berufstätigkeit eng verbunden und zeigte in der Rolle der Tante ihren Geschwistern, dann ihren Neffen und Nichten und schließlich auch noch der darauf folgenden Generation gegenüber ein großes Maß an Aufmerksamkeit. Sie wurde die „Tante der Tanten". Sie kannte alle, besuchte alle, kümmerte und interessierte

---

15 Ebd., S. 226.

sich und wurde so zu einer zentralen Person, die die große Familie auf ihre Weise zusammenhielt. Sie übernahm immer wieder familiäre Verantwortung, die tatkräftige und materielle Hilfe einschloss. Ihr Patenneffe Heinrich sprach für viele Neffen und Nichten, wenn er Tante Elsbeth als die geliebte Gefährtin ihrer Kindertage charakterisierte: „Man kann sich schwer vorstellen, welche erwartungsvolle Freude herrschte, ehe Tante Elsbeth zu dem angekündigten Besuch erschien und mit welchem Jubel sie in Empfang genommen wurde. Wir gerieten außer Rand und Band und belegten sie völlig mit Beschlag, – nicht immer zur Freude unserer Mütter, deren Erziehungskonzepte ins Wanken gerieten. Andererseits war sie ihnen eine große Hilfe, wenn sie wie eine ältere Schwester alles das mit uns unternahm, wozu die Mütter nicht die nötige Zeit und Ruhe hatten: Wandern, Schlittschuhlaufen, Skilaufen, Schwimmen, – alle diese Sportarten beherrschte sie bis ins hohe Alter mit großer Perfektion. Natürlich auch alle nur denkbaren Handarbeiten und viele kunstgewerbliche Handfertigkeiten."[16]

„Wie man in der Gegenwart gestaltend mitwirkt, ohne die Vergangenheit zu verleugnen"[17]

Den ersten Teil der Kindheit erlebte Elsbeth in der ländlichen Kleinstadt Bad Freienwalde, nur wenige Kilometer von Altfriedland entfernt. In der Zeit der Landratstätigkeit ihres Vaters begann die Periode der Industrialisierung der Region um das Oderbruch, die Entwicklungsmaßnahmen erforderte. Die Oder

16   Ebd., S. 233.
17   Ebd., S. 161.

als Verkehrsweg reichte nicht mehr aus, die Verkehrsinfrastruktur musste mit befestigten Straßen und dem Bau von Eisenbahnlinien differenziert ausgebaut werden. Hierzu gehörte insbesondere ein langwieriges, sich mühsam und zäh gestaltendes Projekt, für das sich Heinrich von Oppen ausdauernd einsetzte und das seine Landratszeit prägte: die Planung des Baues der Oderbruchbahn von Fürstenwalde nach Wriezen. Ziel dieses Projektes war es, das Oderbruch – den „Gemüsegarten der Hauptstadt" – dem modernen Wirtschaftsverkehr zu erschließen, denn das fruchtbare Bruch war eines der wichtigsten Träger der Versorgung Berlins mit landwirtschaftlichen Produkten. Es sind hauptsächlich fünf Gründe, die der Planung der Oderbruchbahn zu Grunde lagen: Rascheres und kostengünstigeres Absetzen von Produkten, schnellere Verbindung in die Reichshauptstadt Berlin, Aufbau von verkehrsgünstigen Umschlagplätzen für Güter, zügigeres und bequemeres Reisen für die zunehmende Mobilität der Menschen. Es heißt, dass langwierige Kämpfe und Bemühungen gegen viele Widerstände den Bau der Oderbruchbahn begleitet hätten: Staat und Provinz versagten finanzielle Unterstützung, anliegende Gemeinden gaben wegen der Kosten immer wieder ihr Interesse auf. Von Oppen habe auch das wiederholt drohende Scheitern nicht entmutigt bis schließlich die zuständigen Kreistage den Bau beschlossen. Als Dank an ihn erhielt eine der Lokomotiven der neuen Bahn den Namen „von Oppen".

Die Stellung als Polizeipräsident in Breslau, der Hauptstadt im reichen und anspruchsvollen Schlesien, war verknüpft mit umfangreichen gesellschaftlich-repräsentativen Ansprüchen. Während Heinrich von Oppen an zahlreiche familiäre und freundschaftlich-kollegiale Kontakte anknüpfen konnte, schien sich die Mutter nicht sonderlich wohl zu fühlen. Die fi-

nanzielle Lage war nicht einfach, musste doch neben den gesellschaftlichen Verpflichtungen eine zehnköpfige Familie versorgt
werden. Gut Friedland war außerdem weit entfernt. Der Sohn
vermutete in späteren Jahren, dass die Breslauer Zeit den Eltern
Nerven zerreibende Sorgen bereitet hätte. Die älteren Kinder
haben dies empfunden, auch wenn sie am kulturellen Leben der
Stadt, dem Besuch von Oper und Theater wohl große Freude
hatten. Für alle Kinder war außerdem der Vergnügungspark, der
„Dom", vom Frühjahr bis zum Herbst attraktiv. Für dessen zahlreiche Vergnügungsstätten besaß die Familie durch die Position
des Vaters Freikarten. Kaiser und Kaiserin hielten sich oft in
Breslau auf, sei es aus Anlass der Kaiserparaden des 6. Korps
oder der Kaisermanöver. Als Polizeipräsident eröffnete der Vater
zu Pferd traditionell bei diesen Gelegenheiten den Festzug. Für
die Kinder waren dies jenseits der elterlichen Lasten beeindruckende Ereignisse.

Die Revolution 1918 habe der Vater – so berichtet Sohn
Karl – bis zu seinem Tod 1925 nicht verwunden. Er sei tief getroffen gewesen und der Gedanke, etwas unterlassen zu haben,
was die Ereignisse hätte aufhalten können, habe ihn nicht los-
gelassen. Die Charakterisierung seines letzten Lebensabschnittes
fällt ambivalent aus. Während einerseits berichtet wird, dass
nun seine Tage wenig froh gewesen seien, zumal wirtschaftliche
Sorgen bezüglich Haus Friedland gedrückt hätten, wird an anderer Stelle vermerkt, es sei nicht seine Sache gewesen, in Re-
signation zu verfallen. Er stand vor der Frage, ob und wie er als
ehemaliger königlicher Beamter und überzeugter Anhänger der
Monarchie in der demokratischen Republik politisch tätig werden sollte. Nach Friedland zurückgekehrt, entschloss er sich zu
einem politischen Engagement, insbesondere zu einem kommu-

nalpolitischen, in dem er erneut die Angelegenheiten des Kreises Oberbarnim und der Provinz Brandenburg in die Hand nahm. Er wurde Mitglied im Kreistag und Kreisausschuss, im Provinziallandtag und Provinzialausschuss. Hier führte er die Parteien der „bürgerlichen Rechte und der Mitte"[18]. Außerdem war er im preußischen Staatsrat tätig. Der preußische Staatsrat, der zwischen 1817 und 1918 ein Beratungsgremium des preußischen Königs gewesen war, war in der republikanischen Zeit zwischen 1920 und 1933 die Zweite Kammer des Parlaments des Freistaats Preußen und fungierte seit der Verabschiedung der Preußischen Verfassung vom 30. November 1920 als Organ zur Beteiligung der Provinzen bei der Gesetzgebung. Der Staatsrat[19] setzte sich aus von den Provinziallandtagen entsandten Mitgliedern zusammen. Jeder Bürger über fünfundzwanzig Jahre konnte gewählt werden. Heinrich von Oppen war einer von fünf Gesandten aus der Provinz Brandenburg.

Anlässlich der endgültigen Übersiedlung der Familie Ende 1918 nach Friedland entdeckte Elsbeths Mutter das ländliche Betätigungsfeld, wurde zur Gutsfrau und „stürzte sich mit Feuereifer"[20] auf die Gartenarbeit, die Haltung von Geflügel und ihre Hauswirtschaft. Noch war das meiste Land verpachtet, erst 1926, als der Pächter des Vorwerkes Gottesgabe wirtschaftlich zusammenbrach, übernahm die Familie den Betrieb in eigene Bewirtschaftung. Selbstverständlich verantwortete Mutter Hildegard auch die der Gutsfrau obliegende soziale Fürsorge und pflegte die Alten und Kranken des Dorfes. Mit den Fried-

---

18   Ebd., S. 199.
19   Das Amt des Staatsratspräsidenten hatte zwischen 1921 und 1933 der Kölner Oberbürgermeister Konrad Adenauer (Zentrum) inne.
20   von Oppen, Lebensskizzen, S. 206.

länder Kindern führte sie in jedem Jahr an Weihnachten ein Weihnachtsspiel auf. Ihre eigenen Kinder erinnerten sich, dass die Kostüme hierzu in einer großen Theatertruhe aufbewahrt wurden.

Einen Eindruck von der Prominenz der Familie und der Ehrerweisung gegenüber Elsbeths Vater gibt eine Beschreibung des Trauerkonduktes, der Heinrich von Oppen am 6. November 1925 zu Grabe geleitete, die im Kreisblatt erschien: „Aus [...] Oberbarnim waren Hunderte gekommen, ihrem Landrat das letzte Geleit zu geben. Manch alter Gemeindevorsteher geht im Zug mit. Landrat, Kreisausschuß, Kreistagsmitglieder, die Bürgermeister der umliegenden Städte, Verwaltungsbeamte [...]. Der preußische Staatsrat hat drei Mitglieder entsandt, die Ministerien sind vertreten. Der Oberpräsident der Provinz Brandenburg, der Polizeipräsident von Berlin, Vertreter der Potsdamer Regierung, Staatssekretäre und hohe Regierungsbeamte, Provinzialverwaltung, Landbund [...]. Der Großgrundbesitz des Kreises Oberbarnim ist geschlossen anwesend [...], die Dorfgemeinde, die Schule, die Kriegervereine [...]."[21]

Schulzeit in Heiligengrabe

Über den Unterricht zwischen dem sechsten und zwölften Lebensjahr liegen weder für Elsbeth noch ihre Geschwister Hinweise vor. Es ist zu vermuten, dass sie privaten Unterricht durch Hauslehrer erhielten. Bevor Elsbeth sich als Zwanzigjährige 1924 zu einer Berufsausbildung entschloss, besuchte sie bis zur Mitt-

---

21   Kreiskalender 1926, S. 155, zit. n. ebd., S. 199.

leren Reife die prominente Internatsschule für adelige Mädchen
des Klosters Stift zum Heiligengrabe, das in der brandenburgischen Ostprignitz lag, das seit vielen Generationen Töchter
des preußischen Adels unterrichtete und erzog. In vielen adeligen Familien war Heiligengrabe ein zentrales Thema, war doch
oft schon die Mutter und deren Cousinen oder auch Nichten
hier zur Schule gegangen, hatten dort Freundinnen für das Leben gefunden.[22] Mit zwölf Jahren, mitten im Ersten Weltkrieg,
war Elsbeth mit ihren beiden Schwestern Luise und Helene
hierher gekommen. Eigentlich war dies spät, nahm man doch
üblicherweise Schülerinnen mit acht Jahren auf. In Heiligengrabe gehörten die drei Schwestern noch zu des „Kaisers weiblichen Kadetten", so der Titel der Erinnerungen an die Schulzeit
in Heiligengrabe, verfasst von ihrer Mitschülerin Tisa von der
Schulenburg (1903–2001). Deren Erinnerungen beziehen sich
auf die letzten Jahre des Kaiserreichs, die Revolution und die
ersten Jahre der Republik.[23]

Die Titulatur der Stiftsschülerinnen, des „Kaisers weibliche
Kadetten", wird Kaiser Wilhelm II. zugeschrieben. Er soll bei der
Einsetzung der Äbtissin Adolphine von Rohr, geb. von Gersdorff
(1855–1923)[24], deren Amtszeit von 1899 bis zu ihrem Tod währte,

22 Sophie Gräfin zu Dohna-Schlobitten, Den Rock gelüpft und dazu geknickst. Erinnerungen einer Schülerin an Schule und Internat in Heiligengrabe 1940–1942, in:
Simone Oelker, Astrid Reuter (Hg.), Lebenswerke. Frauen im Kloster Stift zum Heiligengrabe zwischen 1847 und 1945, Bonn 2000, S. 60–66, hier S. 60.
23 Tisa von der Schulenburg, Des Kaisers weibliche Kadetten. Schulzeit in Heiligengrabe – zwischen Kaiserreich und Revolution, Freiburg, Basel, Wien 1983. Vgl. zur Schulzeit in Heiligengrabe noch: Erika von Hornstein, Adieu Potsdam. Mit einem Nachwort
von Carola Stern, (Erstausgabe 1969), Köln 1991.
24 Adolphine von Rohr war die älteste Tochter des Generalleutnants Hermann Kon-
stantin von Gersdorff und Clara Agnes Marianne, geb. von Gersdorff. Bis zu ihrem
14. Lebensjahr erhielt sie mit ihren beiden Schwestern Maria Klara (geb. 1865) und Clara

gewünscht haben, die Stiftskinder sollten „Seiner Majestät weibliche Kadetten" sein.[25] In Erinnerungen der Schülerinnen ist verankert, dass diese Zuschreibung als erzieherische Leitlinie eingesetzt wurde. Beschwerden und Klagen über das karge Essen im Ersten Weltkrieg wurden von der Äbtissin mit der rhetorischen Frage eingehegt: „Und ihr wollt des Kaisers weibliche Kadetten sein?"[26] Tisa von der Schulenburg kommentierte in ihren Aufzeichnungen: „Dieser Anspruch erregte bei uns Spott und Widerwillen. Wir waren – so fand ich – eher Landsknechte."[27] Damit meinte sie eine gewisse Wildheit und Ungezähmtheit, im Gegensatz zu einer disziplinierten Truppe. Zu dieser Zeit waren

(geb. 1858) Hausunterricht. Danach wurde sie zur Erziehung nach Kassel geschickt und besuchte anschließend bis zur Konfirmation das Stift Altenburg. Nachdem der Vater 1870 bei Sedan gefallen war, zog Adolphine zu ihrer Mutter nach Weimar. 1875 heiratete sie Louis von Rohr und lebte mit ihm auf dem Gut Seefeld in der Ostprignitz. Eine Tochter wurde tot geboren. Sieben Jahre später starb Louis von Rohr an Typhus, Adolphine zog nach Potsdam, besuchte einen Johanniterkurs im Elisabethkrankenhaus in Berlin. 1899 kam sie an den Hof des Fürstentums Waldeck-Pyrmont in Arolsen. Sie vertrat zunächst Mutterstelle bei der Prinzessin Elisabeth von Waldeck, wurde dann ihre Oberhofmeisterin und schließlich auch Oberhofmeisterin bei der Fürstin Bathildis, geb. zu Schaumburg-Lippe (eine Schwester der Maid Alexandra Prinzessin zu Schaumburg-Lippe), die 1895 den regierenden Fürsten Friedrich zu Waldeck und Pyrmont ehelichte. Kaiser Wilhelm II. ernannte Adolphine von Rohr 1899 zur Äbtissin des Stifts Heiligengrabe. Der Konvent erhob wegen ihrer früheren Verheiratung dagegen Einwände. Anlässlich des 200-jährigen Preußenjubiläums verlieh der Kaiser der Äbtissin den Äbtissinnenstab und das goldene Äbtissinnenkreuz. Auch Adolphine von Rohr setzte sich für die Rückbesinnung auf die sozialen Verpflichtungen und Aufgaben des Stifts ein. Ihr Name ist insbesondere mit der Gründung eines Museums verknüpft, das der Landschaftsmaler und Prähistoriker Paul Quente (1887–1915) einrichtete.

25   Tisa von der Schulenburg, Ich hab's gewagt. Bildhauerin und Ordensfrau – ein unkonventionelles Leben, Freiburg i. Breisgau 1981, S. 57f.

26   Erinnerungen von Jetta Gräfin Kospoth, geb. v. Grünberg, Heiligengrabe 1916–18, in: Stift Heiligengrabe. Ein Erinnerungsbuch, Teil I, herausgegeben von alten Stiftskindern, i. A. Nora Neese, geb. von Wedel, Salzgitter 1992, S. 8–10, hier S. 9.

27   von der Schulenburg, Des Kaisers weibliche Kadetten, S. 26.

vierundfünfzig Stiftskinder im Pensionat. Sehr viele stammten aus Offiziersfamilien und aus dem Landadel.[28]

Schule und Pensionat wurden von den Damen des evangelischen Stiftes zum Heiligengrabe geführt. Das Stift, das heute noch besteht und den Namen Kloster Stift zum Heiligengrabe führt, geht zurück auf ein 1287 gegründetes, von Zisterzienserinnen bewohntes Kloster in Heiligengrabe im brandenburgischen Landkreis Ostprignitz-Ruppin. Nach der Reformation wurde es nach anfangs erheblichem Widerstand durch die Nonnen als evangelisches Kloster weitergeführt. Für mehrere Jahrhunderte besaßen die Hohenzollern das Protektorat über Heiligengrabe. Im Jahr 1740 wurde das Kloster von König Friedrich II. zum Damenstift erhoben. Er ordnete an, dass Töchter des durch Kriegsfolgen verarmten Adels aufgenommen werden sollten. Äbtissin Luise von Schierstedt (1794–1876)[29], die von 1843 bis zu ihrem Tod dem Stift vorstand, machte dann das Stift aus einer Versorgungseinrichtung für unverheiratete adelige Frauen zu einem „Ort sozialen Wirkens"[30]. Dabei folgte sie dem sozial- und bildungspolitischen Reformprojekt des preußischen Kron-

---

28   Im Jahr 1940 befanden sich an die hundert Schülerinnen im Stift.

29   Luise von Schierstedt wurde als Tochter des Regierungspräsidenten der Neumark geboren. Sie hatte acht Geschwister, fünf Brüder und zwei Schwestern. Zwei starben sehr früh. Im Jahr 1811 starb auch ihr Vater, drei Brüder fallen in den Freiheitskriegen. 1819 wurde Luise von Schierstedt in das Damenstift in Heiligengrabe aufgenommen. Sie übernahm die Stiftsstelle von einer ihrer Schwestern, die dem Stift angehört hatte, und im gleichen Jahr gestorben war. Zunächst wurde sie als Minorin aufgenommen, erhielt 1822 eine volle Stiftsstelle, lebte aber zunächst nicht ständig in Heiligengrabe. Erst zwei Jahre nach dem Tod ihrer Mutter 1828 zog Luise von Schierstedt endgültig in das Damenstift. Ihre Wahl zur Äbtissin 1843 vollzog sich unter großen Widerständen einiger Konventualinnen und wies bereits auf die Probleme hin, die der Konvent ihren Reformprojekten in den folgenden Jahren entgegensetzen sollte.

30   Oelker, Reuter, Lebenswerke, S. 11.

prinzen und späteren König Friedrich Wilhelms IV., das sich die christliche Zivilisierung der Bevölkerung zum Ziel gesetzt hatte und Säkularisierungstendenzen der Untertanen aufhalten wollte. Die beabsichtigte Rechristianisierung sollte durch Mission und kirchenreformerische Maßnahmen erreicht werden. Das Stift wurde im Zuge eine Reorganisierung kirchlicher Einrichtungen in einen Ort der Inneren Mission umgewandelt. Die Stiftsdamen übernahmen fortan soziale und karitative Tätigkeiten wie Armenspeisungen, richteten ein Waisenhaus ein und betreuten Alte und Kranke.

Mit der Erziehungsanstalt für „Mädchen aus verarmten adeligen Familien", die die Äbtissin 1847 mit Unterstützung von König Friedrich Wilhelm IV. und Königin Elisabeth gegen jahrelange interne Widerstände gründete, begann eine neue Ära des Stifts. Nach der Überarbeitung der Stiftsstatuten, in denen in der Folgezeit zwischen Versorgungsstellen und Stellen für arbeitende Damen unterschieden wurde, wurden die Stiftsdamen wesentlich nach ihren fachlichen und erzieherischen Fähigkeiten ausgewählt. Das Ziel der Erziehungsanstalt war, junge Mädchen zu Hauslehrerinnen und Gouvernanten auszubilden. Es war erklärte Absicht, durch die Ausbildung den aufgenommenen Mädchen eine Lebensperspektive zu verschaffen, die sie unabhängiger machen sollte. Die Schülerinnen, die im Alter von acht Jahren eintraten und nach acht Jahren die Ausbildung mit der Konfirmation abschlossen, sollten christlich und „einfach aber ihrem Stande gemäß"[31] erzogen werden. Nach ihrer Ausbildung

---

31   Ursula Röper, „Als eine Frau lesen lernte, trat die Frauenfrage in die Welt." Die Heiligengraber Stiftsschule im bildungspolitischen Kontext des 19. Jahrhunderts, in: Simone Oelker und Astrid Reuter (Hg.), Lebenswerke. Frauen im Kloster Stift zum Heiligengrabe zwischen 1847 und 1945, Bonn 2000, S. 16–27, hier S. 23.

sollten sie in der Lage sein, „eine Stellung einzunehmen und auszufüllen, welche ihre Existenz sichert."[32] Mit dieser Absicht setzte das Stift einen bildungspolitischen Akzent und stellte sich in die Reihe der noch seltenen Institutionen, in denen Mädchen der Zugang zu Bildung und Wissen, zu einer beruflichen Qualifizierung und damit die Aussicht auf eine berufliche Tätigkeit geboten wurde. Es war die Lehrerin und Kämpferin für einen gleichberechtigten Zugang zu Bildung und Wissen für Mädchen, Helene Lange, die darauf hinwies, dass Gouvernanten, Anstandsdamen und Spieltanten, Witwen oder ältere Jungfrauen, die den Kindern den Anfang von Lesen, Rechnen und Schreiben beigebracht hätten, der Lehrerinnenausbildung vorangingen. Für alle drei Posten hätten Töchter des gebildeten Mittelstandes und des armen Adels in Scharen bereit gestanden.[33]

In Heiligengrabe wurde in den 1880er Jahren erkannt, dass sich der Lehrplan der Schule ändern müsse, um den Stiftsschülerinnen bessere Berufschancen zu bieten. Die Stiftsdame Marie von Clausewitz arbeitete einen neuen Lehrplan aus, der die Unterstützung der Äbtissin Adelheid von Wenzel fand.[34] Aus der Erziehungsanstalt entwickelte sich im Laufe des 19. Jahrhunderts eine bekannte Internatsschule hauptsächlich für adelige Mädchen, die 1912 als Lyceum, als höhere Mädchenschule, anerkannt wurde. Sie bestand schließlich bis 1945 als Oberschule. Es gab zahlreiche Freistellen für Töchter des verarmten Adels. In der Zeit, als Elsbeth von Oppen und Tisa von der Schulenburg Stiftskinder waren, war Adolphine von Rohr Äbtissin. Es wird

---

32 Röper, „Als eine Frau lesen lernte, trat die Frauenfrage in die Welt", S. 23.
33 Lange, Lebenserinnerungen. Zu den Anfängen der Lehrerinnenausbildung vgl. Hardach-Pinke, Die Gouvernante, S. 147.
34 Röper, „Als eine Frau lesen lernte, trat die Frauenfrage in die Welt", S. 26.

berichtet, dass zu dieser Zeit die adeligen Kinder von den wenigen bürgerlichen getrennt untergebracht wurden. Die ersteren wohnten in der Abtei, die anderen als „Platzkinder" mit den Stiftsdamen zusammen in kleinen Fachwerkhäuschen, die sich um den „Damenplatz" gruppierten.

Das Stift galt als vornehm. Seine Leiterin, die Äbtissin, hatte einen hohen Rang am preußischen Hof. Sie hatte den gleichen Rang wie die Oberhofmeisterin der Prinzessinnen und die Hofdamen der Kronprinzessin. Sie rangierte vor den Ehefrauen der Obersten. Auch die Stiftsdamen waren hoffähig und hatten eine herausgehobene Stelle in der Hofrangordnung, mit größerem Ansehen, als es unverheirateten Frauen ansonsten zukam: Sie folgten den Ehefrauen der Majore. Die Äbtissin von Heiligengrabe wurde von den Stiftsschülerinnen mit einem Hofknicks gegrüßt. Eine ehemalige Schülerin, Sophie Gräfin von Dohna-Schlobitten, beschreibt den besonderen „Heiligengraber Geist". Er habe darin bestanden, „traditionell konservative Elemente mit klösterlicher Schlichtheit und einer ausgeprägt christlichen Erziehung"[35] zu verbinden. Die eher kritisch-subjektive Perspektive der Kinder formuliert Tisa von der Schulenburg. Ihr Eindruck von den Stiftsdamen, die zum Kirchgang am Sonntag ihre Tracht trugen, lange schwarze Kleider mit weißen Rüschenhäubchen, lautet offenherzig: „Die alten Damen in den Häuschen schienen uns unvorstellbar alt, verhutzelt, seltsam."[36]

---

35 Dr. Sophie zu Dohna, Ein kurzer Abriß der Geschichte des Klosters Heiligengrabe in der Mark Brandenburg, in: Tisa von der Schulenburg, Des Kaisers weibliche Kadetten. Schulzeit in Heiligengrabe – zwischen Kaiserreich und Revolution, Freiburg, Basel, Wien 1983, S. 7–11, hier S. 11. Dr. phil. Sophie Gräfin Dohna-Schlobitten studierte Geschichte, Germanistik und evangelische Theologie, wurde Oberstudienrätin. Sie übernahm den Vorsitz des Fördervereins für Heiligengrabe und ist Mitglied des Kuratoriums.
36 von der Schulenburg, Des Kaisers weibliche Kadetten, S. 20.

„Unsere Räume waren karg und leer. Eine Anzahl weißer Betten im Schlafsaal, einige Schemel. Das war alles. Im öden Raum, in dem wir zur Lernstunde still sitzen mußten – Tische und Stühle – Punkt. Stinkende Karbidlampen gaben ein grell-weißes Licht. Im Eßraum ebenfalls – nur Tische und Stühle."[37]

Ein Zeichen dafür, dass im Stift Heiligengrabe die Erziehung neben der schulischen Bildung ein starkes Gewicht hatte, ist die Benennung der Schülerinnen, die zu Elsbeth von Oppens Zeit noch „Kinder" genannt wurden. Nicht alle konnten sich mit dem starken Behütetsein, der preußischen Strenge und Askese zurechtfinden, die, wie auch die Selbstdisziplinierung, pädagogische Grundsätze darstellten. Tisa von der Schulenburg nennt ihre Freundin Ursula von Wiese, die das Stift gehasst habe. Für diese, die aus einer „freiheitlicheren" Welt gekommen sei, sei es ein „Schrecken"[38] gewesen. Ursula von Wiese hatte als Tochter des angesehenen Soziologen Leopold von Wiese eine großstädtische, großzügige Sozialisation genossen. Es gab Mädchen, die mit den vorherrschenden pädagogischen Mitteln – Striche für jedwede Fehlleistung im Zensurenbuch – extrem eingeschüchtert wurden und solche, die sich arrangierten, aber auch andere, die sich auflehnten und sich Freiräume eroberten. Sie waren eben nicht immer nur brav und gesittet, sondern wild und übermütig, nicht immer nur gehorsam, sondern kreativ im Finden von Lücken: Vor der Kontrolle von etwaigen Löchern in den Strümpfen, wurden diese lästigen Öffnungen auch hin und wieder schwarz getuscht. Viele genossen die Schulgemeinschaft und das Erlebnis, Freundinnen unabhängig von der Familie zu finden. Aber auch die kritische Tisa von der Schulenburg

---

37 Ebd., S. 22.
38 Ebd., S. 20.

konnte, unter anderem wegen der Spaziergänge, die sich oft in wilde Streifzüge im Wald auflösten, nicht umhin die Mädchen zu bedauern, die in die städtischen Stiftspensionate in Potsdam – Kaiserin Augusta Stift – oder in Altenburg – Freiadliges Magdalenenstift[39] – geschickt worden waren.

In Heiligengrabe trugen alle Schülerinnen Tracht. Viele bedrückte diese Gleichförmigkeit, andererseits waren auf diese Weise die Differenzen untereinander eingeebnet. Keine konnte wegen der fehlenden Eleganz oder Ausstattung ihrer Kleider verspottet werden. Morgens wurden die so genannten „Wollermätze" getragen, klein karierte rot-schwarz-braune Wollkleider. Darüber kamen schwarze Lüsterschürzen aus wollenem Mischgewebe, die so hießen, weil sie durch eine Appretur gesteift waren und die Stoffoberfläche hierdurch einen Glanz, den „Lüster", zeigte.[40] Am Nachmittag trugen sie hellblau-gestreifte enge Blusen und dunkelblaue Röcke, an Festtagen gebauschte rosa Waschkleider. An den Füßen hatten sie Holzpantinen, Holzsandalen und einige wenige auch Stiefel, meist ererbte Stücke. In den Kriegsjahren und den Nachkriegsjahren berichten die Lebenserinnerungen der Absolventinnen von Hunger, abenteuerlichen Zuständen in Bezug auf das Essen: Sauerkraut voller Würmer, erfrorene Kartoffeln, trockenes Brot, die eine „Hungeradresse" an die Äbtissin zur Folge hatten.

Elsbeth erlebte in dieser Schulgemeinschaft eine Welt der Unruhe und des Umbruchs. Sie erlebte den erzieherischen vaterländischen Geist im Krieg, der nach dem Krieg bei vielen – Lehrkräften wie auch Mitschülerinnen – als nationale Wieder-

---

39   Vgl. Bohn, 300 Jahre Evangelisch-lutherisches Magdalenenstift Altenburg.
40   Schwarze Lüsterschürzen waren vor allem um 1900 als Halbschürze auf dem Land weit verbreitet. Man trug sie bei Trauerfällen und auch als Sonntagsschürze.

geburt neue Zielrichtung fand. Sie erlebte aber auch aufmüpfige Mitschülerinnen, die nicht mehr des Kaisers Kadetten sein wollten und außerdem verstörte, von der Kriegsniederlage und der Revolution erschütterte Stiftsdamen. Die veröffentlichten Erinnerungen lassen auf beiden Seiten Veränderungen erkennen, die die neue Zeit hervorbrachte. Einige Mädchen empfanden besonders stark, dass die Überlieferung, die Tradition löchrig weil fragwürdig geworden war, gebärdeten sich widerspenstig, forderten und erreichten lockernde Änderungen in der Kleidung mit der Abschaffung der hohen Stehkragen und der Erlaubnis, weite Blusen zu tragen. Sie probten mehr Unabhängigkeit, provozierten mit ihrem Drang nach Freiheit, beschwerten sich offiziell darüber, dass ihre Briefe, die sie absenden wollten, offen abgegeben werden mussten und sie eigene teils geöffnet erhielten. Auch für das neue Frauenwahlrecht interessierten sich einige, hatten sie sich doch schon vorher empört gezeigt über das „Dienen lerne beizeiten das Weib" aus Goethes Hermann und Dorothea. Allerdings knicksten sie noch immer, wenn sie die Äbtissin zu grüßen hatten – aber nicht mehr so tief, wie sie es in den Jahren zuvor gelernt hatten. Tisa von der Schulenburg nahm sich Lily Braun, geborene von Kretschmann (1865–1916), die aus ihrer Standeswelt ausgebrochen war, zu ihrem Vorbild.[41]

41   Lily Braun wurde als Amalie von Kretschmann in Halberstadt geboren. Sie war die Tochter des preußischen Generals Hans von Kretschmann und seiner Frau Jenny (geb. von Gustedt). Nach der Entlassung des Vaters fand das gut situierte Leben der Familie ein Ende. Lily Braun zog nach Berlin und lebte finanziell unabhängig von ihrer Familie, indem sie literaturhistorische Arbeiten verfasste. Eine Ausbildung hatte sie nicht erhalten. Von 1893 bis zu seinem Tod 1895 war sie verheiratet mit Georg von Gizycki, der sie in den philanthropisch-sozialen Kreis der „Deutschen Gesellschaft für ethische Kultur" einführte. In dieser Zeit gab das Ehepaar die Zeitschrift „Ethische Kultur" heraus. In den folgenden Jahren wurde die Verbesserung der wirtschaftlichen, sozialen und geistigen Stellung der Frau zu ihrem Hauptanliegen. Zusammen mit der Pädagogin, Journalistin

Die Schülerschaft war gespalten. Während die einen der Auffassung waren, ihre Äbtissin sollte wie der Kaiser „abdanken", wollten andere Mädchen doch lieber „Kadetten des Kaisers" bleiben. Statt roter Schleifen im Haar gründeten sie eine „Kompanie".[42] Ihre Schule, die sie nicht Internat oder Pensionat, sondern „Kloster" oder „Klosterschule" nannten, mit ihren strengen Auffassungen, der Prinzipien und Ziele einer standesgemäß-adeligen Erziehung zentral waren, etablierte nach 1918 Diskussionsabende und erlaubte die Wahl einer Sprecherin der Schülerinnen. Ob Elsbeth sich zu einer der Fraktionen der Schülerschaft zugehörig gefühlt hat, ist nicht bekannt.

Zur traditionellen standesgemäß-adeligen Erziehung hatte die erzieherische Vermittlung der Maxime „Adel verpflichtet" gehört, verbunden mit einem Ehrenkodex zur Ausbildung von Tugenden: anständig, nicht eitel, aber bescheiden, aufrecht und ehrlich. Im Zentrum stand die Selbsterziehung, die Umwandlung von äußeren Zwängen in eine Selbstkontrolle, auch wenn die Möglichkeiten zu spielen und wild zu sein von einigen Mädchen listig praktiziert werden konnten. Zu den Erziehungszielen

und auf dem radikalen Flügel der Frauenbewegung aktiven Minna Cauer (1841–1922) gab sie kurzzeitig die Zeitschrift „Die Frauenbewegung" heraus und war im Vorstand des Vereins „Frauenwohl" tätig. Bald trennte sie sich von der bürgerlichen Frauenbewegung und wurde Mitglied der Sozialdemokratischen Partei Deutschlands (SPD). Dies bedeutete den endgültigen Bruch mit ihrer Familie. 1896 heiratete sie den sozialdemokratischen Politiker und Publizisten Heinrich Braun. Das Ehepaar bekam einen Sohn. Lily Braun schrieb diverse Werke zur Frauenfrage und deren Verhältnis zur Sozialdemokratie. Das Ehepaar Braun gab gemeinsam die Kulturzeitschrift „Die Neue Gesellschaft" heraus. Beide gehörten dem revisionistischen Flügel innerhalb der SPD an, der für eine praktische Tagespolitik im Rahmen der bestehenden Gesellschaftsordnung eintrat. Lily Braun forderte vergeblich eine Kooperation der SPD mit der bürgerlichen Frauenbewegung. Zwischen 1909 und 1911 schrieb sie die zweibändige Autobiographie „Memoiren einer Sozialistin".

42   von der Schulenburg, Des Kaisers weibliche Kadetten, S. 85.

zählte die Fähigkeit zur Führung einer anspruchsvollen Konversation, die sich sowohl in der adeligen Welt als auch beim „Ausgehen am Hof" bewähren musste. Hierzu gehörte das Einüben des Hofknicks: „Das rechte Bein mußte einen Kreis nach hinten schlagen und dort einknicken, das linke Bein mußte ins Knie gehen und den diskreten Abgang rückwärts vorbereiten. Nach einer leichten Verneigung des Oberkörpers und beim Aufrichten waren dann furchtlos die Augen zu erheben."[43] Die Erziehungsmethoden waren streng und rigide, die Einhaltung der Regeln wurde durch strikte Kontrollen überwacht. Ein Bildungsziel, das überkommener Bestandteil einer adeligen Erziehung war, war die Erreichung der Affektmodellierung und Selbstdisziplin.[44] Eine pädagogische Analyse des Erziehungskonzeptes des Stiftes Heiligengrabe und seiner Entwicklung durch die Zeiten steht noch aus. Welche Bildungsinhalte, -ziele und -methoden wurden tradiert, wo wurde transformiert, was wurde neu aufgenommen? Auch wenn der Hof nach 1918 als Bezugspunkt verloren war, wurde der Knicks im Schulleben nicht aufgegeben, es änderte sich jedoch die habituelle Form.[45] Die Themenstellungen der Aufsätze – etwa „Was kann ich tun zur Wiederbelebung des deutschen Geistes?" – zeigten nun eine nationalkonservative Einstellung.

---

43 Ebd., S. 27.

44 Vgl. Kollbach, Aufwachsen bei Hof, insbes. S. 52–223.

45 Es gibt Hinweise, dass der Knicks – in abgewandelter Form – bis zum Ende der Schule im Jahr 1945 Bestandteil der Umgangsformen war. Sophie Gräfin zu Dohna-Schlobitten berichtet von den die Woche über geführten blauen Hauszeugnisheften: „Drei Striche kamen einem Tadel gleich, so war am Sonnabend oft ein größeres Sündenregister zusammengekommen, wenn wir uns nach Schlafsälen geordnet, die Schlafsaalältesten am Schluß, vor dem Zimmer der Äbtissin einfanden, um die Haushefte abzuholen. Man ging hinein, knickste und erhielt im günstigen Fall sein Heft mit einigen freundlichen Worten, wonach man rückwärts, den Blick auf die Äbtissin gerichtet, den Raum zu verlassen hatte." Gräfin zu Dohna-Schlobitten, Den Rock gelüpft, S. 63.

Einiges änderte sich nach 1918, unter anderem die Erwartungen der Schülerinnen an die Schule. Hatte zunächst gegolten: „Wir [die Stiftskinder, O. W.-H.] nahmen die Schule nicht sonderlich ernst [...]. Die wenigsten von uns dachten an einen Beruf. Heiraten, das galt selbstverständlich"[46], so tauchten nun – ohne den Heiratswunsch aufzugeben – zunehmend Gedanken an eine berufliche Ausbildung auf, wie Tisa von der Schulenburg übermittelt: „Ich war selig über die Unterstützung meiner Mutter [bei dem Wunsch, Künstlerin werden zu wollen, O. W.-H.]. Ich habe nicht voraussehen können, daß es viele Jahre dauern würde, bis mir mein Vater das Kunststudium erlauben würde." Im Unterschied zu Elsbeth fand Tisa Unterstützung bei der Mutter, während der Vater sich ihrem, wenn auch ungewöhnlichen, Berufswunsch verweigerte. „Das hatten unsere strengen Väter nicht vorausgesehen: Verlust der Position, Verlust des Geldes. [...] Die Väter konnten es sich nicht vorstellen, daß eine Tochter einen Beruf lernen wollte. Eine Tochter hatte zu Hause zu bleiben. Schließlich, wenn keiner sie zur Ehe wollte, dann konnte sie als alte Jungfer immer noch Krankenpflege lernen oder gar Gouvernante oder Lehrerin werden." Ihre Schilderung belegt die Mühsal ihrer Generation, sich von diesen Erwartungen zu befreien und eine auskömmlich bezahlte Tätigkeit zu finden: „Meine Mitschülerinnen mussten sich in den seltsamsten Berufen durchschlagen und bewähren: Tanzstunde geben. Schnellfotos in Lokalen machen. Schnittmuster für Zeitschriften anfertigen." Der Schule selbst war das Ziel einer beruflichen Ausbildung nicht ganz fremd, war doch im 19. Jahrhundert in Heiligengrabe eine berufliche Qualifizierung der Stiftskinder als

---

46 Alle Zitate dieses Absatzes: von der Schulenburg, Des Kaisers weibliche Kadetten, S. 72, 73, 75.

Gouvernanten, Erzieherinnen oder auch Hauslehrerinnen angestrebt worden. Aber der Weg von einer fundamentalen schulischen Ausbildung, auf der eine qualitätvolle Berufsausbildung
mit anschließender Berufstätigkeit aufbauen konnte, war in den
1920er Jahren für viele Stiftskinder offensichtlich immer noch
beschwerlich zu gehen.

Elsbeth hatte sich nach Aussage ihrer Schwester Helene in
Heiligengrabe wohl gefühlt. Helene betonte diesen Umstand
wohl deswegen, weil sie selbst sich dort nicht gut aufgehoben
gefunden und deshalb bei den Eltern durchgesetzt hatte, die
Schule wechseln zu dürfen. Sie besuchte dann noch Schulen in
Berlin und Stettin und legte ihr Abitur ab.[47] Elsbeth dagegen
blieb in Heiligengrabe und kehrte erst nach Schulende im Jahr
1920 nach Hause, nach Altfriedland zurück.

Vier Jahre ließen ihre Eltern und sie sich Zeit für die Entscheidung über eine weitere berufliche Ausbildung. In diesen
Jahren unterstützte Elsbeth ihre Mutter in Haus, Garten und bei
der Geflügelzucht. Schließlich war sie die älteste Tochter, ihre
ältere Schwester Luise war 1920 mit siebzehn Jahren gestorben,
die traditionell eine herausragende Verantwortung in der Ge-
schwisterreihe zu tragen hatte und der insbesondere die Aufgabe
zufiel, die Familienhauswirtschaft mit sichern zu helfen. Ihre
jüngeren Schwestern besuchten allesamt noch die Schule. Ihr
älterer Bruder Karl (1901–1974) sollte im Sommer 1925 mit der
Erlernung der Land- und Forstwirtschaft beginnen. Sein Vater
hatte ihm nach 1918 vorgeschlagen, wegen der unsicheren Perspektive beruflich „zwei Eisen im Feuer zu halten"[48]. Da die Familie zweifelte, dass der Sohn wie der Vater in den Staatsdienst

---

47 von Oppen, Lebensskizzen, S. 234.
48 Ebd., S. 216.

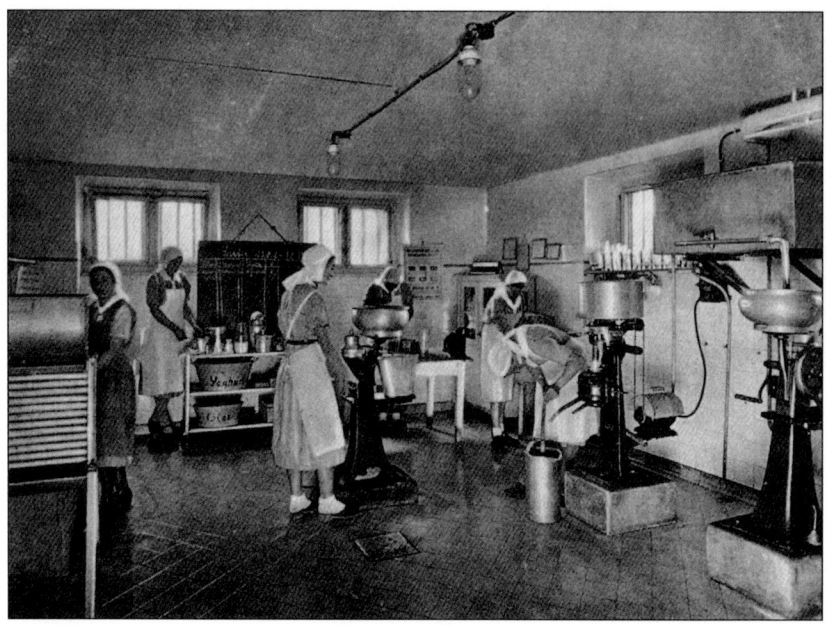

Die Molkerei in der Wirtschaftlichen Frauenschule Luisenhof bei Bärwalde i. d. Neumark.

würde treten können und der landwirtschaftliche Teil des Familiengutes noch bis zum Jahr 1932 in Pacht war, hatte er vorgeschlagen, Karl solle zunächst ein Studium der Jurisprudenz absolvieren und sich anschließend der Landwirtschaft zuwenden. Das entsprach zunächst ganz der herkömmlichen Berufswahl und der Überlieferung der Familie seit Generationen, enthielt aber die Option, auch Rechtsanwalt oder Syndikus werden zu können.

Die vier Jahre zwischen der Beendigung der Schulzeit in Heiligengrabe und dem Beginn ihrer Ausbildung in der von der Evangelischen Frauenhilfe geführten Wirtschaftlichen Frauenschule Luisenhof, verbrachte Elsbeth auf Gut Friedland. In dieser Zeit vertiefte sich einerseits ihre Beziehung zu diesem heimatlichen Ort, dem „alle ihre Liebe galt"[49], und ließ ein enges Verhältnis zur Mutter entstehen, andererseits litt sie unter Gefühlen von Einsamkeit und Abgeschiedenheit.[50] Da auf dem Gut immer reges offizielles und in den Ferien familiäres Treiben war, bezog sich das Alleinsein darauf, dass ihr eine eigene jugendliche Altersgemeinschaft fehlte, zumal es die Zeit zwischen ihrem sechzehnten und dem zwanzigsten Lebensjahr war. Es ist daher zu vermuten, dass der Wunsch nach einer jugendlichen Gemeinschaft die Entscheidung für eine Ausbildung in der Frauenschule Luisenhof, die dem Reifensteiner Verband angeschlossen war, wesentlich unterstützte.

Zwei Cousinen als Maiden in Reifensteiner Schulen

Die Reifensteiner Schulen waren in der Familie von Oppen bekannt. An dem Lebensweg ihrer älteren Halbcousine Valeska von Oppen (1889–1960) lässt sich nachzeichnen, welchen Einfluss die Ausbildung in einer Reifensteiner Schule für die Lebenstüchtigkeit nicht nur im landwirtschaftlichen Bereich hatte. Nach Elsbeth von Oppen wurde auch ihre fünf Jahre jüngere Cousine Maria von Oppen (1909–2005) Maid in einer der Frauenschulen. Valeska hatte das Maidenjahr 1912/13 in der Schule in Reifenstein besucht. Sie unternahm dies, als sie schon 23 Jahre alt war. Ihr Lebensweg sollte noch ganz in den traditionellen Bahnen verlaufen: Sie ergriff keinen Erwerbsberuf, wurde auch nicht Landfrau, sondern Schlossherrin und profitierte hierbei von ihrer Ausbildung. Valeskas Vater Georg

---

49   Ebd., S. 229.
50   Ebd.

von Oppen (1858–1915) war Offizier. Und auch bei ihm zeigte sich die intensive Verbindung der Familie mit dem Hof, denn er wurde ab 1903 persönlicher Adjutant des Kronprinzen. Valeskas Mutter war Marie Freiin von Vincke (1860–1944), eine Enkelin von Ludwig Freiherr von Vincke (1774–1844), der Oberpräsident der preußischen Provinz Westfalen gewesen war und als Reformer dem Kreis um den Freiherrn vom und zum Stein angehört hatte. Ludwig Freiherr von Vincke, der Anregungen aus seinem englischen Exil mitgebracht hatte, hatte die Aufhebung der Leibeigenschaft und Erbuntertänigkeit, eine neue Gewerbeordnung und die kommunale Selbstverwaltung der Städte mit durchgesetzt. Er hatte die Industrialisierung Westfalens gefördert, den Ausbau der Verkehrsinfrastruktur etwa durch die Kanalisierung der Lippe vorangebracht und sich zugleich für ein starkes Bauerntum eingesetzt. Die Mutter Valeskas, Marie von Oppen, wurde regelmäßig von der Kaiserin besucht, denn Valeskas Bruder Rudi (1887–1954) und die kronprinzlichen Kinder waren als Spielgefährten zusammengeführt worden.

Bevor Valeska ihre Ausbildung in Reifenstein begann, ging sie mit ihrem Bruder, der dann auch Mitschüler der kaiserlichen Prinzen im Kadettenkorps in Plön geworden war und später Offizier im Ersten Garderegiment wurde, zwei Winter in Berlin und Potsdam aus, wurde von Kavalieren umschwärmt. Im Jahr 1910, mit 21 Jahren, folgte sie dann den Eltern in deren Ruhesitz in die Dresdner Heide. Während dieser Zeit absolvierte sie ihr Maidenjahr. Noch bis 1922 blieb sie bei der Mutter – der Vater war inzwischen gestorben – dann wurde sie durch ihre Heirat Herrin auf Schloss Sorquitten bei Sensburg in Ostpreußen. Ihr Mann, Freiherr Bernhard von Paleske (1877–1962), der im Kaiserreich Fregattenkapitän gewesen war und als Marineoffizier zeitweise das Begleitschiff „Sleipnir" der kaiserlichen Jacht „Hohenzollern" geführt hatte, hatte den ansehnlichen Besitz mit seinen 10.000 Morgen von seinem Onkel, dem Grafen Mirbach geerbt. Valeska von Oppen, die gerne und viel musizierte, wurde Schlossherrin, Vorsteherin einer gastfreundlichen und mit kulturellen Ansprüchen geführten Hauswirtschaft, die stets viele Verwandte, Freunde und Nachbarn zu versorgen hatte.[51]

Die andere Cousine, Maria von Oppen, die nach Elsbeth die Wirtschaftliche Frauenschule Obernkirchen besuchte, war auf dem Gut Dannenwalde in der Prignitz aufgewachsen. Maria, die 1933 Dietrich von Menges (1909–1994) heiraten sollte, absolvierte ihr Maidenjahr 1928/29. Ihr Vater war Joachim von Oppen (1879–1948). Er war Landwirt und Präsident der Landwirtschaftskammer der Provinz Brandenburg. Ihre Mutter Anna war eine geborene von Rohr (1883–1951). Maria war die älteste von acht Geschwistern. Das Gut Dannenwalde war durch die Mutter aus der Familie von Rohr in die Familie von Oppen gekommen. Der Vater Joachim hatte sich beruflich auf den Staatsdienst vorbereitet. Nach dem Abitur an der Ritterakademie in Brandenburg/Havel hatte er Jura in Göttingen studiert. Anschließend war er Referendar und Assessor auf den Landratsämtern von Niederbarnim in Berlin und der Westprignitz in Perleberg gewesen. Er arbeitete beim Polizeipräsidenten in Danzig, später auch in einem Berliner Ministerium. Mit seiner Heirat war die Notwendigkeit gegeben, sich der Landwirtschaft zuzuwenden. Er praktizierte mit dem Wechsel zwischen Staatsdienst und Landwirtschaft eine in den landsässigen Adelsfamilien seit Jahrhunderten übliche und gut eingespielte Lebensform. Ganz ohne landwirtschaftliche Grund-

---

51 Ebd., S. 156–180.

kenntnisse war er nicht, war er doch in Altfriedland aufgewachsen und hatte auch nach dem Abitur, nach dem Tod des Vaters,
ein halbes Jahr dort zur Mithilfe verbracht.

Seine Grundkenntnisse suchte er auf einem anderen Besitz
und an der Landwirtschaftlichen Hochschule in Berlin zu erwerben. Er sollte die Wirtschaft des eigenen Gutes auf den Gebieten
Pferdezucht, Bodenverbesserung und Waldpflege fördern. Zudem entwickelte er eine rege Bautätigkeit und begründete eine
ländliche Fabrikation. Für die Zucht eines schweren Warmblut-
pferdes, das die Remontenkommission als Artilleriepferd kaufte,
besaß Dannenwalde eine Hengststation, zu der von weit her die
Stuten kamen. Maria von Menges berichtet in ihren Aufzeichnungen, dass in Dannenwalde pro Jahr achtzehn bis zwanzig
Fohlen aufgezogen wurden. Als Hengstnachwuchs kaufte das
Gestüt zwei bis drei Pferde. Die Remontenkommission kaufte
zehn bis zwölf Pferde."[52] Durch Meliorationen, insbesondere
Drainagen wurde die Pferde- und Viehhaltung wesentlich ver-
bessert. Da der sandige Waldboden für Ackerbau ungeeignet war,
wurden Teile des Besitzes mit Douglastannen und Eichen aufge-
forstet. Statt der vom Schwiegervater betriebenen Ziegelei, die er
aufgab, baute der Vater Marias eine Kalksandsteinfabrik mit An-
schlussgleis an die Kleinbahn. Außerdem entstanden vier Arbei-
terhäuser mit insgesamt zweiundzwanzig Wohnungen. Joachim
von Oppen war Mitglied des Kreisausschusses, Aufsichtsratsvorsitzender der Stärkefabrik Kyritz, an der das Gut Dannenwalde
die meisten Anteile hatte.

Einen großen Einfluss und gestaltende Wirkung erreichte
er als Präsident der Landwirtschaftskammer für die Provinz

---

52 Ebd., S. 411.

Brandenburg und Berlin, die er von 1921 bis 1933 übernahm. Als Vorsitzender des Milchversorgungsverbandes Groß-Berlin hatte er die Versorgung der enorm anwachsenden Hauptstadt mit Milch und Butter neu zu ordnen. Er bemühte sich um die Bildung der Landwirts- und Bauernsöhne, für die Winterschulen eingerichtet wurden und übernahm zur Interessenvertretung der Landwirtschaft noch weitere Ämter: Präsident der Preußischen Hauptlandwirtschaftskammer, Vorstandsmitglied des Deutschen Landwirtschaftsrats, Vertreter der deutschen Landwirtschaft in der Internationalen Agrarkommission in Paris und in der Generalversammlung des Internationalen Agrarinstitutes in Rom. Seine Frau Anna begleitete ihn auf den Auslandsreisen. Sie hatte ihr bisheriges Leben in der Prignitz nur für zwei halbe Jahre in Berlin unterbrochen, das eine vor der Konfirmation bei dem Hofprediger Ernst von Dryander, das andere im ersten Ehejahr, als ihr Mann sich auf der Landwirtschaftlichen Hochschule auf seine Gutsaufgaben vorbereitete.

Marias Mutter war besorgt um das Haus und die vielen Gäste: nahe und ferne Verwandte, Freunde der Eltern und der Kinder, Tauf-, Hochzeits- und Trauergäste, Neffen und Nichten in zahlreichen Ferienwochen, Jagdgäste, Einquartierungen zu Manövern, ausländische Landwirtschaftsexperten und inländische Landwirte, viele erholungsbedürftige Städter, zu Kriegsende durchziehende Verwandte oder auch Fremde mit ihrem Treck. Die Mutter wurde, dies überliefert eine der Töchter, als Hausfrau zum Vorbild. Sie habe sich „nicht zum Sklaven ihres Haushaltes"[53] gemacht, charakterisiert die Tochter Elisabeth. Die Mutter habe es überflüssig gefunden, darüber nachzudenken, ob

---

53 Ebd., S. 413.

man von ihren Fußböden essen könnte. Ihre Gastfreundschaft sei stets sehr großzügig gewesen, und ihre Gäste hätten auch ihre Interessen für Kunst und Literatur geteilt. Der Jahresablauf des Elternhauses war geprägt durch die christlichen Feste, verbunden mit den sozialen Aufgaben des Gutes und die außergewöhnlichen Ereignisse: Erntefest, Jagd, Weihnachten mit den großen Dorfbescherungen, Karfreitag und Ostern.

Die umfangreichen Verbandstätigkeiten und Einbindungen des Vaters von Maria von Oppen in das politische Geschehen vermittelten ihr weitgehende Einblicke in Politik und Wirtschaft. Weitere vielfältige Erfahrungen und Kenntnisse sammelte sie in mehreren Ausbildungen. An den Besuch der Schule im Stift zum Heiligengrabe schloss sich die einjährige Ausbildung im Reifensteiner Verband an, danach verbrachte sie ein weiteres knappes Jahr in einem Internat in Genf. Nach zweieinhalb Jahren zu Hause, besuchte sie für weitere zwei Jahre die Höhere Handelsschule im Lette-Haus in Berlin. Diese Ausbildung führte die Zweiundzwanzigjährige im Jahr 1931 zu dem „ersten eigenen Gelderwerb als Sekretärin in der Rentenbank-Kreditanstalt"[54].

Lehrerin und Direktorin an Landfrauenschulen

Elsbeth von Oppen begann ihre Ausbildung 1924 in der Wirtschaftlichen Frauenschule Luisenhof, die sie nach drei Jahren mit der Prüfung zur Lehrerin für landwirtschaftliche Haushaltungskunde abschloss.[55] Die Frauenschule Luisenhof lag außerhalb des

---

54   Ebd., S. 422.
55   Hier wären die „Lebensskizzen von Oppen" zu korrigieren, die vermerken, die Ausbildung habe Elsbeth in Gnadenfrei im schlesischen Eulengebirge begonnen. Im Nachruf

Ortes Bärwalde im Landkreis Königsberg in der Neumark, fünfzehn Kilometer östlich der Oder. Sie war von der Evangelischen
Frauenhilfe e. V. mit intensiver Unterstützung von Kaiserin
Auguste Viktoria im Jahr 1914 gegründet worden.[56] Es waren ein
weiträumiges und imposantes Schulgebäude mit Seitenflügeln,
Stallgebäude sowie Gewächshäuser neu erbaut worden. Etwas
später war noch ein Park angelegt und eine Sportanlage errichtet
worden. Heute ist Bärwalde die polnische Stadt Mieszkowice,
wie um 1914 mit etwa 3500 Einwohnern, die in der Woiwodschaft Westpommern liegt und zum Powiat Gryfiński gehört.

Die Gründerin der Reifensteiner Schulen Ida von Kortzfleisch hatte den Vorstand des Verwaltungsrates der Evangelischen Frauenhilfe seit 1913 in der Planung für eine Schulgründung beraten. Entsprechend deutlich fiel die Anlehnung von
räumlicher Anlage, pädagogischer Konzeption und personeller
Ausstattung an die schon bestehenden Reifensteiner Schulen aus.
Es sollte ein Institut entstehen, das die bisherigen Erfahrungen in
der Ausbildung der ländlichen Hauswirtschaft mit den neuesten
und modernsten Kenntnissen und Techniken verknüpfen sollte.
Schon ein Jahr nach Gründung, im zweiten Kriegsjahr, wurde
ein Seminar zur Ausbildung von Lehrerinnen für die ländliche
Hauswirtschaftskunde angeschlossen. Als Übungsklasse für die
angehenden Lehrkräfte gliederte die Frauenschule eine Haushaltungsschule für Bärwalder Mädchen an. Dem Anspruch, stets
auf dem zeitgemäßen Stand zu sein, wurde dadurch Rechnung
getragen, dass in den darauf folgenden Jahren die Schule stets
mit der neuesten Haushaltstechnik ausgestattet und auf Quali-

---

ihrer Schwester Helene Gülke ist dagegen korrekt als Ausbildungsschule der Luisenhof
angeführt. Vgl. ebd., S. 229, 230.
56   Vgl. zur Frauenschule Luisenhof: Wörner-Heil, bes. S. 77, 189–191.

fizierungsinitiativen und sich aktuell entwickelnde Ausbildungsgänge schnell reagiert worden war. Die Schule hatte sich rasch
einen guten Ruf erworben und konnte sich wachsender Schülerinnenzahlen erfreuen. Bis zur Schließung der Schule 1945
besuchten etwa 3.000 Schülerinnen die Ausbildungsstätte. Dadurch, dass sie von einem evangelischen Frauenverband getragen wurde, war das konfessionell-evangelische Profil deutlicher
ausgeprägt als bei anderen Frauenschulen. Deutlich wird dies
auch an dem Abzeichen der Schule, der Maidennadel. Sie war
gestaltet als Schwert, da der Luisenhof im ersten Jahr des Ersten
Weltkrieges gegründet worden war. Der Knauf des Schwertes
war gebildet aus dem Kreuz der Evangelischen Frauenhilfe, darauf lag ein L als Referenz für die preußische Königin Luise, der
Namensgeberin der Schule. Um die Klinge des Schwertes, auf
die der Name „Maid" eingraviert war, war ein Zweig aus Eichenlaub gewickelt – ein Symbol für die märkische Landschaft.

Es ist nicht bekannt, ob Elsbeth von Oppen über den Besuch des Maidenjahres hinaus die Absicht hatte, eine Berufsausbildung zu absolvieren. Das Maidenjahr konnte entweder
nach einem Jahr abgeschlossen werden – die Absolventinnen
hatte dann Grundkenntnisse in der Führung eines ländlichen
Haushaltes erworben – oder konnte als Unterklasse zum Einstieg in eine weiterführende Berufsausbildung genutzt werden.
Als Elsbeth ihr Maidenjahr begann, lebte ihr Vater noch, dessen Meinung zu dieser Frage zu wissen interessant gewesen wäre,
aber nicht in Erfahrung gebracht werden konnte. Fest steht dagegen, dass Elsbeth nicht nach einem Jahr aufhörte, sondern die
Ausbildung ohne Unterbrechung mit der Seminarausbildung zur
Lehrerin fortführte. Sie gehörte damit zu den sechzehn Prozent
der Gesamtzahl der Schülerinnen dieser Schule bis 1945, die eine

Lehrerinnenausbildung absolvierten. Siebzig Prozent belegten das Maidenjahr oder die Unterklasse und vierzehn Prozent waren Haushaltungsschülerinnen.

Es gibt Hinweise, dass die Wahl dieses Ausbildungsganges keine Verlegenheitslösung oder eine ausschließlich der Familienräson folgende Pflichtentscheidung gewesen war. Elsbeth von Oppen hatte in der Zeit nach ihrem Realschulabschluss nicht nur Freude an der ländlich-hauswirtschaftlichen Arbeit gefunden, sondern schon als Schulkind, wie auch ihre Schwester Helene, eine große Leidenschaft für die Botanik entwickelt, „die uns ein Leben lang begleiten sollte. Wo wir auch waren, trugen wir alles zusammen, was unser Auge erfreute, und versuchten, die Pflanzen zu Hause zu bestimmen."[57] Ihr Interesse galt der Pflanzenwelt als Teilbereich der Biologie, die sich mit dem Lebenszyklus, dem Stoffwechsel, dem Wachstum und dem Aufbau der Pflanzen, mit ihren Inhaltsstoffen, ihrer Ökologie und ihrem wirtschaftlichen Nutzen durch den Menschen in Land- und Forstwirtschaft, Gartenbau, Landschaftspflege und Umweltschutz befasst. Die Flora des Mittelmeergebietes erschloss sich Elsbeth von Oppen noch im Ruhestand auf zahlreichen Reisen. Ihre Bemerkung im Alter: „Im nächsten Leben studiere ich Botanik" macht deutlich, wie grundsätzlich und leidenschaftlich sie sich mit diesem Gebiet beschäftigte.

Sowohl nach dem Maidenjahr als auch nach dem Lehrerinnenexamen wäre es denkbar gewesen, dass Elsbeth, zumal als älteste Tochter, nach Hause zurückgekehrt wäre, wo die Mutter dem Gutshaushalt von Haus Friedland vorstand und sicherlich Unterstützung angenommen hätte. Für ihre Rückkehr hätte

---

57 Ebd., S. 230.

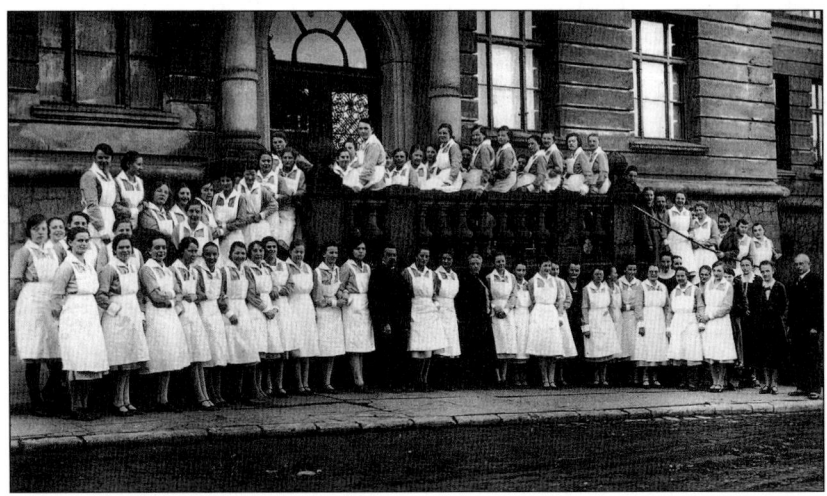

Der Maidenjahrgang 1929 in der Wirtschaftlichen Frauenschule Maidhof in Gnadenfrei.

auch gesprochen, dass das Gut inzwischen von ihrer Mutter gemeinsam mit dem noch nicht verheirateten ältesten Bruder mit großer Kraftanstrengung in die Eigenbewirtschaftung genommen worden war. Direkt im Anschluss an ihre Prüfung trat Elsbeth von Oppen eine Stelle als Lehrerin in der Wirtschaftlichen Frauenschule Maidhof in Gnadenfrei in Schlesien an, die 1920 vom Reifensteiner Verband aufgebaut worden war.[58] Dies war der Beginn einer fast vierzig Jahre währenden Berufsarbeit in verschiedenen Schulen des Reifensteiner Verbandes, in denen sie zunächst als Lehrerin und dann an drei Schulen als Direktorin tätig war.

In der Frauenschule Maidhof unterrichtete Elsbeth von Oppen als Lehrerin vierzehn Jahre, von 1927 bis 1941. Diese Zeitspanne ist alleine schon ein Ausweis der Bindung an diese

---

58   Wörner-Heil, Frauenschulen, S. 158–160.

Frauenbildungsstätte, der sie in schwieriger Zeit zur Verfügung stand. In dieser Zeit war zunächst Mathilde Groschupf langjährige Leiterin der Schule (von 1922 bis 1938), danach für ein halbes Jahr Elsbeth von Oppens langjährige Kollegin Charlotte Künzel und schließlich Berchta von Wilmsdorf. Die Wirtschaftliche Frauenschule Maidhof war die zehnte Schule des Reifensteiner Verbandes. Sie lag in Schlesien, etwa sechzig Kilometer südlich von Breslau in der Gemeinde Gnadenfrei. Heute ist das am Fluss Piława liegende Gnadenfrei die polnische Stadt Piława Górna in der Woiwodschaft Niederschlesien. Gnadenfrei wurde 1740 unmittelbar in der Nähe der bereits lange bestehenden Ortschaft Oberpeilau als Kolonie der Herrnhuter Brüdergemeine gegründet. Ernst Julius von Seidlitz, der Rittergutsbesitzer in Oberpeilau, stellte dafür den Seidlitzhof zur Verfügung, der zum Mittelpunkt der geordneten Anlage des neuen Ortes wurde. Im Jahr 1919 erwarb der Reifensteiner Verband von der Brüdergemeine Herrnhut ein Schulgebäude.

In den Jahren, in denen Elsbeth von Oppen ihre ersten Lehrerfahrungen sammelte, hatten die Reifensteiner Schulen mit gravierenden Strukturproblemen zu kämpfen. Ein Teil der finanziellen Probleme waren noch Altlasten aus der Nachkriegszeit, die sich nach einer kurzen Stabilisierung in der Mitte der zwanziger Jahre erneut verschärften. Für die erneute Krise waren umfangreiche staatliche Bildungsreformen verantwortlich. Das Ministerium für Landwirtschaft, Domänen und Forsten hatte im Jahr 1926 Ergänzungsbestimmungen für die Ausbildung von Lehrerinnen der landwirtschaftlichen Haushaltskunde erlassen und neue Ausbildungsbestimmungen für ein Frauenlehrjahr festgelegt. Im Prinzip wurde damit das jahrzehntelang praktizierte Reifensteiner Modell, dass alle Schülerinnen das

Maidenjahr als Eingangsstufe besuchten, die sich im ländlich-
hauswirtschaftlichen Bereich ausbilden wollten, sei es zu privaten Zwecken, sei es als Unterbau für einen Beruf – auch als
Eingangsstufe zur Lehrerinnenausbildung – verworfen. Das
Maidenjahr musste sich nun in zwei unterschiedliche Zweige
gabeln. Durch die Verordnungen erfuhren zum einen Lehrpläne
erhebliche Veränderungen, was stark auf das gesamte Schulleben rückwirkte, zum anderen waren die Seminarplätze für angehende Lehrerinnen beschränkt worden. Dies alleine musste
die Anzahl der Schülerinnen minimieren. Auf die geänderten
Zugangs- und Ausbildungsbestimmungen reagierten die Eltern mit Schulanmeldungen zurückhaltend. Verstärkt wurde
dies durch die noch immer angespannte wirtschaftliche Lage
in Deutschland und insbesondere die schwierige Situation der
Landwirtschaft in weiten Gebieten. Das, was der Jahresbericht
1926/27 vermeldete, war typisch für viele Schulen des Verbandes
in der zweiten Hälfte der zwanziger Jahre: „[…] das Berichts-
jahr war sorgenreich und schwer für den Reifensteiner Verband
und die Mehrzahl der ihm zu eigen gehörenden und ihm angeschlossenen Schulen […] Mit wenigen Ausnahmen waren die
Schulen daher im Laufe des Berichtsjahres nicht voll besetzt,
und die Verwaltung konnte nicht mit planmäßigen Einnahmen
rechnen."[59]

　　Die Schulleitung des Maidhofes rechnete vor, dass durch
die Veränderungen des Lehrplans in der Lehrerinnenausbildung
2.800 Stunden weniger im Garten, beim Geflügel 2.700, in der
Milchwirtschaft 200 und im Bereich von Wäsche und Haus
1.500 Stunden von den Absolventinnen im Jahr weniger gearbei-

---

[59]　Jahresbericht 1926/27, in: Das Maidenblatt 2/1927.

tet wurden. Auch im Frauenlehrjahr war der Umfang der praktischen Stunden gekürzt worden. Dies bedeutete, dass einerseits das Kollegium mehr arbeiten musste, andererseits Lohnarbeitskräfte eingesetzt werden mussten, die den Etat belasteten. Es mussten umfangreiche Strukturveränderungen, etwa bauliche Veränderungen, Neuorganisation der schulischen Wirtschaftsbetriebe, Zupachtung von Land und auch die Anschaffung von Maschinen in Erwägung gezogen werden, um den veränderten Schulbetrieb zu bewerkstelligen und zugleich die finanziellen Einbußen auszugleichen. Diese Herausforderung war nur mit einem engagierten, einsatzfähigen und opferbereiten Kollegium möglich.

Um 1930 besuchten die Frauenschule Maidhof etwa achtzig Schülerinnen, die zu zwei Dritteln aus Schlesien und zu einem Drittel aus anderen Provinzen kamen. Zur ihr gehörten ein Seminar, das Frauenlehrjahr, die Lehrlingsausbildung, eine Haustöchtergruppe, eine Kinderklasse und die Übungsklassen für das Seminar. Mehrere Probelehrerinnen wurden zur Weiterbildung aufgenommen und durch Lehrkräfte betreut. Der Kreisausschuss des Kreises Reichenbach richtete in der Frauenschule eine weibliche Fortbildungsschule ein, die nochmals achtzig Schülerinnen umfasste und deren Lehrkraft im Maidhof lebte.

Anfang der dreißiger Jahre mehrten sich in den Jahresberichten die Hinweise auf eine katastrophale Wirtschaftslage in Deutschland: „Das vergangene Jahr war für alle Schichten des deutschen Volkes schwer und voller Sorge; überall sah und sieht man Wirtschaftskatastrophen, Abbau und Arbeitslosigkeit. […] Wieder liegt ein Jahr hinter uns, das mit ernster Sorge begonnen, mit noch ernsterer Sorge beendet worden ist. Der Niedergang des Wirtschaftslebens in Deutschland, der schon vor Jahresfrist stark fühlbar war, nahm im Laufe des Jahres 1931 immer bedrohlichere Formen an und ging wohl an keinem deutschen Unternehmen, an keiner deutschen Einrichtung spurlos vorüber. So hat auch das verflossene Jahr dem Reifensteiner Verband manches Rätsel zu raten aufgegeben, ohne dass sich bisher übersehen ließe, wie sich die Zukunft für den Reifensteiner Verband und die in ihm zusammengeschlossenen Schulen anlassen wird."[60] Konsequenz war, zum Schulgeld Beihilfe zu gewähren und schließlich das Schul- und Kostgeld generell zu senken, Anschaffungen, Reparaturen, Ausbauten zurückzustellen und auf Konferenzen und Veranstaltungen zu verzichten. Per Notverordnung des Staates waren sowohl die staatlichen Zuschüsse als auch die Gehälter der Lehr- und Verwaltungskräfte gesenkt worden. Die Schulen beteiligten sich an Arbeiten, die sich aus der Not der Zeit ergaben: Sie übernahmen Kurse für Erwerbslose, wirkten bei den „Deutschen Tagen" und den „Deutschen Wochen" mit und beteiligten sich an den Sammlungen der „Winterhilfe".[61]

Nach der nationalsozialistischen Machtergreifung wurden die Lehrkräfte stark mit außerschulischen Aufgaben und Funktionen betraut.[62] Eine der Lehrerinnen hatte hauptverantwortlich die Wirtschaftsberatung der bäuerlichen Bevölkerung übernommen. Die Leiterin des Seminars wurde kommissarische Ortsbäuerin von Gnadenfrei und hatte außerdem für einige Zeit die Vertretung für die Kreisabteilungsleiterin. Elsbeth von Oppen war die Führung der Jungbäuerinnen von Gnadenfrei überant-

60   Jahresbericht 1930/31 und 1931/32, in: Das Maidenblatt 2/1931 und 2/1932.
61   Jahresbericht 1932/33, in: Das Maidenblatt 2/1933.
62   Zur Situation der Reifensteiner Schulen im Nationalsozialismus: Wörner-Heil, Frauenschulen, S. 87–100.

wortet worden.[63] Im Juni 1937 erhielt Elsbeth von Oppen auf der Grundlage von Lehrproben die Lehrbefähigung, an Oberklassen zu unterrichten. Diese Zusatzqualifikation wurde durch die Gleichschaltung des Reifensteiner Verbandes durch das nationalsozialistische System und gleichzeitig damit einhergehende pädagogische Veränderungen notwendig. Das Jahr 1936 war für die Entwicklung des Verbandes und seiner Schulen ein zentrales Jahr gewesen, wie schon im vorherigen Kapitel ausgeführt wurde. Seine bisherige Vorsitzende Dr. Käthe von Herwarth war vom Reichsnährstand abgesetzt und durch Erica Gräfin von Roedern ersetzt worden. Zum Geschäftsführer des Verbandes war der Sachbearbeiter im Verwaltungsamt des Reichsbauernführers, Karl-Heinrich Friedrich, bestellt worden. Der Verband hatte eine neue Satzung erhalten, die das Gefüge des Schulträgers auf den Führergrundsatz umgestellt und die Befugnisse des Reichsbauernführers gegenüber dem Verband satzungsmäßig verankert hatte. Diese Veränderungen und neue Berufsausbildungsvorschriften für landwirtschaftliche Lehrerinnen und ländliche Haushaltpflegerinnen hatten erhebliche Auswirkung auf die Strukturen und die Finanzsituation der Schulen nach sich gezogen. Die Verlegung der Ausbildung für das Lehramt der landwirtschaftlichen Haushaltungskunde an die staatlichen Hochschulen nahm dem Reifensteiner Verband die ihm jahrzehntelang obliegende Lehrerinnenausbildung. Seine Seminare und die für die praktische Ausbildung notwendigen Übungsklassen mussten geschlossen werden. Im Gegenzug war es notwendig, Oberklassen einzurichten, für die die Lehrerinnen eine „Anstellungsfähigkeit" benötigten. Zur Erreichung dieser

---

63 Das Maidenblatt 3/1935.

Anstellungsfähigkeit bedurfte es der Ablegung von Lehrproben. Die Besetzung der Stellen in der Oberklasse konnte nur mit ministerieller Genehmigung vorgenommen werden.

Etwa zur gleichen Zeit wurde Elsbeth von Oppen mit einer neuen Aufgabe konfrontiert. Sie wurde hauptverantwortlich mit der Durchführung von viermonatigen Sonderlehrgängen zur Schnellausbildung von Hauswirtschaftslehrerinnen für ländliche Berufs- und Volksschulen betraut, die ein Mal im Jahr, den Sommer über, veranstaltet wurden. Diese Kurse, die sie von 1937 bis 1940 leitete, wurden im Auftrag der Provinzregierung Breslau und des Regierungsbezirkes Liegnitz angeboten, die Elsbeth von Oppen für diese Aufgabe auch eine technische Lehrerin zur Unterstützung zur Seite stellten. Diese Lehrgänge waren die Konsequenz aus den Bestrebungen des Reichserziehungsministeriums, das ländliche Berufsschulwesen auszubauen und in diesen Schnellkursen die hierfür nötigen Lehrkräfte auszubilden. Durchschnittlich nahmen an diesen Lehrgängen fünfunddreißig Teilnehmerinnen teil. Für die methodischen Übungsstunden der Sonderkursteilnehmerinnen wurden Mädchen der Berufsschule und der Volksschule in der Frauenschule Maidhof versammelt, so dass diese vermelden konnte: „[...] während der Sommermonate (waren) Mädels aller Altersgruppen in den Betrieben an der Arbeit zu sehen".[64] Grundsätzlich standen die Verantwortlichen des Verbandes, die Direktorinnen und Lehrkräfte diesen Schnellkursen skeptisch bis ablehnend gegenüber, sahen sich aber gezwungen, sie als Notlösungen zu akzeptieren und an ihrer Gestaltung und Durchführung mitzuarbeiten.[65]

---

64   Das Maidenblatt 2/1939.

65   Diese Sonderlehrgänge waren auch eine Antwort auf den Mangel an Lehrerinnennachwuchs, auf den der Reifensteiner Verband seit Jahren hingewiesen hatte, der insbe-

Elsbeth von Oppen betreute auch Anwärterinnen für das Lehramt der landwirtschaftlichen Haushaltungskunde, die der Frauenschule Maidhof von der Hochschule Schneidemühl zugewiesen waren. Diese Referendarinnen wurden von ihr zum einen in die Wirtschaftsberatung des Kreises[66] integriert, die unter der Ägide der Frauenschule von Fachlehrkräften für Haus, Garten und Stall bewerkstelligt wurde. Zum anderen wurden die auszubildenden Lehrerinnen mit dem Schulküchenunterricht betraut. Im Herbst 1940 übergab man Elsbeth von Oppen die Leitung der Oberklasse.

In den Kriegsjahren übernahm sie erstmals die Leitung einer Schule. Für ein Jahr, von 1941 bis 1942, wurde ihr die kommissarische Leitung der Landfrauenschule Schertlinhaus in Burtenbach in Bayern[67] anvertraut. Diese Schule war die letzte Schule, die der Reifensteiner Verband gegründet hatte. Kurz vor Beginn des Krieges war sie eröffnet worden, um der steigenden Nachfrage nach einer ländlich-hauswirtschaftlichen Ausbildung

---

sondere auch seine eigenen Schulen betraf. Dies fiel insbesondere ins Gewicht, da die Reifensteiner Landfrauenschulen die Basis für die Ausbildung im ländlich-hauswirtschaftlichen Schulwesen bildeten. Die Situation wurde dadurch verschärft, dass zunehmend mehr Lehrerinnen der landwirtschaftlichen Haushaltungskunde von außerschulischen Institutionen und Organisationen gesucht und aufgenommen wurden. Eine Rolle spielte auch der Umstand, dass die Lehrkräfte in den Reifensteiner und den Landfrauenschulen anderer Träger geringer als die im staatlichen Dienst stehenden Lehrkräfte bezahlt wurden. Mit dem Problem des Lehrerinnenmangels hing wiederum der Rückgang der Besetzung der Oberklassen zusammen, was auf die Finanzsituation der Schulen krisenhaft rückwirkte. Vgl. Das Maidenblatt 2/1938, 2/1939, 2/1940.

66 Seit 1938 waren sämtliche Reifensteiner Frauenschulen, außerdem die Frauenschulen Luisenhof, Mallinckrodthof und Selikum, in die ländlich-hauswirtschaftliche Wirtschaftsberatung einbezogen. Dies geschah auf Anordnung des Reichsbauernführers, auf Grund eines Antrags des Verbandes. Diese Tätigkeit wurde vom Reichsministerium für Ernährung und Landwirtschaft finanziert.

67 Vgl. Wörner-Heil, Frauenschulen, S. 166f.

nachkommen zu können. Die Landfrauenschule Schertlinhaus besuchten 1941 etwa vierzig Schülerinnen. Anschließend an Burtenbach wurde Elsbeth von Oppen als Lehrerin an die Landfrauenschule in Reifenstein berufen.

Nach dem Krieg übernahm Elsbeth von Oppen die Leitung der Landfrauenschule Reifenstein im Eichsfeld in Thüringen, nachdem diese von der sowjetischen Militäradministration mit Brief vom 11. Mai 1946 verstaatlicht und vom Land Thüringen übernommen worden war. Das amerikanische Militär, das im April 1945 diesen Teil Thüringens zunächst besetzt hatte, hatte zum Mai 1945 die Wiedereröffnung der Schule erlaubt, was mit dreißig Maiden auch bewerkstelligt wurde. Das Gerücht, das Eichsfeld würde der sowjetischen Besatzungsmacht übergeben werden, veranlasste dann die damalige Schulleiterin Margitta von Zanthier (1892–1964) noch im Juni mit großen Teilen des Schulinventars, zahlreichen Schülerinnen und mit Privatgepäck in den Westen zu flüchten. Elsbeth von Oppen blieb mit einigen wenigen Frauen in der Schule zurück. Nach der Besetzung durch die sowjetische Armee ordnete die Militärbehörde die Schließung aller Schulen an. Die Domäne Reifenstein wurde für die Versorgung der sowjetischen Armee beschlagnahmt, und für ein halbes Jahr zog ein russisches Kommando in die Schulräume ein.

Elsbeth von Oppens Anstrengungen richteten sich von Anfang an darauf, trotz der unübersichtlichen und ungeklärten Nachkriegsbedingungen den Schulbetrieb in alter Weise so bald als möglich wieder in Gang zu bringen.[68] Die wichtigste Voraussetzung hierzu war die Zusammenstellung eines Lehrerkol-

---

68   Elsbeth von Oppen, Reifenstein 1945–1949, in: Maidenblatt 1/1949 u. 2/1949, o. S.

Aufbau!   *Reifenstein!*

Blatt der Altmaiden

REIFENSTEINER VERBAND

Mitteilungen

Reifensteiner Verband für haus- und landwirtschaftliche Frauenbildung e. V.

19. Jahrgang   Nr. 206   April 1967

Elsbeth von Oppen im Ruhestand

Nach jahrzehntelanger verdienstvoller und treuer Arbeit an den Schulen Maidhof, Burtenbach, Reifenstein, Obernkirchen und Bad Weilbach ist Frau Elsbeth von Oppen mit dem 1. April 1967 in den Ruhestand getreten. Als Lehrerin und als Leiterin der Schulen Burtenbach, Reifenstein und Bad Weilbach hat sie in guten und in schweren Zeiten in hohem Maße verstanden, durch ihr Verantwortungsgefühl, ihr Pflichtbewußtsein, ihre stete Einsatzbereitschaft, aber auch durch ihren Humor, sich das uneingeschränkte Vertrauen und die Hochachtung des Vorstandes des Reifensteiner Verbandes, aller ihrer Mitarbeiterinnen und vieler, vieler junger Menschen, denen sie eine kluge Lehrerin und gütige Erzieherin war, zu erwerben. Mit ihr scheidet nunmehr eine Reifensteinerin von echtem Schrot und Korn aus dem aktiven Dienst. Sie wird in ihrem Wirken und in ihrer feinen menschlichen Art allen, die mit ihr zusammenarbeiten durften unvergessen bleiben. In einer Sitzung des Erweiterten Vorstandes am 11. März 1967 wurde sie mit herzlichem Dank und in Anerkennung ihrer Verdienste um den Reifensteiner Verband und sein Erziehungswerk feierlich unter Verleihung der Ida-von-Kortzfleisch-Verdienstkette verabschiedet und mit herzlichen Wünschen für einen gesegneten Lebensabend und in der Hoffnung auf viele weitere Jahre in Verbundenheit mit ihrem bisherigen Wirkungskreis in den Ruhestand entlassen.

*

Frau Elsbeth von Oppen tritt am 1. April dieses Jahres in den Ruhestand. — Ihr Lebensweg beginnt auf dem elterlichen, ländlichen Besitz in der Mark Brandenburg. Die Kinderjahre und das Hineinwachsen in ihren Beruf erlebte sie in Schlesien. Hier liegt auch der Beginn ihrer Mitarbeit an den Schulen des Reifensteiner Verbandes vor über 40 Jahren; in Maidhof zu Gnadenfrei am Eulengebirge. Die Weite des schlesischen Landes, ihre Zugehörigkeit zu dem hier ansässigen Verwandtenkreis der preußischen Beamtenfamilie, aus die sie entstammt, beeinflussen ihre Entwicklung und ihre Liebe zum ländlich-hauswirtschaftlichen Beruf entscheidend. Starke

Nach vierzig Jahren Lehr- und Leitungstätigkeit in Reifensteiner Schulen wird Elsbeth von Oppen am 1. April 1967 in den Ruhestand verabschiedet.

legiums. Es gelang ihr, Kolleginnen zu finden. Am 1. Mai 1946 konnte mit einem geregelten Unterricht begonnen werden, um sich nur wenige Tage später vor die vollendete Tatsache der Verstaatlichung gestellt zu sehen. Elsbeth von Oppen nahm diese Herausforderung an, nun Leiterin einer Ausbildungsstätte des Landes Thüringen statt einer Reifensteiner Schule zu sein und mit ideologisch abgeleiteten Forderungen und Maßstäben konfrontiert zu werden: Arbeiter- und Bauernkinder sollten als Schülerinnen aufgenommen werden, Parteifunktionäre der Sozialistischen Einheitspartei und der Freien Deutschen Jugend machten regelmäßig ihre Aufwartung und die vorgesetzte Schulbehörde erschien zu unerwarteten Schul- und Stundenvisitationen. Aber die Behörden brauchten vorerst noch die Frauenschule, besaß die Sowjetzone doch kein Institut, das Lehrerinnen für die landwirtschaftliche Hauswirtschaftskunde ausbilden konnte. Bis zum 31. April 1949 konnte die Frauenschule noch bestehen, dann wurde die Auflösung aller Landfrauenschulen angeordnet. Die sozialistische Bildungspolitik sah nur noch Landwirtschaftsschulen vor, in denen Mädchen und Jungen gemeinsam ausgebildet wurden und ersetzte die ländlich-hauswirtschaftliche Ausbildung durch eine rein landwirtschaftliche.

Das Ausharren Elsbeth von Oppens in Reifenstein angesichts der sicher aussichtslosen Lage der Reifensteiner Schulideen in der sowjetisch besetzten Zone, mag sich auch erklären durch eine Notiz, die sich im Archiv der Familie von Oppen im Geheimen Staatsarchiv Preußischer Kulturbesitz in Berlin befindet. Dort heißt es, sie habe in der Zeit nach dem Zweiten Weltkrieg, in der sie Leiterin der Landfrauenschule in Reifenstein war, eine „Brückenstellung zwischen der West- und Ostfamilie" eingenommen.[69]

Elsbeth von Oppen verließ Thüringen und trat eine Stelle als Lehrerin an der Landfrauenschule Obernkirchen an, wo sie vom 12. Mai 1949 bis 31. März 1950 unterrichtete. Ihre letzte berufliche Station wurde die Landfrauenschule Bad Weilbach[70]

---

69   Unterlagen, die zur Erstellung der Familienchronik dienten. Bestand VI. HA, Familienarchive und Nachlässe, Familienarchiv von Oppen, Geheimes Staatsarchiv Preußischer Kulturbesitz Berlin.
70   Vgl. Wörner-Heil, Frauenschulen, S. 139–144.

des Verbandes, die in der Mainebene zwischen Frankfurt und Mainz gelegen war. Hier unterrichtete sie noch weitere siebzehn Jahre bis zu ihrer Pensionierung 1962. In dieser Zeit entstand auch die neunte Auflage ihrer beliebten „Reifensteiner Einmachrezepte für Obst und Gemüse", eine zehnte bearbeitete sie noch 1960. In den Jahren 1960 und 1961 war ihr überdies die Leitung der Landfrauenschule Bad Weilbach übertragen.

Staatsarchiv Bückeburg, Bestand Reifensteiner Verband, D 21
18 52 91 124 144 145 151 158 161 249 397 430 440 449

Fotoarchiv Berg- und Stadtmuseum Obernkirchen
33 107 111 140 372 379 385 390 392 Umschlag

Stift Keppel, Hilchenbach **100**

Prof. Dr. Bernhard v. Barsewisch / Gross Pankow **266 292**

Irmela Prinzessin von Ratibor und Corvey **317 322**

Ortrud Wörner-Heil **92 135 205 356**

Anna von Heydekampf (Hg.), Ida von Kortzfleisch,
ihr Leben und ihr Werk, Gotha 1927 **212**

Elly zu Putlitz, Arbeits- und Lebensverhältnisse der Frauen
in der Landwirtschaft in Brandenburg. Auf Grund
einer vom ständigen Ausschuß z. F. d. A.-I. veranstalteten
Erhebung dargestellt, Jena 1914 **303**

Russische Sagen. In freier Nachdichtung von Bernhardine Schulze-Smidt.
Zeichnungen von I. v. Kortzfleisch, Gotha 1885 **242**

Adelige Pensionate. Ein Bedürfnis für Standesinteressen, in:
Deutsches Adelsblatt 1904, S. 573

Adeliges Taschenbuch 1900, Gotha, S. 482–485

Adeliges Taschenbuch 1930, Gotha

Alexis, Willibald, Die Hosen des Herrn Bredow, Erstausgabe 1846, Berlin 1985

Allgemeine Deutsche Biographie, 16. Bd., hg. durch die historische Commission bei der
Königlichen Akademie der Wissenschaften, Leipzig 1882

Allgemeine Deutsche Biographie, 27. Bd., Leipzig 1888

Allgemeine Deutsche Biographie. Für die Onlinefassung des Artikels über Sophie
Eleonore von Kortzfleisch lautet die URL:
http://www.deutsche-biographie.de/artikelADB_pnd104222301.html

Aphorismen über Adel und Standesehre, in: Deutsches Adelsblatt 1888, S. 198–200

Augspurg, Anita, in: Beilage „Parlamentarische Angelegenheiten und Gesetzgebung"
in der Zeitschrift Die Frauenbewegung 18/1905, S. 35

B., Frl. G. M. v., Luzern, Briefkasten, in: Deutsches. Adelsblatt 1891, S. 726

Barsewisch, Bernhard von, Foelsch, Torsten, Sieben Parks in der Prignitz.
Geschichte und Zustand der Gutsparks der Gans Edlen Herren zu Putlitz,
Berlin 2004

Barsewisch, Gisa und Bernhard von, Bei den ‚Edlen Gänsen' zu Tisch.
Vom Kochen und Leben in märkischen Gutshäusern.
Ein Zeitbild mit alten Rezepten, Berlin 2008

Barth, Thomas, Adelige Lebenswege im Alten Reich.
Der Landadel der Oberpfalz im 18. Jahrhundert, Regensburg 2005

Baumann, Ursula, Protestantismus und Frauenemanzipation in
Deutschland 1850 bis 1920, Frankfurt a. M., New York 1992

Bäuml-Stosiek, Dagmar, Hannah Bodenheimer und die ersten Schuljahre in
Wolfratshausen, in: Kirsten Jörgensen, Sybille Krafft,
„Wir lebten in einer Oase des Friedens …". Die Geschichte einer jüdischen
Mädchenschule 1926–1938, Hamburg, München 2007, S. 58–69

Bäuml-Stosiek, Dagmar, „Wir lebten in einer Oase des Friedens …".
Didaktisches Begleitmaterial zur Ausstellung über die jüdische Mädchenschule in
Wolfratshausen (1926–1938), o. O. 2007

Beiträge zur Landeskunde 6/1989, hg. v. Staatsanzeiger für
Baden-Württemberg GmbH im Auftrag der Landesregierung, Stuttgart 1989

Bennigsen, Adelheid von, Der Soziale Frauenberuf, Berlin-Lichterfelde 1914

Bennigsen, Adelheid von, Wie ich zum Deutsch-Evangelischen Frauenbund kam und
was er mir für mein Leben geworden ist, in: Paula Mueller-Otfried (Hg.),
25 Jahre Deutsch-Evangelischer Frauenbund, o. O. 1924, S. 16

Bernstorff, Clara von, Die Wanderhaushaltungsschule, in: Heimatbote.
Gemeindeblatt für den Kirchenkreis Gartow, H. 9/1930, S. 71

Bidlingmaier, Maria, Die Bäuerin in zwei Gemeinden Württembergs. Mit einem
    Vorwort von Carl Johannes Fuchs. Nachwort und Anmerkungen von
    Christel Köhle-Hezinger, Nachdruck der Ausgabe von 1918, Kirchheim 1990
Billig, Michael, Banal nationalism, London 1995
Biographisch-Bibliographisches Kirchenlexikon, Bd. IX, Herzberg 1995, Spalte 303f
Blatt der Altmaiden 3/1949 bis 202/1966
Bloem, Walter, Zum 22. Oktober. Der Kaiserin, in: Das Maidenblatt 10/1921, S. 161
Boehm, Elisabet, An die Mitglieder der landwirtschaftlichen Hausfrauenvereine,
    in: Die Gutsfrau 22/1914, S. 363f
Boehm, Elisabet, Begegnungen und Begegnungen II. Autobiografische Aufzeichnungen.
    2 Bde., Typoskript, Halle 1939
Bohn, Joachim, 300 Jahre Evangelisch-Lutherisches Magdalenenstift Altenburg.
    Festschrift, hg. v. Ev.-Luth. Magdalenenstift Altenburg. Beiträge von
    Georg Harpain, Reinhild B. von Capitaine, Dirk Keiner, Altenburg 2005
Bösel, Monika, Deeken, Annette, „An den süßen Wassern Asiens".
    Frauenreisen in den Orient, Frankfurt a. M., New York 1996
Bourdieu, Pierre, Ökonomisches Kapital, kulturelles Kapital, soziales Kapital, in:
    Reinhard Kreckel (Hg.), Soziale Ungleichheiten, Göttingen 1983, S. 183–198
Bourdieu, Pierre, Zur Genese der Begriffe des Habitus und Feld,
    in: ders., Der Tote packt den Lebenden, Hamburg 1997, S. 59–78
Bourdieu, Pierre, Der Tote packt den Lebenden, Hamburg 1997
Boysen, C., Frauenfrage und Adelsgenossenschaft, in:
    Deutsches Adelsblatt 1904, S. 344–346, 360–362
Brackel, Ferdinande Freiin von, Mein Leben, Köln o. J. [1905]
Brakelmann, Günter, Greschat, Martin, Jochmann, Werner: Protestantismus und
    Politik. Werk und Wirkung Adolf Stoeckers (Hamburger Beiträge zur Sozial-
    und Zeitgeschichte, Bd. XVII), Hamburg 1982
Brandenstein, v., Eingesandt, in: Deutsches Adelsblatt 1887, S. 364f
Brandenstein, v., Vorschlag zur Begründung eines adeligen Fräulein-Stiftes für die
    Mitglieder der DAG (mit den vollständigen Statuten des adeligen Fräuleinstiftes
    in der preußischen Oberlausitz von 1861/1866), in: Deutsches Adelsblatt 1893,
    S. 563–568
Brandenstein, v., Vortrag des Oberst-Lieutnants z. D. v. Brandenstein, gehalten
    am 1. März 1896 in der Bezirks-Abtheilung für die Rheinlande über die
    Damenheimfrage, in: Deutsches Adelsblatt 1896, S. 353f, 374f
Braun, Josef K., Alt-Laupheimer Bilderbogen, Weißenhorn 1985
Bredow, Juliane Freiin von, Leben in einer Zeitenwende, 2. Aufl., Hilchenbach 1985
Brentano, Clemens, Gockel, Hinkel, Gackeleia. Mährchen, wieder erzählt von
    Clemens Brentano, Frankfurt a. M. 1838
Briefadeliges Taschenbuch 1907, Gotha, S. 511

Briefadeliges Taschenbuch 1915, Gotha

Briefkasten, in: Deutsches Adelsblatt 1891, S. 726

Brümmer, Franz, Deutsches Dichterlexikon, Bd. 2, 1877, zit. n. Allgemeine Deutsche
      Biographie, Bd. 27, S. 587

Bruyn, Günter de, Preußens Luise. Vom Entstehen und Vergehen einer Legende,
      Berlin 2001

Buch, Annie von, Ein Besuch in Weilbach, in: Reifensteiner Maidenzeitung 17/1913,
      S. 40–42

Buchwald, Reinhard, Miterlebte Geschichte. Lebenserinnerungen 1884–1930,
      hg. v. Ulrich Hermann, Köln, Weimar, Wien 1992

Bülow, Gertrud von, Vor Anker. Skizzen aus meinem Leben, Lahr-Dinglingen 1938

Bülow, Gertrud von, An Gottes Hand, 2. Aufl., Lahr-Dinglingen 1957

Bülow, Paula von, geb. Gräfin von Linden, Aus verklungenen Zeiten.
      Lebenserinnerungen 1833–1920, hg. v. Professor Dr. Johannes Werner,
      2. Aufl., Leipzig 1925

Bülow von Dennewitz, Gräfin, [Gertrud von Bülow, Pseudonym: Gräfin Gisela von
      Streitberg], Taceat mulier in ecclesia. (Das Weib schweige in der Gemeine),
      Vortrag von Gräfin Bülow von Dennewitz. Lose Blätter im Interesse der
      Frauenfrage Nr. 5, Dresden 1892

Bumiller, Casimir, Adel im Wandel. 200 Jahre Mediatisierung in Oberschwaben.
      Katalog zur Ausstellung in Sigmaringen vom 13. Mai bis 29. Oktober 2006.
      Im Auftrag der Gesellschaft Oberschwaben für Geschichte und Kultur und
      des Landes Baden Württemberg, Ostfildern 2006

Bunsen, Marie von, Gegen den Strom. Ein Stimmungsbild aus dem neuen Berlin,
      Berlin 1893. (In Englisch: A Winter in Berlin. Translated by Mrs. Dugdale,
      London 1899)

Bunsen, Marie von, Zur Erinnerung an Frau Anna von Helmholtz, Berlin 1899

Bunsen, Marie von, Georg von Bunsen. Ein Charakterbild aus dem Lager der Besiegten
      gezeichnet von seiner Tochter Marie von Bunsen, Berlin 1900

Bunsen, Marie von, John Ruskin. Sein Leben und sein Wirken. Eine kritische Studie,
      Leipzig 1903

Bunsen, Marie von, Sizilien. Geschichte, Kunst, Kultur. Ein Begleitbuch, Berlin 1910

Bunsen, Marie von, Im Ruderboot durch Deutschland, Berlin 1914

Bunsen, Marie von, Die Frau und die Geselligkeit, Leipzig 1916

Bunsen, Marie von, Im fernen Osten. Eindrücke und Bilder aus Japan, Korea, China,
      Ceylon, Java, Siam, Kambodscha, Birma und Indien. Mit zahlr. farb. Abb. nach
      Aquarellen der Verfasserin, Leipzig 1934

Bunsen, Marie von, Kaiserin Augusta, Berlin 1940

Bunsen, Marie von, Die Welt in der ich lebte. 1860–1912, Biberach a. d. Riss 1959
(unveränd. Neuaufl. von 1929. (In Englisch: The World I Used to Know.
1860–1912. Edited and translated by Oakley Williams, London 1930)

Butler-Haimhausen, Viktorine, Gruss an den Kongress, in: Der Internationale Kongress
für Frauenwerke und Frauenbestrebungen in Berlin 19. bis 26. September 1896.
Eine Sammlung der auf dem Kongress gehaltenen Vorträge und Ansprachen,
hg. v. der Redaktions-Kommission, Berlin 1897, S. 70–73

C., v., Mehr adelige Damenheime!, in: Deutsches Adelsblatt 1902, S. 830f

Campe, Joachim Heinrich, Väterlicher Rath für meine Tochter. Ein Gegenstück zu
Theophron, 5. Aufl., Braunschweig 1796, Reprint, Paderborn 1988

Capitaine, Reinhild von, Unser liebes Stift. 267 Jahre Mädchenerziehung im
Magdalenenstift in Altenburg/Thüringen, Altenburg 2005

Cerman, Ivo, Velek, Lubos (Hg.), Adelige Ausbildung. Die Herausforderung der
Aufklärung und die Folgen, München 2006

Conze, Eckart, Von deutschem Adel. Die Grafen von Bernstorff im 20. Jahrhundert,
Stuttgart, München 2000

Conze, Eckart, Wienfort, Monika (Hg.), Adel und Moderne. Deutschland im
europäischen Vergleich im 19. und 20. Jahrhundert, Köln, Weimar, Wien 2004

Conze, Eckart, Deutscher Adel im 20. Jahrhundert. Forschungsperspektiven eines
zeithistorischen Feldes, in: Günther Schulz, Markus A. Denzel (Hg.), Deutscher
Adel im 19. und 20. Jahrhundert. Büdinger Forschungen zur Sozialgeschichte
2002 und 2003, St. Katharinen 2004, S. 17–35

Conze, Eckart (Hg.), Kleines Lexikon des Adels. Titel, Throne, Traditionen,
München 2005

Conze, Eckart, Totgesagte leben länger. Adel in Deutschland im 19. und
20. Jahrhundert, in: Adel im Wandel. Oberschwaben von der Frühen Neuzeit
bis zur Gegenwart, hg. im Auftrag der Gesellschaft Oberschwaben für Geschichte
und Kultur e. V. von Mark Hengerer, Elmar L. Kuhn, in Verbindung mit
Peter Blickle, Bd. 1, Ostfildern 2006, S. 107–123

Conze, Eckart, Jendorff, Alexander, Wunder, Heide (Hg.), Adel in Hessen.
Herrschaft, Selbstverständnis und Lebensführung vom 15. bis ins 20. Jahrhundert.
Veröffentlichungen der Historischen Kommission für Hessen 70, Marburg 2010

Cramer, H., Die Vorbereitung der Kriegskrankenpflege der Vaterländischen
Frauenvereine, in: Zeitschrift für Krankenpflege 27 (1905), H. 8, S. 289–300

Dahn, Felix, Gesammelte Werke. Bd. 5: Gedichte und Balladen, Leipzig 1912,
S. 600–601

Das Clementinenhaus zu Hannover, in: Deutsches Adelsblatt 1893, S. 446–447

Das Maidenblatt, Zeitschrift des Reifensteiner Vereins für Wirtschaftliche
Frauenschulen 1/1916 bis 3/1943

Das neue Stiftshaus des Vereins zur Errichtung von adeligen Damenheimen ist vor einigen Wochen fertiggestellt, in: Deutsches Adelsblatt 1907, S. 535, 558f

Delbrück, Kurt, Festspiel zum Gedächtniß Kaiser Wilhelm des Großen. Sechs Scenen mit lebenden Bildern und verbindendem Text. Von dem allgemeinen Fest-Comitee der Stadt Hannover zur Aufführung bestimmt, Hannover 1897

Delius, Käthe, Ein Leben für die ländliche Hauswirtschaft. Lebenserinnerungen, zugleich eine Geschichte des ländlich-hauswirtschaftlichen Schulwesens von Anbeginn bis 1945. Typoskript o. J., Staatsarchiv Bückeburg, D 21, Nr. 1354 [Bestand Reifensteiner Verband]

Demel, Walter, Kramer, Ferdinand, Adel und Adelskultur in Bayern, München 2008

Der „Gotha": Supplement. Genealogisches Taschenbuch der Adeligen Häuser, 14. Jg. 1889

Der Jahresbericht des Vereins zur Errichtung von adeligen Damenheimen, in: Deutsches Adelsblatt 1903, S. 228

Der Verein zur Errichtung von adeligen Damenheimen, in: Adels- und Salonblatt 1910, S. 300 und 1911, S. 273, 276f und 1912, S. 253f

Der 5. September 1925 in Metgethen, in: Das Maidenblatt 18/1925, S. 274f

Deutelmoser, Otto K., Kilian Steiner 1833–1903, in: Große Stuttgarter, Gestalten aus fünf Jahrhunderten, hg. v. Erwin Teufel, Stuttgart 1996, S. 137–144

Deutelmoser, Otto K., Ein Bankier der Gründerzeit, Kilian Steiner, in: Marbach. Rückblicke auf ein Jahrhundert 1895–1995, Marbacher Schriften 43, Marbach a. N. 1996, S. 81–101

Deutelmoser, Otto K., Kilian von Steiner und die Württembergische Vereinsbank, Ostfildern 2003

Deutsches Adelsblatt 1895, S. 145

Deutsches Adelsblatt. Wochenschrift für die Aufgaben des christlichen Adels. Organ der Deutschen Adelsgenossenschaft 42/1896

Deutsches Adelsblatt 1899, S. 39–41, 394, 520

Deutsches Adelsblatt 1901, S. 21f

Die DAG hat in Schloß Werdorf bei Wetzlar ein Pensionat zur Ausbildung von Töchtern des deutschen Adels für das praktische Leben errichtet, in: Deutsches Adelsblatt 1900, S. 741f

Die Einweihung des neuen adeligen Damenheims in Berlin-Wilmersdorf, in: Adels- und Salonblatt 1907, S. 259

Die Gutsfrau 1912–1922

Dohna, Dr. Sophie zu, Ein kurzer Abriß der Geschichte des Klosters Heiligengrabe in der Mark Brandenburg, in: Tisa von der Schulenburg, Des Kaisers weibliche Kadetten. Schulzeit in Heiligengrabe – zwischen Kaiserreich und Revolution, Freiburg, Basel, Wien 1983, S. 7–11

Dohna-Schlobitten, Sophie Gräfin zu, Den Rock gelüpft und dazu geknickst. Erinnerungen einer Schülerin an Schule und Internat in Heiligengrabe 1940–1942, in: Simone Oelker, Astrid Reuter (Hg.), Lebenswerke. Frauen im Kloster Stift zum Heiligengrabe zwischen 1847 und 1945, Bonn 2000, S. 60–66

Dülmen, Andrea van, Frauen. Ein historisches Lesebuch, München 1988

Dülmen, Andrea van, Frauenleben im 18. Jahrhundert, München 1992

Dyhrenfurth, Gertrud, Die hausindustriellen Arbeiterinnen in der Berliner Blusen-, Unterrock-, Schürzen- und Tricotkonfektion, Leipzig 1898

Dyhrenfurth, Gertrud, Ein schlesisches Dorf und Rittergut. Geschichte und soziale Verfassung, Leipzig 1906

Dyrenfurth, Gertrud, Ergebnisse einer Untersuchung über die Arbeits- und Lebensverhältnisse der Frauen in der Landwirtschaft. Erster Teil: Einwirkung der wirtschaftlich-sozialen Verhältnisse auf das Frauenleben. Auf Grund einer vom ständigen Ausschuß z. F. d. A.-I. veranstalteten Erhebung, mit Beiträgen von Freiin Elly zu Putlitz, Dr. Rosa Kempf und Elisabeth Boehm-Lamgarben, Jena 1916

Ebinger, Albrecht, Die Wieslaufbahn von Schorndorf nach Welzheim, Stuttgart 1998

Ein Institut zur Ausbildung von Töchtern der höheren Stände für das practische Leben desselben, in: Deutsches Adelsblatt 1896, S. 934

Ellendt, Georg, Katalog für die Schüler-Bibliotheken höherer Lehranstalten nach Stufen und nach Wissenschaften geordnet, 2. berichtigte und vermehrte Ausgabe, Halle 1878

Ellendt, Georg, Sammlung der Parallelstellen zum ersten Buche der Odyssee, aus dem nachgelassenen Manuscripte des Parallel-Homer von Joh. Ernst Ellendt, Königsberg in Pr. 1871

Ellendt, Georg, Lehrer und Abiturienten des Königlichen Friedrichs-Kollegiums zu Königsberg Pr. 1698–1898, Königsberg Pr. 1898, Nachdruck Hamburg 1969 als Sonderschrift Nr. 10 des Vereins für Familienforschung in Ost- und Westpreußen

Engagiert auf dem Land, hg. v. Deutschen Landfrauenverband e. V., Bonn 1998

Erinnerungen an die erste Landesverbands-Vorsitzende Fürstin Therese zu Hohenlohe-Waldenburg, hg. v. Landesverband landwirtschaftlicher Hausfrauen-Vereine in Württemberg, o. O., o. J. [1928]

Erinnerungen von Jetta Gräfin Kospoth, geb. v. Grünberg, Heiligengrabe 1916–18, in: Stift Heiligengrabe. Ein Erinnerungsbuch, Teil I, herausgegeben von alten Stiftskindern, i. A. Nora Neese, geb. von Wedel, Salzgitter 1992, S. 8–10

Erster bis vierter Nachtrag zur Maidenstammliste von 1925 bis Oktober 1934

Erziehungs-Probleme I., in: Deutsches Adelsblatt 1898, S. 727–728

Erziehungsprobleme, in: Deutsches Adelsblatt 1899, S. 231–233

Feesche, M., Dem Andenken an unsere heimgegangene Kaiserin, 22. Oktober
und an unsere Maidenmutter Ida von Kortzfleisch, 7./10. Oktober,
in: Das Maidenblatt 10/1922, S. 157

Fehrenbach, Elisabeth (Hg.), Adel und Bürgertum in Deutschland 1770–1848,
München 1994

Festspiel zum Besten der adeligen Damenheime, in: Deutsches Adelsblatt 1902, S. 125f

Flemming, Jens, Puppel, Pauline, Troßbach, Werner, Vanja, Christina,
Wörner-Heil, Ortrud, Lesarten der Geschichte. Ländliche Ordnungen und
Geschlechterverhältnisse. Festschrift für Heide Wunder zum 65. Geburtstag,
Kassel 2004

Flemming, Willi, Deutsche Kultur im Zeitalter des Barock, Konstanz 1968

Flugblatt „Unsere Ziele", Verein zur Errichtung wirtschaftlicher Frauenschulen auf dem
Lande, November 1896, Staatsarchiv Bückeburg, D 21, Nr. 1324

Foelsch, Torsten, Adel, Schlösser und Herrenhäuser in der Prignitz. Ein Beitrag zur
Kunst- und Kulturgeschichte einer märkischen Landschaft, Perleberg 1997

Foelsch, Torsten, Die Gans Edlen Herren zu Putlitz. Mosaiksteine aus ihrer
Familiengeschichte. Vgl. http://www.grosspankow.de/texte/seite.php?id=6150

Foelsch, Torsten, Barsewisch, Bernhard von, „Lächelnde Blumen des Friedens".
Der spätromantische Schriftsteller Gustav zu Putlitz und sein Gut Retzin in
der Prignitz als ländlicher Musenhof der Mark. Katalog zur Ausstellung
im Schloß-Museum Wolfshagen vom 8. September bis 31. Dezember 2002,
hg. v. Förderverein Schloßmuseum Wolfshagen

Fontane, Theodor, Effi Briest. Roman [Vorabdruck], in: Deutsche Rundschau, Bd. 81,
Oktober bis Dezember 1894, S. 1–32, 161–191, 321–354, Bd. 82, Januar bis
März 1895, S. 1–35, 161–196, 321–359

Franzke, Astrid, Ottilie von Steyber (1804–1870). Eine der Gründungsmütter des
Allgemeinen deutschen Frauenvereins, in: Irina Hundt, Ilse Kischlat (Hg.),
Zwischen Tradition und Moderne. Frauenverbände in der geschichtlichen
Kontinuität und im europäischen Diskurs heute, Berlin 2002, S. 24–31

Franzke, Astrid, Auguste Schmidt (1833–1902) – ein Leben für Frauenbildung und
Frauenrechte, in: Johanna Ludwig, Ilse Nagelschmidt, Susanne Schötz (Hg.),
Leben ist Streben. Das erste Auguste-Schmidt-Buch. Reden, Vorträge und
Dokumente der Ehrungen zum 100. Todestag der Pädagogin, Publizistin
und Frauenrechtlerin Auguste Schmidt am 10./11. Juni 2002 in Leipzig,
Leipzig 2003, S. 45–69

Frauenemancipation, in: Deutsches Adelsblatt 1898, S. 317f

Frauenfrage und Adelsgenosssenschaft II., in: Deutsches Adelsblatt 1904, S. 360–362

Freudenthal, Margarete, Gestaltwandel der städtischen, bürgerlichen und proletarischen
Hauswirtschaft zwischen 1760 und 1910, mit einem Vorwort von Katharina
Rutschky, Frankfurt a. M., Berlin 1986

Fricke, Dieter, Der Deutschbund, in: Uwe Puschner (Hg.) u. a.: Handbuch der
  völkischen Bewegung 1871–1918, München 1999
Frobenius, Else, Erinnerungen einer Journalistin. Zwischen Kaiserreich und Zweitem
  Weltkrieg, hg. v. Lora Wildenthal, Köln, Weimar, Wien 2005
Funck, Marcus, Malinowski, Stephan, Geschichte von oben. Adels-Autobiographien
  als Quelle einer Sozial- und Kulturgeschichte des deutschen Adels in Kaiserreich
  und Weimarer Republik, in: Historische Anthropologie 7/1999, S. 236–270
Funck, Marcus, Malinowski, Stephan, „Charakter ist alles!" Erziehungsideale und
  Erziehungspraktiken in deutschen Adelsfamilien des 19. und 20. Jahrhunderts, in:
  Jahrbuch für Historische Bildungsforschung, Bd. 6, Bad Heilbrunn 2000, S. 71–93
Gedächtnisfeiern, in: Das Maidenblatt 5/1921, S. 75f
Gedenktage, in: Das Maidenblatt 10/1923, S. 138
Gedichte von Elly zu Putlitz, Putlitz 1924 (posthum herausgegeben und mit einem
  Vorwort versehen von ihrer Cousine Freiin Lita zu Putlitz-Retzin)
Genealogisches Handbuch des Adels, Bd. VI, Limburg 1987
Genealogisches Handbuch des Adels, Bd. VIII, Limburg 1997
Genealogisches Taschenbuch der Adeligen Häuser 1882, Brünn
Gerhard, Ute (Hg.), Frauen in der Geschichte des Rechts. Von der Frühen Neuzeit bis
  zur Gegenwart, München 1997
Gnauck-Kühne, Elisabeth, Das Universitätsstudium der Frauen. Ein Beitrag zur
  Frauenfrage, Oldenburg, Leipzig 1891
Gnauck-Kühne, Elisabeth, Ursachen und Ziele der Frauenbewegung, Berlin 1893
Gnauck-Kühne, Elisabeth, Die Lage der Arbeiterinnen in der Berliner
  Papierwaren-Industrie, Schmollers Jahrbuch N. F. Bd. XX, 2. Heft, Leipzig 1896
Gnauck-Kühne, Elisabeth, Die deutsche Frau um die Jahrhundertwende. Statistische
  Studie zur Frauenfrage, Berlin 1904
Göhre, Paul, Die evangelisch-soziale Bewegung. Ihre Geschichte und ihre Ziele,
  Leipzig 1896
Gothaisches adeliges Taschenbuch B 1907, Stammreihe und ältere Genealogie
Gothaisches adeliges Taschenbuch 1939
Gräb-Körner, Dora, Waldenburger Erlebnisse, in: Erinnerungen an die erste
  Landesverbands-Vorsitzende Fürstin Therese zu Hohenlohe-Waldenburg,
  hg. v. Landesverband landwirtschaftlicher Hausfrauen-Vereine in
  Württemberg, o. O., o. J. [1928], S. 17–21
Greindl, Gabriele, Politik und Gelehrsamkeit des bayerischen Adels zwischen
  Spätmittelalter und Früher Neuzeit, in: Walter Demel, Ferdinand Kramer,
  Adel und Adelskultur in Bayern, München 2008, S. 311–345
Gröben, Selma von der, Unser Kampf um sittliche Reinheit, in:
  Paula Müller-Otfried (Hg.), 30 Jahre Deutsch-Evangelischer Frauenbund,
  Hannover 1919, 24–29

Groschupf, Mathilde, Helene Morgenbesser, in: Maidenblatt 2/1939, S. 19

Groschupf, Mathilde, Die „drei Spitzen", in: Blatt der Altmaiden 25/1951, o. S.

Hagen, von, in: Deutsches Adelsblatt 1921, S. 37f

Handbuch der Frauenbewegung, hg. v. Helene Lange, Gertrud Bäumer, 1. Teil:
Geschichte der Frauenbewegung in den Kulturländern, Berlin 1901, S. 120f

Handbuch des preußischen Adels, Bd. I, Berlin 1892, S. 386

Hansen, Reimer (Hg.), Geschichtswissenschaft in Berlin im 19. und 20. Jahrhundert.
Persönlichkeiten und Institutionen, Berlin 1992

Hardach-Pinke, Irene, Die Gouvernante. Geschichte eines Frauenberufes,
Frankfurt a. M., 1993

Hardenberg, Sophie von, Zur Frauenfrage, Leipzig 1882

Haslingen, Graf v., Unterstützungsfonds für hilfsbedürftige und erwerbsunfähige
Damen, in: Deutsches Adelsblatt 1912, S. 617–618

Haslingen, Graf v., Zentral-Hilfsverein der DAG, in: Deutsches Adelsblatt 1914,
S. 326–328

Häußler, Frank, Ulrich Steiner und der Laupheimer Kreis: ein konservatives
Randphänomen in der Frühzeit der Bundesrepublik Deutschland,
in: Historisch-politische Mitteilungen hg. v. der Konrad-Adenauer-Stiftung,
Köln 6/1999, S. 189–205

Heidrich, Hermann (Hg.), Frauenwelten. Arbeit, Leben, Politik und Perspektiven auf
dem Land, Bad Windsheim 1999

Heimpel-Michel, Elisabeth, Ida von Kortzfleisch. Frauenbewegung und
Frauendienstpflicht, Gotha o. J. [um 1934]

Hengerer, Mark, Kuhn, Elmar L., in Verbindung mit Peter Blickle, Adel im Wandel.
Oberschwaben von der Frühen Neuzeit bis zur Gegenwart, hg. im Auftrag
der Gesellschaft Oberschwaben für Geschichte und Kultur e. V., Bd. 1 u. 2,
Ostfildern 2006

Henning, Rosemarie, Die Schlossschule zu Wolfenbüttel. Ihr Werden und Wirken
von 1866–1921, Wolfenbüttel 2004

Hermes, Gertrud, Ein Preußischer Beamtenhaushalt 1859–1890, in: Zeitschrift für die
gesamte Staatswissenschaft 76/1921, S. 43–92, 268–295, 478–486

Hermes, Gertrud, Neue Wege der Volkshochschularbeit, in: Die Tat 14/1922/23,
S. 256–263

Hermes, Gertrud, Die geistige Gestalt des marxistischen Arbeiters und die
Arbeiterbildungsfrage, Tübingen 1926

Hermine Prinzessin von Preußen, Der Kaiser und ich. Mein Leben mit Kaiser
Wilhelm II. im Exil, herausgegeben, aus dem Niederländischen übersetzt und
kommentiert von Jens-Uwe Brinkmann, Göttingen 2008

Herwarth von Bittenfeld, Käthe, Ein Wort zu den bevorstehenden Wahlen, in:
Das Maidenblatt 12/1918, S.135.

Heydekampf, Anna von, Persönliche Erinnerungen an Ida von Kortzfleisch.
    Zu ihrem 75. Geburtstag und 10jährigen Todestag, in: Das Maidenblatt 19/1925,
    S. 290–292
Heydekampf, Anna von, Unser Maidenblatt in 10 Jahren seines Bestehens,
    in: Maidenblatt 23/1925, S. 353–357
Heydekampf, Anna von (Hg.), Ida von Kortzfleisch, ihr Leben und ihr Werk,
    Gotha 1927
Hohenlohe-Waldenburg, Friedrich Karl Fürst zu, Zur Geschichte der Hohenloher
    Fürstenhäuser. Vortrag anlässlich der Tagung „Hofkunst in Hohenlohe"
    am 20. Mai 1993 im Kloster Schöntal. Gedrucktes Redemanuskript
Höing, Hubert (Hg.), Zur Geschichte der Erziehung und Bildung in Schaumburg,
    Bielefeld 2007
Höing, Hubert (Hg.), Schaumburger Profile. Ein historisch-biographisches Handbuch,
    Teil 1, Bielefeld 2008
Hornstein, Erika von, Adieu Potsdam. Mit einem Nachwort von Carola Stern,
    (Erstausgabe 1969), Köln 1991
Hoyningen-Huene, Iris Freifrau von, Adel in der Weimarer Republik. Die rechtlich-
    soziale Situation des reichsdeutschen Adels 1918–1933, Limburg 1992
Huber-Sperl, Rita, Gräfin Viktorine von Butler-Haimhausen (1811–1902).
    Wohltäterin – Sozialreformerin – Frauenrechtlerin, in: Zeitschrift für bayerische
    Landesgeschichte 1999, Bd. 62, Heft 1, S. 163–199
Hundt, Irina, Kischlat, Ilse (Hg.), Zwischen Tradition und Moderne. Frauenverbände
    in der geschichtlichen Kontinuität und im europäischen Diskurs heute,
    Berlin 2002
Hunnius, Monika, Mein Weg zur Kunst, Heilbronn 1925
Jahrbuch der Adelsgenossenschaft 1896
Jahresberichte des Vereins für wirtschaftliche Frauenschulen auf dem Lande von 1897
    bis 1912
Jameson, Mrs., (Author of "The characteristics of women", "Memoirs of female
    sovereigns", "Winter studies and summer rambles"), Memoirs and essays.
    Illustrative of art, literature and social morals, London 1846
Jameson, Mrs., A commonplace book of thoughts, memories and fancies. Original and
    selected. Part I – Ethics and character, Part II – Literature and art, New York 1855
Jung, Otmar, Verfassungsschutz privat: Die Republikanische Beschwerdestelle e. V.
    (1924–1933), in: Vierteljahrshefte für Zeitgeschichte, 35. Jg., Januar 1987, S. 65–94
K., v., Empfehlenswerte Ausbildung für Töchter des deutschen Adels, in: Deutsches
    Adelsblatt 1922, S. 270
Kalckreuth, Wilhelm von, Historisch-genealogische Beiträge zur Geschichte der Herren,
    Freiherren und Grafen von Kalckreuth. Ergänzungsband, Typoskript,
    Laupheim o. J.

Kalender der deutschen Adelsgenossenschaft 1905, S. 371–377

Kammer, Eduard, Die Einheit der Odyssee nach Widerlegung der Ansichten von
Lachmann-Steinthal, Koechly, Hennings und Kirchhoff, Leipzig 1873

Kammer, Eduard, Homerische Vers- und Formenlehre zum Gebrauch in Gymnasien,
Gotha 1884

Kammer, Eduard, Bericht über die Feier des dreihundertjährigen Bestehens des
Kgl. Gymnasiums zu Lyck, Königsberg i. Pr. 1888

Kammer, Eduard, Ein ästhetischer Kommentar zu Homers Ilias, Paderborn 1889

Kammer, Eduard, Zur Schulreformfrage, Lyck 1890

Kammer, Hilde, Bartsch, Elisabeth, Lexikon Nationalsozialismus. Begriffe,
Organisationen und Institutionen, Reinbek bei Hamburg 1999

Kampfzeiten. Aufsätze und Reden aus vier Jahrzehnten, 2 Bde., Berlin 1928

Kempf, Rosa, Das Leben der jungen Fabrikmädchen in München. Die soziale und
wirtschaftliche Lage ihrer Familien, ihr Berufsleben und ihre persönlichen
Verhältnisse, Schriften des Vereins für Sozialpolitik, Bd. 135, 2. Teil,
Untersuchungen über Auslese und Anpassung (Berufswahl und Berufsschicksal)
der Arbeiter in verschiedenen Zweigen der Großindustrie, Leipzig 1911

Kempf, Rosa, Arbeits- und Lebensverhältnisse der Frauen in der Landwirtschaft
Bayerns, Jena 1918

Keyserling, Eduard von, Wellen, Erstausgabe 1911, Göttingen 1998

Keyserling, Eduard von, Abendliche Häuser, Erstausgabe 1914, München 1998

Keyserling, Eduard von, Fürstinnen, Erstausgabe 1917, München 2005

Keyserling, Eduard von, Im stillen Winkel, Erstausgabe 1918, Zürich 2006

Keyserling, Gräfin Henriette, Frühe Vollendung. Das Leben der Gräfin Marie
Keyserling in den Erinnerungen ihrer Schwester, hg. v. Otto Freiherr
von Taube, Bamberg 1948

Knodel, John E., Maynes, Mary Jo, Urban and Rural Marriage Patterns in Imperial
Germany, in: Journal of Family History 1/1976, Nr. 2, S. 129–161

Koch, Uta, Das Selbstverständnis des deutschen Adels in der Weimarer Republik,
Alt-Wittenbek 1986 (Wissenschaftliche Hausarbeit zur 1. Staatsprüfung f. d.
Lehramt an Gymnasien, unveröffentlicht)

Kollbach, Claudia, Aufwachsen bei Hof. Aufklärung und fürstliche Erziehung in
Hessen und Baden, Frankfurt, New York 2009

Koppe, Erdmuthe, Maid ab 1918, Achtung! Obernkirchen!, in: Blatt der
Altmaiden 25/1951

Kortzfleisch, Gustav von, Geschichte der Familie von Kortzfleisch, Braunschweig 1896

Kortzfleisch, Ida von, erschienen unter dem Pseudonym I. Pillau, Die allgemeine
Dienstpflicht in der wirthschaftlichen Frauen-Hochschule, in: Tägliche
Rundschau 72, 29. März 1894, S. 285f; 73, 30. März 1894, S. 289f; 74,
31. März 1894, S. 293–295; 78, 5. April 1894, S. 309–311; 79, 6. April 1894, S. 313–315

Kortzfleisch (I. Pillau), Ida von, Der freiwillige Dienst in der Wirtschaftlichen
    Frauen-Hochschule, Hannover 1895
Kortzfleisch, Ida von, Das Entstehen des Vereins für wirtschaftliche Frauenschulen auf
    dem Lande III., in: Reifensteiner Maidenzeitung, 2/1905, S. 3–6
Kortzfleisch, Ida von, Vor den wirtschaftlichen Kampf gestellt. Vortrag, gehalten am
    13. November in der Ortsgruppe Dresden des Deutsch-Evangelischen
    Frauenbundes, in: dies., Freiin Pawel-Rammingen, Weibliche Dienstpflicht.
    Zwei Vorträge, Berlin 1907, S. 3–18
Kortzfleisch, Ida von, Pawel-Rammingen, Freiin, Weibliche Dienstpflicht.
    Zwei Vorträge, Berlin 1907
Kortzfleisch, Ida von, Das Maidenbuch, o. O., o. J. [1910]
Kortzfleisch, Ida von, Wie der Verein für wirtschaftliche Frauenschulen auf dem Lande
    entstanden ist, in: Maiden-Zeitung der Frauenschule Obernkirchen 1/1910,
    S. 7–13
Kortzfleisch, Ida von, Leitsätze, in: Anna von Heydekampf (Hg.), Ida von Kortzfleisch,
    ihr Leben und ihr Werk, Gotha 1927, S. 52f
Kortzfleisch, Sophie Eleonore von, Lausus und Lydie. Ein Drama in drey Aufzügen
    nach den moralischen Erzählungen des Herrn Marmontel, verfasset von einem
    adelichen Frauenzimmer in Schlesien, Breslau 1776
Kortzfleisch, Sophie Eleonore von, Poetische Versuche eines adelichen Frauenzimmers,
    Breslau, Leipzig 1776
Kortzfleisch, Sophie Eleonore von, Osman und Bella. Ein Drama in fünf Aufzügen,
    Breslau 1776
Kortzfleisch, Sophie Eleonore von, Wilhelm und Hannchen. Eine Operette in
    3 Aufzügen, Breslau 1778
Kortzfleisch, Sophie Eleonore von, Frühere Gedichte, Breslau 1792
Kortzfleisch, Sophie Eleonore von, Gedichte, Berlin 1792
Kortzfleisch, Sophie Eleonore von, Vermischte Aufsätze in Poesie und Prosa für Damen,
    Berlin 1793
Kortzfleisch, Sophie Eleonore von, Das Landwehr-Kreuz i. d. Schlacht an der Katzbach
    den 26sten August 1913. Ein Drama. Nebst einigen andern Gedichten.
    Zum Besten der verwundeten Krieger, o. O. 1813
Koschützki, Rudolf v., Ida von Kortzfleisch zum Gedächtnis, in:
    Das Maidenblatt 10/1917, S. 137–139
Krais, Beate, Gebauer, Gunter, Habitus, Bielefeld 2002
Krane, Anna Freiin von, Wie ich mein Leben empfand, Bocholt i. W. 1918
Kraus, Otto, Gustav Schlosser, Ein Lebensbild. Zeitfragen des christlichen Volkslebens
    Bd. XVII, Heft 2 u. 3, Stuttgart 1892
Krause, Tilman, Nachwort, in: Eduard von Keyserling, Im stillen Winkel,
    Erstausgabe 1918, Zürich 2006

Kreckel, Reinhard (Hg.), Soziale Ungleichheiten, Göttingen 1983

Krieg, Beate, „Landfrau, so geht's leichter!" Modernisierung durch hauswirtschaftliche Gemeinschaftsanlagen mit Elektrogroßgeräten im deutschen Südwesten von 1930 bis 1970, München 1996

Krieg, Beate, Landfrauenbewegung im Wandel. Ziele, Inhalte, Herausforderungen und Perspektiven, in: Hermann Heidrich (Hg.), Frauenwelten. Arbeit, Leben, Politik und Perspektiven auf dem Land, Bad Windsheim 1999, S. 79–99

Kriegslehrgänge, in: Reifensteiner Maidenzeitung. Kriegsnummer 21/1915, S. 14–27

Ksoll-Marcon, Margit, Erziehung und Heirat – zwei Faktoren zum Erhalt der adeligen Reputation, in: Walter Demel, Ferdinand Kramer, Adel und Adelskultur in Bayern, München 2008, S. 233–249

Kügelgen, Sally von, Stilles Tagebuch eines baltischen Fräuleins 1855–1856, Berlin 1936

Kuhn, Bärbel, Familienstand ledig. Ehelose Frauen und Männer im Bürgertum (1850–1914), Köln, Weimar, Wien 2000

Kühne, A., Giebt es ein Mittel, die Lage der unversorgten Mädchen und Wittwen in den Mittelständen zu verbessern? Eine sozialpädagogische Frage, Berlin 1859

Kürschners Deutscher Literatur-Kalender, Nekrolog 1901–1935 (Justus Hermes)

Kurzer Bericht für 1918 des Vereins zur Errichtung von adeligen Damenheimen in Berlin-Wilmersdorf, in: Deutsches Adelsblatt 1919, S. 1f

Landfrauen-Kalender 1918–1935

Land und Frau 1917–1944/1948–1974

Lange, Friedrich, Reines Deutschtum, Berlin 1893

Lange, Helene, Lebenserinnerungen, Berlin 1921

Lange, Helene, Fünfzig Jahre Frauenbewegung, in: Kampfzeiten. Aufsätze und Reden aus vier Jahrzehnten, 2 Bde., Berlin 1928

Laupheimer Verkündiger 1900–1935

Lebensbilder aus Schwaben und Franken, hg. v. Max Miller und Robert Uhland, Bd. 11, Stuttgart 1969

Leutrum, Marie-Luise Gräfin, „Wir sind von Anfang an ein selbständiger Verband gewesen". Interview mit Marie-Luise Gräfin Leutrum vom 5. Oktober 1978. Ein Zeitdokument über die Anfänge des Deutschen Landfrauenverbandes, in: Engagiert auf dem Land, hg. v. Deutschen Landfrauenverband e. V., Bonn 1998, S. 55–58

Leixner, Otto von, Zur Frauenfrage in Deutschland, in: Tägliche Rundschau 220/1893, 19. September, S. 874f (Teil I); 226/1893, 26. September, S. 898f (Teil II); 231/1893, 2. Oktober, S. 922f (Teil III); 237/1893, 8. Oktober, S. 946–948 (Teil IV); 238/1893, 9. Oktober, S. 949f (Schluß Teil IV); 247/1893, 20. Oktober, S. 986 (Teil V); 248/1893, 21. Oktober, S. 989–991 (Schluß Teil V)

Leixner, Otto von, Laienpredigten für das deutsche Haus. Ungehaltene Reden eines Ungehaltenen, Berlin 1894

Lewald, Fanny, Meine Lebensgeschichte, hg. u. eingel. von Gisela Brinker-Gabler, Frankfurt a. M. 1980

Lindow, M. v., Schwestern und Helferinnen vom Roten Kreuz, in: Die Gutsfrau 22/1914, S. 369f

Loster-Schneider, Gudrun, Pailer, Gaby (Hg.), Lexikon deutschsprachiger Epik und Dramatik von Autorinnen (1730–1900), Basel 2006

Ludwig, Johanna, Nagelschmidt, Ilse, Schötz, Susanne (Hg.), Leben ist Streben. Das erste Auguste-Schmidt-Buch. Reden, Vorträge und Dokumente der Ehrungen zum 100. Todestag der Pädagogin, Publizistin und Frauenrechtlerin Auguste Schmidt am 10./11. Juni 2002 in Leipzig, Leipzig 2003

Lühe, Irmgard von der, Elisabeth von Thadden. Ein Schicksal in unserer Zeit, Düsseldorf-Köln 1966

Maidenaufruf, in: Das Maidenblatt 12/1918, S. 133

Maidenstammliste. Namensverzeichnis der Schülerinnen der im Reifensteiner Verband für Wirtschaftliche Frauenschulen zusammengeschlossenen Ausbildungsstätten, im Auftrag des Verbandsvorstandes zusammengestellt von Anna von Heydekampf, Gotha 1925

Maiden-Zeitung der Frauenschule Obernkirchen 1910 bis 1915 Mahnworte der hochehrwürdigen Greisin Gräfin Victorine Butler Haimhausen, hg. v. Frh. v. Broich, Berlin 1894

Maltzahn, A. Baronin v., Frfr. v. Meeheimb-Rostock, Das Haustochterjahr. Ein Beitrag zur Erziehungs- und Berufsfrage des gebildeten jungen Mädchens, in: Deutschesblatt 1922, S. 329–330, 371

Maltzahn, Freiherr von, in: Deutsches Adelsblatt 11/1899, S. 176

Maltzahn, Gerhild v., Unsere Tante Lilli, in: Blatt der Altmaiden 25/1951

Maltzan, Maria Gräfin von, Schlage die Trommel und fürchte dich nicht, Berlin, Frankfurt a. M. 1986

Marburg, Silke, Matzerath, Josef, Vom Stand zur Erinnerungsgruppe. Zur Adelsgeschichte des 18. und 19. Jahrhunderts, in: dies. (Hg.), Der Schritt in die Moderne. Sächsischer Adel zwischen 1763 und 1918, Köln 2001, S. 5–15

Marburg, Silke, Matzerath, Josef (Hg.), Der Schritt in die Moderne. Sächsischer Adel zwischen 1763 und 1918, Köln 2001

Matzerath, Josef, Adelig werden und adelig bleiben. Bindekräfte im niederen Adel im 19. Jahrhundert, in: Günther Schulz, Markus A. Denzel (Hg.), Deutscher Adel im 19. und 20. Jahrhundert. Büdinger Forschungen zur Sozialgeschichte 2002 und 2003, St. Katharinen 2004, S. 289–301

Matzerath, Josef, Adelsprobe an der Moderne. Sächsischer Adel 1763 bis 1866. Entkonkretisierung einer traditionalen Sozialformation, Stuttgart 2006

Mayer, Arno J., Adelsmacht und Bürgertum. Die Krise der europäischen Gesellschaft 1848–1914, München 1984

Mayer, Christine, Zur Kategorie „Beruf" in der Bildungsgeschichte von Frauen im
    18. und 19. Jahrhundert, in: Frauen in pädagogischen Berufen, Bd. 1: Auf dem
    Weg zur Professionalisierung, hg. v. Elke Kleinau, Bad Heilbrunn 1996, S. 15–38
Mayer, Christine, Berufsbildung und Geschlechterverhältnis. Eine historische Analyse
    zur Entstehung des Berufsbildungssystems in Deutschland, in: Die Modernität
    des Unmodernen. Das „deutsche System" in der Berufsausbildung zwischen Krise
    und Akzeptanz, hg. v. Friedhelm Schütte, Ernst Uhe, Berlin 1998, S. 427–447
Meier-Welcker, Hans (Hg.), Offiziere im Bild von Dokumenten aus drei Jahrhunderten
    (Einführung: Manfred Messerschmidt; Dokumente: Manfred Messerschmidt,
    Ursula von Gersdorff), Stuttgart 1964
Meyer, Klaus, Osteuropäische Geschichte, in: Reimer Hansen (Hg.),
    Geschichtswissenschaft in Berlin im 19. und 20. Jahrhundert. Persönlichkeiten
    und Institutionen, Berlin 1992, S. 553–570
Mitford, Nancy, Englische Liebschaften, Erstveröffentlichung London 1945. Aus dem
    Englischen von Reinhard Kaiser, Nördlingen 1988
Mitford, Nancy, Noblesse oblige. Böse Gedanken einer englischen Lady,
    Erstveröffentlichung London 1956. Deutsch von Reinhard Kaiser, Reinbek bei
    Hamburg 1997
Mitgliederliste des Reifensteiner Vereins für Wirtschaftliche Frauenschulen auf
    dem Lande, Gotha 1917
Mitteilungen. Blatt der Altmaiden. Reifensteiner Verband für haus- und
    landwirtschaftliche Frauenbildung e. V. 203/1967 bis 368/1990
Mitteilungen des Evangelisch-sozialen Kongresses 7/1893, 1/1895
Mitteilungen des Verbands der landwirtschaftlichen Hausfrauenvereine in
    Württemberg 1918–1919
Mommsen, Adelheid, Mein Vater. Erinnerungen an Theodor Mommsen,
    München 1992
Monbart, Nanny von, Vom Entstehen und Werden der Stift Keppelschen Erziehungs-
    und Schulanstalt, Gedenkblätter zum 40jährigen Stiftungsfest, 1911, in:
    Stift Keppel im Siegerlande 1239 bis 1871, S. 171–176
Müller-Otfried, Paula (Hg.), 25 Jahre Deutsch-Evangelischer Frauenbund, o. O. 1924
Neue Bahnen, Organ des allgemeinen deutschen Frauenvereins 18, 21/1877
Neue Bahnen, Organ des allgemeinen deutschen Frauenvereins 3/1878, S. 22f
Neue Deutsche Biographie 12/1979, hg. v. der Historischen Kommission bei der
    bayerischen Akademie der Wissenschaften, Berlin 1980
Nobbe, Moritz August, Der evangelisch-soziale Kongreß und seine Gegner,
    Göttingen 1897
Oelker, Simone, Reuter, Astrid (Hg.), Lebenswerke. Frauen im Kloster Stift zum
    Heiligengrabe zwischen 1847 und 1945, Bonn 2000

Oertzen, Dietrich v., Erziehung und Beruf der Töchter des Adels, in: Vorträge, gehalten
    auf dem XXX. ordentlichen Adelstag zu Berlin am 18. 2. 1911, Berlin 1911
Oertzen, v., Verein zur Errichtung von adeligen Damenheimen, in: Deutsches
    Adelsblatt 1920, S. 264f, 328
Olfers-Batocki, Erminia von, Das Taubenhaus. 100 Jahre Familiengeschichte in und um
    Königsberg 1762–1862, als Roman erzählt, Erstausgabe 1968, 2., verb. Aufl.,
    besorgt von Hedwig von Lölhöffel, Würzburg 1986
Opfermann, Ulrich Friedrich, „Im Volksleib schlimmer als der Tuberkulosen-Bazillus".
    Zu Verbreitung und Rezeption des christlich-sozialen Antisemitismus, 1881–1914,
    in: Siegener Beiträge. Jahrbuch für regionale Geschichte 11/2006, S. 109–146
Oppen, Dietrich von, Lebensskizzen aus der Familie von Oppen vornehmlich im
    20. Jahrhundert. Ein zeitgeschichtliches Lesebuch, unter Mitwirkung von
    zahlreichen Verwandten zusammengestellt und bearbeitet,
    Marburg/Lahn 1985, S. 207
Oppen, Elsbeth von, Reifenstein 1945–1949, in: Maidenblatt 1/1949 u. 2/1949
Ostpreußisches Landesmuseum (Hg.), Elisabet Boehm und die Landfrauenbewegung,
    Husum 1998
Ottomeyer, Hans, Asenbaum, Paul, Biedermeier. Die Erfindung der Einfachheit,
    Ostfildern 2006
Otto-Peters, Louise, Das Recht der Frauen auf Erwerb. Blicke auf das Frauenleben
    der Gegenwart, Hamburg 1866
Paletschek, Sylvia, Adelige und bürgerliche Frauen (1770–1870), in:
    Elisabeth Fehrenbach (Hg.), Adel und Bürgertum in Deutschland 1770–1848,
    München 1994, S. 159–187
Panke-Kochinke, Birgit (Hg.), Zur Geschichte der Krankenpflege und zur Debatte
    über die richtige Auswahl der Pflegerinnen. Die Geschichte der Krankenpflege
    (1679–2000). Ein Quellenbuch, Frankfurt a. M. 2001
Paravicini, Werner, Wettlaufer, Jörg (Hg.), Erziehung und Bildung bei Hofe,
    Stuttgart 2002
Pataky, Sophie, Lexikon deutscher Frauen der Feder, Bd. 2, Berlin 1898
Pawel-Rammingen, Elisabeth Freiin von, Die Landfrauenarbeit im Kriege,
    2. Kriegslehrgang für landwirtschaftliche Haushaltungs- und Wanderlehrerinnen
    und für Hausfrauen und Töchter auf dem Lande, hg. v. der Geschäftsleitung des
    Lehrganges, Berlin 1916
Pawel-Rammingen, Freiin, XI. Generalversammlung des Bundes Deutscher
    Frauenvereine zu Hamburg vom 15. bis 18. September 1919, in:
    Maidenblatt 12/1919, S. 193f
Pensionat zur Ausbildung von Töchtern des deutschen Adels für das praktische Leben,
    in: Deutsches Adelsblatt 1903, S. 177f

Pfirrmann, Erwin, Laupheim. 100 Jahre Stadt. Festschrift aus Anlass der
    100. Wiederkehr der Erhebung Laupheims zur Stadt, 1869–1969, Laupheim 1969
Pierstorff, Julius, Frauenarbeit und Frauenfrage, in: Handwörterbuch der
    Staatswissenschaften, Bd. 3, Jena 1892
„Philologus", Ein neuer Beruf für den Adel, in: Deutsches Adelsblatt 1899, S. 905–907
Planert, Ute (Hg.), Nation, Politik und Geschlecht. Frauenbewegungen und
    Nationalismus in der Moderne, Frankfurt, New York 2000
Plothow, Anna, Die Begründerinnen der deutschen Frauenbewegung.
    Mit 24 Illustrationen, Leipzig 1910
Preradovich, Nikolaus von, Die Führungsschichten in Österreich und
    Preußen (1804–1918). Mit Ausblick bis zum Jahre 1945, Wiesbaden 1955
Puschner, Uwe (Hg.) u. a., Handbuch der völkischen Bewegung 1871–1918,
    München 1999
Putlitz, Elisabeth zu, geb. Gräfin Königsmarck, Gustav zu Putlitz. Ein Lebensbild.
    Aus Briefen zusammengestellt und ergänzt, 3 Bde., Berlin 1894
Putlitz, Elli und Lita zu, Die verschneite Glocke. Ein Weihnachtsmärchen, Berlin 1914
Putlitz, Elly zu, Über Frauenherzen, Großlichterfelde 1909
Putlitz, Elly zu, Ihr lasst den Armen schuldig werden, Berlin 1909
Putlitz, Elly zu, Mütterlichkeit. Erzählungen, Hamburg 1912
Putlitz, Elly zu, Arbeits- und Lebensverhältnisse der Frauen in der Landwirtschaft
    in Brandenburg. Auf Grund einer vom ständigen Ausschuß z. F. d. A.-I.
    veranstalteten Erhebung dargestellt, Jena 1914
Putlitz, Elly zu, Der Einfluß der Gebildeten auf dem Lande, in: Gertrud Dyrenfurth,
    Ergebnisse einer Untersuchung über die Arbeits- und Lebensverhältnisse der
    Frauen in der Landwirtschaft. Erster Teil: Einwirkung der wirtschaftlich-
    sozialen Verhältnisse auf das Frauenleben. Auf Grund einer vom ständigen
    Ausschuß z. F. d. A.-I. veranstalteten Erhebung, mit Beiträgen von Freiin Elly zu
    Putlitz, Dr. Rosa Kempf und Elisabeth Boehm-Lamgarben, Jena 1916, S. 72–76
Putlitz, Gustav zu, Mein Heim: Erinnerungen aus Kindheit und Jugend, Berlin 1885.
    Neu herausgegeben und mit einem Anhang versehen von Bernhard
    von Barsewisch, Berlin 2002
Putlitz, Lita zu, Aus dem Bildersaal meines Lebens 1862–1931, Leipzig 1931
Radbruch, Gustav, Gertrud Hermes (1872–1942), in: Die Frau 50 (1942/43), S. 53f
Raven, Heilwig v., geb. v. Ditfurth, Schuljahrgang 1918, in: Blatt der Altmaiden 25/1951
Reibnitz, Kurt Freiherr von, Gestalten rings um Hindenburg. Führende Köpfe der
    Republik und die Berliner Gesellschaft von heute, 2., verb. Aufl., Dresden 1929
Reif, Heinz, Westfälischer Adel 1770–1860: Vom Herrschaftsstand zur regionalen Elite,
    Göttingen 1979

Reif, Heinz, „Erhaltung adeligen Stamms und Namens" – Adelsfamilien und
    Statussicherung im Münsterland 1770–1914, in: Neithard Bulst (Hg.), Familien
    zwischen Tradition und Moderne, Göttingen 1981, S. 275–321
Reif, Heinz, Adel im 19. und 20. Jahrhundert, München 1999
Reifensteiner Maidenzeitung 1905 bis 1921
Reinick, Robert, Liederbuch eines Malers mit Randzeichnungen seiner Freunde,
    Düsseldorf 1837 bis 1844
Reinick, Robert, ABC-Buch für große und kleine Kinder, Leipzig 1845
Reinick, Robert, Lieder und Fabeln für die Jugend, 2., verb. Aufl., Leipzig 1849
Reinick, Robert, Robert Reinicks Märchen-, Lieder- und Geschichtenbuch, Bielefeld,
    Leipzig 1873
Reuter, Gabriele, Aus guter Familie. Leidensgeschichte eines Mädchens, Berlin 1896
Rheinbaben, Frhr. v., Verein zur Förderung von Damenheimen. Referat auf dem
    XIV. ordentlichen Adelstag der DAG 1895, in: Deutsches Adelsblatt 1895, S. 159
Richarz, Irmintraut, Herrschaftliche Haushalte in vorindustrieller Zeit im Weserraum,
    Berlin 1971
Richarz, Irmtraut, Oikos, Haus und Haushalt. Ursprung und Geschichte der
    Haushaltsökonomik, Göttingen 1991
Riesenberger, Dieter, Das Deutsche Rote Kreuz. Eine Geschichte 1864–1990,
    Paderborn, München, Wien, Zürich 2002
Röper, Ursula, „Als eine Frau lesen lernte, trat die Frauenfrage in die Welt."
    Die Heiligengraber Stiftsschule im bildungspolitischen Kontext des
    19. Jahrhunderts, in: Simone Oelker, Astrid Reuter (Hg.), Lebenswerke.
    Frauen im Kloster Stift zum Heiligengrabe zwischen 1847 und 1945,
    Bonn 2000, S. 16–27
Rosenbaum, Heidi, Formen der Familie. Untersuchungen zum Zusammenhang
    von Familienverhältnissen, Sozialstruktur und sozialem Wandel in der deutschen
    Gesellschaft des 19. Jahrhunderts, Frankfurt a. M. 1982
Rösener, Werner, Einführung in die Agrargeschichte, Darmstadt 1997
Russische Sagen. In freier Nachdichtung von Bernhardine Schulze-Smidt (E[rnst] Oswald).
    Zeichnungen von I. v. Kortzfleisch, Gotha 1885
Sabean, David Warren, Property, Production and Family in Neckarhausen, 1700–1870,
    Cambridge, New York, Port Chester, Melbourne, Sydney 1990
Saint-Pierre, Jacques Henri Bernardin de, Paul und Virginie, überarbeitet und
    mit Anmerkungen, Zeittafel und Nachwort herausgegeben von Arno Kappel,
    München 1987
Salm-Horstmar, Eduard Prinz zu, Unterstützungsfonds für hilfsbedürftige und
    erwerbsunfähige adelige Damen, in: Deutsches Adelsblatt 1911, S. 509, 676–677
    sowie in 1912, S. 202

Salomon, Alice, Charakter ist Schicksal. Lebenserinnerungen. Aus dem Englischen übersetzt von Rolf Landwehr. Mit einem Nachwort von Joachim Wieler, Weinheim, Basel 1983

Sauer, Paul, Jüdische Industriepioniere und Sozialreformer. Hervorragende Leistungen für die Wirtschaftsentwicklung Stuttgarts zur Gründerzeit, in: Beiträge zur Landeskunde 6/1989, hg. v. Staatsanzeiger für Baden-Württemberg GmbH im Auftrag der Landesregierung, Stuttgart 1989, S. 1–9

Sawahn, Anke, Die Frauenlobby vom Land. Die Landfrauenbewegung in Deutschland und ihre Funktionärinnen 1898–1948, Frankfurt a. M. 2009

Schäll, Ernst, Kilian von Steiner. Bankier und Industrieller, Mäzen und Humanist, in: Schwäbische Heimat 44/1993, H. 1, S. 4–11

Schätzle, Julius, Stationen zur Hölle. Konzentrationslager in Baden und Württemberg 1933–1945, hg. im Auftrag der Lagergemeinschaft Heuberg – Kuhberg – Welzheim, Frankfurt a. M. 1974

Schaumburger Zeitung v. 30.08.1962

Scheck, Raffael, Mothers of the Nation. Right-Wing Women in Weimar Germany, Oxford 2004

Schenk, Georg, Kilian Steiner. Jurist, Finanzmann, Landwirt, Mitbegründer von Schillerverein und Schiller-Nationalmuseum, in: Lebensbilder aus Schwaben und Franken , hg. v. Max Miller und Robert Uhland, Bd. 11, Stuttgart 1969, S. 312–326

Schick, Manfred, Kulturprotestantismus und soziale Frage. Versuche zur Begründung der Sozialethik vornehmlich in der Zeit von der Gründung des Evangelisch-sozialen Kongresses bis zum Ausbruch des 1. Weltkriegs (1890–1914), Tübingen 1970

Schickfus, v., Adelige Damenheime, in: Deutsches Adelsblatt 1922, S. 70

Schiller, Friedrich, Sämtliche Werke, Bd. 1, München 1962, S. 218–220

Schiller, René, Vom Rittergut zum Großgrundbesitz. Ökonomische und soziale Transformationsprozesse der ländlichen Eliten in Brandenburg im 19. Jahrhundert, Berlin 2003

Schlosser, Julie, Aus dem Leben meiner Mutter, Berlin 1923

Schmittner, Monika, Aschaffenburg – ein Schauplatz der Bayerischen Frauenbewegung. Frauenemanzipation in der „Provinz" vor dem Ersten Weltkrieg, Aschaffenburg 1995

Schmoller, Gustav, Zum Gedächtnis an Dr. Kilian v. Steiner. Worte der Erinnerung, gesprochen im Krematorium in Heidelberg, 27. September 1903, o. S., o. O., [Privatdruck Waldshut 1903]

Schmoller, Gustav, Charakterbilder, München, Leipzig 1913

Schönhagen, Benigna, „Ja es ist ein weiter Weg von der Judenschule bis hierher …“.
Kilian von Steiner und Laupheim, Spuren 42, Deutsche Schillergesellschaft
Marbach am Neckar, hg. v. Ulrich Ott, Friedrich Pfäfflin, Thomas Scheuffelen,
Marbach am Neckar 1998

Schulenburg, Tisa von der, Ich hab's gewagt. Bildhauerin und Ordensfrau – ein
unkonventionelles Leben, Freiburg i. Breisgau 1981

Schulenburg, Tisa von der, Des Kaisers weibliche Kadetten. Schulzeit in Heiligengrabe –
zwischen Kaiserreich und Revolution, Freiburg, Basel, Wien 1983

Schulz, Günther, Denzel, Markus A. (Hg.), Deutscher Adel im 19. und 20. Jahrhundert.
Büdinger Forschungen zur Sozialgeschichte 2002 und 2003, St. Katharinen 2004

Schütze, Stephan, Gans Edler Herr zu Putlitz auf Pankow in der Prignitz,
in: Neuer Nekrolog der Deutschen, Jg. 4, Berlin 1826, zit. n. Gustav zu Putlitz,
Mein Heim, S. 29

Schwabe Klaus (Hg.), Die preußischen Oberpräsidenten 1815–1945,
Boppard am Rhein 1985

Schwarz, Christina, Die Landfrauenbewegung in Deutschland. Zur Geschichte der
Frauenorganisation unter besonderer Berücksichtigung der Jahre 1898 bis 1933,
Mainz 1990

Seufert, Hans, Arbeits- und Lebensverhältnisse der Frauen in der Landwirtschaft
in Württemberg, Baden, Elsass-Lothringen und Rheinlandpfalz, auf Grund einer
vom Ständigen Ausschuss zur Förderung der Arbeiterinnen-Interessen
veranstalteten Erhebung, Jena 1914

Sopp, Dr. Frieda, Was die Altmaid der Schule schenkt, in: Blatt der Altmaiden 25/1951

Sozialreform und Genossenschaftswesen. Zum Zweck der Begründung und
Ausgestaltung eines sozialreformatorischen Genossenschaftswesen,
hg. v. Freiherr von Broich, 2. u. vermehrte Aufl., Berlin 1890

Spenkuch, Hartwin, Das Preußische Herrenhaus. Adel und Bürgertum in der Ersten
Kammer des Landtages 1854–1918, Düsseldorf 1998

Spiegel, Beate, Adliger Alltag auf dem Land: Eine Hofmarksherrin, ihre Familie und
ihre Untertanen in Tutzing um 1740, Münster 1997

Spies, Margarete von, Bericht, Typoskript

Standesberuf und nationaler Gedanke, in: Deutsches Adelsblatt 1905, S. 17–19

Steiner, Ruth, Etwas über württembergische Helferinnen vom Roten Kreuz,
in: Reifensteiner Zeitung, Kriegsnummer, 21/1915, S. 70–73

Steiner, Ruth, Therese zu Hohenlohe-Waldenburg, in: Land und Frau 2/1928, S. 27

Steiner, Ruth, Was die Fürstin unseren Hausfrauenvereinen war, in: Erinnerungen an
die erste Landesverbands-Vorsitzende Fürstin Therese zu Hohenlohe-Waldenburg,
hg. v. Landesverband landwirtschaftlicher Hausfrauen-Vereine in
Württemberg, o. O., o. J. [1928], S. 10–12

Steiner, Ruth, Weihnachten 1944 im Gestapolager Rudersberg, Typoskript

Stift Keppel im Siegerlande 1239 bis 1871, bearbeitet von Professor Dr. Wilhelm
    Hartnack (†) und Stiftsoberin Oberstudiendirektorin a. D. Juliane Freiin von
    Bredow im Auftrag des Stiftskurators der vereinigten Stifte Geseke-Keppel,
    Bd. II: Geschichte der Schule und des Internates 1871–1971, Stift Keppel 1971
Stift Keppel, 750 Jahre Stift Keppel. 1239–1989. Beiträge zur Geschichte und Gegenwart,
    hg. im Auftrag des Stifts Keppel von Erwin Isenberg, Udo Reich,
    Horst Wunderlich, Stift Keppel 1989
Stolberg-Wernigerode, Otto Graf zu, Die unentschiedene Generation. Deutschlands
    konservative Führungsschichten am Vorabend des Ersten Weltkriegs,
    München, Wien 1968
Streitberg, Gräfin Gisela von, [Pseudonym für Gertrud von Bülow], Das Weib am Ende
    des Jahrhunderts, 2. Aufl., 4 Teile in 1 Band, Berlin 1891
Streitberg, Gräfin Gisela von, Die Enterbten, Gefallenen u. Verlorenen. Ein Beitrag zur
    Kulturgeschichte des Weibes, Berlin 1891
Streitberg, Gräfin Gisela von, Die Erziehung der Töchter. Grausamkeiten im Familien-
    und gesellschaftlichen Leben, Berlin 1891
Streitberg, Gräfin Gisela von, Die falsche Moral im Leben des Weibes, Berlin 1891
Streitberg, Gräfin Gisela von, Die verehelichten und die ehelosen Frauen, Berlin 1891
Streitberg, Gräfin Gisela von, Taceat mulier in ecclesia. S. Bülow von Dennewitz, Gräfin
Streitberg, Gräfin Gisela von, Die deutschen Frauen und der Bismarckkultus,
    Leipzig 1894
Streitberg, Gräfin Gisela von, Die Bevölkerungsfrage in weiblicher Burteilung,
    Leipzig 1908
Streitberg, Gräfin Gisela von, Die Beseitigung keimenden Lebens,
    Oranienburg-Berlin 1910
Süchting-Hänger, Andrea, „Das Gewissen der Nation". Nationales Engagement
    und politisches Handeln konservativer Frauenorganisationen 1900 bis 1937,
    Düsseldorf 2002
Sydow, Johanna von, Moden- und Toilettenbrevier. Unentbehrliches und Entbehrliches
    aus dem Gebiete von Tracht und Mode, Toilette und Putz und Zierrath und
    Schmuck, Leipzig 1878
Sydow, Johanna von, Brevier der Eleganz, Leipzig 1879
Sydow, Johanna von, „Behalte mich lieb! Mitgabe beim Eintritt in die Welt und an das
    gesellschaftliche Leben", Leipzig, Berlin 1881
Sydow, Johanna von, Im Toilettenzimmer. Plaudereien u. Enthüllungen. aus
    dem Gebiete der Eleganz und aus dem Salon. Ratgeber am Putztisch und in
    Gesellschaftsfragen, Leipzig 1882

Sydow, Johanna von, Gregor, Elly, Lieschens Puppenstube. Kleines illustriertes Haus- u. Wirtschaftsbuch für unsere Lieblinge. Eingekleidet in eine Erzählung als Anleitung zum selbstthätigen Denken und Schaffen in häuslichem Sinne, Leipzig, Berlin 1884

Sydow, Johanna von, Das Buch der Hausfrau. Mitgabe für Frauen und Jungfrauen zur Beglückung des Hauses, sowie zur Sicherung und Verbreitung häuslichen Wohlstandes und Komforts. Gemäss den Anforderungen der Gegenwart vorbereitet. Auf Grund eines neu aufgestellten Planes vorbereitet von Johanna von Sydow, hg. unter Mitwirkung von Erna von Thirnau, Leipzig, Berlin 1884

Sydow, Johanna von, Der Kleinen Lieblingsbuch. Mit Beiträgen von Pauline und Frida Schanz, W. Gleim und Anna Hillmar, Stuttgart 1890

Sydow, Johanna von, Der kleine Dietrich oder das Buch der Hausfrau im Schlüsselkorb, 4. Aufl., Berlin 1894

Sydow, Johanna von, u. a., Die praktische Offizierfrau, Berlin 1897

Treplin, Hans Gustav (Hg.), Evangelischer Verein für Innere Mission in Frankfurt a. M. 1850–1990, Frankfurt a. M. 1991

Uechtritz, Oldwig von, Die deutsche Edelfrau und ihre Aufgaben in der Gegenwart, in: Deutsches Adelsblatt 1884, S. 509f, 519–521, 532–535, 543–545

Uechtritz, Oldwig von, Unsere Frauen in der Standes-Reform-Bewegung, in: Deutsches Adelsblatt 1887, S. 381f

„… unselige Verquickung des liberalen Moments mit dem modern-nationalen": Erziehungs-Probleme I, in: Deutsches Adelsblatt 1898, S. 727–728

Unserer Kaiserin, in: Das Maidenblatt 5/1921, S. 69

Unserer Kaiserin zum Gedächtnis, in: Das Maidenblatt 14/1924, S. 201

Velsen, Dorothee von, Im Alter die Fülle. Erinnerungen, Tübingen 1956

Verein für Errichtung von Damenheimen, in: Deutsches Adelsblatt 1893, S. 442–443

Verein für Errichtung von adeligen Damenheimen. Jahresbericht für 1894, in: Deutsches Adelsblatt 1895, S. 369–370

Verein zur Errichtung von adeligen Damenheimen, in: Deutsches Adelsblatt 1899, S. 351f

Verein zur Errichtung von adeligen Damenheimen, in: Deutsches Adelsblatt 1919, S. 418–421

Vitzthum, Anne Lore Gräfin, Vorsitzende des Reifensteiner Verbandes, Zum 50jährigen Stiftungsfest der Landfrauenschule Obernkirchen, in: Blatt der Altmaiden 25/1951

Vor den wirtschaftlichen Kampf gestellt …! Ein Preisausschreiben der Gartenlaube, Leipzig 1906

W., A. v., Zur Frauenfrage. Eingesandt, in: Deutsches Adelsblatt 1903, S. 127f

W., v., Pensionat zur Ausbildung von Töchtern des deutschen Adels für das praktische Leben, in: Deutsches Adelsblatt 1903, S. 177f

Wachenheim, Hedwig, Vom Großbürgertum zur Sozialdemokratie, Berlin 1973

Watzdorff-Bachoff, Erika von, Im Wandel und in der Verwandlung der Zeit. Ein Leben von 1878 bis 1963, Stuttgart 1997

Weber, Marianne, Lebenserinnerungen, Bremen 1948

Weckel, Ulrike, Zwischen Häuslichkeit und Öffentlichkeit. Die ersten deutschen Frauenzeitschriften im späten 18. Jahrhundert und ihr Publikum, Tübingen 1998

Wege und Ziele. Monatsschrift für die christliche Frauenwelt zur Unterhaltung und zur Belehrung über ihre verschiedenen Arbeitsgebiete, hg. v. Agnes Willms-Wildermuth, III. Jg., Heft 10, Januar 1900

Werner, Kerstin, „Hatte schon jeder seine Arbeit". Dörfliche Gesellschaft im Wandel. Frauenrollen im Strukturwandel des hessischen Hinterlands 1870–1930, Kassel, Universität Gesamthochschule, Dissertation 1996

Wienfort, Monika, Artikel „Adelige Frauen", in: Eckart Conze (Hg.), Kleines Lexikon des Adels. Titel, Throne, Traditionen, München 2005, S. 91–95

Wienfort, Monika, Der Adel in der Moderne, Göttingen 2006

Wilhelm II., Deutscher Kaiser, Meinem Neffen gelegentlich seines Eintrittes in das Heer, in: Militär-Wochenblatt 37/1890, Sp. 1179–1185, hier Sp. 1179f

Wittken, Staatsrat v., Das (adelige) Damenstift in Gotha, in: Deutsches Adelsblatt 1896, S. 826–827

Wolff, Horst-Peter (Hg.), Biographisches Lexikon zur Pflegegeschichte. "Who was who in nursing history", Bd. 3, München 2004

Wolgast, Günther, Knoll, Joachim H. (Hg.), Biographisches Handwörterbuch der Erwachsenenbildung, Stuttgart, Bonn 1986

Wörner-Heil, Ortrud, Frauenschulen auf dem Lande. Reifensteiner Verband (1897–1997), Kassel 1997

Wörner-Heil, Ortrud, Die Wirtschaftlichen Frauenschulen des Reifensteiner Verbandes als neuer Schultyp in der modernen Berufsbildung. Ein Beitrag zu den Anfängen des ländlich-hauswirtschaftlichen Bildungswesens, in: Hermann Heidrich (Hg.), Frauenwelten. Arbeit, Leben, Politik und Perspektiven auf dem Land, Bad Windsheim 1999, S. 99–119

Wörner-Heil, Ortrud, Frauen gestalten – Frauen bilden. Die Reifensteiner Schule Wittgenstein von 1928 bis 1990, in: Siegener Beiträge. Jahrbuch für regionale Geschichte 4/1999, S. 117–153

Wörner-Heil, Ortrud, Agnes Freiin von Dincklage (1862–1962) – Leiterin der Landfrauenschule Obernkirchen von 1918 bis 1949, in: Schaumburger Landschaft (Hg.), Geschichte Schaumburger Frauen, Gütersloh 2000, S. 142–153

Wörner-Heil, Ortrud, Erziehung des Adels zur Nation. Wirtschaftliche Frauenschulen und Kriegsschulen in Preußen von 1890 bis 1933, Bericht an die Deutsche Forschungsgemeinschaft, 24. Juli 2001

Wörner-Heil, Ortrud, Frauenelite und Landfrauenbewegung in Württemberg. Der Landwirtschaftliche Hausfrauenverein als adelig-bürgerlicher Begegnungsraum, in: Jens Flemming, Pauline Puppel, Werner Troßbach, Christina Vanja, Ortrud Wörner-Heil, Lesarten der Geschichte. Ländliche Ordnungen und Geschlechterverhältnisse. Festschrift für Heide Wunder zum 65. Geburtstag, Kassel 2004, S. 418–447

Wörner-Heil, Ortrud, Adelige Frauen in der Landfrauenschule Obernkirchen (1901–1970), in: Hubert Höing (Hg.), Zur Geschichte der Erziehung und Bildung in Schaumburg, Bielefeld 2007, S. 315–348

Wörner-Heil, Ortrud, Artikel zu Agnes Charlotte Elma Jenny Freiin von Dincklage (1882–1962), in: Hubert Höing (Hg.), Schaumburger Profile. Ein historisch-biographisches Handbuch, Teil 1, Bielefeld 2008, S. 90–95

Wörner-Heil, Ortrud, Artikel zu Helene Morgenbesser (1851–1938), in: Hubert Höing (Hg.), Schaumburger Profile. Ein historisch-biographisches Handbuch, Teil 1, Bielefeld 2008, S. 217–222

Wörner-Heil, Ortrud, „So laßt uns unverzüglich baun am nationalen Werk, ihr Fraun!" – Adelige Frauen im Reifensteiner Verband, in: Eckart Conze, Alexander Jendorff und Heide Wunder (Hg.), Adel in Hessen. Herrschaft, Selbstverständnis und Lebensführung vom 15. bis ins 20. Jahrhundert. Veröffentlichungen der Historischen Kommission für Hessen 70, Marburg 2010, S. 595–614

Wunder, Heide, „Er ist die Sonn', sie ist der Mond". Frauen in der Frühen Neuzeit, München 1992

Wunder, Heide, Vanja, Christina (Hg.), Weiber, Menscher, Frauenzimmer. Frauen in der ländlichen Gesellschaft 1500–1800, Göttingen 1996

Wunder, Heide, Herrschaft und öffentliches Handeln von Frauen in der Gesellschaft der Frühen Neuzeit, in: Ute Gerhard (Hg.), Frauen in der Geschichte des Rechts. Von der Frühen Neuzeit bis zur Gegenwart, München 1997, S. 27–54

x., Frl. v., in: Deutsches Adelsblatt 1899, S. 777

Zanthier, Eckhart von, Biographie von Margitta von Zanthier, zusammengestellt von Eckhart von Zanthier, 17. Februar 2007. Als Typoskript vervielfältigt

Zanthier, Margitta von, Ein halbes Jahrhundert Landfrauenschule Obernkirchen, in: Das Reich der Landfrau 44/1951, S. 345f

Zur christlichen Liebesthätigkeit des Adels, in: Deutsches Adelsblatt 1894, S. 561–563

Ortrud Wörner-Heil, Studium der Erziehungs-
wissenschaften an der Philipps-Universität
Marburg/Lahn; einige Jahre Tätigkeit in der
Erwachsenenbildung; 1994 Promotion im
Fach Geschichte der Universität Gesamthoch-
schule Kassel; anschließend beschäftigt als
wissenschaftliche Mitarbeiterin an der Universität
Kassel und außeruniversitären Einrichtungen.
Publikationen und Forschungen auf den Gebieten
Historische Bildungsforschung, Kultur- und
Sozialgeschichte des 19./20. Jahrhunderts, Frauen-
und Geschlechterforschung, Geschichte von
Philanthropie und Stiftungswesen, National-
und Bildungsgeschichte adeliger Frauen.